AF254160

EN POLITIQUE POINT DE JUSTICE,

OU

RÉPLIQUE JUDICIAIRE

DANS

LA CAUSE DES HÉRITIERS

DU DUC DE NORMANDIE

CONTRE

Mme LA DUCHESSE D'ANGOULÊME, M. LE DUC
DE BORDEAUX ET Mme LA DUCHESSE
DE PARME,

PAR

*l'Auteur des Intrigues Dévoilées,
ou Louis XVII Dernier Roi légitime de France.*

———

BRÉDA,
BROESE & COMP.
—
Août 1851.

EN POLITIQUE POINT DE JUSTICE.

A M. DUPRÉ-LASSALE,

Substitut de M. le Procureur de la République française;

En réponse aux conclusions qu'il a prises le 6 Juin dernier devant la 1^{ière} Chambre du Tribunal de 1^{ière} Instance de Paris,

Contre la Veuve et les Enfans du Duc de Normandie, fils du Roi Louis XVI et de Marie-Antoinette Reine de France, autrefois connu sous le nom de Naundorff, et décédé, non pas dans la Tour du Temple, à Paris, comme le constate faussement un Acte de décès du 12 Juin 1795,

Mais à Delft, en Hollande, le 10 Août 1845.

CHAPITRE I.

§ 1.

«Il fallait toute la gravité de vos fonctions,» avez-vous dit, pour vous forcer de prendre au sérieux» l'instance introduite, contre Mme la Duchesse d'Angoulême et M. le Duc de Bordeaux, par les héritiers du personnage qui n'a cessé, jusqu'à sa mort, de réclamer les droits civils et la qualité de fils de Louis XVI; et qu'ont identifié, comme tel, une suite permanente de dénis de justice, et de hauts témoignages, dont personne au monde n'a le droit de contester l'irrécusable autant qu'irrésistible démonstration.

Une aussi étrange observation, de la part d'un magistrat, dont aucune parole inconsidérée ne devrait compromettre le caractère, permettez-moi de vous le faire remarquer, n'était rien moins qu'une inconvenance gratuite envers deux membres des plus distingués de votre barreau, Me Jules Favre, avocat, Représentant du peuple, et Me E. Laurens-Rabier, avoué; puisque ces deux célèbres Jurisconsultes, après un examen consciencieux des pièces du procès, en avaient reconnu le mérite incontestable, et qu'ils sanctionnaient leur imposante conviction de leur dévouement sincère au malheur, d'autant plus admirable qu'il est désintéressé. Si, pour défendre une cause peu populaire, décréditée par la politique, et qui se recommandait à leur intégrité, ils se résignaient à affronter la défaveur publique; nous ne devions pas nous attendre à voir incriminer en justice les louables motifs de leur noble conduite, par un blâme indirect, qui ne peut déconsidérer que celui qui se l'est permis imprudemment : car le courage de la vertu, si rare de nos jours, fut et sera toujours l'honneur de la profession d'avocat; et quand la gloire qui s'y rattache en est la seule récompense, j'aurais cru que des Magistrats dussent être les premiers à le comprendre, et à le reconnaître par leur suffrage.

Au début de votre parole, cette manière inqualifiable d'envisager la question la plus grave, la plus compliquée, la plus palpitante d'intérêt, qui se soit jamais présentée devant les Tribunaux; le ton dédaigneux avec lequel vous abordâtes la discussion; l'attitude solennelle que vous vous donnâtes, l'animation de votre physionomie, votre débit emphatique; ce furent là pour moi autant d'indices certains que le respect dû à la vérité allait être encore sacrifié aux préventions de l'ignorance, à la mauvaise foi des partis politiques, au système arrêté d'avance de ne pas vouloir confesser un mensonge historique, qui déshonore les gouvernemens étrangers, la fausse Restauration, la Monarchie de Juillet; et dont la sanction judiciaire est antipathique aussi, à ce qu'il paraît, au gouvernement actuel de la France, qui, quoique républicain, nominativement, n'en est pas moins la déplorable continuation des deux précédens, et par les hommes et par les choses.

Vous avez commis bien des erreurs, Monsieur le Substitut, bien des inadvertances, bien des inexactitudes, qu'avec un peu d'attention et de bonne volonté vous eussiez pu éviter, et qu'il importe de relever; parce que, si votre parole ne tire aucune autorité de votre jeune magistrature, le titre dont vous êtes revêtu pourrait en imposer aux esprits superficiels, et favoriser les menées de nos adversaires, en la faisant servir de prétexte à ridiculiser la famille méconnue qui, par ses infortunes imméritées, plus encore que par l'illustre origine qu'on lui dénie, a droit aux égards de tout homme de cœur.

Commençons d'abord par poser clairement la question, telle qu'elle fut soumise à l'investigation du Tribunal; elle est écrite dans l'exploit introductif d'Instance, et dans les conclusions subsidiaires déposées au nom des demandeurs : je les reproduis donc ici. Voici le texte de l'assignation :

« L'an mil huit cent cinquante le 29 Août, à la requête de 1° Mme Jeanne Amélie majeure, 2° Et M. Charles Edouard majeur, demeurant à Bréda, (Province du Brabant Septentrional, Royaume des Pays-Bas), tous deux inscrits dans leur acte de naissance comme enfants de M. Charles Guillaume Naundorff, horloger, et de Dame Jeanne Frédérique Einert, son épouse, demeurant à Spandau (Prusse), 3° Et de Dame Jeanne Frédérique Einert, veuve de M. Charles Guillaume Naundorff, admis sous ce nom parmi les bourgeois de Spandau, Brandebourg et Crossen (Royaume de Prusse), par ordonnance et mandement de pur mouvement du Roi de Prusse, avec dispense de fournir les pièces, titres et attestations exigés en pareil cas par les lois du pays, ayant exercé dans ces différentes villes la profession d'horloger mécanicien, lequel est décédé à Delft (Hollande) le 10 Août 1845, et inscrit sur les registres de décès sous les noms de Charles-Louis de Bourbon, Duc de Normandie, autrefois connu sous le nom de Charles Guillaume Naundorff, né au Château de Versailles (France) le 27 Mars 1785, fils de feu Louis de Bourbon, alors Roi de France, sous le nom de Louis XVI, et de Marie Antoinette Joseph Jeanne, Archiduchesse d'Autriche, son épouse, tous deux morts à Paris; la dite Dame agissant tant en son nom que comme tutrice légale de ses enfants mineurs issus de son mariage avec Charles Guillaume Naundorff, demeurant ensemble à Bréda, savoir: 1° Marie-Antoinette, 2° Louis Charles, 3° Charles Edmond, 4° Augusta Maria Thérésa, tous les quatre inscrits dans leur acte de naissance comme enfants dudit Sieur Charles Guillaume Naundorff, et de Dame Jeanne Frédérique Einert, son épouse; 5° Adelbert, 6° Ange-Emmanuel, tous deux inscrits dans leur acte de naissance comme enfants de Charles-Louis de Bourbon, Duc de Normandie, et de Dame Jeanne Frédérique Einert, son épouse, les dits majeurs et mineurs héritiers sous bénéfice d'inventaire de feu leur père sus-nommé, suivant acte dressé à la Haye enregistré; la dite Dame autorisée à procéder près le Tribunal civil de première instance de la Seine, aux fins ci-après, par délibération du conseil de famille de ses enfants mineurs, suivant procès-verbal daté de la Haye, du 20 Avril 1849 enregistré;

«Pour lesquels domicile est élu à Paris, rue Coquillière n° 27, en l'étude de M° Laurens-Rabier, avoué de première instance de la Seine; lequel est constitué et occupera pour eux sur la présente assignation et ses suites :

«J'ai Jacquin huissier sonssigné, donné assignation à 1° Mme Marie Thérèse Charlotte de France, veuve de M. Louis Antoine de France Duc d'Angoulême; la dite Dame appelée aujourd'hui Comtesse de Marnes, fille de Louis XVI et de Dame Marie-Antoinette Joseph Jeanne susnommés; dite Dame Comtesse de Marnes, domiciliée au château de Frohsdorff, près la ville de Wienerneustadt, située sur la frontière hongroise, (Autriche). au parquet de M. le Procureur de la République près le Tribunal civil de première Instance de la Seine, sis au Palais de Justice à Paris;

«2° Monsieur Henri Dieudonné d'Artois, Duc de Bordeaux, se faisant aujourd'hui appeler Comte de Chambord, fils de Charles Ferdinand d'Artois, Duc de Berry, et de Louise Ferdinande de Naples, son épouse, le dit Comte de Chambord, petit-neveu de Louis XVI, également domicilié au château de Frohsdorff; au parquet de M. le Procureur de la République près le Tribunal civil de 1ᵉ Instance de la Seine, sis au Palais de Justice à Paris;

« 3° Et Dame Louise Marie Thérèse d'Artois, fille de M. le Duc et de Mᵐᵉ la Duchesse de Berry, épouse du Duc Charles Louis de Parme, et son mari pour la régularité de la procédure; la dite Dame petite-nièce de Louis XVI, demeurant avec son dit mari, en la ville de Parme, (Italie); au parquet de M. le Procureur de la République près la Tribunal civil de la Seine,

« A comparaître d'hui à quatre mois francs, délai de la loi (Art. 73, c. pr. civ.), à l'audience et pardevant M.M. les Président et juges composant la 1ᵉ Chambre du Tribunal civil de 1ᵉ Instance de la Seine séant au Palais de Justice à Paris, 10 heures du matin, pour :

« Attendu que l'époux et père des requérants, n'était autre ainsi qu'il en sera justifié en cas de dénis, tant par titres que par témoins, que Charles-Louis ou Louis-Charles Duc de Normandie, né à Versailles (Seine et Oise) le 27 Mars 1785, du mariage de Louis XVI alors Roi de France et de ·Marie-Antoinette Joseph Jeanne d'Autriche;

« Attendu que vainement opposerait-on aux requérants un prétendu acte de l'état civil constatant le décès du Dauphin Duc de Normandie, arrivé au Temple le 8 Juin 1795; Qu'il sera établi que cet acte ne saurait s'appliquer au Dauphin Duc de Normandie;

« Attendu que les requérants rapportent à l'appui de leurs prétentions un grand nombre d'indices et de faits dés à présent constants qui démontrent la véritable filiation de leur époux et père, que c'est dès lors, le cas, à supposer que la preuve par eux faite ne soit pas parfaitement concluante, d'ordonner qu'il y sera ajouté par enquête ou tout autre moyen de découvrir la vérité;

« Voir dire et ordonner que l'acte du prétendu décès du Duc de Normandie, dressé le 24 Prairial an III, (12 Juin 1795) sera considéré comme nul et non avenu; que mention de cette nullité sera faite par la transcription en marge du dit acte du jugement à intervenir,

« En conséquence, ordonner que les requérants seront reconnus veuve et enfants légitimes de Charles-Louis Duc de Normandie, et admis à jouir de tous les droits civils qui lui appartenaient;

« Sous la réserve par eux d'exercer ces droits devant telle juridiction compétente qu'il appartiendra;

« A ce qu'ils n'en ignorent, et je leur ai, étant et parlant comme dit est laissé à chacun copie du présent;

« La présente assignation a été régularisée au Parquet du Procureur de la République à Paris, le même jour 29 Août. »

Dans les conclusions subsidiaires, prises par les demandeurs, il était dit :

« Il plaira au Tribunal :

« Dans le cas où contre toute attente, en l'absence des défendeurs, *dont l'abstention équivaut à un acquiescement à la demande,* il ne croirait pas devoir adjuger dès à présent les conclusions de l'exploit introductif de l'instance du ministère de Jacquin huissier à Paris du 29 Août 1850 enregistré ;

« Donner acte aux demandeurs de ce qu'ils posent en fait, articulent et offrent de prouver tant par titres que par témoins ;

« Que le Prince Charles-Louis ou Louis-Charles Duc de Normandie leur père et époux né à Versailles (Seine et Oise), le 27 Mars 1785, du mariage de Louis Auguste Roi de France et de Navarre et de Marie-Antoinette Joseph Jeanne Archiduchesse d'Autriche Reine de France et de Navarre son épouse, n'est point décédé dans la prison du Temple à Paris, ainsi qu'on prétend l'établir par un acte de décès, dressé en la dite ville le 12 Juin 1795, lequel est ainsi conçu :

« Acte de décès de Louis-Charles Capet du 20 de ce mois (8 Juin), 3 heures après midi, âgé de dix ans deux mois, natif de Versailles département de Seine et Oise, domicilié aux Tours du Temple Section du Temple ;

« Fils de Louis Capet dernier Roi des Français et de Marie-Antoinette Joséphine Jeanne d'Autriche ;

« Sur la déclaration faite à la maison commune par Etienne Lasne âgé de 59 ans gardien du Temple, domicilié à Paris rue et section des droits de l'homme n° 48 :

« Le déclarant a dit être voisin ;

« Et par :

« Rémi Bigot, employé, domicilié à Paris, vieille rue du Temple n° 61.

« Le déclarant a dit être ami ;

« Vu le certificat de Dusser Commissaire de Police de la dite section, du 22 de ce mois (10 Juin).

« Signé : Lasne, Bigot, et Robin officier public ; »

« Que cet acte est nul dans la forme et non valable quant au fond, pour constater le décès du Dauphin ;

« Qu'en effet cet acte ne satisfait point aux prescriptions de la loi d'alors, régulatrice des formalités requises pour la validité des actes de l'état civil ; qu'il n'a point été signé de la sœur du prince toujours détenue dans la prison du Temple, ni du Commissaire de section en exercice au jour du décès ; et qu'il n'a été rédigé que sur la déclaration de deux individus obscurs qui, évidemment ne connaissant pas le Dauphin, n'ont pu certifier son identité avec l'enfant décédé;

« Que le Prince au contraire, au moyen de la substitution d'un enfant à sa place, a été délivré de la prison du Temple par des amis dévoués, avec l'assistance de plusieurs membres influents du gouvernement qui succéda au 9 Thermidor; et que préalablement à la dite évasion un traité secret passé avec les Vendéens, dans la personne du général Charette, contenait la clause formelle que le fils de Louis XVI serait rendu à la liberté;

« Que par des considérations majeures nées des circonstances de l'époque, ou par l'effet de combinaisons de la part des hommes du gouvernement, la délivrance du Prince, loin de se faire ostensiblement aux termes du traité, à été masquée politiquement par le faux acte de décès précité;

« Que des recherches ont été ordonnées sur tous les points de la France, ultérieurement au 8 Juin 1795, à l'effet de ressaisir le Dauphin évadé; et que plusieurs enfants arrêtés, sous prétexte qu'ils étaient l'orphelin royal, après que l'erreur eut été constatée officiellement, ont été remis en liberté;

« Que l'on trouve au Moniteur, à une date également postérieure à celle de l'acte de décès, plusieurs assertions, dont l'une à la date du 15 Juillet, lesquelles démontraient qu'évidemment les directeurs du Moniteur savaient que Louis XVII n'était pas mort; que plusieurs manifestes aussi émanés des chefs Vendéens proclamaient cette certitude;

« Que les frères de Louis XVI, qui n'étaient pas en France à cette époque, et notamment le Comte de Provence, savaient pertinemment l'évasion du Temple de leur neveu; car le dernier, décédé Roi sons le nom de Louis XVIII, *s'est dit* et *agit* comme Régent de France, longtemps après qu'une déclaration de sa part avait notifié son avénement au trône, aux Français, à l'armée de Condé et aux gouvernements étrangers;

« Que les puissances étrangères, non plus, n'ont jamais douté de l'évasion du Temple du fils de Louis XVI, évasion d'ailleurs qui avait acquis en France et même en Europe un caractère de notoriété publique qui s'est perpétuée jusqu'à ce jour;

« Que la Duchesse d'Angoulême, par sa conduite et ses paroles, a prouvé qu'elle ne croyait pas et qu'elle ne croit pas encore à la mort de son frère au Temple;

« Que cette vérité de l'évasion résulte aussi de témoignages historiques irrécusables, d'actes diplomatiques et d'aveux formels, tant de ministres étrangers et autres personnages politiques que de la part de Louis XVIII depuis 1814;

« Que c'est par le fait connu de l'existence du fils de Louis XVI,
que sous la Restauration aucun service funèbre n'a été institué
pour célébrer l'époque du 8 Juin 1795; parce que les Bourbons
et la cour de Rome n'ignoraient pas qu'il était toujours existant;
que c'est là le motif aussi pour lequel, tandis que le gouvernement de Louis XVIII faisait faire des recherches simulées dans
les cimetières de Paris sons le vain prétexte de retrouver les
restes du Dauphin, Louis XVIII, Charles X et la Duchesse
d'Angoulême refusèrent de recevoir de la famille Pelletan le
cœur de l'enfant décédé au Temple le 8 Juin de l'année pré-
citée; et que le docteur Pelletan l'un de ceux qui firent l'autopsie du corps de l'enfant décédé, avait religieusement conservé
comme étant pour lui le cœur du fils de Louis XVI;

« Que l'on ne peut autrement que par la certitude d'une croyance commune à l'évasion, s'expliquer la facilité avec laquelle
plusieurs fourbes ont, depuis 1795, abusé la foi publique en
usurpant les noms et qualités du fils de Louis XVI, tels que
Hervagault sous le Directoire, Mathurin Bruneau sous Louis
XVIII, et *Richemont* sous Louis XVIII, sous Charles X, sous
Louis Philippe et même encore sous le gouvernement actuel; et
que ce rôle ne pouvait être que l'imitation d'une vérité travestie,
que les pouvoirs politiques qui soutenaient et accréditaient ces
imposteurs étaient intéressés à méconnaître;

« Qu'enfin et indépendamment d'autres faits constants non ré-
latés ici, qui démontrent l'évidence de la fausseté de l'acte de
décès attaqué, des médailles ont été frappées par ordre en souvenir
des principaux événemens révolutionnaires, dont quatre constatent la date de la mort de Louis XVI, de la Reine de France,
de Madame Elisabeth, et de Philippe Egalité; tandis que deux
autres consacrées au fils et à la fille de Louis XVI, énoncent
positivement la délivrance du Dauphin, à la date du jour assigné
mensongèrement à son décès, par ces mots textuels :

«*Redevenu libre le 8 Juin 1795.*»

« En second lieu ;

« Que le fils de Louis XVI évadé du Temple n'était autre que
le père et époux des requérants, décédé à Delft (Hollande) le
10 Août 1845 suivant acte de décès ainsi conçu :

« L'an 1845, le 10 Août, est décédé Charles-Louis de Bour-
« bon, Duc de Normandie, (Louis XVII) ayant été connu sous
« les noms de Charles Guillaume Naundorff, né au château de
« Versailles, en France, le 27 Mars 1785, et par conséquent âgé
« de plus de soixante ans, demeurant en cette ville, fils de feu
« sa Majesté Louis XVI, Roi de France, et de son Altesse Impé-
« riale et Royale Marie Antoinette Archiduchesse d'Autriche, Reine

« de France, morts tous deux à Paris, époux de Mme la Du-
« chesse de Normandie, née Jeanne Einert, demeurant ici ;

« Délivré par extrait, par nous Henri van Berkel, Bourg-
« mestre, officier de l'Etat civil, de la ville de Delft, aujourd'hui
« 27 Août 1845.

« Signé, Van Berkel, Bourgmestre. »

« Que le susnommé, depuis l'année 1810 jusqu'a l'époque de
son retour en France (1833) a vécu en Prusse, masqué sous le
nom de Charles Guillaume Naundorff, qui lui fut imposé par
le gouvernement, et sous lequel il a exercé la profession d'horloger dans les villes de Spandau, Brandebourg et Crossen ;

« Que requis par M. Lecoq, Directeur général de la police du
royaume, de se faire recevoir bourgeois pour exercer légalement
sa profession, il se vit contraint de lui révéler son origine royale
et d'en établir la justification par la remise de papiers qui la
constataient, lesquels étaient signé du Roi et de la Reine de
France ; que par suite de cette révélation pleinement justifiée
aux yeux du magistrat prussien, il fut reçu bourgeois de la
ville de Spandau, par ordre du gouvernement ; quoique étranger
non naturalisé et avec dispense de produire les pièces *impérieusement* requises en pareille circonstance, et notamment son *acte
de naissance ;* que ce fut enfin sur *un seul certificat* de M. Lecoq
que son admission eut lieu sous le nom imposé de Charles Guillaume Naundorff, et qu'il s'est marié en 1818 également *sans
représenter son acte de naissance ;*

« Qu'il a constamment élevé et maintenu sa prétention d'être
fils de Louis XVI ; et qu'aussitôt que les événements politiques
lui permirent de sortir de son *incognito* obligé, il réclama du
gouvernement prussien la restitution de ses papiers, fit connaitre
officiellement aux autres cabinets de l'Europe, ainsi qu'aux divers membres de la famille royale de France, notamment depuis
1814, son origine royale, et ne cessa, jusqu'au jour de son décès, de solliciter sa reconnaissance, et de demander sa réintégration dans ses droits et qualités civils de fils de Louis XVI ;

« Que c'est par suite des demandes de justice qu'il a incessamment adressées aux pouvoirs compétents pour être jugé, qu'il a
éprouvé en Prusse et en France tous les genres de persécutions
imaginables ;

« Que son identité avec le fils de Louis XVI est résultée de
sa ressemblance et de la ressemblance de ses enfants avec les
divers membres de la famille royale de France, ainsi que des
signes particuliers qu'il portait sur son corps et qu'on savait
exister sur celui du Dauphin ;

« Que cette identité a de plus été reconnue et attestée de la manière la plus positive, par de nombreux témoignages, et spécialement par d'anciens serviteurs du Roi et de la Reine à la cour de France, qui avaient connu le Dauphin avant son incarcération du 10 Août 1792, tels que :

« Mme de Rambaud, attachée au service du Dauphin, Duc de Normandie, depuis le jour de sa naissance jusqu'au 10 Août 1792 ;

« Mme Marco de St. Hilaire anciennement attachée à Mme Victoire de France, tante du Roi Louis XVI ;

« M. Marco de St. Hilaire, ancien huissier ordinaire de la chambre de Louis XVI ;

M. de Joly, dernier ministre de la justice qui avait accompagné la famille royale jusque dans la loge du logographe où il resta pendant toute la première journée ;

« M. Brémond, secrétaire particulier du Roi Louis XVI, dès le commencement de 1788 jusqu'au 10 Août 1792 ;

« M. le Marquis de la Feuillade des anciens Princes d'Aubusson ;

« Mme la Marquise de Broglio Solari, anciennement attachée au Service de S. M. Marie-Antoinette, et de la Princesse de Lamballe ;

« Personnages, dont plusieurs croyaient le Dauphin mort au Temple, qui, tous étrangers aux partis politiques, vivaient dans une honorable retraite, et ont appuyé leur reconnaissance sur des faits d'une évidence telle qu'elle ne peut tromper la raison ;

« Que le père et époux des requérants a épuisé, de son vivant, tous les moyens de faire examiner le mérite de ses droits, soit auprès des membres de la famille de Louis XVI, son père, soit auprès des souverains de l'Europe, soit auprès des Chambres françaises, soit plus directement auprès des Tribunaux civils de la Seine, et que ce n'est que par suite de violences exercées contre lui, ou de dénis de justice, qu'il n'a pu faire examiner judiciairement ses prétentions ;

« Qu'en effet, le 9 Octobre 1835, un Sieur Thomas lui fit signifier par huissier qu'il avait reçu des renseignements, directement tirés de l'ambassade prussienne, desquels il résultait que le prétendu Duc de Normandie n'était en réalité que le Sieur Naundorff fils d'un horloger prussien existant encore ;

« Que le dit individu Thomas fut cité devant le Tribunal pour rendre compte de sa dénonciation calomnieuse, et que le 25 Février 1836, le Duc de Normandie, par la décision du Tribunal, obtint une imposante justification ;

« Que le 13 Juin 1836 le père et époux des requérants porta une demande directe, en réclamation d'état devant le Tribunal civil, contre sa sœur Mme la Duchesse d'Angoulème, contre le Duc d'Angoulème et contre le Comte d'Artois ;

« Que, contrairement à toutes les lois, le 15 du même mois, il fut arrêté à son domicile, par ordre du gouvernement, sous le vain prétexte qu'il était étranger, que ses papiers furent saisis, qu'il fut déposé au dépôt de la préfecture de police sans être interrogé, et qu'on l'y maintint malgré son recours au conseil d'état contre son illégale détention, et les démarches les plus instantes auprès du Roi des Français, et des ministres chargés de faire respecter la liberté individuelle; qu'enfin le 16 Juillet 1856 (le 12) il fut conduit par la gendarmerie jusqu'à Calais, et là embarqué pour l'Angleterre; que nonobstant son bannissement, il se proposait de conduire à fin son action en réclamation d'état, mais qu'il en fut empêché par les illégalités du gouvernement français, qui fit saisir aux frontières l'abrégé de l'histoire des infortunes du Dauphin, document judiciaire qu'il produisait à l'appui de son Instance judiciaire, et par le refus des officiers ministériels de l'assister pour donner suite à sa demande;

« Qu'aussitôt après l'avoir expulsé violemment du territoire français, le gouvernement fit intenter contre lui une inculpation d'escroquerie commise au moyen des faux noms et fausses qualités de Charles-Louis de Bourbon, Duc de Normandie, fils de Louis XVI, dont, disait-on, dans la procédure, le Sieur Naundorff se prévalait sans droit;

« Qu'une première pétition, présentée aux Chambres après l'expulsion, pour appeler l'attention des pairs et des députés sur ces excès de pouvoir, a été écartée par un ordre du jour calomnieux contre le pétitionnaire;

« Que postérieurement à ce nouveau déni de justice, des élections générales ayant amené une nouvelle Chambre des députés, le Prince lui présenta une nouvelle pétition, le 21 Janvier 1838, par laquelle il demandait son rappel en France à l'effet d'y suivre son procès civil, ou de s'y faire juger criminellement, ou sur les chefs de l'instruction correctionnelle perfidement instruite contre lui absent;

« Que cette pétition fut enregistrée au secrétariat de la Chambre et classée sous le numéro 565; mais qu'aucun rapport n'en fut fait, et que, préalablement, des exemplaires de cette pétition, adressés par lui à vingt-six députés, avaient été saisis à la frontière par ordre exprès du gouvernement français;

« Qu'enfin le 9 Juillet 1859 un écrit intitulé : *ministère de l'intérieur, direction de la police générale du royaume, et signé pour le ministre et par son autorisation, le conseiller d'Etat directeur Dejean*, énonçait que de renseignements communiqués officiellement par le gouvernement prussien à M. le ministre des affaires étrangères, il résultait que Charles Guillaume Naundorff était issu d'une famille de Juifs établie dans la Prusse polonaise;

« Que cette calomnie ayant été reproduite dans un journal intitulé *le Capitole,* le 29 Mars 1840, et dans des numéros ultérieurs du dit Journal, l'éditeur fut cité devant le Tribunal de police correctionnelle pour répondre de sa diffamation, à la requête du Duc de Normandie et de M. Gruau de la Barre, son conseil également diffamé;

« Que sur l'appel de la cause, le ministère public en requit la remise indéfinie, en y opposant la procédure en escroquerie commencée dans l'année 1857;

« Mais que le Tribunal ayant ordonné qu'elle fût mise à fin dans un bref délai, ce fut alors que la Chambre du conseil décida qu'il n'y avait pas lieu à suivre pour le délit d'escroquerie imputé à M. Naundorff;

« Que cette décision n'ayant été rendue que sur l'audition de nombreux témoins, la question d'identité se trouve ainsi indirectement résolue; puisqu'il est vrai qu'on n'a pu soutenir contre M. Naundorff l'accusation judiciaire portée contre lui, qu'il se qualifiait sans droit Charles-Louis Duc de Normandie fils de Louis XVI;

« En un mot que son identité a été confessée par des ministres prussiens, d'après des communications qui, bien que n'étant pas officielles, n'en doivent pas avoir moins de force devant la justice;

« Déclarer les faits ci-dessus articulés pertinents et admissibles;

« Autoriser en conséquence les demandeurs à en faire la preuve en la manière ordinaire et accoutumée;

« Sous toute réserve de tous autres faits tendant à établir la dite identité;

« Et vous ferez Justice. »

Ces conclusions, Monsieur le Substitut, les faits dont nous offrions la preuve, ont reçu depuis longtemps, par les écrits que nous avons publiés, une complète justification aux yeux de quiconque n'aura pas fermé volontairement les yeux à la lumière en les parcourant; et au regard du Tribunal, par la dissertation lumineuse de Me Jules Favre à l'audience, et par un Mémoire judiciaire, publié en 1840, que j'avais remis à chacun de Messieurs les Juges ainsi qu'à vous, appuyé de tous les documens authentiques et originaux qui constatent victorieusement le bien fondé des prétentions réclamées. Pourtant la justice n'a pas sanctionné cette vérité; elle nous en dénie la preuve; elle refuse de s'éclairer! Est-ce à dire pour cela, que nous sommes des imposteurs? Le plus simple bon sens n'admet pas cette conséquence. Un droit en litige, qu'on rejette sans discernement, prend dès lors la consistance d'une vérité démontrée négativement en faveur de ceux qui le revendiquent; la hâte qu'on apporte à le condamner, pour en écarter l'examen, le met en relief avec plus d'éclat, par un raisonnement qui ne souffre pas la contradiction.

Le silence des Bourbons, en effet, que vous qualifiez si légèrement, «le plus profond dédain de nos prétentions», manifeste au contraire qu'ils sont impuissans pour les combattre avec des raisons valables, et se purger des accusations qui les flétrissent, depuis bientôt vingt ans que la voix du Duc de Normandie, en France et à l'Etranger, s'est élevée si puissamment contre eux. Ensuite, et c'est ici la réflexion de tout homme sensé; tant qu'une enquête judiciaire n'aura pas détruit nos affirmations devenues, sans plus ample informé, pour les consciences droites, par d'irréfragables autorités, une certitude indestructible; jusque là, nous avons pour nous une présomption légale qui en attribue tout le profit aux demandeurs, évincés si lestement. Il n'est pas un lecteur impartial et intelligent, j'en suis sûr, qui, après avoir lu dans les journaux le compte rendu des débats, n'ait réfuté par la seule logique du bon sens, les incohérences du rapport insultant dont vous nous avez honorés, et le jugement non éclairé du Tribunal.

Analysons ensemble vos conclusions, et pour bien faire connaître au public dans quelles conditions elles ont été prises, commençons d'abord par donner une juste idée de l'éloquente et mâle plaidoirie de notre incomparable avocat; car vous l'avez presque entièrement oubliée au cours de votre prétentieuse élucubration, qu'on ne saurait mieux spécifier qu'en la comparant à un réquisitoire en police correctionnelle. Néanmoins, cette plaidoirie, qui, bien que dans une cause jugée par défaut, a, chose inouïe au Palais, pendant deux audiences, duré plus de cinq heures; cette plaidoirie, chef-d'œuvre de raison, de logique, de nobles pensées, qui arrêta le sourire du sarcasme sur les lèvres de plus d'un juge, et porta la conviction dans l'auditoire, à tel point qu'on entendait murmurer sur les bancs du Barreau, qu'il était impossible au Tribunal de ne pas nous admettre à l'enquête; cette sublime plaidoirie, judiciairement irréfutable, n'était point à dédaigner par vous, par vous, Monsieur, organe de la loi, chargé de l'inviolable mission de donner une opinion juridique dans cette grande question d'histoire, de justice et d'humanité. Mais, en basant celle que vous émites avec un aplomb sans pareil, en dehors des élémens du procès; en vous composant un thème à part, et le développant à votre point de vue, vous vous flattiez sans nul doute de donner le change au public peu au courant de cette affaire, et de rendre insaisissable la conséquence forcée des faits constans, qu'il vous a semblé plus commode d'élaguer de la cause, en les niant, ou en les dépréciant. Ce nouveau système adopté contre une sainte réclamation, dont tout un monde qui se dit chrétien s'est fait constamment une risée; ce dernier déni de justice, plus perfide, peut-être, que des illégalités flagrantes, puisqu'il est masqué sous une apparente bienveillance de l'autorité, aura produit un effet tout contraire à celui qu'on s'en promettait, en rendant plus intéressante pour les âmes bien nées la famille royale méconnue. Reprenons donc les principaux passages de la défense, dont pas un mot n'a été avancé sans la sanction d'une preuve judiciaire au soutien.

Au début de la première audience, Me Jules Favre s'est exprimé ainsi :

«Messieurs, ce n'est pas sans une émotion véritable que je prends la parole dans cette cause, car je ne me dissimule aucun des périls dont elle est environnée; aussi ne faut-il rien moins qu'une entière confiance dans la justice et un sentiment profond du devoir pour me déterminer à les affronter. Ce sentiment est puisé à deux sources, le culte de la vérité et le dévoûment au malheur; ces mobiles sont de ceux dont on peut ne pas rougir, ils sont assez puissans pour faire braver les obstacles les plus redoutables. Le premier danger, le plus considérable, n'est-ce pas la défaveur, le ridicule qui s'attache à cette réclamation et la tue par avance?

«En effet, venir contester la mort du Dauphin au Temple en 1795; soutenir son existence jusqu'en 1845, n'est-ce pas se placer à la suite de cette horde d'intrigans, d'imposteurs et d'escrocs qui n'ont plus même les honneurs de la police correctionnelle? N'est-ce pas se décerner à soi-même un brevet de visionnaire? N'est-ce pas s'exposer à la risée des hommes sérieux?

«Je n'entreprendrai pas même de le contester; oui, c'est là l'opinion commune que je partageais tout le premier avant d'avoir examiné cette affaire. Cet examen n'a pas été l'œuvre d'un jour; je l'ai commencé il y a plus de dix ans; j'ai consacré de longues heures à ses recherches, j'ai lu, j'ai compulsé, j'ai comparé, et si je ne vous apporte pas une conviction complète, au moins j'apporterai cette persuasion qu'il y a un droit évident à obtenir une vérification qui a été repoussée jusqu'ici, mais qui ne saurait plus être refusée sans déni de justice.

« Cette vérification, qui la sollicite par mon organe? Est-ce une faction, un parti, un prétendant? Y a-t-il une pensée politique cachée sous la procédure? Non. Si elle y était, je ne m'en ferais pas l'interprète, car je n'ai rien de ce qu'il faut pour être le champion des races royales, et je souhaite tout autre chose que le succès de leurs espérances. D'ailleurs, il serait bien insensé celui qui, dans ces temps de luttes ardentes, où la foi a perdu tout son prestige, où les plus fiers défenseurs des monarchies s'occupent des questions d'utilité sociale, viendrait chercher un sceptre dans la poussière des greffes et croirait pouvoir revendiquer une couronne comme on revendique un champ, en vertu d'une de vos sentences. Mais il ne s'agit de rien de semblable.

« Celui qui se disait fils de Louis XVI ne demandait pas un trône, mais un nom, une famille, une patrie; il n'a cessé de poursuivre ce but, il a fatigué les chancelleries de ses plaintes, et les chancelleries ont été sourdes à ses réclamations. Il a embrassé l'autel de la justice et on l'en a violemment arraché; on a été jusqu'à lui refuser le droit suprême, qui est l'attribut des sociétés civilisées, sans lequel toutes les libertés, toutes les garanties ne sont rien : le droit d'être jugé. La politique l'avait marqué au front et la justice s'était détournée de lui, de ce nouveau paria, qui présentait au monde le déplorable spectacle d'une victime sacrifiée à des ressentimens inconnus, dépouillée par la violence de biens autrement précieux que son existence, de son honneur, de son individualité! La justice s'était détournée de ce malheureux, qui est mort ainsi qu'il a vécu, n'ayant pas même à son heure dernière la consolation de rencontrer ici-bas une puissance publique qui consentît à ne pas violer en sa personne les lois éternelles de l'équité.

« Il a laissé huit orphelins; il était pauvre, eux aussi le sont. Un témoin, un confident de leurs souffrances, a fait appel à ma conscience. On m'a dit : « Lisez et jugez. » J'ai lu et j'ai examiné, et après une investigation consciencieuse, je suis arrivé à cette opinion que tout faisait présumer la réalité de leurs droits. Quelle objection aurais-je pu faire qui n'eût été ou une injure à votre indépendance ou l'aveu de ma faiblesse? Moi, reculer! parce qu'une cause est jugée par la prévention ignorante, par la politique violente et criminelle! Cela eût été indigne de vous, peu honorable pour moi. Quand la vérité commande, tous les scrupules se taisent! Me voici à vos pieds, moi, l'avocat de ces huit orphelins, de ces huit réprouvés. C'est au nom de leur malheur que je vous prie de m'entendre.

«Pourquoi suis-je seul à cette barre, ce qui est déjà pour moi un désavantage? Pourquoi les illustres adversaires que nous avons cités devant vous ne sont-ils pas à l'audience? Qu'ils nous dédaignent, je le comprends; mais vous, mais l'opinion! Au jour de leur plus grand pouvoir, ils étaient tributaires de ces deux puissances qui se tiennent par la main : la justice et la conscience publique! Aujourd'hui l'infortune, qui rend nos adversaires plus respectables, ne les affranchit pas des arrêts de ces deux redoutables puissances!

«L'absence de nos adversaires m'étonne donc, elle m'afflige. Elle est la continuation d'un système arrêté de· longue main. Quoi qu'il en soit, cette absence m'impose une grande réserve à laquelle je m'efforcerai de ne jamais manquer. Je ne me servirai donc pas de toutes mes armes. Il a fallu un bien long travail pour me borner. J'écarterai tout ce qui est preuves politiques, je ne m'attacherai qu'aux démonstrations juridiques; le détail en sera bien assez long. Voici du reste les faits du procès :

«En juin 1833, un ouvrier horloger qu'on croyait Prussien, et qui avait successivement habité Spandau, Brandebourg et Crossen (Royaume de Prusse), quittait cette dernière ville, traversait l'Allemagne et se rendait en France, où, après mille vicissitudes, il arrivait dans un affreux état de misère. Cet homme, nommé Naundorff, ne parlait pas la langue française, il ne connaissait personne en France, et ne savait à qui se recommander. Toutefois il parvint à se mettre en relation avec un magistrat honorable qui, après la révolution de Juillet 1830, n'avait pas voulu prêter serment au gouvernement nouveau, et qui s'était fait inscrire au barreau de Cahors, c'était M. Albouys. Naundorff voulut se rendre à Paris. Il erra pendant quinze jours; plusieurs fois même il vint à Versailles, et s'approcha des grilles de ce château où il avait reçu la naissance. Ce malheureux, sans ressources, couchait le plus souvent à la belle étoile. Parfois même il ne trouva d'autre asile que les ombrages funèbres du Père-Lachaise. Enfin une vieille femme charitable eut pitié de son dénûment et le recueillit chez elle.

«Sur ces entrefaites, la belle-sœur de M. Albouys, informée du lieu de sa résidence par son beau-frère, alla le voir; elle le conduisit dans son domicile, et l'y installa. Plusieurs personnes y virent Naundorff, et le reconnurent pour le véritable Duc de Normandie.

«Des renseignemens pris auprès d'un M. Geoffroy révélèrent l'existence de quelques personnes qui étaient parfaitement à même de confondre l'imposture si elle eût existé. On sut qu'une Dame de Rambaud, ancienne femme de chambre et berceuse du jeune Dauphin, qui l'avait reçu au moment de sa naissance, et qui ne l'avait pas quitté jusqu'en 1792, lorsqu'il dut partager la captivité de ses parens, on sut, dis-je, que cette Dame existait encore et pouvait donner de précieux renseignemens.

« Le Tribunal sait combien il y a eu d'imposteurs qui ont osé se faire passer pour le fils de Louis XVI. Mme de Rambaud, quand on lui parla de Naundorff, hésita d'abord ; mais aussitôt qu'elle l'eut vu, elle demeura convaincue qu'elle avait devant elle le véritable Duc de Normandie. Cette conviction ne se forma pas légèrement.

« Mme de Rambaud avait dans ses souvenirs le moyen de contrôler ler assertions de cet étranger. Elle eut avec lui des entrevues, des conférences à la suite desquelles elle demeura invinciblement convaincue, comme elle l'a écrit elle-même, de l'identité de Naundorff avec le Duc de Normandie. En effet, des signes particuliers existaient sur le corps du Dauphin. Il portait sur les deux bras des traces d'inoculation. Cette opération avait été pratiquée par ordre de Marie-Antoinette. Or, les deux mêmes marques d'inoculation se retrouvaient sur les deux bras de Naundorff. Celui-ci se rappela s'être trouvé en rapport avec plusieurs personnes qu'il nomma à Mme de Rambaud. En outre, cette Dame avait conservé une relique précieuse, un vêtement que le jeune Dauphin avait porté avant sa captivité. C'était une *petite robe* de soie bleue. Mme de Rambaud la lui présenta, et lui demanda s'il se rappelait à quelle occasion il l'avait portée *aux Tuileries*. « Je ne l'ai jamais portée *qu'une seule fois à Versailles*, lui répondit Naundorff, tel jour et dans telle circonstance ; même je me souviens *que ce vêtement était fort étroit et me gênait dans mes mouvemens.* »

« Mme de Rambaud, étonnée, confirma l'exactitude de toutes ces déclarations.

« A côté de Mme de Rambaud vivaient deux personnes fort capables de confondre toute imposture ; c'étaient M. et Mme Marco de Saint-Hilaire. M. de Saint-Hilaire avait été autrefois attaché au service de Louis XVI en qualité d'huissier ; sa femme faisait également partie de la maison du Roi ; aussi, comme Mme de Rambaud, ils s'étaient trouvés mainte fois en butte aux tentatives de fraude des imposteurs. Tous deux éprouvaient donc la plus vive répugnance à se mettre en communication avec cet étranger qui se prétendait à son tour fils de Louis XVI. Toutefois ils durent se rendre aux preuves convaincantes qui leur furent fournies. Dans ces circonstances, Mme de Rambaud écrivit à Mme la Duchesse d'Angoulême la lettre suivante :

« *A S. A. R. Madame la Duchesse d'Angoulême.*
  « MADAME,

 « Celle qui aurait donné sa vie pour vos illustres parens
« prend aujourd'hui, par devoir de conscience, la respectueuse
« liberté de vous écrire pour vous assurer de l'existence de
« votre auguste frère. Mes yeux l'ont vu, reconnu; des heures
« passées avec lui m'en ont donné la plus entière conviction.
« Une si précieuse conservation vient de la toute-puissance de
« Dieu; c'est à genoux que je lui en rends grâce, en me disant
« sans cesse que s'il a bien voulu le conserver par sa volonté, c'est
« pour en faire un être de pacification générale et de bonheur pour
« tous; cette conviction, comme l'espérance, vient de lui seul.

 « Ses longs malheurs, sa résignation aux volontés de la
« Providence et sa bonté sont au-delà de tout.

 « Celle de V. A. R. ne m'est pas moins nécessaire pour m'as-
« surer que je n'ai point trop osé en exprimant ce que mon
« cœur sent si bien pour ses souverains, si légitimement aimés
« de tous ceux qui ont conservé un cœur fidèle.

 « C'est avec respect que je suis, de V. A. R., la très-
« humble et très-obéissante servante,

        « M. Vᵉ DE RAMBAUD.

 « Madame sait que j'ai eu l'honneur d'être attachée au berceau
« de son auguste frère depuis le jour de sa naissance jusqu'au
« 10 Août 1792. »

 « M. et Mᵐᵉ Marco de Saint-Hilaire écrivirent également à
Mᵐᵉ la Duchesse d'Angoulême une lettre dont le fond et la
substance étaient les mêmes. Les voici :

  A S. A. R. Madame, Duchesse d'Angoulême.
  « MADAME,

 « *Depuis l'année* 1795, je n'ai cessé d'entendre dire que le
« malheureux Dauphin, fils de Louis XVI, *avait été sauvé du*
« *Temple, et qu'un autre enfant y fut introduit à sa place.*
« Cet espoir qui était nourri dans le cœur de tout bon Français
« était devenu une croyance religieuse; elle fut entretenue pour
« moi à une époque où je fus placée auprès de *Joséphine,*
« *femme de Bonaparte.* J'acquis alors la certitude que sa bonté,
« son respect et son attachement à la famille royale des Bour-
« bons l'avaient portée, de convention avec le *Ministre Fouché,*
« à soustraire le malheureux reste du sang de nos Rois *des*
« *cruelles mains de son époux qui avait prononcé sa perte.*

 « Je pense, Madame, que ces bruits seront arrivés jusqu'à
« Votre Altesse Royale. Mais la Providence ayant permis que
« depuis quinze ans il se présentât plusieurs faussaires, suscités
« par une police trop coupable, la vérité n'était pas encore

«parvenue jusqu'à vous, malgré tous les renseignemens que
«V. A. R. a cherché à obtenir.

«Si je prends, Madame, la très-respectueuse liberté de vous
«adresser aujourd'hui cette lettre, c'est que j'ai la conviction
«d'avoir retrouvé ce Prince si regretté des Français. La Pro-
«vidence a permis que je me trouvasse en rapport avec lui; et
«pour tous ceux qui ont eu l'honneur de connaître le Roi
«votre auguste père, et la Reine votre trop malheureuse mère,
«il est impossible de méconnaître Louis XVII, à la ressem-
«blance frappante que ses traits offrent avec ceux des augustes
«auteurs de sa vie.

«Votre Altesse Royale, qui jusqu'à présent n'a point été à
«portée de trouver la vérité, peut être assurée que Dieu a
«permis, qu'après tant d'années de recherches, nous soyons enfin
«parvenus à la trouver.

«C'est aux pieds de V. A. R. que je la supplie, avec tout
«le respect que je lui dois, de me pardonner la lettre que je
«prends la liberté de lui adresser; mais Dieu, ma conscience,
«et le salut de mon ame, m'imposent l'obligation de la prévenir
«que son malheureux frère existe, et qu'il est avec nous. J'ose
«assurer Votre Altesse Royale que je crois à l'identité de ce
«malheureux Prince comme je crois en Dieu et à son divin
«fils Sauveur du monde.

«Je suis bien peu de chose, Madame, mais le feu sacré de
«mon amour et de ma reconnaissance pour votre auguste et
«trop malheureuse famille n'a jamais cessé de brûler dans mon
«cœur. Malgré tous les malheurs qui m'ont été personnels, je
«suis encore disposée à sacrifier le reste de ma triste existence,
«si elle peut être utile au fils de votre auguste père, que
«Dieu dans sa sainte miséricorde semble m'avoir fait retrouver,
«pour me dédommager à la fin de ma vie de toutes les douleurs
«que j'ai ressenties par la perte cruelle de mes augustes
«maîtres.

«Je suis, Madame, avec le plus profond respect,
«de Votre Altesse Royale,
«la plus humble, la plus obéissante et la plus
«soumise servante,
«MARCO DE ST. HILAIRE,
«née BESSON,
«anciennement attachée à Madame Victoire de France, tante
«du Roi. — Versailles le 9 Septembre 1833. »

«Je soussigné Marco de St. Hilaire, âgé de 76 ans, ancien
«huissier ordinaire de la chambre du Roi (Louis XVI), servant

« près de S. A. R. Madame Victoire de France, déclare et
« certifie devant Dieu et devant les hommes :

« 1° Que le Prince *Charles-Louis*, Duc de Normandie, né le
« 27 Mars 1785 de Louis XVI et de Marie-Antoinette, est
« *existant*, et que depuis *seize mois* que je l'ai vu habituelle-
« ment j'ai été à même de m'en convaincre ;

« 2° Que maintenant et à raison du laps de temps qui s'est
« écoulé depuis la mort de l'infortuné Louis XVI, il serait
« difficile de trouver d'anciens officiers de la maison du Roi,
« qui puissent constater l'identité de ce Prince avec son auguste
« père, parce qu'il ne suffit pas pour cela d'avoir vu Louis XVI,
« mais qu'il faut encore l'avoir vu *journellement* et dans son
« intérieur, ce dont les fonctions de ma place me donnaient la
« facilité ;

« 3° Que le Prince *Charles-Louis* a tous *les traits* de *sa*
« *famille, les manières, les habitudes, les goûts* de son auguste
« père, qu'il en a également toutes les vertus, et que quiconque
« l'a vu une seule fois et a eu le bonheur de s'entretenir avec
« lui ne peut, s'il n'a pas perdu tout souvenir de ses augustes
« parens, et s'il est de bonne foi, mettre en doute son *identité ;*

« 4° Qu'au nombre de ses souvenirs d'enfance, le Prince m'a
« rappelé différentes dispositions et constructions qui existaient
« dans le parc de Versailles, et qui ont été détruites immédiate-
« ment après la mort du Roi, et dont *les personnes actuellement*
« *âgées de 40 ans* n'ont jamais eu connaissance ;

« 5° Qu'enfin ma conviction est telle qu'il n'est au pouvoir de
« personne de la détruire ;

« 6° Qu'en faisant cette déclaration, j'atteste en mon ame et
« conscience que je ne suis mu par aucun autre sentiment que
« celui de rendre hommage à la vérité et à la justice.

« Versailles le 17 Décembre 1834.

« MARCO DE ST. HILAIRE. »

« Ainsi trois personnes honorables, dignes de foi, sincères,
étaient sérieusement convaincues de l'existence du Duc de Normandie, qu'elles avaient vu et connu.

« Celui qui prétendait être le fils de Louis XVI leur expliquait
que l'acte de décès dressé au Temple le 12 Juin 1795 était
un acte mensonger ; qu'en effet un enfant était bien mort au
Temple, mais que ce n'était pas lui, le Dauphin, enlevé de sa
prison par des amis dévoués, qui l'avaient conduit à l'Etranger.
Errant de pays en pays, il s'était trouvé en Prusse en 1810.
Ses papiers lui avaient été soustraits par la police prussienne.
Il avait été successivement incorporé dans la bourgeoisie de
Spandau, puis dans celle de Brandebourg. Là, il devint l'objet

de nouvelles persécutions. Accusé une première fois d'incendie, il fut acquitté; mais poursuivi une seconde fois, pour *un délit imaginaire*, il fut condamné à trois ans de prison.

«A sa sortie de prison on lui assigna la Haute-Silésie pour lieu de résidence, et il dut être surveillé par un Magistrat qu'il parvint bientôt à édifier sur son origine, et qui voulut bien écrire pour lui à Charles X. Enfin le malheureux Naundorff parvint à regagner Paris.

«Ce récit, Messieurs, ne ressemble guère à l'histoire d'un fils de Roi. En effet cet homme, d'abord horloger en Prusse, puis repris de justice, semble peu intéressant. Rien ne paraîtrait annoncer en lui un Prince. Et pourtant tous ceux qui avaient vécu à la cour de Louis XVI, qui avaient vu le jeune Dauphin, lorsqu'ils étaient mis en présence de Naundorff, n'hésitaient pas plus que Mme de Rambaud et que M. et Mme de Saint-Hilaire à reconnaître en lui le Duc de Normandie.

«J'ajoute que même l'existence de Naundorff comme Duc de Normandie a été, dès ce moment, connue du gouvernement par ses lettres à la Duchesse d'Angoulême et au Roi.

«Vers 1834, un gentilhomme, M. Morel de Saint-Didier, convaincu comme tous ceux qui avaient vu et entendu Naundorff, qu'il était bien le fils de Louis XVI, se rendit à Prague, à sa sollicitation, auprès de Mme la Duchesse d'Angoulême, qui n'avait jamais répondu à aucune des lettres qui lui avaient été adressées au sujet de son frère et par celui-ci; à l'effet d'obtenir de cette Princesse une entrevue avec ce personnage. Il y arriva le 10 Janvier 1834. Le 12, il fut reçu par la Princesse.

«Voici le procès-verbal dressé par M. de Saint-Didier lui-même de son entretien avec Mme la Duchesse d'Angoulême:

«Introduit chez *Madame*, après avoir attendu quelques instans dans la salle de service, je trouvai auprès de S. A. R. M. le Marquis de Vibraye.

«L'auguste Princesse me reçut avec une politesse exquise. Assise sur un sopha, *Madame* avait daigné se lever et me faire l'honneur de s'avancer jusqu'au milieu de son salon. — «Bonjour, M. de St.-Didier, me dit S. A. R., avec une bonté «qui n'avait rien d'étudié: voilà M. de Vibraye, un de mes «anciens officiers, je serai fort aise qu'il assiste à notre con-«férence. »

«*Madame* ne peut rien faire de plus heureux pour moi, répondis-je aussitôt avec respect et d'un air satisfait.

«Lorsque l'auguste Princesse nous eut permis de nous asseoir, *Madame* ouvrit immédiatement la conversation sur l'objet de l'audience accordée. Ses premières paroles firent sur moi l'effet de la tête de Méduse. «*Eh bien! M. de St.-Didier, me* «*dit la Princesse, vous venez pour l'entrevue demandée, mais* «*j'ai déjà répondu par un refus positif; ce refus est parti le* «16 *Décembre.*»

«Je restai atterré, car ces mots me laissaient sans mission. Néanmoins je ne me laissai point abattre; je recueillis mes esprits. Je sentis le besoin de la fermeté : je la plaçai entre mon respect pour *Madame* et mes devoirs comme commissaire du Prince.

«*La déclaration de S. A. R. me glace d'effroi, dis-je aussitôt avec un profond sentiment de peine; elle me brise le cœur. Comment est-il possible que la haute sagesse de Madame ait pu s'arrêter à un refus décisif et si prompt, lorsque S. A. R.* N'A PRIS CONNAISSANCE ENCORE D'AUCUN DOCUMENT OFFICIEL, N'A RIEN VU, RIEN ENTENDU *des détails qui doivent nécessairement* DÉCIDER *Madame à suspendre un refus prématuré.*

— «Mais, *comment voulez-vous que je fasse,* M. de St.- «Didier, reprit la Princesse? *Mon refus est envoyé, je ne puis* «*pas revenir sur mes pas, tout cela est très-difficile.*»

«J'insistai en suppliant Madame de daigner m'écouter. J'annonçai que j'étais porteur de dépêches importantes, que S. A. R. y trouverait des preuves déterminantes pour accorder l'entrevue sollicitée. *Madame* parut m'autoriser par son silence à quelques développemens; je profitai de sa bonté.

«J'eus l'honneur alors d'informer S. A. R. que j'étais instruit de la correspondance de *Madame* la Duchesse de Montmorency; que S. A. R. savait conséquemment ce qui se passait à Paris. *Madame* me répondit qu'effectivement on lui avait marqué beaucoup de choses.

«J'exposai à la Princesse de quelle manière j'avais connu le personnage qui se déclare son frère; je lui parlai de l'impression si vive qu'il avait faite sur moi. J'ajoutai avec vérité que tous ceux qui l'abordaient ne pouvaient échapper à une semblable impression. Sa ressemblance avec les auteurs de sa vie, sa dignité naturelle, l'accent de vérité qui frappait dans chacune de ses paroles; tout en lui était tellement persuasif et complet, qu'il suffisait de le voir, de l'entendre, de le fréquenter, pour être entièrement convaincu de la vérité de ses prétentions. Je déroulai en un mot à *Madame* tous les détails de ma conduite dans cette affaire. S. A. R. parut loin de m'improuver; il devait en être ainsi puisque j'avais suivi une ligne de fidélité et d'honneur; d'autres que moi auraient dû en faire autant.

« J'eus l'honneur de présenter à *Madame* le portrait si ressemblant du Prince. *Madame* le considéra attentivement.

« Je ne trouve pas, dit S. A. R., de ressemblance avec ma « famille. Cependant *on m'a mandé* que le peintre qui a chez lui « *un portrait de ma mère*, qu'on dit très-remarquable, *y a trouvé* « *une grande ressemblance avec ce personnage;* C'EST « POSSIBLE. » Et la Princesse mit avec soin ce portrait dans le tiroir d'une petite table-bureau qui était devant elle.

« Après avoir écouté les détails propres à justifier les prétentions du Prétendant, *Madame* reprit ainsi la parole : « On « doit penser combien je serais heureuse de retrouver mon frère, « mais je le crois malheureusement mort ; je pourrais même « ajouter qu'il est mort, pour ainsi dire, sous mes yeux ; du « moins, l'enfant qui habitait *sous ma chambre*, au Temple, et « que je savais être mon frère, est mort là....., *à moins qu'il n'y* « *ait eu une substitution, ce que j'ignore.* » Je répondis que c'était effectivement ce qui avait eu lieu ; que très-peu de personnes en France doutaient de la délivrance du Dauphin ; qu'on ignorait s'il vivait encore, mais qu'il paraissait certain qu'il n'était pas mort au Temple. Silence de Madame.

« J'entrai dans les détails relatifs au mariage du Prince, et au nombre de ses enfans ; je m'expliquai sur sa volonté de faire cession de ses droits au trône à M. le Duc de Bordeaux : « Car, » disait-il, « étant le principe de la légitimité, moi seul « je peux la transmettre. — « *Il a raison*, repartit Madame ; « mais Monsieur, *il est marié.... et ses enfans ?* » ajouta avec dignité la Princesse. J'eus l'honneur de déclarer à Madame, d'après mes ordres, que l'intention du Prétendant était de régler les choses de manière que ses enfans n'eussent jamais le malheur de monter au trône. J'entrai à cet égard dans de longs détails.

« J'eus l'honneur d'entretenir Madame de ce qui s'était passé lors de la reconnaissance du Prince par *Martin*..... « Quant à « *Martin*, interrompit S. A. R., je n'y crois pas du tout. »

« M. le Marquis de Vibraye, qui jusque-là était resté silencieux, demanda à Madame la permission de faire une observation. « Mais, Monsieur, dit-il, on assure que *Martin* a déjà « reconnu plusieurs Louis XVII. » — Non, M. le Marquis, repris-je avec quelque vivacité ; le fait est entièrement faux ; *cette inculpation est une odieuse calomnie.* Le personnage qui est à Paris est le seul en qui *Martin* ait jamais reconnu le véritable fils de Louis XVI. — « Enfin, Monsieur, continua M. « de Vibraye, comment vit-il à Paris? » — « *Mais il vit des* « *secours de ses pauvres*, » *répondit Madame* avec l'accent d'une sensibilité touchante qui ressemblait à de l'émotion.

« J'attachais beaucoup d'intérêt à obtenir de l'auguste Princesse qu'elle lût mes dépêches en ma présence. J'en exprimai le désir, l'appuyant sur l'ordre que j'avais de quitter Prague très-promptement pour rentrer à Paris. Soit un plan de conduite arrêté d'avance, soit la nuit presque arrivée qui nous trouvait sans bougies, S. A. R. me répondit, après quelques instants de réflexion : « Eh bien ! je consens à revoir cette « affaire. Le jour tombe, il est tard : mais je vous promets de « lire avec beaucoup d'attention tout ce que vous m'apportez ; je « vous donnerai ensuite ma réponse sur l'entrevue que demande « le Prétendant. Mais cette affaire est *trop grave* pour être « examinée légèrement ; elle est *trop importante* pour que je « n'aie pas besoin d'y consacrer quelques jours ; il me faut au « moins une huitaine. Faites un petit voyage ; visitez les « environs, et à votre retour je vous reverrai. Mais si vous « devez essentiellement vous renfermer dans vos ordres et « repartir tout de suite, vous concevez qu'il m'est impossible « de vous donner une réponse. » — Le premier de mes ordres est de suivre ceux de Madame ; j'aurai l'honneur de les attendre, répondis-je en m'inclinant. — « D'ailleurs, ajouta « Madame, je vous préviens qu'il faut absolument que je parle « de tout cela *au Roi et à M. le Dauphin ;* parce que je ne fais « jamais rien sans le leur communiquer et sans leur consentement. » Je m'inclinai de nouveau. S. A. R. leva l'audience. Je me retirai. »

« Comme on le voit, Mme la Duchesse d'Angoulême ne parut pas se retrancher d'une manière absolue derrière l'acte de décès de 1795 ; comme preuve de la mort de son frère ; mais elle déclara que, ne voulant pas être prise pour dupe, elle voulait des preuves.

« Peu de jours s'étaient écoulés depuis cet entretien, lorsque Mme la Duchesse d'Angoulême fit de nouveau mander M. Morel de Saint-Didier. Ce dernier trouva auprès d'elle M. de Vibraye, qui avait déjà assisté à la première entrevue. Ecoutons encore la narration rédigée par M. de Saint-Didier :

« ..... Je trouvai auprès de la Princesse le même gentilhomme qui avait assisté à notre première conférence.

« *Madame* prenant la parole : « Eh bien ! M. de St.-Didier, « j'ai lu attentivement tout ce que vous m'avez remis ; je n'ai « rien trouvé qui puisse me déterminer à accorder cette entrevue. « *Si quelque chose pouvait arrêter un instant mon attention, c'est* « *la lettre de* Madame de Rambaud, *parce que je me rappelle* « *qu'elle était effectivement femme de chambre de mon frère.* « MAIS TOUT CELA N'EST RIEN. »

« J'insistai non seulement sur l'importance du témoignage de Madame de Rambaud, mais particulièrement sur divers détails fournis par le Prétendant à S. A. R. *et qui ne pouvaient être connus que de* Madame *et de son frère.* La Princesse parut comprendre cette insistance de ma part, car S. A. R. me répondit : « Oui, je conçois, mais tout cela n'est pas *encore suffisant.* Il « me faut d'autres preuves pour accorder l'entrevue. »

« Je pris la liberté de persévérer par des raisonnemens qu'il serait trop long de reproduire. « Eh bien ! M. de St.-Didier, « repartit *Madame,* je vous promets que j'examinerai tout cela « de nouveau. Mais dites-lui qu'il m'envoie par un exprès de sa « confiance et sous cachet *tout ce qu'il ne veut me dire que de* « *vive voix ;* alors je prendrai une détermination sur sa demande « d'une entrevue. Mais si je l'accorde, prévenez-le qu'elle n'aura « lieu qu'en présence de témoins. *Surtout, dites-lui qu'il me donne* « *tous les détails relatifs à sa sortie du Temple ; voilà ce qui* « *m'est essentiel, et j'insiste particulièrement sur ce point.* »

« Je luttai vainement pour obtenir l'entrevue ; *Madame* resta inébranlable. Cette décision aussi malheureuse qu'imprudente me causa un chagrin sensible. Elle devait nécessairement compromettre plus tard *Madame ;* je le démontrai à S. A. R., mais j'eus la douleur de ne pas être écouté.

« L'évènement a justifié ma prévision, car *les personnes, qui ont eu connaissance des détails fournis par le Prétendant à Madame, n'ont pas pu comprendre que S. A. R. ait chargé sa responsabilité morale* D'UN REFUS AUSSI PUISSAMMENT ACCUSATEUR. En effet les détails dont il s'agit sont d'une nature telle, ils se rattachent à des probabilités si voisines de la certitude à tous les yeux, que chacun s'est écrié : « IL EST IMPOSSIBLE QUE, SUR DE SEMBLABLES DONNÉES, *Madame refuse une entrevue, au moins pour voir ce personnage, et entendre de lui-même ce qu'il a encore à révéler à* S. A. R. »

« Mon vieux dévouement aux Bourbons, et particulièrement à *Madame,* me rendait bien douloureuses les dispositions peu prudentes de S. A. R.

« La Princesse me fit observer qu'elle ne concevait point *quel intérêt avait eu le Roi de Prusse à persécuter le fils de Louis XVI.* J'eus l'honneur de répondre à Madame, que là s'ouvrait la question politique ; que pour l'instant je n'étais autorisé à traiter qu'une question de famille, entièrement en dehors de toutes contestations d'État ; que mes instructions étant entièrement muettes à cet égard, j'étais forcé de rester dans le regret de ne pouvoir suivre la conférence sur ce plan de discussion. Je me bornai à chercher par tous les moyens compatibles avec la conscience et l'honneur, à engager Madame dans une voie où elle rencontrerait nécessairement la vérité dans toute son exactitude....

« Madame daigna me promettre de faire prendre de nouvelles informations. Voilà tout ce que je pus obtenir, et j'eus l'honneur de prendre congé de Madame. S. A. R. daigna me dire en recevant mes respectueux adieux : « Allons, Monsieur de Saint-« Didier, je suis enchantée de vous avoir vu ici et de vous avoir « connu. » Un semblable témoignage de bonté doit laisser espérer que l'auguste Princesse n'a été mécontente ni de la mission, ni de la manière dont elle a été remplie........ Nous étions au 19 Janvier.....»

« Apres cette seconde entrevue, M. Morel de Saint-Didier revint à Paris, il rendit compte du résultat de son voyage à Naundorff. Celui-ci le décida à retourner de nouveau à Prague avec Mme de Rambaud. Cette Dame, plus que septuagénaire, n'hésita pas à braver les fatigues d'un long et pénible voyage. A son arrivée à Prague, le 7 Août 1834, M. Morel de Saint-Didier sollicita une audience de Mme la Duchesse d'Angoulême; il s'adressa à Mme d'Agoult, Dame d'honneur de la Princesse, qui l'obtint pour le lendemain 8 Août. M. de Saint-Didier en rend compte ainsi :

« .... A quatre heures, j'étais chez Madame. Cette fois, point de témoins, S. A. R. était seule.

« —Ah bonjour Monsieur de Saint-Didier, vous voilà donc de « retour dans ce pays-ci? On m'a dit que vous vouliez me voir : « *de quoi s'agit-il ?* »

« Tout cela me fut dit avec un ton de politesse froide que Madame avait bien voulu m'épargner à mon premier voyage.

« J'exposai l'objet de ma nouvelle mission. J'eus l'honneur de remettre mes dépêches à Madame, et particulièrement une lettre autographe du Prince. Je déclarai, comme j'en avais l'ordre, que j'en ignorais entièrement le contenu, ce qui était exactement vrai.

« *Madame,* cette fois, *me parut n'attacher aucun prix* aux dépêches que j'avais l'honneur de lui présenter. *S. A. R. me dit* cependant qu'elle en prendrait connaissance, et *qu'elle me donnerait sa réponse définitive dans le courant de la semaine suivante : c'était le Vendredi 8 Août.*

« Lors de ma première mission, je n'avais désigné le Prince à *Madame* que sous la qualité du *Personnage* ou du *Prétendant,* bien que cette réserve fût très-pénible à ma conviction; dans celle-ci je crus devoir employer continuellement dans le cours de l'audience le titre de Prince, car ma conscience, plus forte que toutes les considérations, m'en imposait le devoir rigoureux.

« *J'eus l'honneur de déclarer à Madame qu'il ne restait plus aujourd'hui l'ombre d'un doute sur l'identité du Prince,* chez aucun de ses amis, même chez ceux que la crainte puérile d'un ridicule empêchait d'en faire l'aveu tout haut.

« Je fus assez malheureux pour que cette déclaration positive rendit la conférence très-animée de la part de S. A. R. Je me préparai à l'orage avec calme, avec ce profond respect que m'inspire toujours la fille auguste de Louis XVI et de Marie-Antoinette; mais je restai très-décidé à défendre avec fermeté la cause sacrée du Royal Orphelin pour lequel l'abandon de l'Univers n'est rien, *comparé à celui d'une sœur qui le repousse.*

« *Pour la première fois, Madame me déclara qu'elle savait très-bien que son frère était mort, qu'elle en avait toutes les preuves.*

« Une déclaration si tardive s'accordait fort peu avec l'insistance de *Madame,* à mon premier voyage, pour recevoir du Prince, surtout, *les détails les plus circonstanciés de son évasion du Temple.* Elle n'était pas plus en harmonie avec l'attentif empressement qui avait semblé diriger S. A. R. dans ses investigations primitives.

« J'eus l'honneur de rappeler à *Madame* les détails secrets que le Prince lui avait transmis; j'ajoutai qu'ils me semblaient cependant de nature à rendre circonspecte toute opinion qui serait tentée de se déclarer d'une manière absolue pour la certitude de la mort. Je citai, par exemple, entre autres faits, celui que *Monseigneur* avait signalé à *Madame,* en ces termes : « Lorsqu'un « jour en quittant les Tuileries en famille, nous montâmes dans « une voiture pour en prendre bientôt une autre, quel est l'homme « qui me porta dans ses bras pendant cet échange de voiture? « Certes, personne autre que votre frère ne peut vous répondre « à cette question. » Cet homme était Louis XVI.

« Bah ! Monsieur, me répondit la Princesse, tout cela a été « imprimé : il l'a lu dans quelques journaux français ou étran- « gers, ou dans quelque autre publication. »

« Je me contentai de répondre à S. A. R. que je n'avais jamais entendu dire à personne que de pareils détails eussent été publiés.

« Mais l'instant le plus affligeant pour moi a été celui où j'ai parlé de l'assassinat du Prince. « *Allons donc,* Monsieur, *l'as-* « *sassinat ?.....* » reprit aussitôt *Madame* en SOURIANT, comme ayant l'air d'en douter. Je ne pus que répondre : Hélas! Madame, cet assassinat n'est que trop certain; *et l'on n'assassine pas un imposteur,* Madame; ce crime est inutile.

« PARDONNEZ-MOI, Monsieur, » repartit *Madame.*

«Enfin, à travers le prisme trompeur d'un calme apparent, je voyais l'irritation se faire jour. Je fus bien douloureusement surpris, lorsque je la vis s'élever au point de m'entendre dire durement : «Monsieur de St.-Didier, *cet homme n'est qu'un im-* «*posteur, un intrigant, mais fort habile.*»

«Ce que je peux avoir l'honneur d'affirmer à *Madame,* repris-je avec l'accent d'un homme que le respect seul peut contraindre, c'est que rien, absolument rien de ce qui caractérise un imposteur, n'a jamais été aperçu chez le Prince, depuis le moment de son apparition parmi nous jusqu'à ce jour. J'en dirai de même de la qualification d'intrigant, Madame; si elle lui était applicable, ses amis et moi-même, nous serions tous passibles de la même accusation.

«Ce que je dis là, M. de St.-Didier, reprit vivement S. A. R., «vous est entièrement étranger; *je suis convaincue, et je sais* «*que vous êtes le plus honnête homme du monde; mais vous* «*êtes dans une illusion que je ne partage pas.*»

«Enfin, repartis-je, *Madame* daignera-t-elle me permettre de lui demander *quel si grand inconvénient S. A. R. trouve à accorder une entrevue? «Un très-grand, répondit avec force* «*Madame, car j'aurais l'air de le reconnaître.*» Je me refugiai dans un respectueux silence; je devais le faire, car il m'eût été trop pénible de m'expliquer sur le sens naturel que l'on donnerait à ces paroles imprudentes.

«*Le Prince avait été exactement informé d'un* voyage mystérieux *que* le Roi de Prusse *avait fait récemment à Dresde et à Pilnitz,* sous le voile du plus sévère incognito. Le secret fut si profond qu'il en fut un pour tout le monde; *le Prince seul en fut instruit. Ce voyage était un rendez-vous avec* Madame; mal compris sans doute, ce monarque et la Princesse se croisèrent. *Le Roi de Prusse* ne trouvant plus *Madame,* ni à Dresde ni à Pilnitz, *repartit sur-le-champ pour Toeplitz; il y rencontra S. A. R.; là effectivement eut lieu l'entrevue.*

«Lorsque j'eus l'honneur de donner ces détails à *Madame, sa surprise fut extrême.* Mais la haute raison de la Princesse ne fit pas défaut : S. A. R. céda à la nécessité *d'un noble aveu,* en me faisant l'honneur de me déclarer qu'il était vrai que ce souverain était venu à Pilnitz comptant l'y trouver, que ne l'y ayant pas rencontrée, le Roi de Prusse partit sur-le-champ pour Toeplitz, où effectivement elle avait eu une entrevue avec ce monarque; qu'elle lui avait parlé de l'affaire du Prince, et que le Roi lui avait répondu : «*J'ai eu en effet cet* «*homme dans mes États; c'est un fou, et c'est par considé-* «*ration pour le dérangement de son cerveau qu'il a été traité*

« *avec beaucoup moins de rigueur dans le jugement prononcé*
« *contre lui.* »

« Madame, ai-je répondu, il entre dans mes principes et dans
mon éducation de croire que notre respect est dû à tous les Rois;
et comme il s'agit ici d'une tête couronnée, je m'abstiendrai de
qualifier un semblable langage. Mais j'ose supplier Madame de
me permettre quelques instans de créer une hypothèse.

« Que Madame daigne donc admettre un moment qu'elle a
reconnu son frère, qu'elle l'a retrouvé dans le Prince dont il
est question. Cette hypothèse, une fois admise, S. A. R. daigne-
rait-elle me dire quelle réponse, dans ce cas, elle réserverait au
monarque prussien ?..... Madame resta silencieuse.

« Au reste on le voit : plus le Roi de Prusse et *Madame* des-
cendent rapidement la pente de l'erreur cruelle où les entraînent la
série d'intrigues qui les enchaînent, plus leurs efforts de résistance
s'épuisent au profit de la vérité. Tout esprit droit et sensé,
en effet, ne comprendra jamais comment LE FOU du Roi de Prusse
est précisément *cet intrigant* reconnu si HABILE par la Princesse.

« Il me restait à subir une dernière douleur, car j'allais frapper dans ses affections les plus chères, le cœur de l'infortunée
sœur du Prince. Il m'a fallu toute la force d'une conviction entière et profonde pour m'y déterminer. Mais la fidélité, le dévouement et l'honneur m'en imposaient le pénible devoir ; j'ai dû
le remplir. M'étant armé de fermeté, je repris ainsi la parole
d'un ton grave :

« Mon respect pour *Madame* est une douce obligation de ma
conscience jamais disposée à l'oublier. Il est un besoin de mon
cœur toujours prêt à y satisfaire. S. A. R. daignera donc apprécier et plaindre tout ce qu'il me faut de courage pour
déchirer un cœur déjà brisé par tant de malheurs !..... mais
quelle que soit ma position douloureuse, mes ordres sont précis,
ma fidélité à les suivre doit être complète.

« J'ai donc l'ordre péremptoire d'avoir l'honneur de déclarer,
au nom du Prince, à *Madame,* que Monseigneur *a la certitude
des deux faits suivans.*

. . . .

. . . .

« Il ne m'appartient pas de les révéler ici. C'est le secret du
Prince et de *Madame;* je dois le taire. En suspendant mon
récit, j'ajouterai que j'eus l'honneur d'informer S. A. R., d'après
mes ordres, que le Prince affirmait avoir à sa disposition les
preuves sans réplique des deux faits en question.

« *Madame* m'écouta avec une anxiété visible et attentive.
L'agitation de S. A. R. était extrême. C'est en vain que la Prin-

cesse cherchait à me présenter du calme, aucun effort ne put le ramener. Madame *nia l'un de ces faits;* le silence de S. A. R. oublia l'autre.

« Cette longue audience fut si pénible, j'avais vu la Princesse tellement agitée, que je ne crus pas devoir parler en ce moment du voyage de *Madame de Rambaud,* encore moins demander une audience pour elle; un refus me paraissait trop certain. Je pensai qu'il était convenable d'attendre le lendemain, pour laisser à la nuit le soin de calmer une irritation, dont il m'était si douloureux d'avoir été la cause et le témoin. J'aimais à espérer que cette remise qu'indiquait la prudence aurait l'adhésion du Prince; il m'approuva.

« Le lendemain effectivement je montai au Hradschin. J'eus l'honneur de voir Madame la Vicomtesse d'Agoult; je lui annonçai que, par l'ordre du Prince j'avais amené à Prague Madame de Rambaud qui devait confirmer, de vive voix, à la Princesse, *tout ce qu'elle avait eu l'honneur d'écrire à S. A. R.* Je priai Madame d'Agoult d'obtenir pour elle une audience de *Madame;* je prétextai que cette audience n'avait pas été sollicitée plus tôt, parce que Madame de Rambaud venait seulement de recevoir par le fourgon d'Eger sa caisse de toilette. Madame d'Agoult me promit avec sa bonté ordinaire de faire ce que je désirais; et le jour suivant elle m'adressa un billet que j'ai eu l'honneur de transmettre au Prince, billet dans lequel se trouvait consigné le refus motivé de *Madame.*

« Aussitôt que j'eus pris connaissance de ce refus, j'annonçai à Madame de Rambaud que nous devions partir sur-le-champ. Mon départ immédiat était un devoir sacré, car je ne devais plus rester une heure auprès de *Madame,* puisque des influences irréfléchies ou malveillantes avaient égaré sa faiblesse jusqu'à outrager en ma présence le Prince que j'avais l'honneur de représenter.

« .... Le refus d'audience de Madame fut suivi incontinent de *l'ordre signifié à Madame de Rambaud, par la commission de police, de quitter Prague aussitôt.*

« Nous montâmes en voiture et nous prîmes la route de Dresde, pour rejoindre Monseigneur. »

Me Jules Favre continue en ces termes:

« A la demande d'audience sollicitée par Mme de Rambaud, au bout de 24 heures, M. Morel de Saint-Didier reçut de Mme d'Agoult la réponse suivante:

> « *A Monsieur de St.-Didier, Hôtel des trois*
> « *Tilleuls, à Prague.*

« Je me suis acquittée, Monsieur, de votre commission.
« La réponse de Madame la Dauphine est:

« Qu'elle a connu Madame de Rambaud qui était, il y a plus de
« quarante ans, femme de chambre de Monsieur le Dauphin;
« que ne pouvant supposer qu'une personne de son âge ait pu
« entreprendre un voyage si fatigant, elle n'a aucune raison de
« voir *la personne de ce nom que vous avez amenée ici;* qu'elle a
« lu tous les papiers que vous lui avez remis, et n'y a rien trouvé
« qui puisse lui faire changer d'opinion, non plus qu'à la
« résolution qu'elle a fait connaître, comme vous le savez.

   « Samedi 9 Août. »

« C'était un refus déguisé. Je ne veux rien dire de désagréable
pour les absens; seulement je fais remarquer ceci. Madame la
Dauphine demande, sollicite une preuve; on la lui apporte, et
elle refuse de la voir! « Il n'est pas supposable, dit la Princesse,
qu'une personne de l'âge de Mme de Rambaud ait entrepris un
aussi pénible voyage. »

« Ah! en vérité la Diplomatie n'a jamais eu de détours plus
cruels, ou pour mieux dire aussi maladroits.

« La femme vénérable qui avait accompagné M. de Saint-Didier
à Prague était-elle donc une aventurière? Dans tous les cas,
rien n'était plus facile que de s'assurer de son identité avec
Mme de Rambaud, la femme de chambre du Duc de Normandie.
Il y a près de Mme la Duchesse d'Angoulême des personnes qui
ont connu Mme de Rambaud à la cour de Louis XVI, et qui
auraient pu la reconnaître.

« Mais, non! Mme la Dauphine mise en demeure d'éclaircir ses
doutes refuse toute entrevue.

« Que faire dans une occurrence aussi grave? Il y avait deux
partis à suivre.

« En effet, deux grandes puissances gouvernent le monde:
l'opinion, la justice. Je ne les mets pas sur la même ligne:
l'une est mobile, impressionnable, l'autre inflexible et ne suivant que la ligne de la conscience et de la loi.

« On essaya d'abord un appel à l'opinion. En 1835, un
Journal, *la Justice*, fut fondé par Naundorff; il était destiné à
défendre la cause du Duc de Normandie, et à faire reconnaître
son identité avec le fils de Louis XVI: les preuves de sa
qualité de Duc de Normandie y étaient insérées. Cette publication
souleva des haines bien vives; elle fut arrêtée dans sa marche
par des difficultés financières. Mais le rédacteur en chef de ce
journal s'avisa de menacer Naundorff d'un procès pour usurpation
du nom de Duc de Normandie et escroqueries commises à l'aide
de cette fausse qualité. Il porta en effet contre lui une dénonciation
dans laquelle il disait: « avoir reçu des renseignemens tirés
directement de l'Ambassade prussienne, desquels il résultait que

le prétendu Duc de Normandie n'était en réalité que le Sieur Naundorff, fils d'un horloger prussien existant encore.» .

«Naundorff l'assigna en diffamation. Voici comment la Gazette des Tribunaux du 24 Février 1836, rend compte de ce procès :

«M. Thomas, homme de lettres, plaignant en escroquerie, déclare qu'il ne peut rien prouver.

«Le défenseur de M. Naundorff déclare que son client avait porté plainte en diffamation contre M. Thomas; mais que le but de cette plainte étant seulement de forcer celui-ci à réaliser celle dont il le menaçait, M. Naundorff s'est désisté.

«Le Tribunal, sans même entendre l'avocat sur la plainte en escroquerie, renvoie M. Naundorff purement et simplement des fins de la prévention.

«Des bravos éclatent après le prononcé du jugement; plusieurs Dames se précipitent vers le Duc de Normandie et lui baisent respectueusement les mains.

«Charles-Louis, Duc de Normandie, fils de Louis XVI et de Marie-Antoinette, se retire escorté comme à son arrivée de ses fidèles sujets.»

«Une pointe d'ironie perce dans ce récit; cela était parfaitement dans le droit du rédacteur de la Gazette des Tribunaux.

«L'année d'auparavant, Naundorff avait failli devenir victime d'une tentative d'assassinat. Lui étranger, traversant un soir la Place du Carrousel, il fut soudain frappé de six coups de poignard.

«Tout cela prouve que, dès cette époque, cet homme, qui se prétendait fils de Louis de XVI, ne s'en cachait pas, le disait tout haut, était connu et accepté sous son titre de Duc de Normandie; qu'il recevait dans cette qualité des secours au vu et au su de tout le monde.

«Il y a plus, Naundorff en 1835, voulut saisir la juridiction civile et faire un procès pour prouver que le Dauphin n'était pas mort au Temple. Il y avait des difficultés énormes à surmonter; il ne fallait rien moins que l'autorité des Magistrats pour que ce procès fût possible. On s'adressa à des officiers ministériels; je ne dis pas qu'ils refusèrent leur concours, mais ils ne l'accordèrent pas, ce qui se ressemble beaucoup. Que faire! on conseilla à Naundorff de s'adresser à M. le Président de ce Tribunal pour lui demander la nomination d'un avoué d'office. Le 6 Mars 1835, il présenta donc la requête suivante :

«Louis-Charles, Duc de Normandie, né à Versailles le 27 Mars 1785, a l'honneur d'exposer que son intention étant de reprendre le nom qui lui appartient, et dont il n'a été momentanément privé que par des évènemens et des circonstances qui l'ont mis dans la nécessité de garder jusqu'à ce moment le silence, il se trouve arrêté par un prétendu acte de décès dressé au Temple le 12 Juin 1795, qu'on a voulu lui appliquer, ce qui est contraire à la vérité, ainsi qu'il se réserve de le prouver.

«Pourquoi, et attendu que cet acte est manifestement faux, et que dans le temps il fut l'ouvrage des autorités alors existantes, nécessairement représentées aujourd'hui par le Ministère Public, l'exposant requiert :

« Qu'il vous plaise, attendu qu'il doit préalablement assigner les parties intéressées, et qu'à cet effet le ministère d'un avoué est nécessaire et forcé ;

« Lui en commettre un chargé d'occuper sur cette demande; et vous ferez justice.

« Charles-Louis, Duc de Normandie. »

«M. le Président, après avoir gardé cet acte pendant deux jours, écrivit de sa main sur la requête :

«Le requérant peut s'adresser directement à un avoué; en cas de refus seulement il sera procédé d'office, et en ce cas il faut joindre le projet d'assignation pour apprécier la nature de la demande. »

« Il fut satisfait à cette prescription, et le 7 Mai suivant M. de Belleyme commit Me Jausse. Mais de nouvelles difficultés surgirent, et la nomination d'office de Me Jausse n'amena aucun résultat satisfaisant. Cependant le 30 Mai de la même année le Journal officiel de Berlin annonçait le procès en ces termes :

«Berlin, 30 Mai, au mois de Juillet prochain il sera plaidé, «devant le Tribunal de Première Instance du département de la «Seine, un procès qui ne va pas manquer d'exciter la curiosité. «M. Naundorff, connu par son séjour de plusieurs années en «Prusse, où il a exercé la profession d'horloger, *veut établir et* «*prouver en justice la fausseté de l'acte mortuaire de Louis* «*XVII, dressé sous la date du* 12 *Juin* 1795; il s'arroge et prend «lui-même les noms de Charles-Louis, et la qualité de Dauphin «de France, fils de Louis XVI et de Marie-Antoinette : on est ici «très-curieux de connaître la marche et l'issue de cette affaire, «qui intéresse à un si haut point, par son importance, par la «qualité des témoins qui seront entendus contradictoirement «pendant les débats, et dont les dépositions ne peuvent pas «manquer de présenter le plus vif intérêt. *Toutes les démarches* «*faites pour découvrir la famille et le lieu de naissance de M.* «*Naundorff n'ont en général abouti à aucun résultat satis-* «*faisant :* on est seulement parvenu à savoir que M. Naundorff «*est arrivé en Prusse en* 1810, qu'il a joui pendant deux années «*du droit de bourgeoisie à Spandau, et qu'il s'est marié ici en* «*1818, sans qu'il eût produit son extrait de naissance;* il n'y

« a rien de moins prouvé, sans doute, que le décès réel du
« Dauphin dans la prison du Temple ; et cette circonstance, jointe
« à *l'incertitude de l'origine de M. Naundorff*, promet dans
« tous les cas des débats on ne peut plus intéressans, que nous
« ferons connaître à nos lecteurs. »

« A coup sûr, un avis de cette nature, inséré dans le journal
officiel, dans le Moniteur de Berlin, a une véritable importance.

« Enfin, Naundorff ayant trouvé un avoué, Me Dutilleul, qui
se chargeait volontairement de son affaire, assigna, le 13 Juin
1836 au Parquet, ses adversaires actuels en rectification de l'acte
de l'état civil du 12 Juin 1795.

« Presque immédiatement il voit se fermer devant lui les portes
de la justice. S'il avait été un simple ouvrier réclamant son titre
de naissance roturière, on lui aurait sans doute permis de plaider ;
mais par cela seul qu'il voulait placer son berceau dans le palais des
Rois, la violence et la force l'expulsèrent du sanctuaire de la justice.

« En effet deux jours après que son assignation était écoulée,
Naundorff est arrêté. Pourquoi arrêté ? Avait-on découvert
quelque fait grave et nouveau ? Rien. Il est arrêté comme étranger.
Et ce qu'il y a de remarquable, l'arrêté ministériel était du 9
Juin, antérieur de quatre jours à l'assignation. Le second arrêté
est du 15 Juin. Le premier était une mesure d'expectative.
Enfin, le 4 Juillet, un nouvel arrêté ministériel rend les deux
autres définitifs.

« Mais il y a une règle fondamentale, c'est que la question
d'extranéité doit être avant tout discutée devant la justice. Tant
que l'autorité judiciaire n'a pas statué définitivement sur la
question de savoir, si l'individu que le gouvernement veut
expulser est étranger ou non, l'autorité administrative ne peut
légalement agir. Voilà les principes invariables du droit. Ici on
a violé cette règle.

« Naundorff se pourvut devant le Conseil d'Etat contre l'arrêté
ministériel. Me Crémieux, alors avocat au Conseil du Roi et à
la Cour de cassation, soutint son pourvoi. Le Conseil d'Etat
rendit une décision ainsi conçue :

« Considérant que les actes contre lesquels est dirigé le
« pourvoi ci-dessus appartiennent à la haute police du royaume,
« et ne peuvent dès lors nous être déférés en notre Conseil d'Etat
« par la voie contentieuse ;

« Notre Conseil d'Etat entendu ;

« Nous avons ordonné et ordonnons ce qui suit :

« La requête du sieur Naundorff est rejetée. »

« N'a-t-on pas le droit de dire que de telles décisions sont le
bouleversement complet de tous les principes du droit public ?

«Comment! notre liberté, notre existence, notre indépendance sont à ce point entre les mains du pouvoir politique! Eh quoi, si demain le gouvernement prétendait que je suis étranger, si de mon côté je demandais à faire preuve en justice de ma nationalité, le Conseil d'Etat aurait le droit de me dire: «Ceci est de la haute police, du ressort exclusif du gouvernement! » Le Conseil d'Etat aurait ainsi le droit de me fermer la bouche. Non, non! c'est impossible. Eh bien, ce qui paraîtrait une monstruosité s'il s'agissait de moi, s'il s'agissait d'un Français, peut-il sembler juste et légal lorsqu'il s'agit d'un étranger qui revendique la nation française?

«Ou la loi n'est qu'un vain mot, un prétexte hypocrite pour protéger ou frapper au hasard et suivant les caprices du bon plaisir, ou elle doit être également appliquée à tous ceux qui l'invoquent.

«Cet homme pouvait s'écrier avec l'orateur romain: *Civis romanus sum.* Je suis citoyen français! Le sol que je foule est le sol de ma patrie, nul n'a le droit de m'en arracher!

«Eh bien! cet homme qui demandait à prouver devant vous sa nationalité, il est brutalement déporté en Angleterre.

«Là il conserve son attitude. Il est reconnu comme Duc de Normandie par des personnages graves et sérieux. De là, il songe à s'adresser à un pouvoir qu'il considère comme supérieur à la justice, il veut s'adresser au pouvoir législatif. En conséquence, il envoie une pétition à la Chambre des députés.

«Etrange situation que celle de cet homme! Il veut plaider pour justifier ses prétentions, et il est chassé de France, uniquement parce qu'il veut plaider. On l'a toléré jusque-là dans la paisible jouissance de son titre de Duc de Normandie; mais quand il veut arriver à quelque chose de sérieux, on le chasse.

«Il adresse une pétition à la Chambre; eh bien! il n'est pas plus heureux cette fois. Voici comment le Moniteur du 17 Février 1837 rend compte de la décision intervenue au sujet de cette pétition :

«M. Merlin rapporteur : «Le Sieur Charles-Louis, se disant «Duc de Normandie, à Londres, se plaint de ce qu'il aurait été «*arbitrairement expulsé de France,* et il demande à y rentrer. «Le pétitionnaire a exercé pendant plusieurs années la profession «d'horloger en Prusse; *il n'est venu en France qu'animé de «mauvaises intentions;* le gouvernement en l'éloignant *a fait «preuve de modération et de sagesse;* la Commission propose «de passer sur la pétition à l'ordre du jour. — Adopté.»

«C'est de la politique, cela. J'en tire cette conséquence qu'entre la politique, l'humanité, et la justice, il n'y a rien de commun.

« Une autre pétition, adressée à la Chambre par Naundorff, fut saisie à Calais par ordre du gouvernement français.

« Le fait inexpliqué de 1834 se reproduisit en Angleterre. En effet le 26 Novembre 1838, Naundorff fut encore victime d'une tentative d'assassinat. Il tomba frappé de deux coups de feu qui fort heureusement n'occasionnèrent que des blessures peu dangereuses. J'ai la preuve de cet attentat dans mes pièces.

« En 1840, un journal publié à Paris, *le Capitole,* inséra une note injurieuse pour le Duc de Normandie.

« Un homme qui depuis longtemps s'était dévoué corps et ame à Naundorff, un homme qui soutient mon zèle et qui assiste à cette audience, l'honorable M. Gruau de la Barre, vint à Paris, et dirigea une plainte en diffamation contre le journal le Capitole. C'est à cette occasion que je fus consulté pour la première fois dans l'intérêt de Naundorff. J'avoue, j'éprouvai d'abord une vive répugnance à me mêler de cette affaire. Je n'y étais pas attiré par la passion politique, tant s'en faut! J'avais été élevé dans la croyance à la mort de Louis XVII. Je considérais ceux qui revendiquaient ce titre comme des imposteurs, et ceux qui accueillaient ces prétentions étranges comme de véritables dupes. Néanmoins j'étudiai patiemment son affaire, et après un examen approfondi j'acceptai la mission de soutenir sa plainte.

« Je me présentai donc pour lui en Août 1840 devant le Tribunal de Police correctionnelle. Mais là, quel ne fut pas mon étonnement de voir M. l'avocat du Roi se lever et dire que notre plainte en diffamation n'était pas actuellement recevable, parce qu'il existait contre Naundorff une procédure en escroquerie, laquelle n'etait pas encore terminée.

« Or cette procédure non achevée remontait à 1836, et nous étions alors en 1840. Après quatre ans, cette procédure n'était pas encore achevée.

« En vérité, nous étions destinés à rencontrer dans cette cause des phénomènes inconcevables! Quant à moi, j'insistai dans l'intérêt de Naundorff pour que cette procédure d'escroquerie fût promptement mise à fin. Le Tribunal accueillit notre réclamation, et une ordonnance de la Chambre du Conseil intervint au mois de Janvier suivant. En voici la teneur :

« Dans cet état de choses, il y a sans doute de la part de « Naundorff usurpation d'une fausse qualité, et, par ce moyen, « il a obtenu la remise de sommes considérables ; il pourrait donc « y avoir lieu à une inculpation d'escroquerie ; mais une mesure « administrative *compétemment* rendue, et *alors qu'aucun mandat* « n'avait été encore décerné contre l'inculpé, a ordonné son ex- « pulsion, et dès lors de plus amples poursuites seraient quant à

« présent sans résultat. La procédure doit donc être close quant à
« présent, *pour être reprise* dans le cas où Naundorff viendrait
« à rentrer en France ; dans ces circonstances, en ce qui touche
« Naundorff :

« Attendu qu'il a été expulsé du territoire français en vertu
« d'une décision administrative *compétemment* rendue ;

« Disons n'y avoir lieu à suivre. »

« Naundorff était poursuivi pour usurpation de nom et pour
escroquerie. C'était pour la justice un devoir de démasquer le
misérable qui osait se poser audacieusement en fils de Roi.

« La procédure avait commencé au moment de l'expulsion de
Naundorff ; elle avait continué pendant son absence. Quatre ans
après, elle n'était pas encore close. Quatre ans après, une ordonnance intervient, qui, tous les témoins entendus, dit qu'il y
a eu usurpation de nom, remise de sommes considérables ; mais
que la procédure doit être close, quant à présent, sauf à statuer
si Naundorff vient à rentrer en France.

« En vérité, cette ordonnance confond toutes mes notions en
matière judiciaire. Comment ! vous constatez une imposture audacieuse, une impudente escroquerie, un trouble profond jeté
dans la société, et vous déclarez qu'il n'y a pas lieu à suivre !

« Et pourquoi donc ? Ah ! par cette raison que l'auteur de cette
imposture, de ces escroqueries, a été expulsé de France par
l'autorité compétente.

« Comment ! quand il y a une atteinte flagrante aux lois de
la probité, on refuse de statuer sur le sort du prévenu par cela
seul qu'il est absent ! Mais ce prévenu n'est pas bien loin, il est
en Angleterre ; là il peut faire autant de mal qu'en France ; l'escroquerie se continue à Londres. Refuserez-vous de protéger les
intérêts privés ? Un coupable existe, il faut dévoiler l'escroc et
le frapper. Pourquoi donc ne l'a-t-on pas fait ? Dans le cours de
cette instruction les lumières n'avaient pas manqué. On avait
signalé au juge d'instruction un ancien secrétaire intime de
Louis XVI, M. Brémond, qui n'avait quitté le Roi que le 10
Août 1792. Intime de la famille, il connaissait tous les secrets
de Versailles et des Tuileries. A soixante-dix-huit ans il avait
des facultés aussi fraîches et aussi présentes que dans la jeunesse.
Il habitait la Suisse. En vertu d'une commission rogatoire, il
fut appelé à déposer à Vevey devant le Tribunal tout entier siégeant
en audience publique. Voici le texte de son importante déposition :

« M. Brémond, enquis :

« D. Connaissez-vous la personne connue sous les noms de
Charles-Guillaume Naundorff, et qui se dit Charles-Louis de
Bourbon, Duc de Normandie et fils de Louis XVI ?

«R. Je déclare la connaître personnellement et je vais faire le récit de tout ce que je sais la concernant.

«D. Etiez-vous à Paris, en 1792?

«R. J'ai vécu à Paris dès 1786, comme député de l'administration des Etats de la province de Provence, et j'y suis resté encore pendant environ quarante jours après le 10 Août 1792. Dès lors, je ne suis plus retourné à Paris jusqu'en Novembre 1819.

«D. Avez-vous été secrétaire intime du Roi Louis XVI?

«R. J'ai été secrétaire particulier du Roi Louis XVI, honoré de sa confiance, et je l'ai été dès le commencement de 1788 jusqu'au 10 Août 1792.

«D. Avez-vous vu, en 1788, ou dans le courant des années suivantes, Charles-Louis de Bourbon, fils de Louis XVI?

«R. Je l'ai vu de près diverses fois, dès 1788 au 10 Août 1792; mais je ne me rappelle pas lui avoir parlé à ces époques-là. Je l'ai vu bien des années plus tard, et je m'en expliquerai à cet égard lorsqu'il me sera fait une question précise sur ce point.

«D. Avez-vous des raisons de croire que ce Prince, fils de Louis XVI, soit sorti vivant des prisons du Temple à Paris?

«R. J'en suis convaincu devant Dieu et devant les hommes, et je m'en réfère à cet égard à ce que j'ai exprimé dans le mémoire que j'ai déposé et à ce qui est dit dans les pièces que j'ai produites.

«D. Qu'est-ce qui vous porte à croire cela?

«R. Je m'en réfère au contenu des pièces produites, et j'ajoute que ma conviction repose sur certains autres détails que je ne puis dire; le Prince s'étant réservé de parler lui-même.

«D. Où est-ce que le Prince a été caché?

«R. Je m'en rapporte à l'histoire publiée par le Prince lui-même, et imprimée en Novembre 1836, à Londres, chez Armand, imprimeur.

«D. Croyez-vous que ce Prince soit encore vivant?

«R. Je le crois, je puis déclarer qu'il me fit l'honneur de me visiter à Semsales, en 1836, c'est-à-dire l'année dernière. C'est alors qu'il me consulta sur la question de savoir s'il devait ou pas attaquer S. A. R. Mme la Duchesse d'Angoulême, son auguste sœur, pour réclamer ses droits civils. Je fus d'avis qu'il devait l'attaquer en droit. Il se rendit à Paris, et, à son arrivée dans cette ville, il présenta sa requête qui fut appointée; mais il fut immédiatement et arbitrairement enlevé et déporté, malgré toutes les réclamations légales faites par ses serviteurs.

«D. A quoi avez-vous reconnu le Prince?

«R. En particulier en ce qu'il connaissait la cachette faite par son père, dans le palais des Tuileries ; cachette que lui seul pouvait connaître, comme ayant été *seul présent,* lorsque son père l'a fermée ; de plus, par plusieurs autres détails que le Prince m'a communiqués, et qu'il s'est réservé de rendre publics lui-même. Les détails qu'il m'a donnés sur la cachette des Tuileries sont pour moi une preuve évidente de l'identité de sa personne.

«D. Comment avez-vous eu connaissance de la cachette des Tuileries ?

«R. Par S. M. le Roi Louis XVI, auquel je fis observer, par l'entremise de M. de Monciel, alors Ministre de l'intérieur, que l'armoire de fer, qui renfermait des papiers secrets, pouvait être découverte dans des temps de malheur, et qu'il fallait enlever de là ce qui était convenable. Le Roi répondit que cela était déjà fait, et que voulant prévenir le cas de sa mort, il avait déposé dans une cachette secrète, faite en présence de son fils seul, les documens authentiques dont son dit fils aurait besoin un jour pour sa conduite. C'est M. de Monciel qui m'a rapporté la réponse du Roi.

«D. Quel est le nom de la Dame, née en Suisse, veuve d'une victime du 10 Août, qui, déguisée en homme, a été en faction au jardin du Temple, qui fut garde-malade du Dauphin (Duc de Normandie) après sa prétendue évasion, et qui l'accompagna de Paris à la Vendée ?

«R. Son nom ne m'est pas connu.

«D. Quel est le nom de l'homme qui vit encore et qui prouvera, lorsque le temps sera venu, qu'il a remis Louis XVII entre les mains du général Charette ?

«R. Je ne connais pas le nom de cette personne.

«D. Quel est le nom du Maréchal-de-camp en retraite, qui est prêt à affirmer sous serment, qu'en 1797 il fut informé de l'existence du Duc de Normandie ; existence qui lui fut confirmée plus tard en Prusse ; *qui parla un jour à la Duchesse d'Angoulême de son frère, et auquel celle-ci répondit qu'elle n'avait point la certitude de la mort de son frère au Temple ?*

«R. Je ne connais pas le nom de ce Maréchal-de-camp.

«D. Savez-vous si *Charles-Guillaume Naundorff est toujours en possession des papiers qui doivent servir à constater irrécusablement son identité,* papiers qui doivent avoir été cousus par M. Montmorin dans le collet de sa redingote, et présentés plus tard à M. Lecoq, alors Président de la police générale du Royaume de Prusse ?

«R. Je sais que les papiers confiés à M. Lecoq et par lui à «M. de Hardenberg ont disparu ; mais le Prince n'a pas cette «seule preuve pour démontrer son identité ; *j'ai ouï dire qu'il*

« *existe dans les archives du Saint-Père, à Rome, un document*
« *qui démontre l'enlèvement du Prince de sa prison du Temple.*
« Je sais de plus, par le Prince lui-même, qu'il a en sa possession
« la clef de la cassette en fer faite par son auguste père, qui était
« l'un des plus habiles artistes en serrureries ; que lui seul, Prince,
« possède le secret de l'ouvrir même avec la clef, c'est-à-dire
« qu'aucune autre personne ne pourrait l'ouvrir même avec la clef.

« D. Par qui avez-vous ouï dire qu'il existe dans les archives
du Saint-Père à Rome un document qui constate l'enlèvement du
Prince de sa prison du Temple ?

« R. C'est M. Laprade qui m'a dit que dans ses recherches,
à Rome, il avait eu connaissance que le document existait.

« D. Vous parlez d'une clef ouvrant une cassette ; où croyez-
vous que se trouve cette cassette ?

« R. Elle est déposée dans la cachette que le Roi Louis XVI
a faite lui-même dans le château des Tuileries. C'est de cette
cachette que j'ai parlé dans une précédente réponse.

« M. Brémond, appelé à donner à la justice, et sous le poids
du serment qu'il a prêté, tous les détails, et à faire connaître
toutes les circonstances qui pourraient concerner cette affaire,
a répondu…….

« Après lecture faite du rogatoire inséré au protocole, le
comparant a dit :

« Je regrette que le gouvernement français ait choisi la voie
« qu'il prend pour éclairer sa justice ; je déplore surtout que le
« Magistrat français invoque mon témoignage pour éclairer sa
« justice, *dans une cause qu'il dit être chargé d'instruire*
« *contre M. Naundorff,* se disant fils de Louis XVI, *comme*
« *prévenu d'escroquerie.* Il regrettera sans doute d'être tombé
« dans une telle erreur, et *après avoir entendu mon témoignage,*
« *il sollicitera ses supérieurs de l'autoriser à la brûler, en*
« *gémissant du triste rôle que sa position l'a soumis de jouer.*

« Cependant je vais remplir mon devoir et dire la vérité
« devant Dieu et devant les hommes, de ce que je sais être la
« vérité. D'après le rogatoire, je dirai d'abord, comme ayant
« été secrétaire du Roi Louis XVI et honoré de sa confiance,
« que le Roi était informé du plan des conjurés, de proclamer la
« République en l'enfermant au Temple avec sa famille ; qu'il a
« été envoyé à la cour d'Autriche trois Mémoires à ce sujet,
« par son agent de confiance auprès de la Reine, M. le Comte
« de La Marck ;

« Que le Roi choisit des serviteurs de confiance pour veiller
« sur le Temple et avoir les moyens de le servir avec sa famille,
« en cas de besoin ; qu'un *des chefs de ces observateurs était un*

« *de mes amis nommé M. Thor, dit la Sonde;* qu'en 1820, me
« trouvant à Paris, j'ai vu dans un des salons du faubourg Saint-
« Germain, un des neveux de feu mon ami, qui assurait que,
« se trouvant dans un château de son oncle, en 1797, il y vit
« un jour arriver son oncle dans sa calèche avec un jeune enfant
« de l'âge environ de onze à douze ans, cheveux blonds et bouclés,
« et d'une très-belle figure; que son oncle le fit loger dans sa
« chambre; que dans la journée il ne le quittait pas, et en lui
« parlant le nommait M. Auguste; qu'après un séjour de
« quelques semaines, il partit dans la nuit avec cet aimable
« enfant, et quelques jours après, il revint seul; qu'il lui dit
« alors: Tu as eu le bonheur de voir le jeune Dauphin sauvé
« du Temple, gardes-en le secret...

« Je confirme ici tout ce qui m'est personnel sur la manière
« dont j'ai reconnu en sa présence, dans le Prétendant, le véri-
« table fils de Louis XVI; je déclare solennellement devant Dieu
« et devant les hommes, qu'il n'existe sur la terre que le véritable
« fils de Louis XVI qui eût connaissance de la cachette mentionnée,
« ayant été seul avec son auguste père, lorsqu'il y fit le dépôt de
« la cassette.

« J'ajouterai, pour S. A. R. Mme la Duchesse d'Angoulême,
« pour la désabuser de toutes les erreurs avec lesquelles on a
« surpris sa bonne foi, que la cassette qui renferme des souve-
« nirs des martyrs ses augustes parens, a été fabriquée de la
« main du Roi Louis XVI, qu'elle a été cachée en présence de son
« frère seul, et qu'il n'y a que lui sur la terre qui connaisse le
« lieu où elle est déposée, et qu'elle présente un moyen certain
« pour elle de reconnaître son frère, car elle a dû être informée
« au Temple qu'une cachette existait aux Tuileries, et par les
« fouilles qu'on y a faites pendant le premier séjour de Louis
« XVIII à Saint-Cloud.

« A l'appui de ce qui a déjà été dit et publié sur l'existence de
« Louis XVII, j'ajoute encore sur ce qui me fut dit en 1795, par
« feu Son Excellence M. l'Avoyer de Steiger, de Berne, avec lequel
« je travaillais alors, de concert avec d'honorables amis, pour
« rétablir l'Orphelin du Temple sur son trône, affaire dans laquelle
« l'Angleterre était intervenue, sous le prétexte d'en favoriser le
« succès. Cependant, comme nous avions cru devoir lui demander
« des gages de confiance, que son Ministre, M. Wickam, envoyé
« en Suisse à ce sujet, ne se trouvait autorisé d'accomplir qu'en
« partie, son intervention finit pour nous à une seule séance, à
« laquelle je me trouvais présent.

« Nos travaux avaient cessé depuis quelques mois, à cause de
« la prétendue mort du Dauphin au Temple, lorsqu'un jour Son

«Excellence M. de Steiger me fit appeler pour me dire qu'il avait
«été informé, par des courriers expédiés des Généraux vendéens
«à Vérone, que le jeune Prince n'était pas mort au Temple,
«mais qu'on l'avait au contraire sauvé de prison.

«Environ trois mois après cette nouvelle, M. Steiger me la
«confirma, en m'assurant qu'il venait de recevoir des renseigne-
«mens très-certains de l'évasion du Temple du royal Orphelin.

«Je sais encore que *le gouvernement autrichien possède sur*
«*cet objet un document des plus précieux. Un de mes amis,*
«feu M. P. que Son Excellence, *M. Thugbuth,* employait
«comme son secrétaire particulier, *m'a déclaré avoir tenu ce*
«*document entre ses mains dans le cabinet de ce Ministre.*
«*C'était un procès-verbal de l'enlèvement du Temple du jeune*
«*Louis XVII.*

«Madame d'Aulnois, qui est encore vivante, se trouvant en
«1795 dans un salon du faubourg Saint-Germain, a pleuré
«avec beaucoup de ses amies la prétendue mort du Dauphin,
«qu'on venait de publier; *il entra dans ce salon une Dame de*
«*ce cercle et toute joyeuse qui les consola et les ravit de joie,*
«*en leur apprenant que le Dauphin était sauvé, et qu'elle avait*
«*été au nombre des heureux acteurs de cet enlèvement.*

«*Ces faits et d'autres,* qui ont été publiés, me *démontrent*
«donc *que les cabinets de l'Europe connaissent tous cette évasion;*
«et si, en 1814, comme il me paraît prouvé, l'existence de
«Louis XVII leur fut aussi connue, et *en particulier à la Prusse;*
«l'injustice qu'ils ont commise envers le Roi légitime, en
«proclamant à sa place Louis XVIII, s'explique assez par les
«avantages que ces diverses puissances, et particulièrement la
«Prusse, ont retirés de la manière dont s'est faite la prétendue
«Restauration. A Dieu seul appartient le droit de juger un tel acte
«et d'en prévoir toutes les conséquences.... »

«Néanmoins, dit en continuant M⁰ Jules Favre, le juge
d'instruction décide que Naundorff est un imposteur et un escroc.

«Que devait faire ce malheureux qui trouvait sans cesse un
mur d'airain dressé devant lui par la politique et l'administration?

«Recommencer le procès? mais c'était aboutir au même résultat. D'ailleurs les malheurs avaient fondu sur Naundorff de
toutes parts. Il était père de huit jeunes enfans; ses ressources
étaient épuisées; tous ses amis politiques, voyant ses espérances
déçues, l'avaient abandonné un à un. Il ne lui restait pour
appui que l'homme honorable et dévoué qui m'assiste à cette
audience, M. Gruau de la Barre.

«En 1841, Naundorff vit ses meubles saisis et vendus. Mais
c'était un homme intelligent et courageux, il demanda des

ressources au travail, et se livra à des études de Pyrotechnie. Il fit d'heureuses découvertes, et il venait de passer un traité avantageux avec le gouvernement hollandais, lorsqu'il tomba subitement malade à Delft, en Hollande. Il y mourut le 10 Août 1845. Le 10 Août! C'était, en vérité, une date étrange pour la fin de cette existence brisée par les évènemens politiques. Le 10 Août 1792 avait été comme un premier linceul jeté sur ce malheureux, et il semble que c'était à la même date que, soixante ans plus tard, cette ame devait retourner dans le sein de Dieu!

« Naundorff laissait huit enfans et parmi eux une fille, qu'un hasard étrange a marquée au front d'une ressemblance frappante avec Marie-Antoinette.

« Il y a quelques années, j'avais passé le Détroit pour voir cette malheureuse famille, et je m'étais laissé arracher la promesse de plaider ce procès, si par hasard le sort des évènemens amenait un changement de pouvoir.

« Après la révolution de Février on me rappela ma promesse, mais nous avions alors d'autres choses à faire. Depuis cette époque, un honorable officier ministériel, dont les convictions politiques sont semblables aux miennes, se chargea spontanément de ce procès. Il se rendit en Hollande, il vit la famille, et en revint aussi persuadé que Louis XVII lui-même, de l'identité de Naundorff avec le Duc de Normandie.

« Le procès fut donc engagé, et c'est ainsi que je me trouve aujourd'hui devant vous.

« Nous sommes en présence d'une barre vide, mais en même temps devant le Tribunal; il faut donc justifier cette demande.

« Pour être reconnu comme Duc de Normandie, il ne suffit pas de dire: il y a à Versailles l'acte de naissance de Louis XVII, c'est le mien. Il faut prouver son identité. Il faut qu'on ne vous oppose pas un acte de naissance et une possession d'état contraires.

« Mais ici, je le reconnais, nous rencontrons un obstacle, c'est l'acte de décès de 1795; mais ce n'est pas une preuve complète. Nous avons une voie moins rigoureuse que l'inscription de faux, c'est la demande en rectification de l'acte de l'état civil.

« Notre procès a donc pour but la rectification de l'acte de décès du 12 Juin 1795, et la reconnaissance de l'identité de Naundorff avec l'individu désigné dans l'acte de naissance du Duc de Normandie, fils de Louis XVI et de Marie-Antoinette.

« Me voici donc arrivé à la discussion. L'ordre le plus naturel, le plus satisfaisant semblerait être l'ordre chronologique. En effet, pour critiquer utilement l'acte de décès de 1795, il faudrait retracer les circonstances de la captivité du Dauphin, de la substitution d'un autre enfant avec lui, de son évasion; il faudrait suivre la victime hors du Temple, ressaisir sa trace, prouver sa transformation, la retrouver sous les traits de l'horloger Naundorff. Ce serait là un cadre immense qui conviendrait mieux à un Mémoire, à une Biographie, qu'à une discussion juridique. J'ai dû préférer une méthode plus aride, plus rigoureuse, partir de ce qui est connu, incontestable, pour arriver à la solution d'un problème incertain. *Dans une cause de cette nature, il ne faut dire que ce qui est rigoureusement prouvé.*

« Or, le premier fait incontesté, c'est que Naundorff a constamment pris la qualité de Duc de Normandie.

« A-t-on prouvé qu'il fût un horloger prussien? C'est ce que nous aurons à examiner.

« Si son individualité n'est pas établie, nous rentrons dans le domaine du doute, et ce, en présence d'un homme qui n'a jamais varié et a toujours dit: « Je suis le Duc de Normandie! »

« Si nous arrivons à ce résultat, que l'individualité de Naundorff n'est pas établie, malgré toutes les recherches et les communications diplomatiques, il sera démontré par la force des présomptions que Naundorff est véritablement le Duc de Normandie.

« Et alors, comme troisième point de discussion, nous aurons à examiner la question si délicate de la mort du Dauphin au Temple, en 1795.

« Si nous prouvons que le faux Naundorff est le Dauphin, il faudra bien reconnaître que le Dauphin n'est pas mort au Temple, et alors la justice nous ouvrira l'arène des dépositions des témoins. »

§ 2.

A la seconde audience, Me Jules Favre a repris la parole en ces termes.

« Messieurs, le long temps qui s'est écoulé depuis la dernière audience, dans laquelle le Tribunal m'a fait l'honneur de m'entendre, devrait peut-être m'imposer le devoir de revenir en peu de mots sur les faits que je vous ai exposés. Le Tribunal sait comment celui pour les héritiers duquel je me présente soutient qu'il est véritablement le fils de Louis XVI, malgré l'acte de décès de 1795, malgré les persécutions politiques dont il a été l'objet. Vous vous rappelez ses malheurs, sa vie promenée de pays en pays, au milieu de durs labeurs; vous vous souvenez qu'en 1833, cet homme, sans appui, sans ressources, parvenait pourtant en France à se faire reconnaître par des personnes honorables, toutes de bonne foi et en situation d'apprécier ses allégations. Vous n'avez pas oublié que Naundorff a voulu recourir à ce qui est dans le droit de tous les citoyens, du plus humble, comme du plus grand; il s'est adressé à la justice du pays, mais la politique est intervenue, et elle a étouffé l'action de la justice.

« Les droits que je veux démontrer ne sont pas une recherche en paternité, non plus qu'une demande en filiation légitime: nullement; nous demandons à établir: que l'acte de décès de 1795 n'est pas exact;

« Que le personnage qui s'est présenté en France, en 1833, pour y réclamer ses droits, n'était pas Naundorff, mais bien le jeune Dauphin, sauvé miraculeusement par le dévouement de quelques personnes généreuses.

« Nous demandons en effet à prouver que le Dauphin n'est pas mort au Temple, que le personnage connu sous le nom de Naundorff était le Dauphin qui, au lieu d'être mort le 8 Juin 1795, avait été enlevé de sa prison.

« La cause est régie par des principes particuliers. Tous les auteurs admettent dans une pareille situation la preuve testimoniale. Mais j'ai été plus loin, j'ai dit: exigeât-on des présomptions suffisamment graves, je vais m'efforcer d'établir que ces présomptions existent, que pour des esprits sérieux, qui ne cèdent pas à la crainte du ridicule, il y a des droits certains à reconnaître, une grande infortune à soulager.

« Deux voies nous étaient ouvertes. Je pouvais examiner comment peut être attaqué l'acte de décès du Dauphin. Je pouvais suivre celui qu'on appelle Naundorff depuis son évasion du Temple jusqu'à sa mort.

« L'autre voie consistait à analyser et à disséquer les faits accomplis en 1833, puis à remonter en 1795, pour savoir si Naundorff peut se prétendre à bon droit le Dauphin, fils de Louis XVI.

« De ces deux méthodes, je préfère la seconde: au lieu d'aller chercher la lumière dans des faits obscurs, elle procède du connu à l'inconnu.

« Il y a dans le débat un fait incontestable, c'est qu'en 1833 un homme s'est présenté comme fils de Louis XVI.

« D'autres faux Dauphins s'étaient déjà montrés et avaient été confondus. Ainsi, c'était au moment où cette cause semblait frappée de discrédit que Naundorff, sous les haillons de la misère, essayait de reprendre le fil brisé de ce qui semblait une intrigue, et de le rattacher à un trône.

« Je vous ai dit que des contemporains de Louis XVI avaient été convaincus de l'identité de Naundorff avec le Dauphin. Ces personnes étaient-elles victimes d'une incroyable crédulité, ou cédaient-elles à la force de l'évidence? C'est ce que nous examinerons.

« Et d'abord, le Naundorff qui se présentait en 1833 était-il vraiment Naundorff, horloger prussien?

« Ce point est important à éclaircir. En effet, s'il est Naundorff, s'il est pris en flagrant délit de mensonge, sa cause est jugée. Aussi on l'a toujours enfermé dans cette individualité de Naundorff.

« Quant à moi, je pose en fait ceci, qui sera péremptoirement démontré, à savoir, qu'aujourd'hui, après vingt années de débat, il est impossible de savoir ce qu'est Naundorff, impossible de retrouver sa filiation. Dès lors, cette qualité, ce nom, cette individualité de Naundorff, ne sauraient être un obstacle à ses prétentions.

« En se présentant à Mme de Rambaud, à M. de Saint-Hilaire, et à tous les autres, que disait-il? Il disait qu'arraché du Temple en 1795, il avait été confié à des personnes qui l'avaient emmené en Italie, en Allemagne; qu'en 1810, il avait été conduit en Prusse sous le faux nom de Naundorff.

« En 1810, il s'était confié à M. Lecoq, Conseiller royal, Directeur de la police de Berlin, et lui avait montré les papiers établissant sa qualité de Dauphin de France; celui-ci lui avait permis de résider à Berlin. Plus tard, envoyé à Spaudau sans pièces, sur simple certificat de M. Lecoq, il avait été déclaré bourgeois de cette ville, puis de Brandebourg et de Crossen.

« Tel était le récit de Naundorff. Ce récit est-il appuyé de pièces établissant qu'il a dit la vérité? Sans nul doute, et voici les pièces que je dois faire passer sous les yeux du Tribunal, qui prouvent la sincérité du récit de Naundorff.

« En Prusse, le séjour des étrangers n'est pas permis; il leur est interdit, par ordonnance du 19 Novembre 1808, qui défend à tout individu non Prussien de recevoir le droit de bourgeoisie; et ce droit ne peut être accordé, même aux naturels, que sur la production de leur acte de naissance.

« Cependant, en 1812 Naundorff a été reçu bourgeois à Spandau, sur un certificat de M. Lecoq, Directeur de la police de Berlin et Conseiller d'Etat.

«Pour quiconque connaît l'ombrageuse police de Prusse, ce certificat prouve que Naundorff n'était pas vagabond et qu'il y avait dans sa vie des circonstances mystérieuses.

«A côté de ce certificat ostensible, il y avait un ordre secret de M. Lecoq au Magistrat de Spandau (qui aurait pu être arrêté par l'ordonnance sévère de 1808) d'admettre Naundorff à la dignité de bourgeois de Spandau. Circonstance remarquable, un nommé Beckman a été reçu bourgeois en même temps que Naundorff. Il a retiré les pièces constatant sa nationalité. Naundorff n'a retiré aucune pièce. En effet, il n'en avait produit aucune. Ainsi, malgré la loi prussienne, Naundorff a été reçu bourgeois à Spandau, sur un simple certificat de M. Lecoq, sans aucune pièce à l'appui.

«En 1836, le Président du Conseil des Ministres de Prusse, M. Rochow, écrit une dépêche au gouvernement français; il y annonce qu'il est impossible de savoir d'où venait Naundorff avant son arrivée à Berlin et de connaître son origine.

«Dans cet écrit, du 13 Juillet 1836, signé du Ministre Rochow, on lit:

«Où le dit Naundorff, avant son arrivée à Berlin, a-t-il re-«sidé? D'où est-il venu? Quels étaient ses papiers constatant «la famille à laquelle il appartient? Il a été impossible de se «procurer des renseignemens à cet égard.»

«Voilà donc qui est bien constant, l'origine de Naundorff est inconnue même par le gouvernement prussien; il l'a déclaré au gouvernement français, qui voulait pouvoir opposer aux allégations de Naundorff des actes officiels.

«Cependant, malgré cette obscurité mystérieuse, M. Lecoq fait admettre, par ordre impératif, Naundorff comme bourgeois de Spandau.

«Là, Naundorff s'est marié; pour se marier, il a dû remplir des formalités, constater son origine et fournir le consentement de ses parens. Nous avons l'acte de célébration du mariage; or, il contient des énonciations inexactes et mensongères.

«Naundorff avait reçu de M. Lecoq l'ordre formel de cacher sa naissance. Il se mariait avec la fille d'un marchand; il devait se donner une origine analogue. Aussi, en 1818, il déclare dans cet acte qu'il est fils unique de Guillaume Naundorff, fabricant de Weimar. Il déclare être âgé de quarante ans. En marge, on déclare que le consentement au mariage a été donné par le Tribunal, et que son premier mariage a été dissous par la mort de sa femme.

« A la suite de l'expédition de cet acte, on lit une attestation du pasteur constatant que la minute de cet acte de mariage contient des irrégularités graves.

« D'abord en 1855, il n'avait que quarante-huit ans ; or, dans cet acte dressé, il aurait eu quarante ou quarante-trois ans en 1848. Puis le livre de publication des bans constate que Naundorff y a été admis sans produire son acte de baptême, c'est-à-dire son acte de naissance. Or, la non-existence de l'acte de naissance est un fait très-grave.

« Naundorff a également déguisé la vérité, en laissant croire qu'il avait été dejà marié, ce qui n'était pas ; mais il devait éviter toute explication de nature à compromettre son incognito. Dans l'acte de mariage, il se dit fils de Guillaume Naundorff, de Weimar. Si cela est vrai, on trouvera aujourd'hui l'acte de naissance de Naundorff.

« Pourtant, vous savez que le gouvernement prussien n'a pu, malgré toutes les recherches possibles, trouver son acte de naissance. Puis, chose grave, malgré toutes ces déclarations inexactes, qu'il était si facile de contrôler, on passe à la célébration du mariage.

« Il fallait le consentement du père de Naundorff. A défaut, d'après la loi prussienne, il fallait rapporter au Tribunal la preuve du décès du père de famille.

« Or, le Tribunal de Spandau a rendu un jugement qui supplée au consentement du père, sans que Naundorff ait produit l'acte de décès de celui-ci. Comment a-t-on pu passer outre au jugement et au mariage, si ce n'est en vertu de l'ordre impératif de M. Lecoq ?

« Ce que le Tribunal n'oubliera pas, c'est qu'on nous oppose un document indiquant l'origine de la famille de Naundorff, mais ce document, rempli d'inexactitudes, n'a pas permis de le consulter avec fruit.

Dans un écrit de 1824, signé encore du Ministre prussien, on lit :

« Il résulte d'un écrit du Conseil de la ville de Weimar, du
« 17 Décembre 1824, adressé au Magistrat de la ville de Bran-
« debourg, qu'après une recherche minutieuse dans les registres
« d'église et du pays, le nom de Naundorff n'a pu être trouvé,
« et que les plus anciennes familles ne se souviennent pas qu'il
« ait jamais existé à Weimar quelqu'un du nom de Naun-
« dorff. »

« Naundorff avait été reçu bourgeois de Spandau à la condition de ne jamais élever de réclamation au sujet de sa naissance. Les pièces de Naundorff avaient été, en 1811, transmises par

M. Lecoq à M. de Hardenberg, Président du Conseil des Ministres de Prusse.

« En 1820, Naundorff écrivit à M. Hardenberg pour lui demander la restitution de ses papiers, afin de recouvrer son vrai nom. Il demandait un passeport pour la France. Il ne voulait plus garder le silence sur son origine, et voici la lettre qu'il adressa au Ministre :

« A Son Altesse Monseigneur le Prince de Hardenberg.

« Spandau, le 27 Mars 1820.

« Monseigneur, vous aurez eu la conviction, par les papiers « que vous m'avez fait demander, en 1811, par le Président de « police, M. Lecoq, au nom de votre Roi, que j'ai accompli au- « jourd'hui ma trente-cinquième année. Vous me connaissez, et « vous n'ignorez pas le nom sous lequel je vis ici. Je suis main- « tenant père de famille, et j'ai, par conséquent, l'obligation « sacrée de donner à mes enfans au moins mon nom véritable. « Le silence que vous avez gardé jusqu'à ce jour me fait présu- « mer que vous êtes aussi au nombre de mes ennemis politiques. « Loin de vous demander justice, je réclame seulement de vous, « Monseigneur, la restitution de mes papiers. Je n'ai nullement « l'intention de vouloir troubler la tranquillité de ma patrie ; « mais je réclame, dans l'intérêt de mes enfans, qu'on me donne « le nom qui m'appartient. Si vous ne pouvez rien faire pour « moi, avec le consentement de votre Roi ; ou si vous ne voulez « pas faire droit à ma juste demande, je vous prie de me faire « délivrer un passeport pour Paris, sous mon nom légitime.

« En cas que vous laissiez encore cette lettre sans réponse, je « trouverai moyen d'aborder le Roi ; car la vérité n'a personne « à craindre.

« CHARLES-LOUIS,
« Duc de Normandie. »

« A la suite de ces réclamations, Naundorff quitta Spandau pour aller à Brandebourg, où il fut admis dans la bourgeoisie. Là, il fut poursuivi comme impliqué dans l'incendie du théâtre de la ville, puis acquitté. Poursuivi une deuxième fois, il fut condamné pour crime de fausse monnaie. Naundorff a toujours soutenu qu'il avait été condamné, parce que, dans la procédure, il avait déclaré sa véritable qualité.

« Le 13 Juillet 1840, il écrivait au Roi de Prusse :

« SIRE,

« Quelle que soit l'opinion que Votre Majesté puisse avoir de « moi, par suite des rapports qu'on a faits et qu'on fera encore « à mon préjudice, je suis le fils de Louis XVI et de Marie- « Antoinette, et, comme tel, je demande une seule chose. Est-

« il vrai que Sa Majesté, le feu Roi, votre père, ait été trompé
« à mon égard, soit par de faux renseignemens, soit par des
« raisons politiques de son cabinet? C'est moi qui, en 1811, ai
« mis entre les mains du Président de la police du royaume,
« Lecoq, les pièces les plus authentiques sur mon origine. On
« m'a dit depuis, qu'un secrétaire du Prince de Hardenberg, mort
« à Paris, a vu ces pièces parmi les papiers de ce Prince, que
« le Roi, votre père, avait fait saisir après la mort de Harden-
« berg, et enfermer dans son cabinet privé. Voilà les motifs qui
« me firent écrire, en son temps, à Votre Majesté elle-même,
« alors Prince Royal. Si l'on m'a trompé, ce n'est point moi
« qui suis coupable, comme le Ministre Rochow le dit dans ses
« renseignemens au gouvernement français.

« Daignez, Sire, lire ma réponse ci-jointe à ce même Ministre
« sur cette affaire, car il y a des vérités qui peuvent éclairer
« la religion de Votre Majesté, si elle veut la justice, et je n'en
« doute point.

« On m'a dit que S. M. le feu Roi, votre père, a été joué, et
« qu'il est innocent de tant de persécutions; que même quelques-
« uns de ses Ministres ont été dupés par les ruses de mes ad-
« versaires politiques, et j'y crois d'autant plus qu'il n'est pas
« supposable que tous aient été d'accord pour me perdre sciem-
« ment. Vous, Sire, devez savoir ce que pensait sincèrement le
« feu Roi votre père à mon égard, et avoir la conviction de son
« innocence. Je ne demande rien, Sire, sinon que Votre Majesté
« ordonne à son Ministre de la justice que le jugement authen-
« tique du sénat criminel de première instance du Kammergericht
« me soit envoyé immédiatement à mon adresse, par l'Ambassa-
« deur de Votre Majesté à Londres. Ce jugement porte textuel-
« lement :

« Attendu que, bien que les indices qui s'élèvent contre l'ac-
« cusé Charles-Guillaume Naundorff ne soient point suffisans
« pour le condamner, une condamnation devient nécessaire dans
« ce cas, parce qu'il s'est conduit pendant le cours du procès
« comme un menteur impudent, se disant Prince natif et laissant
« supposer qu'il appartient à l'auguste famille des Bourbons. »

« Je ne suis donc condamné pour aucun crime, et je le répète,
« si, comme je n'en saurais douter, V. M. est juste et aime la
« vérité, elle ne me refusera point ce que j'ai le droit de de-
« mander, la copie légalisée du jugement sus-mentionné.

« Sire, si Votre Majesté me refusait cette dernière prière,
« alors, il n'y aurait personne au monde capable de me persu-
« ader que le feu Roi votre père est innocent des persécutions
« machiavéliques que j'ai éprouvées pendant mon séjour dans

« vos Etats. Votre intégrité et votre amour de la justice peuvent
« seuls justifier ou condamner la conduite des juges qui n'ont
« pas voulu voir la vérité. Et pourquoi ces juges auraient-ils
« fui la lumière, si une main puissante n'avait pas voulu qu'il
« en fût ainsi? Cette main, est-ce celle du feu Roi votre père?

« Charles-Louis,

« Duc de Normandie.

« Camberwell, près Londres,
    « le 13 Juillet 1840. »

« Savez-vous ce qu'a répondu le gouvernement prussien? car il
a été fait une réponse que voici :

    « Monsieur,

« Le Roi, notre auguste maître, nous a fait remettre la péti-
« tion que vous avez adressée à Sa Majesté, le 13 Juillet der-
« nier, pour lui demander une copie légalisée de l'arrêt rendu
« par la Cour d'appel de la Chambre de justice, dite Kam-
« mergericht, dans le procès qui vous fut intenté en 1824, à
« Brandebourg, pour faux monnayage. Nous devons vous faire
« observer, en réponse à cette demande, qu'une copie du dispo-
« sitif de l'arrêt a déjà été envoyée, il y a deux ans, à votre
« mandataire, M. Xavier Laprade, à Paris, qui, sans doute,
« l'aura fait passer entre vos mains. Quant aux considérans du
« jugement, ils ne sauraient vous être communiqués, attendu
« que les paragraphes 534 et 535 du Code d'instruction crimi-
« nelle s'y opposent formellement.

« Berlin, le 16 Septembre 1840.

<table>
<tr><td>« Le Ministre de la justice,</td><td>« Le Ministre des affaires</td></tr>
<tr><td>« (Signature illisible.)</td><td>« étrangères,</td></tr>
<tr><td></td><td>« Signé : Werther. »</td></tr>
</table>

« Il faut avouer que la forme et le fond de cette dépêche sont
très-surprenans. Comment! Naundorff a saisi les Tribunaux
français, il est chassé de France; il demande d'Angleterre copie
du jugement qui l'a condamné, on lui répond par une fin de
non recevoir; on ne pourra pas faire diplomatiquement communiquer les considérans? Cela n'est pas admissible.

« Mais si Naundorff avait été frappé comme un malfaiteur, on
n'aurait pas fait cette réponse, on verrait percer dans la lettre
une vive colère contre un imposteur repris de justice, osant se
dire le fils d'un Roi malheureux! Rien de semblable dans cette
lettre.

« M. le Baron de Seckendorff a écrit une lettre dans laquelle
il raconte qu'un jour, étant assis dans un palais de Berlin à
table à côte du regrettable Duc d'Orléans et de M. de Nemours,
en présence de M. le Comte Bresson, Ambassadeur de France,

il a soutenu les droits de Naundorff à la qualité de Dauphin, fils de Louis XVI, sans avoir été contredit par personne.

«Ainsi Naundorff conquiert la sympathie de son geôlier et en fait son prosélyte, à ce point que M. le Baron de Seckendorff soutient sa cause en présence des personnes les plus intéressées à la combattre.

«Assurément ce sont là des considérations très-graves; mais avançons! Naundorff a été recherché dans sa vie lors des poursuites judiciaires. Certes, si en France un étranger déjà condamné était poursuivi de nouveau, on trouverait au dossier tous les renseignemens nécessaires. Eh bien! le gouvernement français s'est adressé au gouvernement prussien. M. le Comte Dejean, Directeur de la police générale du royaume, a écrit:

«Vous avez désiré obtenir quelques renseignemens sur la moralité, les antécédens et la position sociale du Sieur Naundorff, qui cherche à se faire passer pour le fils de Louis XVI.

«Voici, en substance, ceux qui existent dans les archives de mon ministère; ils ont été *communiqués officiellement* par le gouvernement prussien à M. le Ministre des affaires étrangères.

«*Naundorff est signalé comme issu d'une famille de Juifs, établie dans la Prusse polonaise.*

«Il vint à Berlin, en 1810, et y demeura deux ans; il annonçait être marié, cette déclaration fut reconnue mensongère.

«En 1818, il se maria avec la fille d'un nommé Einert; il aurait déclaré avoir 43 ans; d'après cette déclaration, il serait né en 1775, c'est-à-dire dix ans avant le Dauphin, fils de Louis XVI.

«Plus tard, se trouvant à Crossen, il publia qu'il était le fils de Louis XVI, se donna le titre de Prince et fit imprimer un gros livre à l'appui de cette fable.

«Depuis son arrivée en France, il avait réussi à faire des dupes et à exploiter leur crédulité; mais le gouvernement a cru devoir mettre un terme à ses escroqueries et à ses manœuvres, quoique plus ridicules encore que dangereuses, en usant des pouvoirs que la loi lui accorde, de faire sortir de France tout étranger qui trouble l'ordre.

«Le conseiller d'Etat, Directeur,

«B. Dejean.»

«Ainsi, chose capitale, *le ministère français aurait su du ministère prussien que Naundorff était né dans la Prusse polonaise.* Or, voici la réponse du cabinet prussien à Naundorff:

« Berlin, 27 Avril 1840.

« Comme vous avez marqué le désir d'être informé s'il est
« vrai que le gouvernement prussien ait fait courir le bruit que
« vous descendiez d'origine juive, je n'hésite pas à vous infor-
« mer que le dit gouvernement n'a pas fait courir ce bruit, et
« que de plus il n'aurait pu le faire, *ne connaissant aucune*
« *circonstance dont on puisse inférer que vous ayez cette ori-*
« *gine.*

« Le Ministre de l'intérieur et de la police de Prusse,

« Signé : Rochow. »

« Ainsi cette dépêche, modèle de réserve diplomatique, dit à
mots couverts que le gouvernement français a parlé d'une dépêche prussienne non existante.

« Il est impossible de démentir plus poliment les assertions du
gouvernement français ; tel est le renseignement adressé par le
Ministre de Prusse à Naundorff.

« Qu'en conclure ? C'est que nous sommes toujours dans l'obscurité sur l'origine de Naundorff. On ne sait ni ce qu'il est, ni
d'où il est venu ; on ne connaît ni son père, ni sa famille, ni
son lieu de naissance. Le gouvernement prussien n'en sait rien.
Et le reste ? Egalement incertain.

« En sortant de la maison de correction de Brandebourg, en
1828, Naundorff avait été envoyé à Crossen, et signalé à la sévérité du chef de justice, M. Pezold. Eh bien ! en 1829, ce chef
de la justice est devenu le plus zélé partisan de Naundorff.

« C'est à ce point que, le 15 Juillet 1831, M. Pezold, chef de
justice de Crossen, a demandé au Roi de Prusse la révision du
procès fait en 1824 à Naundorff qui, suivant M. Pezold, était
le fils de Louis XVI, *et il l'attestait au Roi.*

« C'est une chose miraculeuse, en vérité, que le Magistrat
chargé de surveiller Naundorff devienne son ami le plus ardent
et le partisan le plus convaincu de son identité avec le Dauphin, fils de Louis XVI et de Marie-Antoinette.

« *Ce Magistrat écrivit à M*ᵐᵉ *la Duchesse d'Angoulême ;* il publia des notes dans les journaux, notamment dans la *Gazette
de Prusse.* Dans cette note, que reproduisit le *Constitutionnel,*
M. Pezold, chef de justice à Crossen, annonçait que pour avoir
des renseignemens sur le Dauphin, fils de Louis XVI, on pouvait
s'adresser à lui-même.

« En France, on n'a pas cru que le Dauphin fût mort au
Temple. Cette note, reproduite par le *Constitutionnel,* tomba
sous les yeux d'un ancien Magistrat de la Restauration, qui
pensait, lui aussi, que le Dauphin n'était pas mort. Il écrivit
immédiatement à M. Pezold ; celui-ci répondit en lui donnant

des renseignemens précis sur l'identité de Naundorff avec le fils de Louis XVI. Il parla de preuves, de papiers qui étaient en sa possession.

« Chose remarquable, cette liaison de M. Pezold avec M. Albouys de Cahors, fut la planche de salut de Naundorff qui, venu en France en 1833, sans se faire connaître de personne, fut recueilli à Paris par la belle-sœur de M. Albouys.

« Au moment où M. Pezold entreprenait avec chaleur la défense de Naundorff, *il mourut de mort subite.* Je ne veux pas me faire l'éditeur des bruits soulevés par cette mort foudroyante ; mais, prévenu que des dangers le menaçaient, Naundorff gagna la Suisse.

« Dès à présent, ne puis-je pas dire que cette partie de ma cause est établie ?

« J'ai le malheur de ne pas avoir d'adversaires, mais j'ai pour moi la justice du Tribunal et l'opinion publique. Je le demande à tous ceux qui m'écoutent, où est la preuve que Naundorff soit né en Prusse ou en Pologne d'une famille juive ?

« Cette preuve n'existe nulle part.

« Cet homme, signalé à la justice française, recherché par elle dans sa vie, dans son passé, on ne peut pas lui dire : « Vous êtes né en Prusse, à telle époque, de tels parens ! »

« Donc, jusqu'ici, rien de suffisant n'est démontré sur sa naissance et son origine.

« Dès lors la réclamation des enfans de Naundorff, qui recherchent le sol de la naissance de leur père, ne peut être écartée, par le motif qu'il aurait usurpé une qualité qui ne lui appartenait pas.

« Il y a plus, si Naundorff avait été horloger prussien, il n'aurait pas trouvé dans les gouvernemens de l'Europe tant de sévérité.

« On dit qu'il a fait des dupes. Mais pourquoi ces personnes, qui ont accueilli Naundorff, auraient-elles été dupées ? Jamais aucun prétendu Dauphin a-t-il osé aborder, comme Naundorff, un débat civil où il faut des preuves positives ?

« La justice est un bouclier où se brisent toutes les armes de la politique. Si on refuse à un homme le bienfait de la justice, c'est qu'il se heurte à la raison d'Etat, au salut des dynasties, pour lesquels, il faut le dire, bien des crimes ont été commis.

« Eh bien ! Naundorff a saisi la justice de ses réclamations. Qu'un homme vienne réclamer sa famille, son état, sa patrie, la justice l'écoute avec bienveillance, avec humanité ; mais qu'un homme vienne de Prusse, réclamer en justice la couronne de

France, et le gouvernement de trente-cinq millions d'hommes devenus librés, il y a de quoi périr sous le ridicule. Eh bien! ce rôle périlleux, étrange, Naundorff a voulu le remplir; c'est alors qu'on l'a transporté à l'Etranger. Certes, pour qu'on fasse à un vagabond, à un juif prussien, à un horloger, l'honneur d'une si incroyable dérogation au droit commun, il faut que cet homme soit autre chose que ce qu'il paraît être.

«De 1836 à 1841, on se livre à une minutieuse instruction. Le cabinet français correspond avec le cabinet prussien, et de tout cela sort cette simple phrase, consignée dans l'ordonnance de non-lieu : «*Naundorff paraît né en Prusse.*» Mais la vérité, c'est qu'on n'en sait rien!

«Ainsi, l'individualité de Naundorff n'est pas établie. Dès lors n'avons-nous pas le droit de faire un pas de plus, et de contrôler les reconnaissances des personnes qui le croient fils de Louis XVI?

«On nous dit : Ces personnes ont été abusées. *Mais Naundorff a recherché celles qui auraient pu le mieux confondre son imposture.* Ainsi il est allé trouver Mme de Rambaud, berceuse du Dauphin, qui ne l'a pas quitté pendant sept ans. L'affection d'une femme dans de pareilles conditions est toute maternelle; ces liens intimes laissent au cœur un amour si profond que, si un imposteur se présente, les yeux d'une telle femme sont les plus exercés pour le découvrir.

«Mme de Rambaud reconnut enfin le fils de Louis XVI. Voici sa déclaration rédigée par elle :

«Dans le cas où je viendrais à mourir avant la reconnais-
«sance du Prince, fils de Louis XVI et de Marie-Antoinette, je
«crois devoir affirmer ici par serment, devant Dieu et devant
«les hommes, que j'ai retrouvé, le 17 Août 1833, Monseigneur,
«Duc de Normandie, auquel j'eus l'honneur d'être attachée
«depuis le jour de sa naissance jusqu'au 10 Août 1792; et
«comme il était de mon devoir d'en donner connaissance à
«S. A. R. Mme la Duchesse d'Angoulême, je lui écrivis dans
«le courant de la même année. Je joins ici la copie de ma
«lettre.

«Les remarques que j'avais faites dans son enfance sur sa
«personne ne pouvaient me laisser aucun doute sur son identité
«partout où je l'eusse retrouvé.

«Le Prince avait dans son enfance le col court et ridé d'une
«manière extraordinaire. J'avais toujours dit que si jamais je le
«retrouvais ce serait un indice irrécusable pour moi. D'après
«son embonpoint, son col ayant pris une forte dimension, est
«resté tel qu'il était, aussi flexible.

«Sa tête était forte, son front large et découvert, ses yeux
«bleus, ses sourcils arqués, ses cheveux d'un blond cendré, bou-
«clant naturellement. Il avait la même bouche que la Reine, et
«portait une petite fossette au menton. Sa poitrine était élevée;
«j'y ai reconnu plusieurs signes alors très-peu saillans, et un
«particulièrement au sein droit. Sa taille d'alors était très-cam-
«brée et sa demarche remarquable.

«C'est enfin identiquement le même personnage que j'ai revu,
«à l'âge près.

«Le Prince fut inoculé au château de St. Cloud, à l'âge de
«deux ans et quatre mois, en présence de la Reine, par le doc-
«teur Jouberton, inoculateur des enfans de France, et de la fa-
«culté, les docteurs Brunier et Loustonneau. L'inoculation eut
«lieu pendant son sommeil, entre dix et onze heures du soir,
«pour prévenir une irritation qui aurait pu donner à l'enfant
«des convulsions, ce qu'on craignait toujours. Témoin de cette
«inoculation, j'affirme aujourd'hui que ce sont *les mêmes mar-*
«*ques* que j'ai retrouvées, auxquelles on donna la forme *d'un*
«*croissant.*

«Enfin, j'avais conservé, comme une chose d'un grand prix
«pour moi, un habit bleu que le Prince n'avait porté qu'une
«fois. Je le lui présentai en disant, pour voir s'il se tromperait,
«qu'il l'avait porté à Paris. — Non, Madame, je ne l'ai porté
«qu'à Versailles, à telle époque.

«Nous avons fait ensemble des échanges de souvenirs qui,
«seuls, auraient été pour moi une preuve irrécusable que le
«Prince actuel est véritablement ce qu'il dit être : l'Orphelin du
«Temple.

«M. veuve de RAMBAUD, attachée au
«service du Dauphin, Duc de Nor-
«mandie, depuis le jour de sa nais-
«sance jusqu'au 10 Août 1792.»

«Permettez-moi, Messieurs, à propos de cette déclaration de
Mme de Rambaud, de vous donner connaissance d'une lettre
qui m'a été adressée personnellement par suite de la publicité
donnée à cette affaire, par M. Geoffroy :

«Il s'est glissé une erreur dans le récit que vous avez fait
«de la première entrevue de Mme de Rambaud avec Charles-
«Louis, entrevue dont j'étais le seul témoin. Ce n'était pas une
«petite robe qui lui fut montrée, mais un petit habit bleu ciel,
«que le Dauphin avait mis à l'âge de cinq à six ans, à l'oc-
«casion d'une fête à Versailles, et qu'il ne porta plus, parce
«qu'il le gênait.

«Mes souvenirs sont toujours très-précis sur les détails de
«cette reconnaissance par Mme de Rambaud. Et vous allez voir,
«Monsieur, comment on m'a puni d'une conviction qui se pro-
«pageait par mes récits: — En 1857, j'étais archiviste de la
«préfecture à Niort. Le livre publié à Londres, au sujet de
«Charles-Louis, fut saisi à Calais; mon nom s'y trouvait: ordre
«fut donné de visiter mon domicile et mes papiers, et de me
«destituer.

«— J'ai lu vos réponses au juge, me dit M. Léon Thiessé,
«préfet; vous n'avez rien à craindre pour votre liberté, parce
«qu'il n'y a pas complot pour le ramener comme Prince; mais
«vous portez avec vous la conviction de son identité, et je suis
«obligé de vous retirer vos fonctions. — Cela ne me prouvera
«pas que ce n'est pas lui! — Je ne vous empêche pas d'en tirer
«les conséquences; j'ai moi-même trouvé vos notes fort remar-
«quables.

«J'ai vu, en 1858, à Rouen, un nommé *Paulin*, déjà très-
«vieux, et pouvant a peine monter les échelles de la bibliothè-
«que où il était employé. Ce fut lui qui s'introduisit comme
«faux maçon dans la prison de Louis XVI. Il m'a raconté sa coo-
«pération pour enlever du Temple un enfant substitué qu'il
«croyait être le Dauphin. Il avait agi sous la direction de Mme
«de Beauharnais, *depuis Impératrice Joséphine, et du Général
«de Frotté*. Entr'autres détails donnés par ce Paulin, il me parla
«avec émotion de la visite que lui fit le Prince, en 1835, avec
«un autre Monsieur, et me dit avoir entendu de lui des
«paroles prononcées au Temple, et que l'enfant royal pouvait
«seul lui rappeler.»

«M. de Saint-Hilaire, ancien huissier de la chambre de
Louis XVI, sa femme anciennement attachée à Mme Victoire
de France, tante du Roi, reconnaissaient également Naundorff pour le véritable Dauphin. Voici le témoignage authentique de Mme de Saint-Hilaire:

«A l'époque où le bruit de la mort du fils de Louis XVI
«s'était répandu dans Paris, j'en fus d'autant plus surprise qu'à
«peine si j'avais entendu dire qu'il fût malade. Une de mes
«amies, dont l'espace de temps qui s'est passé, m'a fait
«oublier le nom, vint me prévenir de n'ajouter aucune espèce
«de foi, ni confiance à la mort du fils de Louis XVI; *qu'elle
«avait la certitude qu'il avait été enlevé, que je le reverrais
«un jour,* mais d'en garder le secret. Depuis cette époque j'avais
«donc conservé dans mon cœur le sentiment de son existence.
«Toutes les faussetés qui ont été mises en avant ne pouvaient
«êtres faites sans but; et selon ma pensée, c'était la certitude

« de l'existence du Dauphin; mais que l'on avait l'intention de
« faire disparaître et d'entortiller la vérité de manière à ce
« qu'elle ne pût jamais être connue, en s'emparant de tout
« ce que le véritable fils de Louis XVI pouvait avoir en sa
« possession; ce qui, d'après les impostures des divers pou-
« voirs devait nécessairement rendre la reconnaissance impossible;
« ce qui arrive aujourd'hui.

« J'avais souvent entendu parler de différens faux Dauphins
« résidant à Paris, sans que j'aie jamais eu un seul instant le
« désir de les connaître, persuadée comme je l'étais que la
« première chose que ferait le fils de Louis XVI, serait de
« rechercher ceux qui avaient été attachés à son père et à sa
« mère, et qui avaient pu le connaître dans son enfance.

« Lorsque M. Geoffroy, habitant Niort, vint me voir le
« 14 Août 1833, il m'annonça qu'il existait à Paris dans ce
« moment un individu se disant fils de Louis XVI; qu'il
« s'informait à tout le monde des personnes qui pouvaient
« exister encore, ayant appartenu à sa famille, et désirait
« ardemment trouver *Pauline de Tourzel*, avec qui il avait
« été élevé. Cette Dame est aujourd'hui Madame de Béarn, et
« sa mère était à la cour de Louis XVI gouvernante des
« Enfans de France. Ce désir me parut mériter attention; et
« pour réussir dans le projet que j'avais, sans vouloir néanmoins
« me compromettre dans une intrigue ou une fausseté, j'écrivis
« un petit mot à Mme de Rambaud mon amie, pour accompagner
« M. Geoffroy et juger par elle-même de la vérité du personnage;
« personne plus qu'elle ne pouvant s'en assurer, puisqu'elle ne
« l'avait pas quitté depuis sa naissance jusqu'au 10 Août.

« Mme de Rambaud le reconnut, lui parla de nous, et me
« l'amena le 19 Août 1833, me donnant l'assurance que c'était
« bien lui. Elle entra chez moi la première, en m'annonçant
« qu'il me serait impossible de ne pas le reconnaître.

« Effectivement, mon mari et moi nous ne tardâmes pas à
« reconnaître dans ce personnage, malgré une grande timidité,
« un peu de gêne, *et sa difficulté à parler le français*, qu'il
« avait tous les traits réunis de son père et de sa mère, parti-
« culièrement le regard de Louis XVI tellement frappant que
« pour nous il nous semblait avoir le Roi en notre présence.

« Plus tard, le Prince ayant pris plus de confiance, ayant
« trouvé des amis sûrs, dévoués, sa timidité et sa gêne
« disparurent entièrement; alors toutes les manières de son père
« se déployèrent chaque jour plus visiblement.

« Il était facile de reconnaître, dans sa structure physique,
« ce même enfant que j'avais vu jouer si souvent sur la terrasse,

«où donnaient les fenêtres de la Princesse à laquelle j'avais
«l'honneur d'appartenir. J'engageai mon Prince à venir me
«voir, et à prendre ma maison pour asile, jusqu'à ce qu'il
«eût trouvé mieux: c'est là, dans des conversations particulières
«longues et réitérées souvent, que le Prince m'a rappelé des
«situations, des circonstances d'intimité entre sa famille seule,
«et que je savais par le rapport que m'en faisait ma
«Princesse.

«Le Prince m'a rappelé tout l'ameublement de l'appartement
«de sa mère; les meubles et leur position; la structure et la
«couleur des instrumens de musique dont la Reine se servait,
«enfin de ces détails qui n'ont pu être sus ni connus de
«personne que de ceux qui approchaient intimement la famille
«royale, et qui n'ont plus été à même de les revoir depuis les
«5 et 6 Octobre.

«Après la certitude entière, l'examen le plus scrupuleux,
«je ne pus douter un seul instant de la vérité toute entière;
«c'est alors que je crus devoir écrire à Mme la Dauphine, pour
«la prévenir que nous avions eu le bonheur de retrouver son
«frère. Notre famille était trop connue de Charles X, pour
«risquer une démarche semblable, si nous n'avions pas été
«persuadés, M. de Saint-Hilaire et moi, de la vérité que
«j'attestais. Nons n'eussions pas risqué de tromper la famille
«royale dans une affaire aussi importante; et ils pouvaient
«être eux-mêmes bien convaincus que nons étions incapables
«d'entrer dans une intrigue.

«F. Marco de Saint-Hilaire.

«A Versailles, ce 10 Juillet 1836.»

En 1840, se trouvait à Prague un savant médecin, le
Chevalier de Caro, Directeur des Eaux de Carlsbad, médecin
habituel de Mme la Duchesse d'Angoulême. Or il a écrit:

«Vers la fin de 1836, une affaire médicale et littéraire me
«détermina à passer l'hiver à Dresde, au lieu de Prague que
«j'habite pour être plus voisin de Carlsbad, où j'exerce depuis
«quinze ans la médecine, après en avoir passé trente-trois à
«Vienne. A peine arrivé à Dresde, un grand banquier me
«pria de me rendre auprès de la famille Naundorff, qui voulait
«me consulter sur une question médicale, relative à nos Eaux.
«Ayant demandé au banquier qui était cette famille Naundorff,
«il me dit que c'était celle de Louis XVII, et que l'argent
«qu'elle recevait de France passait par ses mains. Ayant
«donné ici en 1833, 1834 et 1836, des soins à S. A. R.
«Madame la Duchesse d'Angoulême, j'exprimai au banquier
«mon extrême répugnance d'avoir affaire à des gens que je

«croyais des imposteurs. Néanmoins m'ayant assuré qu'en
«voyant cette famille, j'en prendrais bientôt une toute autre
«idée, j'acceptai, parce qu'il m'en fit un devoir médical. Tout
«ce que je puis avoir l'honneur de vous dire, c'est que,
«après l'examen le plus approfondi, après la lecture de
«plusieurs imprimés, et même de la correspondance la plus
«confidentielle de ce malheureux Prince avec sa famille et ses
«amis, au nombre desquels il daigne me compter, ma con-
«viction de l'existence de l'Orphelin du Temple et de son
«identité avec le soi-disant Charles-Guillaume Naundorff, hor-
«loger de Crossen, est telle, que je douterais tout aussi aisé-
«ment d'être fils légitime de mon père et de ma mère, que
«de douter qu'il soit celui de Louis XVI et de Marie-
«Antoinette; que rien n'est plus grand, plus noble, plus ferme
«et plus confiant en la divine Providence, qui veille sur lui,
«que l'ame de cette auguste victime du plus cruel et du plus
«ténébreux machiavélisme de ses ennemis, dont les plus
«acharnés ont été et sont peut-être encore les membres de sa
«propre famille; que je n'ai aucun projet de publier les très-
«nombreux matériaux que j'ai recueillis sur le Duc de Nor-
«mandie; mais que je commence à voir le doigt de Dieu dans
«l'acheminement et l'enchaînement des circonstances qui
«s'accumulent pour m'éclairer, cadrant toujours et ne clochant
«jamais. Je ne suis pas Francais, mais Suisse (Genevois) par
«naissance, et naturalisé Autrichien; la politique de la France
«ne m'intéresse nullement, et mon dévouement à l'auguste
«proscrit est purement philanthropique.

«J'ai 70 ans passés dans l'exercice très-actif de mon art,
«et dans l'étude continuelle du genre humain, que les crimes
«modernes de la branche aînée de la maison de France sont
«bien loin d'honorer, et je ne suis rien moins que crédule.
«*D'innombrables personnes partagent ma conviction; il ne*
«*faut que vouloir s'instruire, pour croire.* Si Madame votre
«épouse est en Angleterre, elle est à la source. Recevez,
«Monsieur ....., l'assurance de ma très-haute considération. »

«Que dire de pareilles déclarations? Qu'elles sont les conséquences de la crédulité, d'entraînemens inexplicables? Mais
rappelez-vous la déposition si claire et si précise de M. Brémond,
secrétaire intime de Louis XVI.

«Ainsi les témoignages se contrôlent l'un l'autre.

«Je sais bien qu'on peut invoquer une sorte de déclaration
contraire. Ainsi, en Angleterre, Naundorff était entouré de
serviteurs dévoués; mais avec le malheur les rangs des amis
s'éclaircirent; d'anciens amis, découragés dans leurs espérances,

ont publié dans *l'Univers* que Naundorff les avait abusés; mais on n'articule rien qui contredise son identité.

« Loin de là, Naundorff était reconnu comme Dauphin par Madame de Broglio Solari, anciennement attachée au service de la Reine Marie-Antoinette, et par beaucoup d'autres personnes dignes de foi.

« Je rappelle enfin le témoignage de M. de Joly, Ministre de Louis XVI, qui a persisté jusqu'à la mort dans la conviction favorable aux prétentions de Naundorff. M. Laprade atteste qu'il l'a assisté dans ses derniers instans, et que peu de jours avant la dernière heure de ce Ministre, celui-ci lui a dicté une déposition circonstanciée des motifs de cette conviction.

« Ainsi, d'une part, on ne prouve pas que Naundorff soit né en Prusse.

« D'autre part, il a été reconnu comme fils de Louis XVI par tous ceux qui, ayant approché cette famille infortunée, avaient été mis en présence de Naundorff.

« Voilà ce qui ressort des faits que j'ai mis sous vos yeux. Et ce ne sont pas des allégations, mais des documens émanés de personnes sérieuses. Eh bien! si ces documens venaient à être justifiés par des témoignages venus de France, de Suisse et d'Allemagne, comment pourriez-vouz résister à la pression de ces déclarations unanimes?

« Quelle est donc désormais la difficulté? C'est l'existence de l'acte de décès du Dauphin.

« Mais cette difficulté, dont je reconnais la grandeur, peut-elle faire disparaître ce qu'il y a de grave dans ces imposans témoignages? Evidemment, non; d'autant plus qu'en examinant cet acte, des doutes bien sérieux se présentent à l'esprit. Comment, en effet, le décès du Dauphin a-t-il été constaté?

« Le 9 Juin 1795, la Convention est instruite du décès de Louis XVII. Sevestre, au nom du Comité de sûreté générale, annonce que la veille, à deux heures un quart après midi, ils ont reçu la nouvelle de la mort du fils de Capet. Sevestre ajoute: « Tout est constaté, les procès-verbaux en seront déposés aux archives. »

« Il y a dans cette déclaration une grave inexactitude. Les procès-verbaux n'ont pas été déposés aux archives. Le rapport de Sevestre n'est pas au *Moniteur*. On trouve au *Moniteur* une pièce plus grave, c'est le rapport des médecins chargés de l'autopsie du malheureux enfant.

« Dumangin, Pelletan, Jeanroi, Lassus, relatent ainsi leurs opérations: « Arrivés à quatre heures du matin à la porte extérieure du Temple, nous y avons été reçus par les Commissaires, qui nous ont introduits dans la Tour. Parvenus au deuxième étage, dans la seconde pièce, nous avons trouvé dans un lit le corps mort d'un enfant qui nous a paru être âgé d'environ dix ans, que les Commissaires nous ont dit être celui du défunt Louis Capet, et que deux d'entre nous ont reconnu pour être l'enfant auquel ils donnaient des soins *depuis quelques jours*. Les susdits Commissaires nous ont déclaré que cet enfant était mort la veille, à trois heures de relevée. »

«Les docteurs n'ont pas dit que c'était le corps du Dauphin, mais celui que les Commissaires *leur ont déclaré être* Louis Capet.

«Ils ne disent rien de plus. Où est la preuve que ces médecins aient constaté l'identité du cadavre avec celui du Dauphin? Nulle part. L'identité n'est pas le moins du monde établie.

«Voici enfin, l'acte de décès du Dauphin :

«Acte de décès de Louis-Charles Capet, du 20 de ce mois (8 «Juin 1795), trois heures après midi, âgé de dix ans deux mois, «natif de Versailles (Seine-et-Oise), domicilié aux Tours du «Temple, section du Temple, fils de Louis Capet, dernier Roi «des Français, et de Marie Antoinette Joséphine Jeanne d'Au-«triche.

«Sur la déclaration faite à la Maison Commune, par Etienne «Lasne, âgé de 59 ans, gardien du Temple, domicilié à Paris, «rue et section des droits de l'homme, numéro 48; le déclarant «a dit être voisin; et par Remi Bigot, employé, domicilié à Paris, «vieille rue du Temple, numéro 61; le déclarant a dit être ami.

«Vu le certificat de Dusser, Commissaire de police de la dite «section, du 22 de ce mois (10 Juin);

«Signé : Lasne, Bigot et Robin, officiers publics. »

«Quoi! c'est l'acte de décès de celui qui représentait un principe qui, alors, était loin de se croire vaincu, et on ne prend pas plus de précautions pour constater l'identité! On appelle deux bourgeois inconnus, et sans s'inquiéter des royalistes qui peuvent abuser de l'obscurité de cette constatation, le Comité de sûreté générale ne prendra pas d'autres précautions!

«Voyons, réfléchissons bien aux circonstances politiques. La Convention était debout, mais le 9 Thermidor avait remplacé le pouvoir de Robespierre. Un autre parti gouvernait. Il est aujourd'hui certain que des Conventionnels se sont entremis pour favoriser l'évasion du Dauphin. Ces circonstances sont graves, rapprochées de ce qu'il y a d'incomplet dans l'acte de décès.

«Si des Conventionnels ont participé à l'enlèvement, oh! alors on comprend que cet acte de décès ait été rédigé si incomplètement.

«Evidemment, les circonstances politiques étaient les plus favorables qu'on pût trouver pour l'évasion du jeune Dauphin et pour l'imposture de l'acte de décès.

«Puis, au mois de Juillet 1795, le Comité de sûreté générale donne l'ordre de poursuivre des enfans qu'on croit être le jeune Dauphin, évadé du Temple!

«Ainsi, à Thiers, en Juillet 1795, un Représentant en mission fait arrêter un enfant qui était considéré comme le Dauphin.

«Je ne veux pas fatiguer le Tribunal; mais si on voulait scruter cet acte de décès, on trouverait des doutes bien graves!

«Desault est mort le 4 Juin 1795 d'apoplexie foudroyante; il avait été nommé pour voir et traiter l'enfant avec Choppart, le pharmacien, qui est mort aussi de mort subite.

«De si étranges décès avaient quelque chose d'inconcevable et d'effrayant.

«Un docteur, élève de Desault qui avait soigné le Dauphin au Temple, a déclaré que Desault était mort empoisonné; et que lui-même avait quitté la France pour se soustraire aux dangers qui le menaçaient.

«Voici une pièce qui constate sa déclaration :

«Je soussigné, déclare qu'ayant habité New York, (Etats-Unis
«d'Amérique), j'y ai fait en 1830 la connaissance du docteur
«Abeillé, ancien élève du docteur Desault qui soigna le Dauphin
«fils de Louis XVI dans la prison du Temple, et que le dit doc-
«teur Abeillé m'a assuré plusieurs fois que le Dauphin n'était pas
«mort au Temple; mais que, pour faire croire à sa mort, l'on
«avait *substitué à sa place un autre enfant de son âge;* que cet
«enfant ayant été empoisonné, l'on fit venir le docteur Desault
«pour le soigner, que ce docteur ordonna des contre-poisons qu'il
«fit prendre à l'enfant; mais que ne reconnaissant pas dans cet
«enfant le Duc de Normandie, qu'il connaissait parfaitement, il
«eut l'imprudence de communiquer ses soupçons à un de ses
«amis, et que le dit docteur Desault est mort empoisonné le
«lendemain même de son imprudente communication. C'est un
«fait public.

«Le docteur Abeillé en sa qualité d'élève du docteur Desault,
«craignant pour ses propres jours, a en conséquence quitté la
«France sur-le-champ pour aller habiter les Etats-Unis, où il
«réside depuis cette époque. Lorsque je l'ai connu en 1830, il
«demeurait au numéro 27, Reid Street Broadway, derrière Wa-
«shington Hôtel, à New York. Ces faits ne m'ont pas seulement
«été communiqués par le docteur Abeillé, mais bien aussi par
«Mme Delisle, demeurant à New-York, Fulton-Street, depuis

« fort longtemps amie intime du médecin Abeillé, ainsi que de
« moi-même.

« En foi de quoi, j'ai délivré la présente déclaration comme
« un hommage que je rends à la vérité.

« F. M. ESTIER.

« Londres, 22 Mai 1843.
    « 18, High-Street, Camden-Town. »

« Enfin, s'il m'est permis de me citer, je dirai que lorsque je
suis allé plaider récemment à Périgueux, là un homme, ancien
oculiste de la Duchesse de Berry, ami intime d'un des élèves de
Desault, m'a fait appeler. Cet homme, très-âgé, ne conserve
pas le plus léger doute sur le caractère et la cause de la mort
de Desault : il est mort empoisonné.

« Je livre ces faits à l'appréciation du Tribunal. Et maintenant,
est-il possible qu'il s'arrête à l'acte de décès du Dauphin et n'ordonne pas une preuve ?

« Si je voulais, je citerais une foule de Mémoires contemporains qui révèlent les circonstances de l'enlèvement. Il aurait
été ménagé par Barras, le Général de Frotté et Mme de Beauharnais. Ces choses semblent impossibles. Mais depuis le 9 Thermidor, un parti gouvernait. Ce parti disposait de richesses
immenses, de ressources puissantes. Rien ne lui était plus facile
que de faire enlever le Dauphin.

« Vous savez que *Richemont*, se disant Duc de Normandie, a
été condamné comme imposteur. Un témoin, entendu dans l'instruction, a dit avoir vu dans un hôpital une femme nommée
Simon, qui disait qu'elle avait eu sous sa garde les petits Bourbons. « Oh ! mes petits Bourbons, disait-elle, si vous étiez là,
je serais moins malheureuse. » On lui demanda ce qu'elle voulait dire ; elle déclara que Louis XVII n'était pas mort et avait
été enlevé du Temple.

« J'ai eu, avec Me Laurens-Rabier, l'avoué de la cause, occasion de voir une personne qui a connu la femme Simon, et qui
a positivement attesté l'enlèvement du Dauphin.

« Mme Delmas a déclaré qu'il était à sa connaissance personnelle que le Dauphin avait été enlevé du Temple au moyen de
la substitution d'un autre enfant à sa place ; que Mme la Marquise
de Beauharnais, devenue Impératrice, a concouru à l'enlèvement, ainsi que Barras ; qu'elle avait revu ce dernier à Paris
en 1824 ; et qu'ils avaient parlé ensemble du fils de Louis XVI
et de son existence.

« M. Bérard de Pontlieue, avocat à la cour d'appel de Paris a
écrit à M. Gruau de la Barre :

« Vous m'avez manifesté le désir d'avoir une copie certifiée et authentique du témoignage écrit dont je suis dépositaire.

« Il m'a été confié par la personne même qui en est signataire.

« En le remettant entre mes mains elle me dit : « Conservez « précieusement ce papier. Il contient la vérité et un jour il « pourra être utile. Je vous affirme tout ce qu'il renferme. Je « suis prête à répéter en justice ce témoignage sous la foi du « serment ; je le répèterais s'il était nécessaire jusqu'au pied de « l'échafaud. »

« Je dois ajouter que ce ton de conscience et de vérité de cette Dame, en me répétant verbalement ce qu'elle avait écrit, m'a fait une grande impression ; car la vérité seule a un tel caractère. Cette Dame jouit de toutes ses facultés intellectuelles. Elle m'a paru avoir un jugement droit et beaucoup de suite dans les idées. Les informations que j'ai prises sur elle me l'ont représentée comme une femme douée de probité, de conscience, et d'une grande droiture de cœur qui la rend incapable du plus léger mensonge. »

« Déposition.

« Je soussignée considérant la brièveté de la vie et l'incertitude « du moment de la mort, et voulant rendre hommage à la vé- « rité, dans le seul intérêt de la justice, je crois devoir rendre « le témoignage suivant dont j'affirme la sincérité :

« Mon oncle, Jacques Moinac, premier confiseur de la cour de « Louis XVI, y était plus particulièrement connu, à cause de « son excellent cœur sous le nom de bon Jacques. *Ses fonctions* « *le mettaient souvent en rapport avec le jeune Duc de Nor-* « *mandie qu'il voyait journellement.* Son dévouement à la fa- « mille de son Roi attira bientôt sur lui un arrêt de proscription. « Il n'évita la hache révolutionnaire que par la protection d'un « compatriote puissant qui parvint à l'y soustraire.

« Louis XVI et la vertueuse Marie-Antoinette étaient montés « sur l'échafaud. Jacques se dévoua à l'héritier de son maître. « Ses protestations révolutionnaires avaient fait croire à la sin- « cérité de son *sans-culotisme.* A force de flatteries et d'adresse, « il avait gagné la confiance des farouches cerbères qui gardaient « l'entrée du Temple, et dont il partageait les orgies, afin de « pouvoir les accompagner quelquefois, lorsqu'ils gardaient le « jeune prisonnier.

« Cependant Jacques était devenu suspect aux époux Simon. « Il crut prudent de se tenir éloigné du Temple.

« Ayant appris plus tard la mort de l'enfant, il affecta tant « de joie, qu'après plusieurs refus, il obtint enfin la permission, « en faveur de son *sans-culotisme* bien connu, de voir le *petit*

« *Capet* APRÈS SON DÉCÈS ; mais quelle ne fut pas sa surprise et
« son bonheur, en considérant attentivement les traits de l'enfant,
« d'acquérir la certitude que l'enfant mort au Temple n'était
« pas le fils de Louis XVI, qu'il connaissait parfaitement, pour
« l'avoir vu tous les jours et plusieurs fois au Temple.

« Tout de suite, en sortant du Temple, mon oncle vint
« trouver M. de la Motte de Lyon, dont le fils fut coupé en
« morceaux et envoyé dans une malle à son père (ce fait est
« arrivé durant la terreur), et lui dit : « Je viens de voir
« l'enfant qui est mort au Temple ; *ce n'est pas le Prince.* » —

« Nous en aurons la certitude aujourd'hui, » lui répondit M.
« de la Motte. En effet, M. de la Motte sut le jour même,
« d'un autre côté, que l'enfant qui était mort n'était pas le
« Dauphin, et que la *femme Simon avait contribué pour quelque*
« *chose à l'évasion.*

« Tous les faits ci-dessus m'ont été rapportés par mon
« oncle, M. Jacques Moinac, qui m'en parlait tous les jours
« quand nous étions seuls. Mon oncle est mort au commen-
« cement de la Restauration.

 « Paris, ce 21 Juillet 1859. »

    « Est signé à l'original, sur lequel cette
    copie est faite « Vᵉ DESMAZES, née MOINAC. »

« Je soussigné, certifie que cette présente copie est en tous
« points conforme à l'original dont je suis dépositaire, et qui
« m'a été confié par Madame veuve Desmazes elle-même.

 « Paris, ce 11 Juillet 1840.

   « *Signé :* BÉRARD DE PONTLIEUE,

  « Avocat à la Cour Royale, rue Jacob, n° 20.

« N. B. J'ai fait replacer immédiatement l'original en lieu
de sûreté.

« A ce premier témoignage je pourrais en ajouter d'autres
nombreux et imposans que j'ai entendus moi-même de la bouche
d'anciens Ministres, de Généraux et de personnages de l'ancienne
cour de Charles X, qui vivent encore ; il résulte de ces aveux
et de ces témoignages que j'ai recueillis depuis sept ans que
je m'occupe de cette affaire :

« Que l'enfant qui est mort au Temple était un enfant
substitué, et que le véritable fils de Louis XVI a été sauvé. »

« Dans les Mémoires de l'Impératrice Joséphine, on lit que
M. le Général *de Frotté*, dont la mort fut si tragique, avait
réclamé la couronne pour le Dauphin Louis XVII ; l'auteur
s'exprime ainsi :

« Bonaparte parvenu au Consulat s'occupa d'abord de pacifier
« entièrement la Vendée. Beaucoup de royalistes finirent par se

« rendre. M. de Frotté voulut imposer des conditions plus dures :
« *il prétendait que le malheureux fils de Louis XVI, le*
« *dernier Dauphin, existait.* Il réclama pour ce jeune Prince la
« couronne de France. *C'en fut assez,* pour le faire rayer sur-
« le-champ de la liste qui proclamait l'amnistie. Le premier
« Consul lui en écrivit en ces termes :

« Général, votre tête est aliénée, tout prouve aujourd'hui que
« le jeune Louis XVII est mort au Temple ; *d'ailleurs et dans*
« *tous les cas* vous ne seriez jamais excusable devant Dieu et
« devant les hommes d'éterniser cette guerre civile. Vos officiers
« sont prêts à l'abandonner et je vous engage à imiter leur exemple. »

« Lorsque ceux qui se disaient les amis de M. de Frotté
« le pressaient d'accepter l'amnistie que lui offrait encore une
« fois le premier Consul ; — laissez-moi, leur dit cet intrépide
« Vendéen, je ne veux faire ni la guerre avec vous, ni la paix
« avec Bonaparte. — Cette courageuse résistance fut en effet
« comme le signal du déchainement de ses ennemis.

« Je ne peux m'empêcher de rappeler ici les propres paroles
« du premier Consul, à la nouvelle qu'il reçut de la mort de cet
« homme courageux. « La cour de Mittau, dit-il, vient de faire
« une grande perte ; car avec quelques généraux d'un mérite
« aussi distingué, le Prétendant aurait pu espérer de se voir
« un jour rappelé sur le trône de France ; mais ne pouvant
« gagner les Vendéens, pour servir ma cause, je dois les
« affaiblir, les décourager, *et faire périr ceux d'entre eux*
« qui refuseraient de poser les armes. Je plains M. de Frotté ;
« j'aurais été glorieux de le compter dans mes rangs ; *cependant*
« *si je lui eusse fait grâce,* il aurait pu devenir dangereux
« *pour l'un comme pour l'autre parti :* le plus sage dans cette
« circonstance était *de s'en* défaire. »

« Une Dame Corbière d'Angers a aussi attesté le même fait.

« Bonaparte, dit-elle, écrivit de la manière la plus pressante
« au *Comte de Frotté,* pour le déterminer à abandonner une
« cause, disait-il, à jamais perdue, et pour laquelle le sang
« français rougirait inutilement le sol de la patrie.

« Le *Comte de Frotté* répondit à l'époux de Joséphine que lui,
« Bonaparte, ne devait pas ignorer que l'Orphelin royal avait
« été sauvé du Temple ; et il suppliait le premier Consul de
« donner au monde une preuve éclatante de sa magnanimité, en
« se déclarant l'appui du fils de Louis XVI auquel, ajoutait-il,
« je serai fidèle jusqu'à mon dernier soupir. »

« Un parent du Général de Frotté a déclaré dans le *Times,*
journal anglais, que ce Général avait fait évader le Dauphin ;
voici sa déclaration :

«**M.** l'éditeur du *Times*,

«Dans votre feuille d'hier se trouve un long article concernant les infortunes du Dauphin. Quelque étranges que soient ces détails et l'existence du fils de Louis XVI, pour ceux qui connaissent l'histoire des premières années du Prince, cependant il y a de fortes raisons pour croire à la réalité des documens rapportés par le Duc de Normandie, dans la publication dont vous entretenez vos lecteurs.

«Un des principaux agens qui se sont employés pour arracher le Dauphin de la prison du Temple, fut *le Comte de Frotté,* Général vendéen, à la famille duquel je suis allié, ma sœur ayant épousé son frère. J'ai eu par conséquent les moyens de m'assurer que le Comte de Frotté a été le principal instrument de l'évasion du Dauphin et de sa fuite dans la Vendée, où, quelque temps après, il organisa la guerre si célèbre dans l'histoire de France.

«Napoléon, premier Consul, voulant la paix, négocia sur ce point avec le Comte de Frotté, et lui déclara que si le Général mettait bas les armes et rendait ainsi la tranquillité à cette portion du pays, il lui accorderait un sauf-conduit pour aller résider où bon lui semblerait. Cette proposition fut acceptée par M. de Frotté, qui choisit Paris pour lieu de résidence. Sur sa route vers cette ville, néanmoins, en approchant de Verneuil avec son sauf-conduit à la main, le général fut brusquement arrêté, puis barbarement et traîtreusement fusillé. Je défie qui que ce soit de contredire ce fait. Maintenant, pourquoi le chef du pouvoir d'alors en France commit-il un acte si contraire au droit des gens, à la justice et à l'humanité, si ce n'est parce que le Général de Frotté connaissait le lieu où le Dauphin était caché, et parce qu'il importait à la police de Bonaparte de détruire le moindre vestige d'une existence si dangereuse pour l'exécution de ses desseins?

«Comme le jour n'est pas éloigné où le Duc de Normandie réussira à obtenir la reconnaissance de ses droits comme fils de Louis XVI, suspendons notre jugement jusqu'à ce que le temps ait décidé la question, et abstenons-nous d'outrager, par l'épithète d'imposteur, un personnage aussi aimable et aussi inoffensif que l'est le Duc aux yeux de tous ceux qui le connaissent.

«Il ne cherche pas à renverser les trônes et à soulever des révolutions sanguinaires; il demande seulement à faire sortir sa famille de l'obscurité qui l'entoure, et à lui donner dans la société la position qui lui est due par sa naissance, sans toutefois vouloir contrarier le vœu de la nation française, qui a déposé la branche aînée des Bourbons en faveur de la branche cadette.

« Je suis, etc.

« Baron F. DE THIERRY.

« Londres, le 4 Décembre 1858.

« 4, Cleveland Square Saint-James. »

« Touchard-Lafosse, dans ses souvenirs d'un demi-siècle, ne regarde pas la mort du Dauphin au Temple comme certaine.

« Le 50 Juin 1795, M. de Puisaye adressa à ses soldats vendéens une proclamation dans laquelle il disait : *Soyez les soldats d'un jeune Prince qui récompensera votre dévouement.* » Le Général Charrette fit une proclamation analogue.

« En présence de tous ces documens, je dis que les témoins de l'évasion du Dauphin sont assez nombreux pour que le Tribunal veuille les entendre.

« Une circonstance fortuite est venue s'ajouter au faisceau de ces preuves.

« En 1840, un numismate distingué écrivit à M. Gruau de la Barre, qu'en 1795, pendant la révolution, on avait frappé six médailles, formant un recueil sous le titre des *Six victimes* : le Roi, la Reine, Mme Elisabeth, la Duchesse d'Angoulême ; la cinquième était l'image du Dauphin : au revers, on voit une toile baissée, avec cette inscription : «Quand sera-t-elle levée ? » La sixième médaille représente le Dauphin ; la toile est relevée. On y lit cette inscription : *Redevenu libre le 8 Juin 1795.* »

« Sur cette médaille, le génie de l'histoire, ou l'ange de la vie, qui burine la mise en liberté du fils de Louis XVI, est assis sur un cercueil où sont inscrits les noms de Louis (1er Dauphin), Louis XVI, Antoinette, Elisabeth (seuls membres de la maison royale décédés).

« Ces deux médailles sont-elles une invention ?

« C'est en 1840 que M. Gruau de la Barre a reçu cette communication. Or, le 19 Février 1841, M. le docteur de Caro a écrit à Naundorff : «Mme F. a communiqué à Votre Altesse «Royale deux médailles relatives à votre mort, c'est-à-dire à votre «évasion du Temple. J'ai fait des recherches sans nombre pour «savoir quand elles avaient été frappées. Dans la Bibliothèque «de Prague, j'ai trouvé une histoire numismatique de France «depuis les Etats-Généraux jusqu'à l'établissement consulaire. — «Paris, 1826. Cet ouvrage existe à la Bibliothèque de Paris. »

« Le renseignement du docteur de Caro est exact.

« Dans la pensée de l'auteur du livre, les mots *redevenu libre* signifiaient mort.

«M. de Caro fait observer que le graveur, s'il avait voulu dire mort, n'aurait pas dit redevenu, mais devenu libre. Il suffisait d'ailleurs de dire mort en 1795.

«Il est donc évident qu'en 1796, on frappa une médaille commémorative de l'évasion.

«Ce document d'ailleurs n'est qu'un adminicule, placé à côté d'autres preuves bien autrement graves.

«Je demande pardon au Tribunal de la longueur de ces détails. J'ai essayé d'abréger, j'ai bien mal réussi, sans doute. Un dernier mot sur des déclarations recueillies dans l'instruction tendantes à établir que le père de mes cliens était un escroc, et s'appelait Naundorff.

«J'ai déjà dit que le rapport du juge d'instruction dit : «Cet homme paraît né en Prusse. »

«Or, les documens officiels que j'ai cités, et qu'il est bien difficile de contredire, attestent formellement que Naundorff n'était pas Prussien, et que, malgré les recherches les plus minutieuses, on n'avait pu avoir de renseignemens sur son origine.

«Comment donc, en présence de semblables attestations, le juge instructeur a-t-il pu dire qu'il paraissait né en Prusse? Les Ministres prussiens ont eux-mêmes réfuté, sans réplique, cette supposition.

«Deux témoins ont été entendus, ce sont les gardiens du Dauphin au Temple. De leurs témoignages, il semble résulter que le Dauphin est mort entre leurs bras.

«Contre ces témoignages, on ne produisait que des lettres écrites par ceux qui avaient été placés près du Dauphin après le 9 Thermidor.

«L'histoire a flétri la barbarie du gardien de Louis XVII, et les traitemens infâmes dont il l'accablait.

«Au 9 Thermidor, la main qui pesait sur la France ayant été brisée, un pouvoir plus clément lui succéda.

«Barras et le Général de Frotté avaient introduit au Temple un enfant muet qui passait pour le Dauphin.

«En 1795, trois Commissaires de la Convention vinrent interroger le Dauphin, et, pendant trois heures, cet enfant resta sans répondre.

«Ce silence s'explique-t-il par la substitution d'un enfant muet au fils de Louis XVI?

«Voici des lettres qui le prouvent; elles sont adressées par Laurent au Général de Frotté :

«Mon Général,

«Votre lettre du 6 courant m'est arrivée trop tard, car votre premier plan a déjà été exécuté parce qu'il était temps. Demain

un nouveau gardien doit entrer en fonctions; c'est un républicain nommé Commier, (Gomin) brave homme, à ce que
dit B...; mais je n'ai aucune confiance à de pareilles gens. Je
serai bien embarrassé pour faire passer de quoi vivre à notre
P..., mais j'aurai soin de lui, et vous pouvez être tranquille.
Les assassins ont été fourvoyés, et les nouveaux municipaux ne
se doutent point que le petit muet a remplacé le D... Maintenant il s'agit seulement de le faire sortir de cette maudite
Tour; mais comment? B... m'a dit qu'il ne pouvait rien
entreprendre à cause de la surveillance; s'il fallait rester trop
longtemps, je serais inquiet de sa santé, car il y a peu d'air
dans son oubliette, où le bon Dieu lui-même ne le trouverait
pas, s'il n'était tout-puissant. Il m'a promis de mourir plutôt
que de se trahir lui-même. J'ai des raisons pour le croire. *Sa
sœur ne sait rien; la prudence me force de l'entretenir du petit
muet comme s'il était son véritable frère.* Cependant ce malheureux se trouve bien heureux, et il joue, sans le savoir, si
bien son rôle, que la nouvelle garde croit parfaitement qu'il
ne veut pas parler; ainsi il n'y a pas de dangers. Renvoyez
bientôt le fidèle porteur, car j'ai besoin de votre secours.
Suivez le conseil qu'il vous porte de vive voix, car c'est le
seul chemin de notre triomphe.

« Tour du Temple, le 7 Novembre 1794. »

« Mon Général,

« Je viens de recevoir votre lettre; hélas! votre demande est
impossible...

« Le Comité de sûreté générale avait envoyé Mathieu et Reverchon pour s'assurer que notre muet est le fils de Louis XVI.
Général, que veut dire cette comédie? Je ne sais plus que
penser de la conduite de B... Maintenant il prétend faire sortir
notre muet et le remplacer par un autre enfant malade. Êtes-
vous instruit de cela? N'est-ce pas un piége? Général, je crains
bien des choses, car on se donne bien des peines pour ne laisser entrer personne dans la prison de notre muet, afin que la
substitution ne devienne pas publique; car si quelqu'un examinait bien l'enfant, il ne lui serait pas difficile de comprendre
qu'il est sourd de naissance, et, par conséquent, naturellement
muet. Mais substituer encore un autre à celui-là, l'enfant
malade parlera, et cela perdra notre demi-sauvé et moi avec!
Renvoyez le plus tôt possible notre fidèle et votre opinion par écrit.

« Tour du Temple, 5 Février 1795. »

« Mon Général,

« Notre muet est heureusement transmis dans le palais du
Temple et bien caché; il restera là; et, en cas de danger, il

passera pour le Dauphin. A vous seul, mon Général, appartient ce triomphe. Maintenant je suis tranquille, ordonnez toujours, et je saurai obéir. Lasne prendra ma place quand il voudra. Les mesures les plus sûres et les plus efficaces seront prises pour la sûreté du Dauphin; conséquemment, je serai chez vous en peu de jours pour vous dire le reste de vive voix.

« Tour du Temple, le 5 Mars 1795. »

« Ces trois lettres m'étaient données comme des copies des originaux écrits par Laurent au Général de Frotté.

« Les lettres, je l'avoue, me semblaient plus embarrassantes qu'utiles, surtout après l'instruction, dans laquelle j'avais lu les dépositions des nommés Lasne et Gomin.

« Le nommé Lasne a dit:

« J'ai eu occasion de voir le jeune Dauphin, fils de Louis XVI, aux Tuileries. Je l'ai revu et reconnu au Temple. En Germinal an III, j'ai été chargé de le garder au Temple. C'était bien évidemment le même. »

« Gomin a dit:

« Je suis entré au Temple en 1794 pour garder le Dauphin. Lorsque j'entrai en fonctions, son état déplorable de santé annonçait une fin prochaine. Il fut visité par le Docteur Desault, et, après la mort de celui-ci, par M. Pelletan. Le Prince a parlé une heure avant sa mort. Il était impossible qu'il fût enlevé. J'avais vu le jeune Louis XVII plusieurs fois aux Tuileries avant sa captivité, lorsque je montais ma garde comme officier de la garde nationale. Il ne parlait presque plus à la fin de sa vie, ce qui fait croire à la substitution d'un enfant muet. »

« Ces dépositions étaient accablantes, il faut l'avouer; je les fis connaître à l'homme qui représente la famille Naundorff. Il fit de suite des recherches qui nous ont donné la preuve que ces dépositions, la seconde surtout, sont pleines d'une volontaire inexactitude.

« Ces deux témoins disent avoir monté la garde au château des Tuileries, avant le 10 Août 1792, et avoir parlé au jeune Dauphin.

« Cela est assez peu vraisemblable. Et puis, comment admettre qu'ayant vu ce jeune Prince dans l'éclat de son rang, ils l'aient reconnu trois ans après, sous les haillons de la misère!

« Evidemment cette reconnaissance est une chimère.

« Lasne d'ailleurs, d'après les lettres de Laurent, ne serait entré au Temple qu'en Mars 1795. La substitution avait déjà eu lieu; Lasne a donc été trompé par ses souvenirs; mais Gomin a trompé la justice. D'abord Gomin a été attaché au service de Mme la Duchesse d'Angoulême, et en a reçu une pension jusqu'à sa mort; si Gomin était dévoué à la Princesse, il est également certain qu'il a trompé la justice sur un point important. Ainsi, il dit à M. Zangiacomi, juge d'instruction : « Je vais chercher chez moi mon brevet de nomination de gardien du Dauphin. »

« Le lendemain il revient, et il dit qu'il a été nommé le 26 Août 1794 (9 Thermidor).

« Or, nous avons vérifié aux archives pour savoir qui disait la vérité de Gomin ou de Laurent. La première lettre de celui-ci, du 7 Novembre 1794, dit que Gomin entrera le 8 Novembre 1794. Voulant avoir la vérité, nous avons été aux archives. Nous y avons trouvé la date des nominations et les états de paiement des gardiens du Temple. Laurent a été nommé le 29 Juillet 1794. Ainsi, le lendemain du 9 Thermidor, il est nommé seul gardien du Temple. C'est lui, l'affidé de Barras, qui va préparer l'évasion du Dauphin.

« Quant à Gomin, il a été nommé gardien le 9 Novembre 1794. Où est la vérité?

« Nous avons la lettre de Laurent qui dit : « Demain (8 Novembre 1794) doit entrer un nouveau gardien, bon républicain, Gomin. »

« Gomin a-t-il pu se tromper? Oh! s'il avait parlé le premier jour de son interrogatoire, on le comprendrait.

« Mais c'est après avoir vérifié son brevet qu'il dit : J'ai été nommé le 26 Août 1794 (9 Thermidor). C'est un mensonge, et un mensonge intéressé.

« D'après Laurent, la substitution a eu lieu du 26 Août au 7 Novembre 1794.

« Quant à Lasne, il a été nommé le 31 Mars 1795, et dès lors se trouvent réduites à leur juste valeur les exagérations de celui-ci, qui prétend avoir adouci le sort du Dauphin. Ces mesures d'humanité avaient été prises par Laurent.

« En présence de ces dépositions contradictoires et mensongères, de ce doute, de ces incertitudes, vous n'ordonneriez pas un complément de preuve? Quand la lumière entourant cette enceinte veut y pénétrer, un acte de décès aussi incomplet vous arrêterait? C'est impossible!

« Je le sais, celui qu'on appelait Naundorff a eu des torts. Il a cru à une main-mise royale sur une nation libre et régénérée. Oui, tout cela est absurde, et je le condamne!

« On a aussi parlé de son illuminisme. Oui, il a écrit sur la religion de gros livres que je n'ai jamais approuvés. C'était sans doute le résultat de l'égarement de son esprit.

« Ecrasé par la politique, il a tourné ses regards vers le Tout-Puissant; ses regards ont-ils été éblouis par cette splendeur divine? Je ne l'examinerai pas.

«Mais ces excentricités ne pouvaient que lui nuire. Eh bien! malgré ces erreurs de son imagination, ses partisans lui sont restés fidèles.

«Aujourd'hui, dans les tombeaux, il a trouvé la nuit de la mort, et il a gardé les ténèbres de son existence. Refuser à ses malheureux enfans la faveur de demander à la justice un nom, une famille, une patrie, ce serait une sévérité que je ne comprendrais pas.

«Quant à moi, ne sachant ce que c'est que de repousser le malheur, j'avais dit à ces infortunés : «Tant que la dynastie de Louis-Philippe règnera, il y aura contre vous une raison d'Etat insurmontable; mais, avais-je dit à sa fille, si la France devient maîtresse de ses droits, je serai votre champion, faible mais convaincu.» La Providence a levé l'interdit sur la justice. Après tout, c'est un grand et noble spectacle que de voir, sous une Constitution qui ne reconnaît pas de dynasties, des citoyens pouvoir revendiquer librement leur rang dans une famille royale.

«Rien ne peut plus honorer ce gouvernement, que je voudrais fort et respecté, que de voir, à l'abri de sa Constitution, ceux qui ne peuvent plus être nos maîtres, réclamant librement au pied de la justice leurs droits de famille et de cité.

«Quant à moi, pour me décider à plaider cette cause, il a fallu une révolution, le sentiment du droit et de la justice, et une confiance absolue dans votre scrupuleuse attention.

«L'avoir fait, avoir exposé ce que je crois utile à la revendication de droits légitimes, c'est déjà un commencement de justice. Votre conscience et votre sagesse feront le reste.»

CHAPITRE II.

§ 1.

Je viens de vous retracer, Monsieur le Substitut, mais bien incomplètement, les principaux faits et moyens de la cause qui ont été développés à l'audience. Indépendamment des autorités citées, il en est beaucoup d'autres qui n'ont pas été lues, et qui établissent non moins infailliblement l'évasion du Dauphin du Temple et l'identité de Naundorff avec ce royal enfant. Toutefois, je dois dire ici, parce que c'est la vérité, que tous les témoignages, joints au dossier de la procédure, vous ont été communiqués sur votre demande; que vous avez pu les lire, les confronter, en apprécier le mérite, et vous assurer de leur authenticité. Je n'ai point pu reproduire non plus le charme de la diction, la puissance de la parole, l'entraînante et logique argumentation du chaleureux défenseur de l'infortune outragée, qui, par l'éminence de ses talens, son austère probité, et son sublime désintéressement, placé au rang des premiers orateurs de cette époque, honore l'élite de notre barreau. Mais, comme il ne s'agit point d'un assaut d'éloquence entre vous et lui, restons sur le terrain où nous sommes.

Avons-nous, pour me servir des termes de la loi, justifié le défaut? Evidemment, d'après les principes qui, régissant la procédure, doivent dominer la conscience des juges; car, même si la cause eût été plaidée contradictoirement, je maintiens que, d'après les points constans de la discussion, à moins d'un parti pris irrévocablement de donner toujours tort à la vérité que nous soutenons, le Tribunal ne pouvait pas, en droit, refuser de nous autoriser à la preuve des faits articulés, pertinens et admissibles, s'il en fut jamais. Vous avez pensé le contraire, et le Tribunal a rendu ainsi son jugement :

«Attendu qu'il est *constant en fait* que, depuis le 10 Août « 1792 jusqu'au 9 Thermidor 1794, la surveillance du Temple a «été l'objet des précautions les plus minutieuses; que, depuis « le 9 Thermidor, la vigilance de ces précautions n'a pas diminué;

«Attendu que l'acte de décès du fils de Louis XVI du 12 Juin « 1795, et le procès-verbal de son autopsie ont été environnés d'une «publicité incontestable, qui ne permet pas d'admettre une sup- «position de personne; que les actes sont confirmés surabondam- «ment par les dépositions de *Lasne*, de *Gomin*, *judiciairement* «*recueillies en* 1837, et contre lesquelles on ne peut élever «aucunes présomptions sérieuses;

«Attendu que, sans rechercher les antécédens de Naundorff, «le *seul fait* de son ignorance presque complète de la langue «française jusqu'en 1832, *suffit* pour repousser l'origine qui lui « est attribuée;

«Qu'enfin, on ne peut expliquer le silence constamment gardé «avant, pendant, et après la Restauration de 1814, par toutes « les personnes qui auraient participé à la prétendue évasion;

«Attendu *qu'en cet état les faits articulés par les deman-* «*deurs sont dès à présent réfutés;*

«Le Tribunal déboute les demandeurs de leurs conclusions «tant principales que subsidiaires, et les condamne aux dé- «pens. »

Cette décision, Monsieur le Substitut, qui sera bientôt soumise à la censure de la Cour d'Appel, n'aura pas de ma part les honneurs d'une présente réfutation, devenue d'ailleurs superflue, pour le public intelligent. Le Tribunal, en effet, n'a pas pu juger la cause dans vingt minutes de délibération tout au plus; car, après vos conclusions, il n'est pas resté plus longtemps à se recueillir dans la chambre du conseil; et, par une absence d'esprit inqualifiable, dans une Instance aussi chargée de faits et de documens à apprécier; il n'a point demandé la communication des pièces du procès; à peine a-t-il eu le loisir de lire nos conclusions subsidiaires; de sorte qu'il est impossible que sa religion n'ait pas été fourvoyée. Aussi, le voyons-nous déclarer constant en fait ce que l'histoire et nos documens produits, qu'il n'a pas voulu lire, démentent péremptoirement. Dans tous les cas, le plus original *de cet acte de justice*, est l'étrange, j'ose dire le risible attendu qui déclare «les faits articulés dès «à présent réfutés, par le seul fait que Naundorff en 1832 ignorait «presque complètement la langue française.» Il est difficile de confirmer plus involontairement, au Tribunal de la saine raison publique, les droits des demandeurs qu'on a l'air de leur dénier; car, si sept jurisconsultes juges n'ont rien de mieux à leur opposer, c'est mettre à découvert, en quelque sorte pitoyablement, leur insuffisance judiciaire à démontrer le mal fondé de leurs conclusions tant principales que subsidiaires. L'argument qu'on fait valoir contre eux, avec une confiance si ingénue, est précisément un de ceux qui, dans la série des preuves morales, aux yeux des hommes impartiaux milite le plus fortement en faveur de l'origine royale de l'horloger de Spandau. Concevrait-on en effet, qu'un Allemand, non frappé de démence, pût s'aviser de jouer le rôle de fils de Louis XVI; qu'il appelât la famille royale à son aide, pour se faire reconnaître par elle Prince de France, et pour témoins ceux qui sont le plus à même de démasquer sa fourberie; que, de Prusse, où il laisse sa famille dans le dénuement, il vînt tout exprès pour demander à un Tribunal français la sanction de sa dérisoire prétention? Mais, ce qu'il y aurait de plus incompréhensible encore, comment un pareil insensé aurait-il eu la puissance de s'incorporer tous les signes qui étaient sur le corps du Dauphin; de transmettre à tous ses enfans une ressemblance frappante avec les divers membres de la race royale dont il usurperait le titre; d'imposer une conviction irrésistible de sa naissance inventée, à de hauts personnages, sains d'esprit, qui tous ont connu dans son enfance le Dauphin qu'ils croyaient mort, et qu'il copie avec une telle vérité qu'il leur a rappelé des détails, généralement ignorés, et les plus précis qu'eux-seuls et le Dauphin pouvaient connaître sur la vie intérieure de la cour de Louis XVI, sur Versailles, Trianon, les Tuileries, le voyage de Varennes, la Tour du Temple.....? Comment, en un mot, par une intuition qui tiendrait du prodige, aurait-il eu la capacité de faire un cours d'histoire révolutionnaire tout différent de ce que nous ont appris les écrivains; et que nous voyons confirmé par une foule de Mémoires particuliers, et de témoignages qu'il ne savait pas exister? Un tel succès de démence ou de fourberie, devenu sous nos yeux une réalité, serait mille fois plus prestigieux que la vérité qu'on rejette avec mépris. Aussi, le séjour de Naundorff en Prusse depuis 1810 jusqu'en 1832, en présence des faits ultérieurs de la cause qu'on ne peut contester, lui confère-t-il une présomption morale de droit à l'origine qu'il revendique, telle que, *seule*, elle équivaudrait à un faisceau de preuves positives. Son ignorance de la langue française vient encore fortifier d'avantage cette présomption déjà si concluante, sans ce surcroît d'embarras pour le visionnaire allemand du Tribunal. Belle merveille! en vérité, que le Prince eût pour ainsi dire totalement oublié l'usage de sa langue primitive! Dans les conditions d'une existence exceptionnelle que l'esprit raisonnable est forcé d'admettre, s'il ne veut pas croire absurdement à l'impossible; pouvait-il en être autrement? Admettez la version de l'infortuné Dauphin, délivré mystérieusement du Temple, condamné par l'adversité à une vie mystérieuse; tout s'explique sensément. Niez-la, et vous déraisonnez, et vous tombez dans une inconséquence injustifiable.

Le Dauphin, en effet, n'avait que sept ans et quelques mois quand il est entré au Temple, après avoir passé son enfance avec sa mère, qui, vraisemblablement lui parlait souvent sa propre langue. Resté prisonnier jusqu'en Juin 1795, la brutalité du cordonnier Simon le contraignit à prendre la résolution de garder un silence absolu. Rendu à la liberté, il fut confié à une Dame allemande qui passait pour sa mère, et à laquelle il ne devait parler qu'en Allemand pour ne pas trahir son déguisement. Caché dans des retraites où il n'avait de communications qu'avec ses libérateurs; réenfermé dans deux cachots, où, pendant sept ans, jamais parole humaine ne se fit entendre à lui, enfin, habitant de la Prusse durant 22 années; était-il humainement possible qu'il n'oubliât pas le français? Pourtant, il en avait toujours conservé le génie et, en 1833, mis en rapport avec des Allemands qui ne le connaissaient pas, ils reconnurent qu'il était Français et que sa manière de parler la langue allemande constatait un Allemand, non originaire, mais appris. En résumé, sur ce point, que je ne voulais pas laisser complètement sans réponse, si toutes ces considérations décisives ne suffisaient pas, pour faire ressortir la futilité du bizarre considérant du jugement du Tribunal, qui annihile des faits certains par une invraisemblance qu'il se crée à plaisir; j'en ajoute une autre qui tranche nettement la difficulté à l'avantage du fils de Louis XVI; et c'est M. Sosthènes de Larochefoucauld, autorité non suspecte qui nous la fournit. Voici ce qu'on lit dans le 4e vol. de ses Mémoires page 7 :

« *Madame*, (étant encore au Temple) parlait d'une manière si «confuse qu'on la comprenait difficilement. Il lui fallut plus d'un «mois de lectures assidues à voix haute, et d'une prononciation «étudiée, pour pouvoir se faire entendre avec netteté : par le «silence auquel elle avait été et elle s'était contrainte, elle avait «perdu l'usage de s'exprimer et de converser couramment. »

Or si, vers la fin de 1795, Marie Thérèse déjà, âgée d'environ sept ans de plus que son frère, par l'effet de son emprisonnement, avait perdu l'usage pratique de la langue française, qui pourrait à bon droit dorénavant dire comme le Tribunal que, «sans rechercher les antécédens de Naundorff, le seul fait de son ignorance presque complète de la langue française, jusqu'en 1832, suffit pour repousser l'origine qui lui est attribuée; » puisque si l'on eût contesté à la prisonnière du Temple, à sa sortie de prison, son identité avec la fille de Louis XVI, on aurait pu lui appliquer la même fabuleuse méconnaissance qu'on applique à son frère, sans que la prévention veuille tenir compte à celui-ci des 38 années extraordinaires de sa vie ultérieure, et des causes majeures qui ont dû lui faire perdre l'usage de la langue française; usage, après tout, qu'il a retrouvé avec une rapidité qui attestait son origine française? Mais laissons, quant à présent, l'excentrique sentence du Tribunal pour ce qu'elle vaut et venons-en au but essentiel de cette lettre, à la réplique que vous méritez, et que je maintiendrai dans les limites que vous m'avez tracées.

Quoique je ne sois pas Substitut, je ne me livrerai, soyez-en sûr, Monsieur, à aucune sorte de divagation; je resterai constamment sur le terrain du vrai et de la légalité, comme ce fut toujours l'habitude de ma vie. J'ai eu l'honneur d'être assez longtemps chef de parquet, pour apprendre comment on procède en justice; pour savoir que le représentant de la loi, qui a pesé devant Dieu et devant les hommes la sainteté de son ministère, doit se montrer, surtout dans ses actes publics, le parfait honnête homme, c'est-à-dire, qu'il se doit tout entier à la justice, à la vérité les plus absolues, sans acception de personne; sans aucune de ces considérations mondaines, qui polluent le sanctuaire de la loi, quand elles viennent y pervertir la conscience du Magistrat. Ce sera donc selon les principes de la plus stricte droiture que je vous répondrai ; et j'ai l'orgueil de prétendre que mes concitoyens qui m'ont connu ne croiront point, avec vous, que je me sois associé à une vile intrigue pour présenter au monde, comme fils de Louis XVI, *un misérable,* tel que vous auriez voulu faire considérer l'auguste chef des demandeurs.

§ 2.

En comparant vos conclusions, Monsieur le Substitut, aux faits constans du procès, établis par des dates et des actes officiels, je n'ai pu me défendre d'un sentiment pénible qu'auront éprouvé tous les gens de bien ; car vous avez été puiser vos inspirations dans les écarts surannés de la malignité des ennemis politiques du Duc de Normandie. Sons l'empire des préventions d'une foule inépte et ignare, vous trainant à la remorque des hommes de partis ; vous cramponant à l'imposture des puissances publiques pour vous soutenir debout sur un champ de bataille dont la terre vous échappait sous les pieds ; vous avez d'une question de famille fait une question de moralité, transformé une cause civile en prévention criminelle, substitué l'insolence au droit, en nous détaillant le relevé scandaleux des notes de police, des rapports diplomatiques, produits ténébreusement, mille fois fastidieusement ressassés, mille fois victorieusement réfutés. Vous saviez bien que vous auriez la parole le dernier, et que la loi ne nous permettait pas de nous défendre à l'audience contre vos insidieuses conclusions. Vous croyiez nous réduire au silence, étouffer pour toujours des débats importuns, en nous plaçant en face du déshonneur, si nous osions avoir la témérité de nous plaindre encore des iniquités du pouvoir. Vous ne supposiez pas, peut-être, que nous dûssions relever fièrement la tête pour vous demander compte, à vous aussi, de l'abus que vous avez fait de votre parole de Magistrat, en signalant au mépris public les énergiques soutiens de la vérité méconnue et baffouée par des calomniateurs, par ceux qui se font lâchement les échos de la malveillance, et d'autres enfin qui n'ont pas la loyauté d'y souscrire ou d'y rendre hommage, en cédant à la voix de leur conscience.

Il n'en saurait point être ainsi. Si nous avons eu le courage de lutter contre les monarchies et d'affronter l'arbitraire des Rois ; nous ne tolèrerons pas plus la diffamation sous une présidence républicaine. Vous nous avez accusés et condamnés ; la défense est notre droit légitime ; j'en use en ce moment. Si la protection des hommes d'autorité nous fait défaut, nous avons la liberté de la presse qu'on ne musèle pas impunément ; nous avons la ressource du recours à la justice du peuple, trop long-temps dupe et dupé par ceux qui se font les régulateurs de ses destinées ; c'est à ce Tribunal que j'en appelle d'une oppression demi-séculaire qui refoule l'innocence, pour qu'il comprenne enfin comment on entend l'honneur, la probité et la justice en France.

« C'est un préjugé de croire que la vérité n'ait pas toujours «besoin d'être défendue ; avez-vous dit en forme d'exorde ; l'er-«reur s'accrédite trop souvent, parce qu'on dédaigne de la com-«battre. Combien d'idées fausses se sont ainsi emparées de la «foule, parce que sans cesse répétées, partout répandues, elles «ne trouvaient nulle part une contradiction dont elle semblaient «indignes. Voilà pourquoi, malgré mon désir d'épargner les «momens du Tribunal, je n'ai pu laisser sans réponse les plai-«doiries présentées au nom des héritiers Naundorff ; la parole «du ministère public se devait à une question qui touche à «l'histoire de notre pays *autant qu'aux intérêts de la famille* «*absente des Bourbons*..... Je me félicite de n'avoir point de fin «de non recevoir à soulever contre les demandeurs ; *je veux* «*voir leur système face à face ;* je ne veux pas leur laisser la «ressource de *prétendre encore qu'on a étouffé leurs droits* sous «des formes de procédure, et de renouveler *contre* VOTRE *juge-*«*ment* des attaques trop multipliées contre les jugemens de vos «devanciers. »

Ainsi, vous autorisant d'avance, assez inconsidérément, de la décision à intervenir comme déjà rendue, vous avez tout d'abord embrassé l'erreur pour la vérité, par un début emphatique, dont l'application a constamment porté à faux ; dans le développement de votre sujet ; car pour ceux qui avaient entendu les lumineuses plaidoiries de Mᵉ Jules Favre, vos paroles n'avaient de sens qu'autant que, vous élevant au-dessus des préventions dont la cause des héritiers du Duc de Normandie est enveloppée, vous eussiez eu le discernement de combattre l'erreur accrédi-tée de la mort du Dauphin au Temple, et les idées fausses qui, à cet égard, se sont emparées de la foule ; parce que sans cesse répétées, partout répandues, les hauts souteneurs du mensonge les ont eux-mêmes inventées et sanctionnées de leur criminelle influence.

Se peut-il bien encore, Monsieur le Subsitut, que vous, Ma-gistrat républicain, né d'une insurrection populaire, qui deux fois a frappé d'ostracisme et chassé de France les deux familles royales des monarchies de 1814 et de 1830, se peut-il que vous ayiez considéré comme un devoir de position, le besoin de défendre *l'honneur des Bourbon absens*; lorsque ces Bourbons, peu jaloux eux-mêmes de leur propre dignité, n'ont pas eu le soin de vouloir la faire respecter, en répondant au défi judiciaire que nous leur portions; mais aussi, il faut en convenir, avec des preuves de vérité si étourdissantes que, quoique vous ayiez dit, vous n'avez pas osé les regarder en face! Vous vous tromperiez étrangement si vous aviez pu croire que, par l'exécution de votre mandat officieux, vous les réhabiliteriez dans l'esprit de l'honnête homme. Si j'étais à leur place; votre générosité apparente me semblerait une injure; et je ne saurais nul gré à un de mes adversaires politiques, de son hypocrite sollicitude à s'arroger la mission de se constituer d'office mon avocat, pour parler en ma faveur quand il me plaît de garder le silence. N'avaient-ils pas un Bérryer pour les défendre, s'ils avaient jugé la défense possible! Et vous-même, n'auriez-vous pas dû songer, qu'en les couvrant de votre maladroite sympathie, par votre intervention dans une question de famille qui ne regarde qu'eux, vous faisiez ainsi ressortir plus honteusement l'opprobre d'un défaut qu'il leur convenait de dévorer sans mot dire?

Comment encore avez-vous pu prendre le rôle d'un Substitut de Procureur du Roi, sans craindre de vous compromettre au regard de la souveraineté populaire, dont les sentimens démocratiques ne sauraient cadrer avec vos tendresses bourboniennes? De quel intérêt peut être pour vous que la moralité du Comte de Chambord paraisse plus pure aux yeux de l'Europe, dans un moment surtout où il se pose en Prétendant; tandis que les Républicains devraient comprendre qu'ils ruinent son parti, en démontrant qu'on le pousse à une troisième usurpation; et que le principe légitimiste dont il se prévaut mensongèrement, repose sur les membres d'une famille, odieusement méconnue par lui, qui vit en dehors de toutes les prétentions politiques. Envisageant que la capacité constitutionnelle du *Prince-Président* de la République expire; y aurait-il donc, de votre part, quelque prudente arrière-pensée, relativement aux destinées possibles d'avenir des branches déchues, dans ces temps de vertige où toutes les ambitions s'agitent si violemment pour exploiter la France à leur profit? Votre langage porterait à le faire croire. Quoiqu'il en soit au surplus, vos impressions vous aveuglèrent à tel point que vous méconnûtes, ou dissimulâtes à dessein la cause inique de l'expulsion brutale du Prince en 1836; et que vous eûtes l'inconcevable témérité d'exalter *l'indulgence* de ses adversaires royaux envers lui, voulant le rendre responsable des dénis de justice dont nous demandions la réparation au Tribunal, et des moyens déshonorans mis en œuvre par la Duchesse d'Angoulême d'accord avec le gouvernement de Louis-Philippe, pour arrêter le cours du procès à cette époque.

Vous avez été bien peu clairvoyant, Monsieur le Substitut, en déguisant la vérité, devant des actes officiels qui démentaient vos allégations, et en déclamant avec une assurance sans pareille :

« Ce n'est pas la première fois que le nom de Naundorff reten-
« tit dans une enceinte judiciaire. En 1836, *il était devenu à Paris*
« *le centre d'un foyer d'intrigues ;* il se posait en Prétendant ; il
« *fut* soupçonné d'être un *agent des sociétés secrètes ;* le Ministre
« de l'intérieur rendit contre lui un arrêté d'expulsion. *C'est alors*
« *qu'il assigna au parquet les membres de la famille de Bour-*
« *bon en reconnaissance de l'état de fils de Louis XVI ; il es-*
« *pérait éviter ainsi l'exécution de l'ordre ministériel ;* il se
« trompait ; il dut partir pour l'Angleterre. Vous avez entendu
« *avec quels accens d'indignation* on a critiqué cette mesure ;
« on a représenté Naundorff arraché violemment de l'autel de la
« justice ; *ces éclats m'ont étonné.* C'était méconnaître *les princi-*
« *pes de la loi et l'autorité de la chose jugée ;* la réclamation
« de Naundorff avait été portée devant le Conseil d'Etat ; elle fut
« repoussée ; elle devait l'être ; car lorsqu'un étranger, abusant
« de l'hospitalité française, force le gouvernement d'user de son
« droit d'expulsion, où en serions-nous si l'exercice de ce droit
« pouvait être paralysé par une prétention mensongère de nati-
« onalité ? L'étranger doit obéir, sauf à poursuivre son procès.
« Celui de Naundorff pouvait être suivi en son absence, comme il
« l'est après sa mort. Les ressources ne lui manquaient pas, et
« il pouvait compter alors, comme aujourd'hui, sur le talent de
« son défenseur. Donc, quand Naundorff assignait devant le Tri-
« bunal de la Seine les Bourbons exilés, incapables de se défendre
« en personne, il était mal venu, lui, demandeur, lui, maître
« de choisir ses moyens et son heure, à se plaindre qu'on l'eût
« placé dans la même situation que ses adversaires.

« *S'il n'a pas suivi son procès, c'est qu'il ne l'a pas voulu ;*
« *c'est qu'il a reculé devant un examen sérieux et définitif ;* par
« cette inaction, il s'est placé dans la position où la loi présume
« *un aveu d'impuissance ;* si *les Bourbons* n'avaient pas eu pour
« cette prétention *le plus profond dédain,* s'ils avaient pris la
« peine de demander la péremption de l'Instance, les héritiers de
« Naundorff ne pourraient plus la reprendre ; l'art. 397 du Code
« de procédure élèverait contre eux une fin de non-recevoir in-
« surmontable ; en sorte que si cette famille, qui se dit persécutée,
« peut se faire encore entendre à cette barre, *c'est par la tolérance*
« *de ses adversaires, c'est grâce à l'indulgence extrême dont on*

« *a usé à son égard*. Après avoir ainsi réduit à leur valeur tant
« de récriminations qui ont pris trop de place dans ce débat, je
« me hâte d'arriver à la seule question du procès. »

Quoi ! une assignation est donnée aux Bourbons le 13 Juin ;
le 15 on arrête le réclamant, on le retient prisonnier pendant
26 jours sans lui dire pourquoi on a porté atteinte à sa liberté,
son Conseil judiciaire s'adresse aux Ministres, au Roi des Français, au Conseil d'Etat, pour faire annuler l'ordre d'arrestation
arbitraire, et obtenir le droit le plus sacré du citoyen, celui
d'être jugé ! Pour toute réponse on le fait conduire par deux
gendarmes sur un paquebot d'*Angleterre* quoiqu'on le proclame
Prussien, on saisit en France les écrits qu'il publie, tandis
qu'on laisse circuler ceux de l'agent de police *Richemont*, condamné dérisoirement à 12 années de détention, et absurde faux
Dauphin qu'on lui oppose ; on persécute ses amis à la frontière
lorsqu'ils reviennent de Londres, on saisit sur eux les papiers
les plus inoffensifs ; on invente contre lui une procédure en escroquerie dès qu'il n'est plus là pour se défendre ; on multiplie
les visites domiciliaires ; on organise un système d'intimidation
envers les témoins de son identité, on prend chez eux sans
contrôle leurs papiers de famille, parce que le nom du Duc de
Normandie y figure ; on confisque les pétitions qu'il adresse aux
Chambres, ou on en fait mépris ; il avait été assassiné à Paris,
on le fait assassiner à Londres ; le gouvernement français le
calomnie officiellement, le Prince intente un procès en diffamation contre l'éditeur de la calomnie, et le ministère public le
diffame à l'audience en requérant à son égard un déni de justice
indéfini ; l'avoué et l'huissier, qui avaient accordé volontairement
la concession de leur ministère pour l'assignation de 1856,
s'étaient vus cités devant toutes les Chambres réunies du Tribunal, pour s'entendre appliquer par ce seul motif une peine
disciplinaire, de sorte qu'après l'expiration des délais légaux,
malgré nos instances réitérées, nous ne pûmes pas parvenir à
faire déposer le placet de la cause, afin qu'elle fût appelée, fixée
et plaidée ; et c'est, Monsieur, dans de semblables circonstances,
qui pèsent de tout leur poids ignominieux sur le gouvernement
de Louis-Philippe ; c'est dans ces conjonctures affreuses, que
devait subir avec une poignante résignation le Proscrit de la
politique ; lorsque, en dépit de sa persistance à vouloir être jugé,
les permanentes persécutions dont il fut constamment la victime
élevèrent des obstacles que tous les efforts humains n'ont pu
vaincre ; c'est en face de ce tableau hideux d'illégalités dégra-
dantes pour le gouvernement qui se les est permises, que vous
avez l'audace d'avancer que le réclamant ainsi baillonné, « *a re-*

« *culé devant un examen sérieux et définitif, et que, s'il l'a-*
« *vait voulu, il aurait pu suivre son procès!* » Mais c'est plus
qu'une amère dérision, c'est un crime de lèse-justice, c'est une
nouvelle et monstrueuse calomnie judiciaire, qu'un tel langage,
dans la bouche d'un Magistrat qui devait connaître aussi bien
que nous tous les précédens que je raconte.

Apprenez, Monsieur le Substitut, que moi qui vous parle,
j'allai au ministère de l'intérieur informer le Ministre, en
parlant à M. Gasparin, sous-secrétaire d'Etat à ce département,
que le Prince, bien qu'illégalement détenu, était si impatient
de voir statuer par le Tribunal civil sur l'Instance introduite,
qu'il consentait à rester en prison pendant toute la durée du
procès. Le 4 Août 1837 le royal Proscrit écrivait aussi de
Londres au Gouvernement francais par l'intermédiaire du
Ministre de la justice :

«Pourquoi ces visites domiciliaires? Pourquoi ce luxe de
«procédure, cette saisie de mes correspondances, cette ar-
«restation de mes amis? Pourquoi enfin ce déploiement
«d'autorité contre des Français généreux, qui n'ont d'autres
«crimes à se reprocher que d'avoir assisté, dans ses infortunes,
«le fils du Roi-martyr de France? De quoi les accuse-t-on?
«D'avoir conspiré contre l'ordre de choses actuel. Mais, pas
«un mot, pas une action, pas même une pensée de leur part,
«n'ont pu motiver les vexations dont ils sont l'objet; car eux,
«comme moi, comprennent religieusement cette vérité morale
«de tous les temps, qu'il n'est pas permis sciemment de faire
«le moindre mal pour opérer le plus grand bien. Je vous l'ai
«déjà dit, je suis l'unique auteur des écrits qui ont été publiés;
«je les ai adressés à tous les Souverains de l'Europe, aux
«Ministres et à la magistrature supérieure de France, à Louis-
«Philippe lui-même par la Reine Amélie. Mes amis n'ont
«connu ces déclarations que par la publicité que je leur ai
«donnée moi seul. Pourquoi donc s'en prendre à eux d'un
«fait qu'ils n'ont pas été maîtres d'empêcher et dont ils ne
«sauraient être légalement responsables? Agiriez-vous ainsi,
«si vous croyiez de bonne foi que je fusse un imposteur?
«Vos mesures arbitraires révèlent au monde les motifs secrets
«qui vous dirigent. Il est évident que vous redoutez l'éclat de
«la vérité, vous voulez intimider ses partisans, et ravir à
«l'Orphelin du Temple jusqu'aux secours de l'amitié désintéres-
«sée. Pourquoi, lorsque j'ai porté ma réclamation d'état devant
«le Tribunal de la Seine, au lieu de me juger, m'avez-vous
«chassé de France? *Est-ce ainsi qu'on traite un imposteur?*
«Ne croyez pas que l'énergie de mes paroles soit due à ma

« résidence sur une terre où vos lois n'ont pas d'action. Si
« telles pouvaient être vos suppositions, je viens vous détrom-
« per, et je vous déclare formellement que je soutiendrais mes
« écrits en face de vos Tribunaux, si j'étais libre d'y paraître.
« *Vous m'avez refusé la justice civile, eh bien! je vous*
« *demande hautement la justice criminelle.* Si vous prétendez
« que mes amis sont coupables, ils le seraient alors et par
« moi et pour moi: ils seraient mes complices: je réclame en
« conséquence le droit d'aller les justifier, en vous prouvant
« que moi seul je dois subir la responsabilité des actes qui
« vous inspirent tant d'effroi. Envoyez-moi un sauf-conduit;
« assurez-moi les garanties qui j'ai le droit d'exiger, qu'en
« France, il ne sera attenté ni à ma vie ni à ma liberté;
« et je me charge de fournir pleine satisfaction sur tous les
« points qui font la matière de vos procédures commencées.
« *Il y aurait lâcheté à vous de ne pas faire droit à ma présente*
« *requête.* Qu'avez-vous à craindre d'un homme qui faussement
« usurperait les noms et les titres d'un fils de France, mort
« en 1795 ?

« Londres, le 4 Août 1857.   « CHARLES-LOUIS DE BOURBON,
« *Duc de Normandie.* »

Etait-ce là la conduite d'une personne qui recule devant la
publicité; qui fuit les regards de la justice? qui serait assez
insensé pour le prétendre encore? Si nous avons pu aborder les
Tribunaux après la mort de l'infortuné banni; c'est que la
monarchie oppressive avait été broyée sous les barricades du
peuple indigné de ses hypocrisies, et que nous avons trouvé le
généreux appui de deux hommes de cœur qui, foulant aux
pieds les suggestions du vil égoïsme, nous ont fait ouvrir les
portes du palais de justice. Ne comprenez-vous point que,
puisqu'au nom des héritiers du fils de Louis XVI nous
saisissons aujourd'hui le Tribunal de leurs réclamations, à plus
forte raison, du vivant du Prince, eussions-nous donné suite
à son Instance, si le despotisme d'un pouvoir lâchement
criminel ne s'était pas toujours placé entre lui et le sanctuaire
de la loi? Il demeure évident pour tout le monde que nous ne
nous fussions pas privés des secrets qu'il a emportés dans sa
tombe, et des preuves d'identité qui se rattachaient à sa
personne.

Vous supposez, Monsieur le Substitut, que les Bourbons
ont eu en 1836 *le plus profond dédain* pur la prétention
de l'horloger de Spandau. Vous étiez trop jeune, pour avoir
connu leur terreur d'alors à cette occasion. Ils étaient peu
rassurés, je vous le certifie, avant d'avoir obtenu du gouver-

nement de Juillet la promesse que le procès annoncé n'aurait jamais lieu; et afin de vous prémunir dorénavant contre votre excessive propension à croire à de faux rapports, et à les donner légèrement à la justice comme des certitudes, je vais vous éclairer sur ce point. Un agent des plus actifs de Prague, le confident, je présume, des intrigues qui s'y tramaient contre l'Orphelin du Temple, puisqu'il était le correspondant intime de la Duchesse d'Angoulême, au sujet de son frère, M. Sosthènes de Larochefoucauld vous désabusera entièrement : il fut l'adversaire du Duc de Normandie, par conséquent vous aurez foi dans ses paroles. Eh bien! il a écrit dans le 5ᵉ vol. de ses Mémoires :

« Nul n'avait assisté aux derniers soupirs de l'infortuné fils de Louis XVI..... La Convention qui avait intérêt, sans doute, à débarrasser sa situation révolutionnaire d'un Bourbon; mais qui par hasard, lasse un jour de tuer ses ennemis et ses amis, aurait oublié cette goutte de sang Royal au fond du verre dans lequel elle s'était enivrée, la Convention, dis-je, aurait pu se contenter de faire disparaître le Duc de Normandie sans lui ôter la vie, et annoncer faussement sa mort pour donner plus de créance à cette disparition..... La réflexion est obligée de convenir qu'à toute rigueur ce déplorable enfant a pu être retiré des mains de ses bourreaux, que, pour dérober sa tête à toutes les poursuites, il a dû vivre dans une obscurité et dans une agitation peu favorables à sa récognition subséquente, et qu'enfin, dans l'état de proscription, de troubles et de domination où l'Europe a été tenue sous la Convention et l'Empire, il se peut rigoureusement aussi que le fils de Louis XVI n'ait jamais pu parvenir à se montrer, et à faire valoir des droits qui auraient été un arrêt de mort pour lui et pour tous ceux, grands et petits, Rois et sujets, qui se seraient exposés à le soutenir....... Tout apprécier en pareille matière, n'était-ce pas le meilleur moyen de déconcerter la malveillance, de confondre la calomnie, de déjouer l'intrigue, de reconnaître l'erreur ou qui sait, *la vérité peut-être?*

« C'était servir la famille Royale que de lui épargner l'éclat et l'ennui de cette nouvelle réclamation..... J'avais enfin vu ce personnage; j'avais causé avec lui, et je dois dire que, malgré toutes mes préventions, sa figure, son attitude, ses paroles n'avaient rien qui portât au soupçon de l'imposture. »

Après ces réflexions, M. de Larochefoucauld relate ses lettres à Mᵐᵉ la Duchesse d'Angoulême dans lesquelles il lui disait :

« Je me transportai auprès du personnage et je me trouvai en présence d'un homme, dont on ne peut nier quelque ressemblance vieillie avec les portraits bien étudiés de Louis XVII et les traits généraux de la famille des Bourbons.... Ne pas le voir, ne pas l'entendre, ne pas examiner et apprécier les preuves dont il se prétend possesseur ; c'est peut-être l'irriter, quel qu'il soit, et le forcer à un éclat *judiciaire* dont le dénouement ne serait pas douteux sans doute, mais *dont l'effet serait toujours fâcheux* à mon sens.... Je crois, en ce qui concerne mon intervention dans cette étrange affaire que, *jusqu'à ce que les ordres et les instructions de Madame me soient parvenus, il est nécessaire* que je ne m'éloigne pas absolument de ce personnage et *que je reste instruit de ses projets, de ses démarches, enfin de sa situation* qui, je le dirai toujours, ne me semble dénuée ni de bonne foi, ni d'intérêt....... Je dois et veux rester entièrement en dehors de toute cette affaire, ou ne m'en mêler que pour empêcher des imprudences et un ébruitement désagréable......

« L'affaire dont j'ai eu l'honneur d'entretenir V. A. R., semble acquérir tous les jours assez de gravité, pour que je crusse manquer à ma conscience si je lui laissais ignorer les circonstances qui l'accompagnent. Je dois pour être impartial ajouter que, plus on voit, plus on examine la personne en question, et plus on pourrait être tenté de lui trouver des points de ressemblance avec la famille Royale, et *sous plus d'un rapport le cachet de la vérité....* Le personnage qui se dit Louis XVII, indigné qu'on lui refusât une entrevue, qu'il regarde comme chose fort simple, voulait se livrer à l'instant même aux Tribunaux français et leur demander *un nom qu'on ne peut lui refuser si,* comme *on l'affirme, il a en sa possession des preuves irrécusables.* CE SERAIT UNE DÉMARCHE FÂCHEUSE et QU'IL SERAIT à DÉSIRER QU'ON ÉVITÂT. J'ai obtenu à grand' peine qu'un mois, mais pas un jour de plus serait encore accordé après le départ de cette lettre, afin d'en recevoir la réponse. Le temps expiré, on n'hésite plus, m'a-t-on assuré avec un ton qui trompe difficilement..... *Ce dernier mois peut donc être attendu sans danger.* »

On lit aussi dans les notes saisies sur M. Marco de Saint-Hilaire et qui sont au dossier correctionnel :

« M. le Vicomte de Larochefoucauld était en correspondance avec Mme la Dauphine. Convaincu de l'identité du Prince qu'il a eu occasion de voir souvent, et avec qui il s'est entretenu longtemps, il n'a pas eu à son égard la confiance qu'il aurait dû avoir, il ne lui a jamais montré les lettres qu'il écrivait à son sujet à Mme la Dauphine ; ni les réponses qu'il en recevait. Il se bornait à lui lire ou à lui dire de vive voix ce qu'il jugeait convenable.

On a su plus tard que Mme la Dauphine l'avait chargé de consulter un jurisconsulte, et de s'assurer si son frère avait *des preuves légales suffisantes,* dans le cas où le Prince aurait recours aux Tribunaux. »

Si vous voyez, Monsieur le Substitut, dans ces passages que je viens de citer, la certitude que la Duchesse d'Angoulême croyait son frère mort, et qu'elle avait un profond dédain pour les prétentions de celui qui se disait le fils de Louis XVI, vous avez alors un esprit perspicace. Moi, dans ma simplicité, j'y vois tout le contraire. Je crois même remarquer, chez le Gentilhomme révélateur des anxiétés *légitimistes,* une conscience embarrassée, dominée par une influence qui la gêne; et je ne me trompe pas, car il est plus d'une fois convenu de sa croyance à l'identité du personnage avec le fils de Louis XVI. Je pense encore que, si la Duchesse d'Angoulême avait été convaincue de la mort de son frère, elle devait à la dignité de son nom de ne pas s'abstenir de paraître au procès et d'en faciliter le dénouement, en examinant toutefois les preuves offertes, un peu plus sérieusement que le Tribunal et vous, vous ne l'avez fait. Revenons à l'expulsion du Prince.

Vous avez, Monsieur le Substitut, travesti en une mesure d'ordre public la violation de tous les droits du citoyen, si flagrante et si manifeste que, sous un gouvernement franchement constitutionnel, avec une responsabilité ministérielle qui ne fût pas chimérique, elle eût entraîné l'accusation immédiate du Ministre prévaricateur. J'avoue que votre ton boursouflé d'indignation m'étonna d'un bien autre étonnement que celui dont vous vous efforciez de faire partager à l'auditoire l'émotion étudiée. J'en ressentis pour vous une profonde pitié, moi qui savais que la vérité était perfidement dénaturée. Que nous parlez-vous de principes de la loi, lorsque vous ne savez pas les respecter vous-même? Notre législation autorise le gouvernement à *expulser* de France l'étranger qui ne s'y soumet pas aux lois de police et de sûreté, et dont la conduite répréhensible peut y être une occasion de trouble; nous ne vous le contestons pas. Mais emprisonner l'étranger qui ne résiste pas; sans une prévention légalement établie, lui saisir ses papiers, le retenir en prison comme autrefois les criminels d'Etat du temps de la Bastille; ordonner de le faire conduire de brigade en brigade hors de la frontière comme un obscur criminel; lui imposer une terre étrangère qui n'est pas celle de son choix, ni celle du lieu de naissance qu'on lui attribue; voilà ce que la loi n'a jamais permis et ce que l'on a fait à l'égard du Duc de Normandie! Etait-ce là le traiter en *Prussien?* Ne grandissait-on pas par l'arbitraire odieusement inconséquent dont on se rendait coupable envers lui; n'élevait-on pas au contraire jusqu'à la hauteur d'une puissance, *l'imposteur, le fou, le misérable,* pour me servir de vos expressions choisies, auquel on faisait l'honneur de tant de haines, d'une terreur de gouvernement si peu déguisée? Oh ! je conçois bien qu'un pouvoir ait honte d'avouer de pareilles bassesses, car, depuis cinquante ans, ceux qui ont asservi la France se sont rendus solidaires les uns des autres, en marchant dans une même voie funeste aux prospérités publiques. Les derniers, quelle que soit la couleur du drapeau qu'ils arborent, s'imaginent, en disculpant de leurs méfaits ceux qu'ils remplacent, se donner à eux-mêmes un brevet d'absolution pour leur propre forfaiture. Il en fut toujours ainsi, l'injustice glorifie l'injustice. La République, on le voit tous les jours, renie le principe de son origine; elle copie le gouvernement qu'elle a foulé sous les pavés de l'insurrection; il est donc tout naturel que ses fonctionnaires suivent les vieux erremens monarchiques, adoptent les répulsions que la royauté leur a léguées; et, pour faire passer leur réprobation du fils de Louis XVI, colorent d'une fausse apparence celle de leurs prédécesseurs. Voilà pourquoi vous avez porté une accusation insoutenable contre l'auguste Proscrit. Mais, quand l'autorité accuse faussement, elle se condamne elle-même. Une dénégation mensongère d'un acte reprochable le met en relief avec plus d'éclat, en fait ressortir plus impérieusement la conséquence obligée; c'est le fruit que vous aurez recueilli de votre imprévoyante incrimination du prisonnier de 1836, en voulant justifier son injustifiable expulsion du sol français.

En affirmant que le demandeur en réclamation d'état avait été expulsé de France parce que, «*soupçonné d'être un agent des sociétés secrètes, il était devenu à Paris le centre d'un foyer d'intrigues;*» vous avez commis plus qu'une méprise, Monsieur le Substitut, et vous eussiez dû faire un examen plus réfléchi des actes de l'autorité persécutrice, avant de compromettre aussi ouvertement votre caractère de sincérité; car l'écrit dont étaient porteurs, le 15 Juin 1836, les cinq agens de police qui sont venus violer le domicile du Prince, portait, sans autre indication, l'ordre, non pas *d'expulser,* mais *d'arrêter* M. Naundorff, de saisir ses papiers, et de le conduire au dépôt de la préfecture de police; je l'ai tenu entre les mains, je l'ai lu, et le commissaire de police, à qui je demandai la cause *non écrite* de l'arrestation, m'ayant répondu qu'on arrêtait M. Naundorff comme *étranger,* je protestai au bas de son procès-verbal contre un arbitraire aussi exorbitant, en représentant l'original de la citation du 15 qui saisissait la justice compétente de la question d'état. Singulier mode d'expulsion, convenez-en, d'un citoyen qui vivait paisible à Paris depuis trois ans, sous une surveillance de tous les instans exercée contre lui, auquel M. le Préfet de police Gisquet, d'après son aveu formel, n'avait rien à reprocher, et dont la présence en France n'a ému le gouvernement que le 13 Juin, jour où il s'était, par un acte régulier, placé sous la sauve-garde de la magistrature française! Tout homme de sens reconnaîtra que, s'il y avait eu un prétexte plausible *d'arrêter* celui que vous avez insidieusement représenté comme étant devenu le centre d'un foyer d'intrigues, on se fût bien gardé de l'omettre dans l'arrêté ministériel afin d'en couvrir la responsabilité du Ministre violateur des lois. Ce mensonge de plus n'aurait certainement pas coûté au gouvernement de Louis-Philippe; mais on sentait le danger de l'articuler; parce qu'il aurait fallu interroger l'inculpé, le poursuivre, le juger; et voilà précisément ce qu'on voulait éviter à tout prix. J'explique ainsi pourquoi, à peine eut-on fait sortir de France l'homme-principe dont on redoutait la parole accusatrice; aussitôt qu'on eut placé la mer entre lui et ses détracteurs, on devint brave de la bravoure des lâches, qui ne respirent à l'aise que loin de leurs adversaires; on se hâta bien vite de commencer contre lui une procédure correctionnelle qui, même encore, ne fut motivée que sur *le fait unique* que, se disant faussement le fils de Louis XVI, il s'était rendu coupable d'escroquerie en recevant dans cette qualité les dons du dévouement. Mais cette instruction, je dois le faire remarquer, avait un tout autre but que celui de rechercher un délit qui ne pouvait pas exister, tant que le procès civil ne serait pas jugé en dernier ressort dans un sens défavorable aux prétentions du réclamant. C'était un épouvantail que l'on dressait contre les partisans du Prince, un dossier de diffamation qu'on organisait ténébreusement, pour s'en faire une arme de circonstance; comme en effet il a été l'arsenal de vos conclusions.

Vous avez dit en outre, Monsieur le Substitut, que «l'ordre «d'expulsion était *antérieur* à la citation donnée à la famille «des Bourbons; que cette citation n'avait eu pour but que d'é- «viter la mesure ministérielle par une prétention mensongère de «nationalité; que l'affaire portée devant le Conseil d'Etat avait «été repoussée *avant l'expulsion* et qu'il y avait eu l'autorité «de la chose jugée contre Naundorff. »

Ce sont là d'étranges erreurs commises en justice, les pièces originales sous les yeux. Pour nous en convaincre, reprenons par dates les faits qui précédèrent.

La citation à la famille des Bourbons a été signifiée le 13 Juin. En supposant, par pure hypothèse, qu'un ordre d'expulsion d'une date antérieure fût tenu en réserve dans les cartons du ministère comme une menace *d'en cas;* du moment que nous ne le connaissions pas, la demande en reconnaissance de l'état de fils de Louis XVI ne pouvait point avoir pour but d'en paralyser l'effet; c'est évident; eh bien! *l'ordre d'arrestation* (et non pas d'expulsion s'il vous plaît), n'a été communiqué que le 15, à l'instant même où le Prince était appréhendé au corps. Pourquoi donc vous montrâtes-vous si peu fidèle a rapporter des faits qui, fixés par des dates et des pièces officielles, ne donnent pas matière à controverse ?

La prétention judiciairement formée de nationalité française remonte même beaucoup plus haut que le 13 Juin 1836; elle avait été notifiée de Prusse au gouvernement français par l'horloger de Crossen, et M. Pezold, Commissaire de justice prussienne. Depuis la reconnaissance du Prince en France par les anciens serviteurs de la cour de Louis XVI, c'est-à-dire dès 1833, cette prétention était notoirement connue à Paris. Le 6 Mars 1835, une requête fut présentée à M. de Belleyme, Président, pour le requérir de commettre un avoué d'office et, le 7 Mai suivant, M\e Jausse avait été commis. J'ajoute que l'avoué désigné s'avisa alors, par une suggestion quelconque, d'exiger que le requérant fit constater son individualité au moyen d'un acte de notoriété. Nouvelle obligation de s'adresser au Président du Tribunal qui désigna M. Chodron à cet effet. L'officier ministériel commis, au lieu d'obtempérer à l'injonction de la justice, refusa de recevoir la déclaration des six notables témoins qui se présentèrent chez lui pour certifier l'individualité selon les prescriptions de la loi. Le Prince, pour donner à son action judiciaire un éclat tel, que tous les souverains pussent se constituer ses contradicteurs, et que sa réintégration dans ses droits de famille devînt un évènement européen, écrivit aux puissances étrangères et au gouvernement français :

« D'après les lois antiques de la monarchie, je suis, en ma « qualité de dernier fils de Louis XVI, le seul Roi légitime de « France; comme tel je sens que mon premier devoir est de « sauver ma patrie.

« Dans toutes idées de raison, de justice et de grandeur, les « Rois n'existent que pour les peuples et non les peuples pour « les Rois. Ce principe également protecteur de la puissance du « monarque et de la soumission des peuples doit être l'évangile « de tous les Rois, car il est le lien conservateur de toutes les « nations.

« Je le répète : *seul* je suis Roi *légitime* de France ; comme
« tel je proteste ici hautement, devant mon Dieu et devant
« toutes les nations européennes, contre tout arrangement ou
« transaction quelconque en faveur de la famille Royale exilée.

« Je déclare solennellement *usurpateurs* du trône de France
« les ex-Rois Louis XVIII et Charles X, ainsi que leurs des-
« cendans, parce qu'ils avaient une connaissance *directe* et
« *personnelle* de mon existence.

« J'aime ma patrie, car je souffre pour elle et non par elle ;
« cet amour si attentif est vrai. Aussi je ne veux troubler ni
« la paix ni la tranquillité de la France ; je déclare donc ici
« que je dépose entre les mains de la nation française le sceptre
« et la couronne, héritage de mes pères. *Je ne demande rien*
« *que mon nom et la jouissance de mes droits civils.*

« Je me dispose à réclamer devant les Tribunaux l'exercice
« de *ces droits* à la succession de L.L. M.M. Louis XVI et
« Marie-Antoinette, mes père et mère, en ma qualité de Duc
« de Normandie, dernier Dauphin de France.

« Comme cette Instance est entièrement étrangère à toute es-
« pèce de *prétention politique ;* que ma présence est indispensable
« devant la justice, attendu les divers détails que j'ai à produire,
« qui ne peuvent et ne doivent être produits que par moi, j'ai
« lieu de croire que ma *liberté sera respectée.* •

« Avant d'être Prince je suis honnête homme ; je ne veux pas
« qu'une *discussion judiciaire* et *publique avec ma famille, et*
« *pour des intérêts privés,* puisse servir de prétexte à la mal-
« veillance et compromettre le repos de mes concitoyens.

« Je pense donc que le gouvernement prendra les mesures
« nécessaires pour que je n'aie pas la douleur d'ajouter à tant
« d'infortunes, celle de me voir la cause innocente de quelque
« trouble. J'ai traversé bien des malheurs, je subis encore tous
« ceux que je dois à l'injustice et au désordre des passions hu-
« maines ; mais le plus grand de tous à mes yeux serait de servir
« de motif à une agitation quelconque, qui pourrait compro-
« mettre la liberté d'un seul homme et la tranquillité de la cité.

« Paris, le 17 Juillet 1855. « Signé : CHARLES-LOUIS,
          « *Duc de Normandie.* »

Le Prince informa également Louis-Philippe du procès qu'il
allait intenter à sa famille, par cette lettre officielle :

   « MON COUSIN,

« Vous savez que je suis actuellement en France où je vais
« réclamer devant les *Tribunaux* le nom qui m'appartient ; *vous*
« *n'avez pas besoin du jugement à intervenir pour être fixé sur*
« *mon identité :* vous vous occupez trop de votre gouvernement

« pour qu'une question de cette importance vous soit étrangère.
« M. de Cazes est, au reste, parfaitement à même de vous don-
« ner tous les renseignemens imaginables à mon sujet.

« Je n'élève point une discussion de gouvernement, mais je
« redemande *aux lois* de mon pays l'annulation *d'un acte qui
« m'a fermé toutes les voies de la vie civile.*

« J'ai enfin trouvé un *avoué* prêt à occuper pour moi, et les
« plus incrédules ne pourront bientôt plus douter de la réalité
« de mon existence. Je dois vous l'avouer cependant, ma position
« actuelle est d'autant plus *pénible* que *je ne sais à qui me fier,*
« au milieu de cette France qui fut de tout temps l'objet de
« mes vœux et de mes pensées. Mon plus grand malheur est
« d'être né sur les degrés du trône, et ce fut là la cause des
« souffrances inouïes qui depuis ma naissance n'ont cessé de m'ac-
« cabler. J'ai pris la résolution de m'adresser à vous, non point
« pour demander une grâce, mais pour vous dire qu'il est de votre
« devoir de me laisser *toute latitude et toute liberté pour* faire
« valoir mes droits.

« CHARLES-LOUIS,
« Duc de Normandie. »

Enfin, à la suite de ces manifestations publiques et officielles,
vinrent l'assignation du 13 Juin 1836 et l'arrestation du 15. Après
avoir épuisé la ressource de tous les recours possibles auprès des
Ministres, auprès du Roi des Français, verbalement et par écrit,
publié, et adressé nos protestations aux personnages les plus
marquans, nous nous pourvûmes au Conseil d'Etat, pour lui
demander justice contre une atteinte aussi flagrante portée à
la liberté individuelle, aux droits de propriété, à la compétence
des Tribunaux civils qui s'annihilait sous une signature administrative. Les Ministres se réunissaient fréquemment sans savoir
quel parti prendre à l'égard de l'hôte importun de leur prison
d'Etat; car il ne s'attendaient pas à une aussi âpre résistance
de notre part. Ils s'étaient bonnement flattés de confisquer sans
bruit la personne du Duc de Normandie. Mais la promptitude
et l'éclat de nos réclamations rendaient impraticable un enlèvement clandestin, qui aurait dû s'effectuer dans les 24 heures
immédiatement après l'arrestation : je le sais positivement, c'est
M. Gisquet qui me l'a dit. La réunion de ces Conseils iniques
était présidée par M. Thiers, citoyen sans convictions politiques, dont les paroles et les actes hypocrites ne furent, dans
tous les temps, qu'un masque pour couvrir son amour immodéré
de lui-même. C'est sous l'influence de ce premier Ministre que,
pour mettre fin à des réclamations trop compromettantes pour
le gouvernement, le 4 Juillet 1836, on arrêta définitivement

le projet d'expulsion, et qu'on fixa à *l'étranger* soi-disant Prussien pour lieu de bannissement le *sol de l'Angleterre, le lendemain* d'une lettre que j'adressai au Ministre de l'intérieur et dans laquelle je lui disais :

« Le véritable Duc de Normandie, connu sous le nom de Naundorff, charge son conseil judiciaire de vous informer qu'il ne peut accepter la position que le pouvoir lui a faite. Né Français, il a droit à la protection des lois de France ; *l'autorité administrative, en lui donnant une nationalité étrangère, ne peut avoir le privilège de le soustraire à la justice de son pays.* Il demande donc que les Tribunaux prononcent sur la question tranchée par vous ; qu'ils décident souverainement sur le fait de la détention qu'il subit, sans cause légale, depuis vingt jours, au dépôt de la préfecture de police ; et qu'ils déclarent enfin, si par ces entraves, nées du sein de l'administration, on peut dépouiller un plaideur de ses papiers, et l'empêcher de suivre un procès commencé.

« Cette protestation de mon client, Monsieur le Ministre, est toute légale ; le gouvernement ne saurait, sans se placer hors de la Charte de 1830, se refuser d'y faire droit ; en conséquence, jusqu'à la sanction légale qu'on invoque, votre prisonnier ne s'éloignera pas volontairement de sa patrie, et ne consentira à recevoir d'autres noms et d'autres titres que ceux qui lui appartiennent, et que confirment complètement les mesures du pouvoir. Il compte encore assez sur la justice de France à son égard, pour croire que les Ministres de la loi n'useront pas de violence, à l'effet de soutenir la solution qu'ils ont arrêtée.

« Je crois devoir aussi vous prévenir, Monsieur le Ministre, que nous nous pourvoyons devant le Conseil d'Etat pour faire réformer la décision que vous avez maintenue, malgré nos justes réclamations. »

M⁰ Crémieux légalisa ensuite tous les faits et actes de l'administration au sujet de l'expulsion du Prince, en disant dans sa requête au Roi en son Conseil d'Etat, et devant le Conseil d'Etat le 14 Juillet :

« Sire,

« Nous avons recours à votre justice suprême en faveur d'un homme se disant Français, se prétendant fils de Louis XVI et de Marie-Antoinette, quoique portant le nom de Charles-Guillaume Naundorff. *Il vivait paisible à Paris ; aucune tentative de trouble et de désordre ne l'avait signalé à la police de votre royaume,* lorsque le 13 Juin dernier il s'adressa à vos Tribunaux pour obtenir contre Madame la Duchesse d'Angoulême, qu'il appelle sa sœur, la reconnaissance de son titre d'enfant légitime de

Louis XVI. Une assignation à Madame la Duchesse d'Angoulême, à M. le Duc d'Angoulême, à Charles-X, appela chacun, selon sa qualité, devant le Tribunal civil de la Seine. Elle fut déposée au parquet de M. le Procureur du Roi. *Le surlendemain, 15 Juin,* le demandeur fut saisi au corps dans son domicile, tous ses papiers furent enlevés, sans contrôle et sans inventaire; il fut transporté au dépôt de la préfecture de police, où il est encore prisonnier.

«Un arrêté du préfet de police, *en date du 5 Juillet, à lui notifié le 6, lui apprend* qu'il va être remis à la gendarmerie pour être conduit à Calais.

«Cet arrêté se fonde sur l'art. 7 de la loi du 28 Vendémiaire an VI, et sur trois décisions émanées de M. le Ministre de l'intérieur, *l'une du 9, l'autre du 29 Juin, la troisième du 4 Juillet courant qui autorise le préfet de police à expulser du Royaume le nommé Naundorff, âgé de 51 ans, né en Prusse.*

«Sire, l'avocat soussigné ne peut savoir ce qu'il y a de réel ou d'imaginaire dans les qualifications que se donne le demandeur; ni le Conseil du Roi, ni le Ministre, n'ont pouvoir de prononcer une décision sur des prétentions qui touchent à une question d'état.

«Mais d'une part, trois décisions ministérielles, *de nous inconnues,* ordonnent ou autorisent l'expulsion qui nous menace, *et qui va peut-être s'exécuter à l'heure même;* ces décisions, nous les attaquons comme violant toutes les lois, comme faisant la plus fausse application de l'art. 7 de la loi de Vendémiaire, comme jugeant, par le fait et par un acte de rigueur sans motif, une question de droit civil *dont l'exposant a nanti les Tribunaux* qui rendent la justice en votre nom.

«D'autre part, *depuis vingt-trois jours,* retenu dans une prison, sans qu'aucun fait répréhensible lui ait été reproché, un homme qui se prétend Français, et fut-il étranger, *un homme que l'on déclare n'avoir commis aucun délit est privé* de liberté, de communications avec le dehors.

«A tous ces titres, son infortune se recommande à la protection d'un membre de ce barreau de France appui de toutes les infortunes; sa cause réclame l'intervention immédiate de cette juridiction suprême, dernier asile du citoyen ou de l'étranger qui se plaint de la haute administration; à ces causes et sans autre développement, l'audience devant y suppléer, le Sieur Charles-Louis, se disant Duc de Normandie, plus connu sous le nom de Charles-Guillaume Naundorff, demande au Roi en son conseil qu'il lui plaise;

«Statuant sur la présente requête, casser et annuler toute décision administrative qui autoriserait sa détention; et de suite casser et annuler *les trois décisions* dont il est parlé dans l'arrêté ci-joint, et ordonner la mise en liberté de l'exposant;

«Ordonner que, pour être statué sur le tout, il sera accordé à l'exposant, toutes choses demeurant en l'état, l'audience la plus prochaine.

«Et le Roi fera justice.

«A. Crémieux.»

«Audience du 14 Juillet.

«..........Un Ministre se fondant sur l'art. 7 de la loi de Vendémiaire an VI, *a fait expulser de France, après une longue et arbitraire détention,* un homme qu'il dit étranger;

«Quel Tribunal jugera cette conduite du Ministre?

«Si l'homme expulsé est réellement un étranger, la question quoique moins grave est encore fort sérieuse, car la loi de l'an VI, en la supposant existante, n'autorise ni la détention, ni l'expulsion; *elle permet seulement au Ministre d'enjoindre à l'étranger de quitter la France.* S'il ne résiste pas, avoir recours à la force, l'emprisonner, l'expulser après, c'est violer à son égard tout à la fois le droit des gens et la loi du pays.

«Dans ce cas, à qui s'adressera l'étranger? Serez-vous Tribunal supérieur au Ministre? Aurez-vous le droit d'annuler des actes, d'accorder réparation pour l'emprisonnement subi, de rouvrir les portes de la France à l'expulsé? Je conviens, Messieurs, que nos formes constitutionnelles administratives ne vous présentent pas nettement ici comme Tribunal d'appel.

«Cependant, il faut en France qu'un étranger arbitrairement détenu, arbitrairement chassé, obtienne justice!

«Mais je ne fais ces réflexions, Messieurs, que pour donner au procès actuel son véritable caractère, pour appeler votre attention sur une cause bien autrement grave, bien autrement intéressante. Celui qui réclame par ma voix se prétend *citoyen français.* Il se dit *Charles-Louis, Duc de Normandie,* fils de Louis XVI et de Marie-Antoinette.

«Je conçois bien tout ce qu'une pareille prétention peut, au premier aspect, offrir de matière à l'incrédulité. Aussi n'est-ce pas là ce que je viens plaider.

«Je ne viens pas débattre ici une question d'identité, mais plaider un principe; or ce principe, je le crois digne des hautes méditations de cette juridiction suprême, appui naturel de tout citoyen qui se plaint de l'administration supérieure.

«Voici le fait:

«Un homme vivait en France depuis plus de deux années; dans le public, il était connu sous le nom de *Naundorff,* ancien horloger; dans un cercle plus ou moins restreint, il se disait Charles-Louis, Duc de Normandie. *Naundorff* ou Charles-Louis, horloger ou fils de Roi, *n'excitait ni désordre, ni trouble; on ne lui reprochait rien.* Satisfait de la protection de nos lois, il voulut avoir recours à leur autorité; il assigna le 15 Juin dernier, au parquet de M. le Procureur du Roi, Madame la Duchesse d'Angoulême, Monsieur le Duc d'Angoulême, Charles X, pour voir, chacun en sa qualité, reconnaître l'exposant comme fils de Louis XVI et de Marie-Antoinette, et lui voir attribuer tous les droits civils et de succession lui appartenant à ce titre.

«Le 15 Juin, cet homme avait son domicile violé, ses papiers lui étaient enlevés sans inventaire et sans contrôle, il était saisi dans sa personne, renfermé dans le dépôt de la préfecture de police, il y resta vingt-trois jours sans communication avec le dehors. Alors il s'adressait à un avocat pour réclamer sa liberté, et cet avocat s'adressait lui-même à la source de toute justice, au Roi en son Conseil d'Etat. *A peine sa requête déposée, le prisonnier était expulsé du territoire français, sans qu'on attendît même une solution que votre équité voulait rendre si prompte.* Alors, Messieurs, je me suis demandé pourquoi vous seriez sans mission pour protéger un homme se disant Français devant les Tribunaux de France.

«Car, enfin, qu'on ne s'y trompe pas, *avant que le Ministre eût lancé contre celui qu'il appelle Naundorff l'ordre d'arrestation, l'ordre d'expulsion, lui, se disant Charles-Louis, fils de Louis XVI, avait déjà saisi les Tribunaux français de la question d'état que seuls ils pouvaient juger.* C'est aux Tribunaux du Roi qu'il s'était adressé, et c'est un Ministre du Roi qui le faisait emprisonner sans mandat de justice!

«Vous pretendez qu'il est étranger, il se dit Français. Qui sera juge entre vous? *In dubio pro libertate.*

«Or, dépendra-t-il d'un Ministre de soutenir qu'un Français est étranger, pour qu'il lui soit permis d'invoquer la loi de Vendémiaire? Messieurs, il y a quelque chose de redoutable, d'effrayant dans cette prétention..... Songe-t-on bien à tout ce qu'une doctrine aussi dangereuse peut avoir de déplorables résultats? Messieurs, la révolution de 1789 abolit à jamais les lettres de cachet; voici qu'un Ministre ou un Préfet de police pourra détenir, sans mandat de justice, pendant 26 jours, un individu dans une prison! Mais c'est un étranger! Fût-il étranger, les lois de police et de sûreté qu'il doit respecter lui sont applicables, et l'art. 4 de la Charte est la première des lois de police et de sûreté: au reste, *il s'est dit Français avant que vous ayiez songé à l'emprisonner, à l'expulser.* Il a protesté en sa qualité de Français, et vous avez passé outre!

«En vérité, Messieurs, ne dirait-on pas que nous vivons dans un pays barbare...... Mais enfin c'est d'un Français, d'un homme qui se prétend Français qu'il s'agit aujourd'hui. Peut-on le détenir? Pouvait-on l'exclure par une mesure de police, sans mandat judiciaire, sans jugement? L'art. 4 de la Charte est-il aboli? Ne renferme-t-il plus que de vaines garanties pour notre liberté individuelle?

«Je le déclare hautement, Messieurs, je ne crains pas la réponse à cette question. L'arrestation est nulle, l'expulsion est illégale. Qui donc maintenant prononcera cette nullité, cette illégalité? Vous, Messieurs, vous Tribunal suprême, asile inviolable pour les libertés des citoyens. Qu'on ne nous dise pas qu'il s'agit ici d'un acte de police, de haute administration. qui n'a pas d'autres juges que les Chambres. Ce serait une dérision, une amère dérision.......»

La décision du Conseil d'Etat nous est connue; par un arrêt d'incompétence, il s'abstint de prononcer sur le mérite de la requête, qui ne fut définitivement rejetée que le 2 Août suivant, par l'ordonnance royale approbative. Or, le 12 Juillet précédent, deux jours avant la plaidoirie de notre avocat, et 20 jours avant que l'arrêt du Conseil d'Etat ne fut exécutoire, *l'expulsion était consommée;* et le Ministre avait une telle hâte qu'elle le fût, avant qu'il eût été statué sur le pourvoi, que nous lisons dans un rapport émané du ministère de l'intérieur:

«Le 29 Juin, *nonobstant les réclamations,* M. le Ministre ordonne que Naundorff sera expulsé et partira immédiatement sous l'escorte d'un gendarme.

«Pourvoi devant le Conseil d'Etat.

«Le 1ier Juillet, le préfet de police donne avis que Naundorff persiste à ne partir que contraint par la force. Le Ministre répond que la force devra être employée au besoin pour assurer l'exécution de ses ordres.

«Le 12 Juillet, Naundorff arrivé à Calais est embarqué pour l'Angleterre.

«Le 2 Août, ordonnance du Roi, le Conseil d'Etat entendu, qui rejette le pourvoi de Naundorff contre l'arrêté d'expulsion!

Vous le voyez donc, Monsieur le Substitut, et vous n'avez point de biais pour y refugier vos écarts; la précision des faits que vous avez infidèlement rapportés, leur authenticité, dont vous avez pu vous convaincre au dossier correctionnel, démontrent visiblement le contraire de vos hardies assertions. Il est incontestable que l'arrestation et l'expulsion du royal demandeur en réclamation d'état n'ont eu lieu que pour empêcher un procès dont on appréhendait les révélations et l'issue. Il est de plus prouvé sans réplique que, quand l'expulsion a été résolue définitivement, et ordonnée à l'aide de la force armée, il n'y avait point alors l'autorité de la chose jugée. Cette autorité même n'existe pas aujourd'hui, puisque le requérant a été renvoyé devant la haute police du royaume, qui ne pouvait plus résider pour lui que dans les Chambres législatives ; et que les pouvoirs suprêmes auxquels il adressa ses plaintes légitimes se sont ri de ses clameurs.

De ces vérités dorénavant méconnaissables, il résulte encore, et je ne puis trop le redire, que l'homme qu'on chasse hors des Tribunaux, pour étouffer sa parole, n'est point un imposteur aux yeux de ceux qui l'écrasent de leur brutale tyrannie. Si un vil intrigant a l'impudence de se poser lui-même en face de la justice, pour y demander la sanction d'une pitoyable fourberie, on l'écoute, on le juge, on le condamne par la vérité, et on ne fabrique pas en France, comme on l'a fait, des dépêches officielles prussiennes, pour lui inventer une naissance absurde et s'en faire un titre d'oppression contre lui. Si un Prussien a la bêtise de réclamer judiciairement le titre et la qualité de fils de France ; s'il y a eu des gens honorables qui, par leurs témoignages puissans aient donné du poids à cette dérisoire prétention ; l'intérêt social exige un châtiment sévère contre l'imposteur assez habile pour abuser la bonne foi, la conscience d'hommes de bien qui se sont déclarés ses partisans. Toute conduite opposée à ces prescriptions de la sagesse, du sens commun et de la probité publique, n'est qu'une manœuvre de police, qu'un expédient de l'immorale politique des raisons d'Etat, pour couvrir une vérité dont on craint la manifestation. Le gouvernement français en 1836, en fuyant lâchement devant l'examen qu'on lui proposait, a fait tourner ses mensonges et ses manœuvres, au profit de la plus sacrée comme de la plus persécutée des causes ; il a confirmé les droits de l'innocence calomniée : il est par conséquent bien affreusement vrai, en dépit de votre si singulier courroux, que Naundorff a été *arraché par la violence de l'autel de la justice ;* et les éclats qui vous ont tant étonné, n'étaient que le cri d'indignation de l'honnête homme contre ces cruels abus d'autorité.

Cette manière d'entamer la discussion, Monsieur le Substitut, répondait bien mal à votre engagement de *voir notre système face à face.* Et pourtant vous suivîtes votre marche désordonnée toujours dans le même sens, quittant le terrain de la cause pour en suivre un plus à votre guise. Lorsque vous commettiez froidement d'aussi palpables erreurs, vous seriez-vous imaginé par hasard que, parce que vous portez la chausse et la simarre, le public vous croirait sur parole? c'eût été un bien funeste aveuglement dont vous subirez les pénibles conséquences; car, souffrez que je vous le dise, si la probité commande au plaideur de ne pas chercher, par de fausses énonciations, à surprendre la religion du Tribunal; la religion du serment prescrit au Magistrat de n'affirmer comme certain que ce qui l'est incontestablement. Aviez-vous raison, alors, je vous le demande, de nous rappeler si gravement au respect des actes de vos devanciers? Vous vous êtes irrité de nos plaintes. Elles sont le seul droit de la vertu persécutée, qu'on ne saurait lui ravir; et nous ne pouvions pas en faire abnégation au mépris de notre dignité. Que ces attaques vous déplussent, je le comprends; car à peine les aviez-vous censurées avec amertume, que vous donniez vousmême une ample matière à la critique. On devrait se prosterner, avez-vous dit, devant les arrêts de la justice! Devant les arrêts de la vraie justice; à la bonne heure. Mais devant ceux de l'oppression! Ce serait une bassesse. Reprocher à la victime persécutée de ne pas fléchir le genou aux pieds de ceux qui la broient sous leurs tortures, c'est ajouter l'insulte à la cruauté. L'histoire nous parle de bien des supplices imposés à des innocens, de bien des crimes commis pour et par l'ambition de grands coupables; toutefois, je ne sache pas qu'aucun bourreau ait jamais réclamé les bénédictions de ceux qu'il avait ordre d'immoler. Il vous était réservé de nous offrir ce scandale, à propos d'un infortuné Prince hideusement sacrifié aux calculs des diplomaties.

Si la justice veut être respectée, Monsieur, qu'elle se rende avant tout respectable, et la probité s'inclinera devant elle. Quand nous verrons le juge fort, selon l'Esprit de Dieu, dont parle la sagesse, «qui délivrera le pauvre et l'orphelin de l'op«pression, qui se montrera le vengeur des veuves et des orphe«lins, qui mettra sa gloire à relever ceux qui sont sur le point «de périr sans lui; dont le cœur soit plein de l'amour et du «zèle de la justice, de sorte que cette plénitude se répande et «éclate en dehors dans toutes les occasions; qui, s'il lui sur«vient quelque obscurité dans la recherche de la justice, s'ap«plique avec une extrême diligence pour la découvrir, et qui, «quand il voit l'injustice, s'élève contre les injustes, brise «les efforts de la violence des méchans, et leur arrache la proie «des mains:» oh! alors nous demeurerons en sa présence dans le silence et dans le respect; il sera l'objet de notre admiration.

Mais, quand les puissances de la terre, établies pour maintenir la justice parmi les peuples, ne suivent pas l'équité, la justice et la religion dans leurs jugemens; les opprimés, contre lesquels elles font abus de leur autorité, ont le droit naturel de rechercher leurs pensées et leurs œuvres, pour leur en demander compte devant le peuple qui les juge : et quand la voix populaire s'élève avec vérité contre elles; c'est alors la voix de Dieu qui se fait entendre dans le jugement de son éternelle justice. La confiance qu'elles perdent est la moindre des flétrissures qu'elles méritent. L'homme public s'efface aujourd'hui en face de ses actes; la considération ne s'attache plus aux postes élevés dans l'Etat; il n'y a plus de grand aux yeux du monde que la vertu et le religieux accomplissement de ses devoirs. Ce n'est pas en courtisant les préjugés sociaux où l'iniquité des pouvoirs constitués, qu'on rehausse la dignité du caractère de juge; c'est en recherchant loyalement la vérité qui est offerte, pour la proclamer ensuite sans faiblesse; et non pas en la rejetant sans examen avec une légèreté qui fait l'effroi des plaideurs. Ceux que la justice dédaigne, ceux qui lui présentent comme nous la lumière qu'elle s'obstine à ne pas voir, afin de les frapper aveuglément de ses anathèmes; ceux-là attendront pour la respecter qu'elle se dégage de l'influence de tous ces partis qui la pressent et la harcellent; de toutes ces vues intéressées qui la partialisent et la pervertissent. A cette époque d'agitations sociales, le personnel des emplois publics est tellement barriolé dés mille et une couleurs qui ridiculisent la France; il y a un tel amalgame de nuances d'opinions, d'intérêts; la mauvaise foi a tant de ressources d'intrigues, le pouvoir actuel si peu de stabilité, les chances d'avenir tant de perspectives diverses, qu'il faut à un fonctionnaire une de ces consciences droites et énergiques, comme on n'en rencontre plus guère, pour qu'il remplisse ses devoirs d'intégrité, sans peur et sans reproche. Les temps et les hommes ne sont pas meilleurs qu'autrefois, malgré les mots sonores de liberté, de fraternité, d'égalité, dont le gouvernement s'est fait une devise; qu'on lit écrits partout; qu'on ne voit pratiquer nulle part. Aussi avons-nous été plus affligés que surpris, en vous entendant traiter avec tant d'insolence les justes réclamations des héritiers du fils de Louis XVI, sans doute parce qu'elles sont peu populaires; mais ce qui nous a étonnés, Monsieur le Substitut, ç'a été de vous entendre exiger du respect pour les artisans de toutes leurs infortunes! Maintenant je dis avec vous: «après avoir réduit à leur juste valeur vos récrimi-
«nations, je me hâte d'arriver à la question du procès.»

§ 3.

« Il n'est pas possible, dites-vous, Monsieur le Subsitut, de
« contester aujourd'hui que le Dauphin soit mort dans la Tour
« du Temple. Le 9 Thermidor n'apporta pas un grand soula-
« gement à la situation du fils de Louis XVI : la faction victorieuse
« craignait d'encourir le reproche de royalisme, et le 2 Décembre
« 1794 le représentant Mathieu faisait à la Convention ce rapport
« que le *Moniteur* a conservé :

« Je viens, au nom du Comité de sûreté générale, donner le
« démenti le plus formel au récit le plus calomnieux inséré depuis
« quelques jours dans les feuilles publiques ; le Comité y est
« représenté comme ayant porté des soins presque paternels pour
« assurer l'existence et l'éducation des enfans de Capet.

« Le premier devoir du Comité pour écarter cette fable calom-
« nieuse du royalisme, est de présenter à la Convention un récit
« simple des mesures par lui prises pour assurer la garde des
« enfans du tyran. *A l'époque du* 9 *Thermidor, un nouveau*
« *gardien avait été placé au Temple* par le Comité de salut public ;
« un seul gardien a depuis paru insuffisant au Comité de sûreté
« générale ; *un citoyen d'un républicanisme éprouvé* fut demandé
« à la commission de la police administrative du pays. Indiqué
« par elle, *il fut adjoint au premier* pour remplir cette fonction,
« et comme aux yeux des hommes prévenus et ombrageux, la
« permanence de deux individus au même poste éveille l'idée d'une
« séduction possible avec le temps, pour compléter et assurer au-
« tant que possible la détention des enfans du tyran, le Comité
« arrêta que *chaque jour,* et successivement, l'un des Comités
« civils des quarante-huit sections de Paris fournirait *un membre*
« *pour remplir pendant vingt-quatre heures les fonctions de gar-*
« *dien, concurremment avec les deux nommés à poste fixe.*

« Pour la partie militaire du service de ces postes, le Comité
« de sûreté générale s'est concerté avec le Comité militaire. Plu-
« sieurs représentans l'ont visité, et les deux Comités sont persua-
« dés que le service se faisait avec exactitude et ponctualité.

« Par cet exposé, l'on voit que le Comité n'a eu en vue que
« le matériel du service confié à sa surveillance ; qu'il a été
« étranger *à toute idée d'améliorer la captivité des enfans de*
« *Capet ;* le Comité et la Convention savent comment on fait tom-
« ber la tête des Rois, mais ils ignorent comment on élève leurs
« enfans. »

« Ce rapport, entre beaucoup d'autres, prouve quelle surveil-
« lance entourait le Temple ; surveillance sévère, compliquée, qui,
« reposant sur des agens nombreux, multipliant ainsi les contrôles

«et les responsabilités, ne laissait aucune chance à une pensée
«d'évasion. Toutes les fureurs révolutionnaires veillaient devant
«cette prison, et quand des Conventionnels se croyaient calomniés
«parce qu'on leur supposait une pensée d'humanité, comment se
«seraient-ils prêtés à une délivrance qui aurait blessé toutes leurs
«passions et tous leurs intérêts?»

Si vous aviez étudié l'histoire avec discernement, Monsieur le
Substitut, vous vous seriez convaincu que les paroles de Mathieu
n'étaient qu'un biais, pour détourner l'attention de la Convention
de ce qui se pratiquait mystérieusement dans la Tour du Temple
à l'égard du Dauphin. Etes-vous encore si peu expert dans la
science des feintes diplomatiques et de gouvernement, que vous
ne sachiez pas que les Conventionnels, ceux notamment qui
composaient les Comités, comme font et ont fait tous les Ambassadeurs, les Ministres, les Princes et Rois de toutes les époques, avaient deux langages appropriés aux circonstances; l'un
public, l'autre privé; et que la plupart du temps, dans leurs
discours de Tribune ou officiels, ils exprimaient des sentimens
tout contraires à leurs pensées, et aux actes qu'ils voulaient
accomplir ou accomplissaient en secret. Cette tactique insidieuse,
en ce qui regarde le Dauphin, n'avait point échappé aux observateurs judicieux. Il y avait d'ailleurs deux pouvoirs bien
distincts, celui de la Convention réunie en Assemblée générale,
et celui des Comités. Les Comités ne communiquaient à la
Convention que ce qu'ils voulaient qu'elle sût. Est-ce que vous
croyez que sous la République actuelle, les Ministres du Président
confient à l'Assemblée-nationale les plus secrètes pensées de
l'Elysée? Non, vous ne le pensez pas. Eh bien! il en était de
même des Comités au regard des représentans de 1794. Le
pouvoir exécutif a toujours les moyens de tromper quand son
intérêt lui conseille la dissimulation; et toujours, plus il trompe,
plus il proteste du contraire. C'est ce qu'on appelle habilité
dans la conduite des affaires publiques. Parmi les hommes
d'Etat, les plus fourbes sont réputés les plus habiles. Reportons-
nous donc au temps dont nous voulons envisager les actes.

Quand le 9 Thermidor, en amenant la chute du règne de la
terreur, eut laissé entrevoir pour la France des jours moins
mauvais, l'humanité, quoique vous ayiez soutenu le contraire,
entra dans la Tour du Temple. Les terroristes qui avaient
échappé au supplice perdirent pour toujours leur ancienne
domination; et les nouveaux gouvernans s'efforcèrent de rappeler
la confiance publique en substituant au système de mort un
système de conservation. On s'occupa de la santé, de la propreté
et du bien-être matériel de l'existence de Louis XVII, dont la

mort n'avait point été le complément obligé de celle de ses royaux parens. Sa cruelle destinée, vouée au malheur, devait le faire servir d'instrument aux plus criminelles ambitions. Ses nouveaux gardiens purent alors, ils durent même donner des soins plus particuliers aux enfans de l'infortuné Louis XVI. Ce fut dans ces circonstances, et à cette époque, que des amis courageux de la royauté s'entendirent avec des Conventionnels, au nombre desquels il y avait des régicides même à demi-convertis, ou qui basaient leur intérêt personnel sur un nouveau plan d'avenir, afin de rendre à la liberté le fils de Louis XVI. Voilà une vérité non contestable pour quiconque possède la vraie intelligence de l'histoire révolutionnaire. Pour nous en convaincre, retournons un moment vers ces temps de la Convention, et pénétrons-nous bien de son esprit ; car ce qui paraît une invraisemblance aujourd'hui, jugé au point de vue de notre époque, ne peut s'apprécier convenablement qu'en jugeant les hommes et les choses au point de vue des jours vers lesquels nous remontons. Pour nous en faire une juste idée, nous devons consulter le témoignage de ceux qui, contemporains des évènemens, ou plus rapprochés de ce demi-siècle écoulé, nous en ont retracé l'exacte physionomie. Les autorités sont nombreuses ; je ne les citerai pas toutes ; ce serait embrasser un cadre trop étendu ; pourtant j'en réunirai assez pour vaincre la plus opiniâtre incrédulité. Quand des renseignemens puisés à des sources différentes viennent nous attester un fait, sans que les auteurs qui les fournissent aient pu se concerter ensemble ou se copier l'un l'autre ; comme l'ont fait tous les historiens généraux en basant la mort du Dauphin au Temple sur l'acte seul de 1795 ; il me semble qu'on apporte à tout esprit droit et impartial une certitude historique évidente ; ou il n'en serait aucune qu'on pût recueillir dans le témoignage humain. Or cette certitude va résulter des passages d'écrits suivans.

On lit dans le 4e vol. de la Révolution française par Thiers : «Les malheureux enfans de Louis XVI, séparés l'un de l'autre, *avaient vu leur sort un peu amélioré depuis le 9 Thermidor.....* Simon guillotiné comme complice de Robespierre, on avait substitué au Prince trois gardiens, dont un seul changeait chaque jour, et *qui montraient au Prince plus d'humanité.* On tirait de ces changemens opérés au Temple de vastes conséquences..... On répandait le bruit de la paix, dont la condition serait *le rétablissement de Louis XVII.* »

L'auteur de la Captivité de Louis XVI et de sa famille écrit : «Le 9 Thermidor arriva. Le 10 Madame Royale, à six heures du matin entendit un bruit affreux au Temple.... à l'occasion d'une visite des membres de l'Assemblée-nationale qui venaient voir si tout était tranquille. C'était *Barras* et plusieurs autres. Ils étaient en grand costume. *Barras* l'appela par son nom.... Les trois municipaux qui étaient au Temple y restèrent huit jours. A la fin du troisième jour, à neuf heures et demie on frappa à la porte de la jeune Princesse, pour la présenter à *Laurent*, Commissaire de la Convention, qui devait la garder ainsi que son frère. Le lendemain à 10 heures, *Laurent* entra dans sa chambre, et lui demanda avec politesse si elle n'avait besoin de rien. Il entrait tous les jours trois fois chez elle, toujours avec honnêteté.

« La Convention envoya au bout de trois jours une députation pour constater l'état du Dauphin ; *les membres envoyés en eûrent pitié et ordonnèrent qu'on le traitât mieux. Laurent* fit descendre un lit, le sien étant rempli de punaises. Il lui fit prendre des bains et lui ôta la vermine dont il était couvert ; il entrait chez lui trois fois par jour.

« Au commencement de Novembre arrivèrent des Commissaires civils ; c'est-à-dire un homme de chaque section qui venait passer 24 heures au Temple, pour constater l'existence du Dauphin. Il vint aussi un autre Commissaire nommé *Gomin,* pour rester avec *Laurent;* il eut un soin extrême du jeune Louis XVII. »

Touchard-Lafosse, contemporain des évènemens qu'il raconte, dit dans le 5ᵉ vol. des Souvenirs d'un demi-siècle :

« Les soixante-treize rappelés dans le sein de la Convention nationale, ont ressaisi le sceptre de la domination ; mais ce n'est plus sous les bannières de la Gironde qu'ils combattent. Sous quelles couleurs est-ce donc? Je ne sais ; mais ils ont appelé *Pichegru, Pichegru* qui correspond avec le Prétendant, avec le Prince de Condé depuis plusieurs mois. Ce traître commande à Paris, il a fait déclarer Paris en état de siége. Ah! Boissy-d'Anglas, ah! Lanjuinais, où conduisez-vous donc la révolution ?

« Il est de fait que le concours de Pichegru à l'intérieur, et de Barthélemy dans la diplomatie, ne donnaient pas une haute idée du républicanisme qui gouvernait avant et après le 12 Germinal. C'est beaucoup de ne pas avancer que *le parti dirigeant* visait dès lors à une restauration monarchique, mais j'attendrai, pour émettre cette opinion, que les évènemens en aient révélé plus nettement la probabilité. Il sera facile de reconnaître plus tard, que Barthélemy négociait à Bâle dans l'intérêt d'une monarchie, qui jetait au sein de la Convention même les bases de sa restauration.... Cette arrière-pensée monarchique, certes, devait en 1795, flétrir les hommes de la révolution, quelque recommandables qu'ils fussent d'ailleurs, car alors la foi jurée des représentans du peuple appartenait à la République; elle ne pouvait, sans trahison infâme, dévier vers les Princes armés contre la patrie.»

Mais ce qui constate plus visiblement que le Dauphin avait des protecteurs puissans au sein de la Convention, après le 9 Thermidor, ce sont les clauses secrètes insérées dans le traité de pacification de la Vendée avec le gouvernement thermidorien. Ce traité est un fait historique incontestable; et nul ne saurait disconvenir que la première condition à exiger par le Général de Charette, des délégués de la Convention, fut et dut être la liberté du fils de Louis XVI, pour qui les Vendéens se battaient. Ce fait devient évident par les témoignages qui vont suivre; Charette l'annonçait ainsi au Comte de Provence:

«...... je traite avec la Convention dite nationale...... mon Roi et le vôtre est prisonnier des bourreaux de son père, qui peuvent devenir les siens; sa vie sacrée est perpétuellement menacée, tout est donc permis, tout est donc légitime pour le rendre à la liberté. Eh bien! cette liberté, *je l'ai obtenue.* Une convention secrète entre les Commissaires du pouvoir exécutif et moi, convention dont je mettrai l'original sous vos yeux; décide du sort de Sa Majesté. On remettra la personne du Roi aux commissaires que j'enverrai à Paris; *on consent* à ce qu'il revienne parmi nous...... Il me semble inutile de discuter sur le mérite apparent du traité que je viens de signer, de s'inquiéter s'il compromet ou non la monarchie; si je suis, moi qui le dicte, à blâmer ou à louer; il ne faut voir que le motif qui le détermine...... on me donne toutes les assurances possibles de la fidélité qu'on mettra à remplir la grande condition...... Un profond mystère, impénétrable aux agens de l'Autriche, de l'Angleterre, et aux partisans de la branche d'Orléans, doit couvrir ce que je dépose en pleine confiance dans le sein de V. A. R. Vous devez me comprendre; il est des traîtres partout; il y en a même dans l'intimité de votre auguste frère.

«La Jaunais, ce 20 Février 1795.»

Cette lettre, rapportée par plusieurs écrivains, est notamment reproduite dans le 6ᵉ vol. des Mémoires de Louis XVIII qui l'accompagne des réflexions ci-après:

«Cependant le 9 Thermidor avait changé la position des choses en France. La Convention, sortie malgré elle du système affreux de la terreur, voulut régner en respectant les lois. Elle prétendit rendre la paix à l'intérieur. Les proconsuls qu'elle envoya dans l'Ouest reçurent la mission d'amener les chefs vendéens

à une suspension d'armes. L'agent principal de cette négociation, Bureau de la Batardière, s'offrit de lui-même. Il vint se
présenter au Conventionnel Ruelle, qui l'accueillit à bras ouverts,
et l'envoya traiter avec Charette. Il fut admis près de Charette
vers la fin de Décembre 1794. Les conférences auxquelles Charette accéda, avant de m'avoir consulté, suivirent immédiatement. Cependant la pacification avançait. Les Commissaires de
la Convention insistèrent sur une entrevue qui eut lieu le 15
Janvier à La Jaunais. Les conséquences furent un traité de paix.
Mais une condition secrète, bien autrement importante y fut
ajoutée.

« Je savais par Charette qu'un article secret de son traité avec
les Commissaires de la Convention nationale *assurait* à Louis
XVII sa liberté; mais j'ajouterai que j'ignorais jusqu'à quel
point je devais ajouter foi à ce fait......

« En conséquence, dès que je sus cette nouvelle, j'écrivis à
Paris, aux agens de diverses classes que j'y entretenais, pour
m'informer de ce qu'eux-mêmes pouvaient en savoir. Tous, à
l'exception d'un seul, membre de la Convention nationale, ne
comprirent pas ce que je leur disais. Je ne m'étais pas, il est
vrai, expliqué très-clairement par prudence. Quant au membre
de la Convention (Boissy d'Anglas) il me répondit en ces termes :

« Charette ne vous a pas trompé, mais lui le sera. Il est *vrai*
« *qu'il a été convenu que le jeune Prince serait mis hors du*
« *Temple.* Ruelle et Richard n'ont fait, en s'y engageant, qu'ex-
« écuter les instructions du Comité de salut public. Sont-ils de
« moitié dans ce mystère d'iniquité, ou abusés eux-mêmes? Je
« l'ignore; on ne peut pénétrer trop avant dans la conscience
« d'un homme. Au reste, cette partie de la négociation est tenue
« ici dans un profond silence; on a paru surpris que je fusse si
« bien informé.

« Déjà on a tenu divers conseils; on s'est réuni en plusieurs
« endroits, afin de décider ce qu'il convenait de faire, si on
« nierait, si on couperait court à l'intrigue..... Tout est à crain-
« dre..... *J'ai quelque raison de croire que ce qui se machine*
« *vous mène à la couronne de France.* »

« Il y avait parmi les meneurs de la Convention quelques
hommes qui, par des motifs particuliers, voulaient que les deux
enfans de Louis XVI fussent rendus à leur famille. Je ne cite
que les Jacobins à demi-convertis. C'était *Tallien, Fréron* et
Barras, formant alors une sorte de triumvirat qui prétendait
diriger les affaires. *Fouché* et *Cambacérès* marchaient aussi avec
eux. Réunis aux trois premiers, ils entraînaient après eux Courtois, Clauzel, Hermann et nombre d'autres, qui, lassés des excès

révolutionnaires, et épouvantés de la part qu'ils y avaient prises, désiraient vivement trouver l'occasion de rendre un service signalé à la monarchie, afin qu'elle leur pardonnât si elle était victorieuse.

«Cette masse de gens influençaient en partie les résolutions des Comités exécutifs. Barras, dont la politique n'a jamais été bien connue que de moi......, après son crime, n'a pas cessé d'être royaliste; il était donc celui qui, avec Tallien, aurait contribué le plus volontiers pour sauver le jeune monarque. Ce furent eux qui donnèrent l'idée de faire cette proposition à Charette, pensant que la chose une fois mise en négociation, pourrait s'effectuer peut-être.

«Sur ces entrefaites Charette, de concert avec le conseil supérieur de la Vendée, envoya deux commissaires à Paris pour suivre ostensiblement l'effectuation des engagemens pris avec la Vendée par le traité public, mais leur véritable mission était de presser l'exécution de la *clause relative à la liberté du jeune Roi.*

«Ces commissaires arrivèrent à Paris munis de lettres de créance qui les autorisaient à y suivre toutes les affaires de la Vendée; ils en avaient de particulières de Ruelle et de Richard pour Barras, Tallien et Fréron, avec lesquels ils s'abouchèrent dès leur arrivée. Persuadés qu'on ne ferait aucune difficulté pour leur remettre le jeune Roi, ils s'adressèrent d'abord à Tallien, qui leur déclara que la chose était moins aisée à faire qu'ils se l'imaginaient.

«Non, leur dit-il, qu'on veuille manquer de parole, mais parce que toutes les volontés ne sont pas encore réunies pour procéder à l'exécution de l'article secret. Les deux Vendéens, confondus de cette réponse dilatoire, répliquèrent que les Commissaires de la Convention avaient tenu sur les lieux un autre langage et juré solennellement de remettre dans un court délai le fils et la fille de Louis XVI aux Vendéens; que ce point avait seul déterminé la pacification de la Vendée; et qu'il fallait tenir à une parole donnée en termes aussi précis, ou tout rompre.

«Tallien répéta qu'il fallait, pour remplir la clause du traité, obtenir l'assentiment général dans les Comités, assentiment dont on allait s'occuper.....

«Tout cela ne contentait pas M. M. de Scepeaux et Béjari; cependant ils patientaient d'après l'avis que je leur fis donner par l'intermédiaire de cet excellent *Boissy d'Anglas,* qui dans cette circonstance se conduisit mieux que ne l'auraient fait les plus fidèles royalistes.

«Les envoyés vendéens demandèrent qu'on leur permît du moins de voir le jeune monarque dans la prison du Temple.

*Cette demande leur fut encore refusée. On prétendit qu'il fal-
lait éviter par une démarche inutile de donner l'éveil au parti
de la Montagne, et de lui fournir des prétextes pour entraver
la négociation.* Je reçus sur ces entrefaites une lettre de Boissy
d'Anglas ainsi conçue :

«Les députés ne font que de vaines démarches, il y a trop
«de machiavélisme dans la Convention pour qu'on vous rende
«votre neveu......»

«En effet..... une mesure atroce prise par quelques régicides
dénués de toute vertu humaine décida de l'existence de mon
neveu, il *fut empoisonné dans un plat d'épinards.....*»

On lit aussi dans les Mémoires de Napoléon récueillis et mis en
ordre par le Rédacteur des Mémoires de Louis XVIII, tome 1ᵉʳ :

«Une paix désirable mettait un terme à la guerre civile, c'était
la soumission de la Vendée ; elle eut lieu d'un plein consentement
réciproque, toute de franchise de la part du gouvernement. Des
conditions honorables furent accordées aux rebelles, on traita
avec eux comme on aurait traité avec un Etat voisin, de pair
à pair. Ce fut une faute ; on prétendit qu'il valait mieux moins
de vanité satisfaite et plus d'avantage réel. Je ne pensais pas
ainsi : je ne connais au pouvoir qu'une manière d'en finir avec
des insurgés, c'est de commencer par les faire mettre à genoux,
et puis de leur faire grâce. Ce premier point accompli, que les
faveurs viennent ensuite, peu importe ; l'honneur national n'en
a point souffert. La Convention, ou pour mieux dire, les Commissaires dépassèrent leurs pouvoirs en promettant aux Vendéens
la liberté du fils de Louis XVI.»

Nous lisons dans les Mémoires et Souvenirs d'un Pair de France :

«Je n'oublierai pas non plus la mort de l'auguste enfant Roi
qu'une politique infernale conduisit par degrés à son dernier
jour. Nous fûmes quelques-uns qui nous occupâmes de lui.
Nous voulions l'arracher à ses fers..... D'autre part, *des Vendéens, à qui l'on avait promis de le rendre, réclamaient l'exécution de cette promesse.* Louis XVII mourut pour nous mettre
tous d'accord. Il courut mille bruits sur ce trépas ; il y eut même
des personnes qui soupçonnèrent que le Prince n'avait pas péri.»

On trouve écrit dans la Biographie Universelle à l'article Barras :

«*Barras* devint un des principaux auteurs de la révolution du
9 Thermidor 1794. Nommé membre du Comité de sûreté générale, il se déclara tout-à-fait contre les Montagnards, et se jeta
dans le parti de la réaction. Lorsque le 1 Avril, la Convention
fut assiégée par le peuple des faubourgs, Barras fit déclarer
Paris en état de siége, et donner le commandement des troupes
à *Pichegru.* En 1799 le Ministre anglais Pitt chargea un agent

de faire à Barras la proposition de s'emparer de l'autorité, et *lui offrit à cet effet l'appui de son gouvernement.* Il paraît certain que d'un autre côté, le directeur prêtait l'oreille à des propositions de la part des Bourbons. Il se serait engagé, dit-on, à rétablir cette famille sur le trône, moyennant des conditions qui assuraient son propre avenir.»

«Les mêmes renseignemens sont donnés dans la biographie nouvelle des contemporains: l'agent de Pitt était M. Ayries, et Mounier fut envoyé en Allemagne par Barras auprès des Princes, *avec des instructions secrètes.*»

Barère, qui, en sa qualité de membre du Comité de salut public, a pu mieux que personne discerner la réaction anti-républicaine qui s'était formée dans la Convention après la mort de Robespierre, dit dans ses Mémoires :

«Le 9 Thermidor brisa le ressort révolutionnaire. Le pouvoir appartint dès lors au premier occupant. Le parti le plus osé fut celui qui avait été le plus comprimé, *le royalisme girondin.....* les Barras, les Fréron, les Tallien, Merlin de Thionville, André Dumon, Monestier du Puy-de-Dôme; les corrompus du parti Danton, et les fanatiques de la cause de Robespierre, les Legendre, les Courtois, et certains habitués du Marais, ne formèrent plus qu'une coalition contre-révolutionnaire, à laquelle vinrent s'associer des agens secrets de Louis XVIII et des émigrés rentrés par autorisation des nouveaux Comités...... Les tendances monarchiques, sanctionnées par l'établissement des deux Conseils et du pouvoir directorial, se renforcèrent tellement, que si elles avaient été dirigées ou développées par des têtes fortes et habiles, les affaires publiques auraient pris un cours contraire à la révolution...... La journée du 18 Fructidor an V n'eut lieu que parce que Barras ne put s'accorder avec le *Bourbon* sur les conditions d'une restauration. Ce chevalier d'industrie prétendait être nommé Maréchal de France, ce qui ne convenait pas au Roi de l'ancien régime. »

Eugène Veuillot, dans son histoire des guerres de la Vendée et de la Bretagne dit également :

«Les premières ouvertures officielles vinrent du Comité de salut public. Le 2 Décembre 1794, Carnot, comme membre de ce Comité, proposa et fit adopter aux Conventionnels, ses collègues, une proclamation et un décret, destinés comme tant d'autres à faire rentrer les rebelles dans le devoir..... La Convention était alors représentée en Vendée par deux hommes également sincères dans leurs paroles de conciliation : le représentant Ruelle et le Général Canclaux...... Charette convint d'une amnistie, et dit que si les négociations devaient continuer il désirait avoir une entrevue avec Ruelle et Canclaux. Il ajouta d'ailleurs que ses premières conditions seraient le libre exercice de la religion Catholique, et *le retour des Bourbons*.........

«Les délégués de la République avaient le droit d'offrir une amnistie, mais non de signer un traité de paix. Ruelle comprenant qu'il faudrait en passer par cette condition, se rendit à Paris pour obtenir des pouvoirs plus étendus. Le 16 Janvier 1795, il parut à la tribune de la Convention.......

«Ruelle et ses collègues obtinrent des pouvoirs suffisans, et les négociations marchèrent avec assez de rapidité. Les Conventionnels étaient décidés à faire beaucoup de concessions.... on finit par s'entendre, et, le 17 Février 1795, onze Conventionnels d'une part, et de l'autre vingt officiers Vendéens signèrent un traité de paix....... Comme les royalistes, la Révolution voulait gagner du temps..... Le traité de La Jaunais avait des articles secrets. Les voici, tels qu'ils se trouvent dans les Mémoires de Napoléon :

«1° *La monarchie sera rétablie*....... 8° tous les royalistes resteront armés jusqu'à l'époque du rétablissement du trône.»

Touchard-Lafosse, dans le 6e vol. de l'ouvrage déjà cité, rapporte le fait suivant confirmatif de ce qui précède :

«Vers le printemps de l'année 1796, un chef de Chouans, qui se faisait appeler le Baron de Cormartin, fut arrêté; il fit dans cette circonstance des révélations singulières; il prétendait qu'on devait la reprise des hostilités à ce que le Comité de salut public n'avait pas tenu certaine condition secrète du traité, par laquelle il s'était obligé à rétablir le trône. Il soutint qu'au mois de Prairial an III, les Chouans avaient envoyé à ce Comité une députation chargée de réclamer le départ de Louis XVII pour la Vendée. Il ajouta que cette députation avait obtenu de nouveau la promesse que le jeune Prince paraîtrait incessamment dans l'Ouest; mais qu'au retour des envoyés, on avait appris *la mort subite* de Louis-Charles de Bourbon. Cormartin accusait-il la vérité? Deux feuilles de Paris, le Journal des hommes libres, et le Messager du soir, imprimèrent des articles dans le même sens.»

On lit dans l'histoire de la Vendée et des Chouans par Alphonse Beauchamp :

«Quand on agita les conditions de la paix, Charette insista fortement pour le rétablissement des Bourbons et déclara qu'il resterait armé.

«Ce n'était plus la Convention qui imposait des lois à Charette; c'était au contraire Charette, qui, rivalisant de puissance, dictait lui-même les conditions.

« Le conseil de Stofflet déclarait formellement que le Comité de salut public lui avait fait promettre de remettre aux chefs vendéens le fils et la fille de Louis XVI, alors détenus au Temple. Selon les chefs de l'Anjou, ces conditions étaient demeurées comme clauses et articles secrets, on désignait les négociateurs royalistes qui avaient été chargés d'en poursuivre l'exécution. Des fragmens de correspondance, des lettres interceptées, une profession de foi politique, souscrite par les principaux chefs de la Vendée, venaient à l'appui de cette importante déclaration. »

Je pourrais multiplier encore, Monsieur le Substitut, les attestations de cette nature : celle par laquelle je termine, clorra victorieusement la question sous ce premier point de vue. Voici ce que j'extrais des Souvenirs de la Marquise de Créquy, tom. 6 :

« Il a déjà paru, depuis la mort du Dauphin, jusqu'à cette présente année, 8 Septembre 1799, *quatre Louis XVII* en compétition l'un de l'autre, aussi bien qu'en instance de contribution, de la part des royalistes. *Vous imaginez bien qu'aucun de ces faux Dauphins ne s'est jamais présenté devant M*me *de Tourzel à qui nous en avons toujours référé pour décider notre récognition.* C'est une fourberie comme tant d'autres; mais elle ne saurait être adoptée sans une insigne folie.

« On nous rapporta sur le Dauphin qui venait de mourir en prison une chose certaine, et qui me parut touchante : Ce malheureux enfant se refusait absolument à parler; et même, il ne voulait répondre par aucun signe d'assentiment ou de négation à ce que lui demandaient ses gardiens, qu'il évitait de regarder et dont il détournait les yeux avec une persévérance invincible. Il avait pris cette résolution, parce qu'il avait entrevu qu'on voulait torturer le sens de je ne sais quelle réponse il avait faite à son geôlier à l'égard de sa mère. Il ne s'est jamais départi de cette résolution prodigieuse, et quand il est mort, le 8 Juin 1795, il y avait plus de 22 mois qu'on n'avait pu obtenir de lui, non seulement de proférer une seule parole; mais de faire aucun signe, aucun mouvement qui pussent être interprétés par oui ou par non.

« *Le Sieur Desault* qui soignait le jeune Roi depuis 15 mois était *mort subitement* le 1ier Juin, et son adjoint, le docteur *Choppart,* mourut quatre jours après lui précisément *de la même manière.*

« Ces mêmes journaux républicains sont obligés de rapporter la capitulation que Charette impose, et qu'il fait accepter aux autorités de la République française.

«A défaut de renseignemens précis sur les opérations de nos armées royales, je ne pourrai vous faire connaître qu'un certain nombre de documens qui se rapportent aux négociations ouvertes entre le Chevalier de Charette et le gouvernement révolutionnaire; car il a traité de puissance à puissance avec la République, et vous allez voir de quel côté se trouvaient l'honneur et la loyauté.

«Les pièces suivantes n'ont jamais été imprimées; vous pourrez juger de leur importance; et *je vous réponds de leur authenticité;* il ne faut pas que je néglige de vous faire observer que cette note confidentielle du Comité de salut public était postérieure au traité de La Jaunais. Ainsi que dans la suivante, il y est fait mention d'une promesse relative au Roi Louis XVII; mais la Convention l'avait si bien dissimulée que c'est uniquement dans cette protestation de nos Généraux des armées royales, qu'on peut en retrouver quelques vestiges.

« *Note confidentielle de plusieurs membres du Comité de salut public, au citoyen Guesno, représentant du peuple en mission à Rennes.*

«Il est impossible, cher collègue, que la République puisse se maintenir, si la Vendée n'est pas entièrement réduite sous le joug.

«Nous ne pouvons nous-mêmes croire à notre propre sûreté, que lorsque les brigands, qui infestent l'Ouest depuis deux années, auront été mis dans l'impuissance de nous nuire et de contrarier nos projets; c'est-à-dire lorsqu'ils auront été exterminés.

«C'est déjà un sacrifice trop honteux d'avoir été réduit à traiter de la paix avec des rebelles, ou plutôt avec des scélérats dont la très-grande majorité a mérité l'échafaud. Soyons convaincus qu'ils nous détruiront si nous ne les détruisons pas. Ils n'ont pas mis plus de bonne foi que nous dans le traité, et il ne doit leur inspirer aucune confiance dans les promesses du gouvernement. Les deux partis ont transigé sachant qu'ils se trompaient.

«C'est d'après l'impossibilité où nous sommes d'espérer que nous pourrons abuser plus longtemps les Vendéens, impossibilité également démontrée à tous les membres des trois Comités, qu'il faut chercher les moyens de prévenir ces hommes audacieux qui ont autant d'autorité que nous.

«Il ne faut pas s'endormir parce que le vent n'agite pas encore les grosses branches, car il est prêt de souffler avec violence; le moment approche où, d'après l'article 2e du traité secret, *il faut leur présenter un fantôme de monarchie et leur montrer ce bambin pour lequel il se battent.*

«Comme il serait trop dangereux de faire un tel pas qui nous perdrait sans retour, les Comités n'ont trouvé qu'un moyen d'éviter cette difficulté vraiment extrême; le voici:

« La principale force des brigands est dans le fanatisme que leurs chefs leur inspirent. Il faut les arrêter, et dissoudre ainsi d'un seul coup cette association monarchique qui nous perdra si nous ne nous hâtons pas de la prévenir.

« Mais il ne faut pas perdre de vue, cher collègue, que l'opinion nous devient chaque jour plus contraire, et plus nécessaire que la force. Il faut supposer que les chefs insurgés ont voulu rompre le traité, qu'ils ont voulu se faire Princes des départemens qu'ils occupent, que les chefs agissent d'intelligence avec les Anglais, qu'ils veulent leur ouvrir la côte, piller la ville de Nantes, et s'embarquer avec le fruit de leur rapine. Il faut faire intercepter des courriers porteurs de semblables choses, crier à la perfidie et mettre dans ce premier moment une grande apparence de modération, afin que le peuple voie clairement que la justice et la bonne foi sont de notre côté.

« Nous le répétons, cher collègue, la Vendée détruira la Convention, si la Convention ne détruit pas la Vendée. Si tu peux avoir les onze chefs, le troupeau se dispersera. Concerte-toi sur-le-champ avec les administrateurs d'Ille-et-Vilaine. Communique les présentes, dès la réception, aux quatre représentans de l'arrondissement.

« Il faudra profiter de l'étonnement et du découragement que doit produire l'absence des chefs pour désarmer les conjurés. Il faudra qu'ils se soumettent au régime de la République ou qu'ils périssent ; point de milieu, point de demi-mesure ; elles gâtent tout en révolution.

« Il faut s'il est nécessaire employer le fer et le feu ; mais en rendant les Vendéens coupables aux yeux de la nation de tout le mal qu'ils souffriront. Saisis, nous le répetons, cher collègue, les premières apparences favorables qui vont se présenter, pour frapper un grand coup ; car les évènemens pressent de toute part.

« Tu peux avoir toute confiance dans le citoyen Guilbert ; il est jeune mais sensé : il nous est d'ailleurs entièrement dévoué.

« Nous avons pensé te mander à Paris, mais nous avons ensuite jugé qu'il valait mieux, pour ménager les apparences, que tu ne te déplaçasses par sur-le-champ de l'arrivée de Guilbert. Quoique nous ne supposions pas possible qu'il soit intercepté, nous le faisons passer par Alençon : il y verra Arthaud. Il te suffira de nous dire : j'ai reçu la proclamation relative aux subsistances. L'hypocondre voulait demander ton rappel ; il craignait, disait-il, que tu ne misses pas assez d'activité et de prudence : nous l'avons rassuré : prends garde aux menées de Louvet, il est vendu aux restes orléaniques, et la guenon d'Ambassadrice (Mme de Staël) en dispose à plein. Nous le surveillons; mais il intrigue activement dans la Mayenne et dans la Loire-inférieure. Boissy (l'agent du Comte de Provence) adopte toutes les mesures; il en sent l'urgence. Fais-nous part de ce que tu peux faire sur-le-champ, afin que cela concorde avec les mesures que nous allons prendre ici. Le mot de subsistance sera, pour les chefs, celui de troupeau pour les armées; emploie le mot de tranquillité pour celui d'arrestation. Lagare te tiendra dans une position respectable. Il aura tous les moyens nécessaires; il a reçu nos ordres pour obéir aux tiens. Adieu, cher collègue, salut et fraternité.

« Tallien, Treillard, Syeyes, Doulcet, Rabaud, Marec, Cambacérès.

« Paris, 18 Prairial an III. (6 Juin 1795.) »

« *Déclaration des chefs et soldats des armées catholiques et royales.... aux fidèles habitans du Poitou, de l'Anjou, du Maine, de la Bretagne et de la Normandie.*

« Nous devons à tous les Français et à l'Europe entière la justification, ou pour mieux dire, l'exposé de notre conduite; nous allons la tracer avec cette loyauté, avec ce sentiment d'honneur et d'amour de la patrie qui a constamment dirigé notre conduite, et animé nos efforts. Nous prenons le Dieu vivant à témoin de la sincérité de nos paroles.

« Frères et camarades! on nous a dit que la politique exigeait souvent des choses que le cœur de l'homme repousserait avec indignation, si le bonheur de son pays ne devait pas en être le prix. Nous allons donc vous dévoiler ce qu'il est important que vous appreniez aujourd'hui, et qu'il eût été dangereux de vous découvrir hors de saison. Nous allons vous faire connaître les motifs qui nous avaient amenés à conclure un traité, où nous avons mis de notre côté la foi, la loyauté la plus honorable; où les députés de la Convention soi-disant nationale n'ont apporté de leur côté qu'impiété, fourberie, parjure et projets d'assassinat.....

« Il ne restait plus aucun espoir au Comité soi-disant de salut public; ses barbaries et ses finances étaient épuisées; les soldats qu'il envoyait sur nos frontières commençaient à fraterniser avec les Vendéens.....

« Le désir d'épargner le sang français, l'espérance que la Convention, en voyant l'inutilité de ses efforts et même de ses crimes, consentirait enfin à nous rendre de bonne foi notre Dieu et notre Roi; ces deux motifs si puissans nous déterminèrent à écouter des propositions de paix, en alliant la prudence et la force avec la clémence et la justice. Nous nous flattions que nous parviendrions à ramener la paix dans ces provinces, à ouvrir les yeux du peuple français, et à rétablir sans autre effusion de sang les autels de notre Dieu et le trône de notre Roi. A ces conditions, vos chefs, investis de toute votre confiance et sûrs de ne point être désapprouvés par Monseigneur le Régent et par Monseigneur le Lieutenant-général du royaume.....

«Nous vous avons fait connaître dans le temps les conditions que nous imposâmes à cette époque à la soi-disant Convention; mais nous ne pûmes vous dire alors *les conditions secrètes* auxquelles elle s'obligea, et *sans lesquelles* les soi-disant représentans du peuple n'eussent jamais approché de nos drapeaux.

«Le Comité de salut public nous fit promettre solennellement, par l'organe de ses envoyés, que la religion Catholique et la monarchie seraient rétablies en France avant le 1ier Juillet. Sur la défiance que nous inspirait une époque aussi éloignée, nous ne voulions ni suspendre les hostilités, ni entrer en accommodemens. Mais les soi-disant représentans du peuple nous dirent et nous persuadèrent que, «pour amener l'opinion publique au retour «des choses que nous désirions; pour ne laisser aucune réponse, «aucun espoir aux Jacobins, il fallait préparer la nation à de-«mander elle-même la royauté; que des invitations secrètes «seraient faites à cet effet dans les départemens; qu'on était sûr «qu'elles seraient favorablement accueillies et même avec enthou-«siasme; que, dans le cas contraire, ce qu'on supposait à peine «possible, le *Comité de salut public s'engageait à faire remettre* «*entre les mains des chefs vendéens, Louis XVII et sa sœur,* «*le 13 Juin (25 Prairial), pour tout délai........* »

«Telles furent les promesses faites solennellement, au nom du soi-disant Comité de salut public par les six représentans du peuple. Ce sont là les conditions que vous êtes venus nous offrir dans nos foyers, représentans fourbes et trompeurs! Ce sont là les paroles que trois d'entre vous, vous avez prononcées à demi-lieue de Nantes, dans notre dernière entrevue. Nous le jurons à la face du Dieu de vérité, et nous le prenons à témoin de ce que nous avançons aujourd'hui. Une heure seulement avant la signature du traité de paix, il fut convenu que les conditions ci-dessus rapportées demeureraient comme clauses et articles secrets afin de préparer les esprits, et qu'on parvînt à amener l'armée républicaine à désirer l'exécution des clauses, pour ainsi dire, sans se douter qu'elles eussent lieu.....

«Quelle était notre joie, à cette époque, de penser...... que notre sang répandu était consacré à rétablir le culte de notre Dieu et le trône de notre Roi! Nous nous confirmâmes encore davantage dans cette espérance si douce, par l'assurance formelle qui fut donnée le 28 Avril par les soi-disant représentans du peuple. Ils observèrent à M. de Guerville, que nous envoyâmes auprès d'eux........ «que les démarches publiques, aux-«quelles ils se détermineraient ne devaient nous inspirer aucune «crainte, puisqu'elles n'auraient pour but que de préparer plus «sûrement l'exécution des articles secrets. » M. de Guerville nous rapporta cet écrit qui semblait exiger une confiance entière de notre part :

«Les articles secrets, dont *l'exécution définitive* est fixée au «25 Prairial prochain (13 Juin 1795), auront leur plein et entier «effet. Le Comité de salut public prend les mesures nécessaires «à cet égard; les sacrifices qu'il est forcé de faire aux apparences «ne le rendront que plus scrupuleux à tenir les paroles données. «Elles seront religieusement gardées.

«Signé, GRENOT, GUERMEUR, GUESNO.

«Rennes, 9 Floréal an III. (28 Avril 1795.) »

«Le 27 Mai 1795, sur quelques indices qui nous firent craindre que le soi-disant Comité de salut public ne cherchât à éloigner l'observation du traité, nous envoyâmes M. Chatellier à Paris, après avoir communiqué le 24 avec le soi-disant représentant du peuple Grenot. Nous chargeâmes M. Chatellier de demander l'élargissement provisoire du Roi, tant pour nous convaincre de la sincérité des promesses faites par le soi-disant Comité, que pour faciliter le moyen de faire sortir de la capitale cet auguste enfant et sa sœur, qu'une garde nombreuse entourait au Temple.

«Le 4 Juin (16 Prairial) il fut convenu que Louis XVII et «sa sœur seraient conduits le lendemain à St. Cloud; Doulcet, «Tallien, Cambacérès, Treillard, Rabaud, Syeyes, Rewbell, «Guillet et Roux en signèrent la promesse.

«M. Chatellier, que les membres du soi-disant Comité de salut public cherchèrent à retenir quelques jours à Paris, afin qu'il jugeât par lui-même de la loyauté avec laquelle ils pro-céderaient, quitta Paris le soir même, d'après les ordres qui lui avaient été donnés d'être de retour le 7 au plus tard. Il arriva ici le 8 au matin. Nous nous disposâmes aussitôt à concerter avec les représentans du peuple les moyens d'envoyer des personnes d'une fidélité et d'une bravoure éprouvées, dans les environs de St. Cloud. *Dans ce même moment, Louis XVII expirait dans la prison du Temple;* dans ce même moment, des ordres écrits étaient donnés pour faire avancer des troupes dans nos provinces...... La lettre ci-jointe (la note confidentielle rapportée ci-dessus), que nous avons interceptée le 10 auprès de Château-Gilon, a découvert la profonde scélératesse du soi-disant Comité de salut public......

«Vous le voyez, braves camarades, le crime se dévoile aujour-
d'hui dans toute son horreur. La soi-disant Convention n'ayant
pu vous vaincre, a cherché à tromper notre bonne foi et a
abusé de notre loyauté...... Elle s'était engagée à remettre entre
nos mains notre Roi et son auguste sœur; et notre Roi expire
dans sa prison! Nous ne vous dirons pas que les hommes qui
ont assassiné Louis XVI aient attenté aux jours de Louis XVII;
nous n'avons aucune preuve certaine pour l'annoncer; mais il
est bien difficile de ne pas le croire; *lorsqu'on voit cet auguste
et malheureux enfant périr le 8 de ce mois; tandis que le 4 on
avait promis à M. Chatellier qu'on allait le transférer à St.
Cloud,* ET QU'ON NE LUI AVAIT PAS MÊME LAISSÉ SOUP-
ÇONNER QUE LE ROI FÛT ATTAQUÉ DE MALADIE....

«Braves camarades, nous n'avons plus ni paix ni trève à
attendre de la Convention; il ne nous reste plus que la victoire ou la mort.....

«A ces causes et considérations.....

«Fait au quartier-général de l'armée de Charette, et publié au
quartier-général des armées de Stofflet, Sapineau et Scepeaux,
le 20 Juin 1795.....

«Signé Charette etc.
«Certifié: signé Gilbert,
«Secrétaire-général.»

«Je n'ai pas voulu renvoyer de pareils documens parmi des
pièces justificatives, et dans un appendice à mes souvenirs, par
cette raison que mon récit n'aurait eu ni l'autorité qui résulte
de leur contenu, ni le même intérêt pour vous.»

Enfin, car la vérité jaillit de toute part pour attester ces
faits déterminatifs de l'évasion; dans les Mémoires tirés des archives de la police de Paris, Peuchet nous dit:

«M. le Général Beaufort de Thorigny, qui a commandé dans
la Vendée les armées de la République, était persuadé que le
20 Prairial an III (le 8 Juin 1795) S. M. Louis XVII existait
encore; et il citait pour preuve une lettre qu'il avait reçue *dans
l'intervalle du 10 au 15 Juin* du Conventionnel *Syeyes,* qui lui
enjoignait de reprendre les hostilités, sans attendre le terme
d'un armistice précédemment conclu; car, *si on ne devance ce
terme, écrivait Syeyes, nous serons alors obligés, conformément aux conventions, de remettre le jeune Capet aux chefs
royalistes.*

«Je n'ai pas vu cette lettre, que M. le Général Beaufort
conservait, assurait-il, dans ses papiers, et dont il a parlé à
toutes les personnes qui sont allées le visiter dans la prison de
Corbeilles, où il est décédé il y a peu de temps.

«Au reste, peu de temps avant la mort de Louis XVII, il y eut en effet un armistice, pendant lequel le Chevalier de Charette et ses compagnons d'armes négocièrent, avec les Commissaires des Comités de la Convention, un traité qui fut accepté par le Comité de salut public, et par lequel ce Comité s'était engagé, vis-à-vis des chefs vendéens, à leur remettre l'héritier de la couronne et son auguste sœur avant le 15 Juin pour tout délai......

«Au surplus, que S. M. Louis XVII fût vivante on non après le 8 Juin 1795, on ne saurait en inférer qu'il soit existant aujourd'hui (1816).»

M. Peuchet, Monsieur le Substitut, a exercé pendant plus de trente ans les fonctions d'archiviste de la police; il fut par conséquent à même d'être bien informé des évènemens de l'époque révolutionnaire. J'aurais beaucoup d'observations à présenter sur les renseignemens si précis que nous avons parcourus, et qui viendraient à l'appui de l'évasion du Dauphin. Mais, dans une question aussi compliquée que la nôtre, obligé de me renfermer dans les limites que comporte une réplique, je dois m'étudier à éviter la confusion; et je ne puis mieux faire, pour y parvenir, que de vous suivre pas à pas dans votre marche, hélas! peu triomphale en ce moment; puisque vous avez la douleur de la voir contrecarrée par moi sur toutes ses voies; et fort impitoyablement j'en conviens. A cet égard, disons-le en passant, vous subissez le sort de tout homme public qui se met en évidence et ne mûrit pas assez ses paroles. Sans m'inquiéter donc si je vous suis plus ou moins désagréable, je reviens à notre point de départ. Qu'ai-je voulu vous prouver? Que tous les Conventionnels, après le 9 Thermidor, ne voulaient pas la mort du fils de Louis XVI. Je ne pense pas que ma démonstration soit incomplète; car j'ai établi en même temps qu'au sein des Comités plusieurs membres, à la tête desquels figurait *Barras,* avaient une volonté bien déterminée de le sauver.

On commença, en effet, par faire de sa liberté une des premières conditions de la paix vendéenne. La clause fut tenue secrète, et ne parvint point à la connaissance de la Convention, dont on avait lieu de redouter l'intervention, dans l'exécution d'un dessein que les conjonctures obligeaient à traiter avec mystère.

«Les délégués, dit Beauchamp, dans son histoire de la Vendée et des Chouans, produisirent la déclaration des chefs vendéens comme une preuve de leur retour. Il n'en fut pas de même des clauses stipulées à leur avantage; *quelques-unes restèrent secrètes.* Les autres ne furent publiées qu'un mois après la signature, et encore avec des réticences propres à en pallier la honte. L'ardent républicain ne voyait dans cette pacification qu'une lâche transaction qui menait à la royauté. Les délégués pacificateurs, et particulièrement Ruelle, se virent signalés comme les plénipotentiaires de Charette. Ils parurent dans la salle de la Convention avec des discours préparés. «Nous avons examiné, dit Delaunay, ce qu'il était de la sagesse et de la prudence d'accorder pour la conciliation des esprits et le maintien de la pacification. Mais il glissa légèrement sur les articles stipulés.»

Barras, Cambacérès, Tallien, Syeyes, et d'autres Conventionnels gagnés, avaient manœuvré secrètement; ils complétèrent leur œuvre secrètement, et, soit qu'il y eût danger pour eux de faire sortir ostensiblement le Dauphin du Temple, soit que, par une combinaison machiavélique, ils eussent le projet d'exploiter plus tard à leur profit le secret de l'évasion, selon les circonstances, comme beaucoup l'ont fait notamment en 1814 et 1815 auprès de Louis XVIII; cette évasion se fit au moyen de la substitution d'enfans au Dauphin, et on la masqua par un faux acte de décès. Voilà la vérité qui résulta d'abord des révélations du Duc de Normandie, et que confirment l'histoire véridique dans ses moindres détails, ainsi qu'une foule de témoignages.

Quant à Mathieu dont nous nous sommes un peu écartés, nous devons déclarer que son discours est sans importance dans la question, même lorsqu'il ne serait pas contredit par des autorités historiques, d'autant moins suspectes de partialité en faveur du Dauphin, que presque tous les écrivains qui nous les fournissent ont paru croire à sa mort réelle au Temple. Je dis même plus, ce représentant à cette époque de sa vie conventionnelle n'était pas aussi féroce qu'il se montrait en public, ce qui prouve que son discours voilait le fond de sa pensée; c'est lui qui va nous le certifier. Vous nous avez parlé d'une visite faite au Temple par lui, accompagné d'Harmand et de Reverchon; et vous dites à ce sujet:

«*En Février* 1795, la municipalité, *prévoyant sa fin pro-*
«*chaine,* avertit la Convention. Harmand, *Mathieu,* Reverchon
«reçurent la mission de visiter le Prince; *ils connaissaient le*
«*Dauphin;* ils se seraient bien aperçus d'une substitution;
«*Harmand a écrit le récit de cette visite.* Ils trouvèrent le jeune
«Prince *accablé par la maladie;* il obéit à leurs ordres, se le-
«vant, marchant, mangeant à leur commandement: ce qui prouve
«qu'ils n'avaient pas *un sourd-muet* devant eux: mais il refusa
«de répondre à leurs questions: «Il nous regardait, dit Harmand,
«avec un regard impassible, qui semblait nous dire: «Que
«m'importe; achevez votre victime!» Ce mutisme obstiné avait

« déjà frappé les sections qui chaque jour envoyaient des com-
« missaires au Temple. Le bruit s'était répandu que l'enfant
« s'était condamné au silence, depuis le jour ou Simon et Hé-
« bert l'avaient contraint de proférer contre la Reine sa mère
« d'ignobles accusations; touchante légende où éclatait déjà le
« cri de la conscience publique !

« Les trois Conventionnels se retirèrent sans rien prescrire
« pour le soulagement du Prince. »

La visite dont vous nous parlez là, Monsieur le Substitut,
est réelle; mais pourquoi nous en fausser la date? Vous la
fixez *au mois de Février* 1795; sur quelle autorité? ici les
dates sont d'une importance majeure, et je suis surpris de
l'erreur substantielle que vous commettez; car la démarche des
trois Conventionnels eut lieu *le 19 Décembre 1794*: vous la
trouverez relatée à cette date, la véritable, dans l'histoire de
la Captivité de Louis XVI, page 305. Les deux époques sont
loin d'être indifférentes pour nous; parce que l'enfant muet a
tenu la place du Prince jusqu'au 5 Février; que c'est entre le
5 Février et le 3 Mars 1795 que la seconde substitution s'est
effectuée; et que le rapport, dont vous vous prévalez indûment,
est une de nos autorités qui vient au soutien de la version du
Prince et des lettres de *Laurent*. Ce document, dont vous n'avez
pas saisi l'immense signification, invoqué par vous et par nous,
a besoin d'être interprété sainement; il convient donc de le
transcrire en son entier : il est ainsi conçu :

« Nous arrivâmes à la porte; *le Prince* était assis auprès
d'une petite table carrée, sur laquelle étaient éparses beaucoup
de cartes à jouer; quelques-unes étaient pliées en forme de boîtes
et de caisses, d'autres élevées en château. Il était occupé de
ses cartes lorsque nous entrâmes, *et il ne quitta pas son jeu.*

« Il était couvert d'un habit neuf en matelot, d'un drap couleur
ardoise; sa tête était nue; la chambre propre et bien éclairée.

« Son lit était derrière la porte en entrant. Au pied de ce lit
en était un autre qui avait été celui du savetier Simon.

« Après avoir entendu l'affreux récit de toutes les cruautés de
ce monstre, je m'approchai du *Prince*. Nos mouvemens ne
semblaient faire aucune impression sur lui. Je lui dis que le
gouvernement, instruit trop tard du mauvais état de sa santé,
et du refus qu'il faisait de prendre de l'exercice et de répondre
aux questions qu'on lui adressait, *nous avait envoyés près de*
lui pour lui renouveler nous-mêmes des propositions qui pour-
raient lui être agréables, telles que d'étendre ses promenades
et de lui procurer des objets de distraction. Je le priai de
vouloir bien me répondre si cela lui convenait.

«Pendant que je lui adressais cette petite harangue, *il me regardait fixement* sans changer de position, et il m'écoutait avec l'apparence de la plus grande attention ; mais, pas un mot de réponse.

« Alors, je particularisai mes propositions de cette manière : « J'ai l'honneur de vous demander, Monsieur, si vous désirez un « cheval, un chien, des oiseaux, des joujoux, un ou plusieurs « compagnons de votre âge ? Voulez-vous dans ce moment, des- « cendre dans le jardin ou monter sur les tours ? Désirez-vous « des bonbons, des gâteaux ? »

« J'épuisai en vain toute la nomenclature des choses qu'on peut désirer à cet âge ; *je n'en reçus pas un mot de réponse ; pas même un signe ou un geste,* quoiqu'il eût la tête tournée vers moi et qu'il me regardât avec une *fixité étonnante,* qui exprimait la plus grande indifférence.

« Alors, je me permis de prendre un ton plus prononcé. Je lui reprochai son opiniâtreté, en l'engageant derechef à nous indiquer ce qui lui serait agréable..... *Même regard fixe,* même attention, mais pas un seul mot.

« Je repris : « Vous voulez donc nous compromettre ? Quelle « réponse pourrons-nous faire au gouvernement, dont nous ne « sommes que les organes ? — Ayez la bonté de me répondre, je « vous en supplie, ou bien nous finirons par vous l'ordonner. » — Pas un mot, et *toujours la même fixité.*

« J'étais au désespoir, et mes collègues aussi. Ce regard surtout avait un tel caractère de résignation et d'indifférence, qu'il semblait nous dire : *« Que m'importe ? Achevez votre vic- « time ! »*

« J'essayai alors l'effet du commandement, et *me plaçant tout près* du Prince, je lui dis : *« Monsieur, ayez la complaisance « de me donner la main. »* Il me la présenta, et je sentis, en prolongeant mon mouvement jusque sous l'aisselle, une tumeur au poignet et une au coude, comme des nodus. Il paraît que ces tumeurs n'étaient pas douloureuses, car *le Prince* ne le té- moigna pas. « L'autre main, Monsieur ! » — Il la présenta aussi ; il n'y avait rien. — *« Permettez, Monsieur, que je touche aussi « vos jambes et vos genoux. »* — Il se leva. Je trouvai les mêmes grosseurs aux deux genoux, sous les jarrets.

« Placé ainsi, *le jeune Prince* avait *le maintien du rachitisme et d'un défaut de conformation. Ses jambes et ses cuisses étaient longues et menues, les bras de même ; le buste très-court,* la poitrine élevée, *les épaules hautes et resserrées :* la tête très-belle dans tous ses détails, le teint clair, mais sans couleur, *les cheveux longs et beaux,* bien tenus, *châtain-clair.*

«Maintenant, Monsieur, *ayez la complaisance de marcher.*» — Il le fit aussitôt, en allant vers la porte qui séparait les deux lits, et il revint s'asseoir sur-le-champ.

«Je saisis ce moment pour lui représenter le tort que lui faisait le défaut d'exercice, et pour lui proposer la visite d'un médecin. — «Faites-nous signe au moins, lui dis-je, que cela «ne vous déplaira pas.» — *Pas un signe, pas un mot.*

«*Monsieur, ayez la bonté de marcher encore et un peu plus* «*long-temps.*» — Silence et refus; il resta sur son siège, les coudes appuyés sur la table. Ses traits ne changèrent pas un seul instant; *pas la moindre émotion apparente, pas le moindre étonnement dans les yeux, comme si nous n'eussions pas été là.*

«On apporta le dîner du Prince. Nouvelle scène de douleur; il faut l'avoir vue et éprouvée pour y croire. Une écuelle de terre rouge contenait un potage noir couvert de quelques lentilles; dans une assiette de la même espèce était un petit morceau de bouilli noir et retiré, le fond d'une seconde était rempli de lentilles, dans une troisième étaient six châtaignes plutôt brûlées que rôties; un couvert d'étain, point de couteau et point de vin.

«Tel était le dîner du fils de Louis XVI, de l'héritier de soixante-six Rois! Tel était le traitement fait à l'innocence!

«Pendant que l'illustre prisonnier faisait cet indigne repas, nous emmenâmes les municipaux dans une autre pièce pour leur exprimer *notre indignation, et ordonner que cet exécrable ordre de choses serait changé à l'avenir.* Je voulus à l'instant même qu'on lui procurât du raisin, qui était rare alors.

«Je lui demandai s'il était content de son dîner. *Point de réponse.* S'il désirait du fruit. *Point de réponse.* S'il aimait le raisin. *Point de réponse.* Le raisin arriva: il le mangea sans rien dire. En désirez-vous encore? *Point de réponse.*

«Il ne nous fut plus permis de douter alors, que toutes les tentatives de notre part pour en obtenir une réponse seraient inutiles. Je lui représentai que son silence était d'autant plus pénible pour nous que nous ne pouvions l'attribuer qu'au malheur de lui avoir déplu; que nous proposerions, en conséquence, au gouvernement de lui envoyer des Commissaires qui lui seraient plus agréables. *Même regard et point de réponse.*

«Voulez-vous bien, Monsieur, que nous nous retirions? *Point de réponse.*

«Cela dit, nous sortîmes pour nous communiquer nos réflexions sur le *moral* et sur le *physique* du jeune *Prince.*

«Je demandai aux municipaux, dans l'antichambre, si le silence opiniâtre du jeune prisonnier datait réellement du jour où la plus barbare violence lui avait fait faire et signer l'odieuse et absurde déposition...... Ils renouvelèrent leur assertion à cet égard. Après avoir présenté cette anecdote à l'éternelle douleur des ames sensibles, je la livre aux observateurs de la nature. Est-il possible, qu'à l'âge de neuf ans, un enfant puisse former une telle détermination et y persévérer? C'est ce qui n'est pas vraisemblable sans doute; mais je réponds à ceux qui douteraient ou qui nieraient, par un fait et par des témoignages que j'indique et auxquels on peut recourir.

« J'ignore si ce jeune Prince a parlé à M. Desault, lorsque ce médecin est allé le voir, parce que, *peu de jours après notre visite au Temple,* une intrigue me fit nommer par la Convention *Commissaire aux Grandes-Indes.* Je partis à cet effet pour Brest, où je restai plusieurs mois, et à mon retour j'appris que le *malade et le médecin étaient morts.*

« Enfin nous convînmes que pour l'honneur de la nation qui l'ignorait, pour celui de la Convention, qui *l'ignorait* aussi, nous ne ferions point de *rapport en public,* mais *en Comité secret, dans le Comité de sûreté générale seulement :* ce qui fût fait ainsi.

« En quittant l'antichambre du Prince, nous montâmes chez Madame; j'ai compté les marches, et si ma mémoire est fidèle, j'en ai compté 82..........

« Je m'empresse d'annoncer que le gouvernement mit le plus grand zèle à acquitter les promesses que nous avions faites en son nom, et à réaliser les espérances que nous avions données : au moins cela fut arrêté le soir même. »

Les détails si explicites de la démarche des hommes du gouvernement révolutionnaire, rédigés par l'un d'eux, démontrent invinciblement que l'enfant assujetti à un long interrogatoire, loin d'affecter un mutisme volontaire qui se serait trahi par des signes d'entendement, était véritablement sourd-muet de naissance. Tous ceux qui ont vu des sourds-muets le jugeront tel à l'attitude impassible, au regard fixe, à l'immobilité constante de la physionomie. Tout l'extérieur de sa contenance indique la stupéfaction d'un enfant qui voit sans entendre, un état moral en quelque sorte hébété, signes ordinaires de surdité et de mutisme, dans le bas âge surtout où les facultés de l'esprit n'ont pas encore acquis un grand développement. Ce ne sont point là les indices d'un silence opiniâtre et réfléchi qui, pendant le long interrogatoire, n'eût point absorbé jusqu'à la moindre apparence d'émotion.

Relisons maintenant attentivement la seconde lettre de *Laurent* du 5 Février 1795.

« Mon Général,

« Je viens de recevoir votre lettre. Hélas! votre demande est
« impossible : c'était bien facile de faire monter la victime, mais
« la descendre est actuellement hors de notre puissance, car la
« surveillance est si extraordinaire que j'ai cru être trahi. *Le*
« *Comité de sûreté générale* avait, comme vous savez, déjà en-
« voyé les monstres Mathieu et *Reverchon*, accompagnés de M.
« Harmand de la Meuse, *pour constater* que notre muet est
« véritablement le fils de Louis XVI! Général, que veut dire
« cette comédie? Je me perds, et ne sais pas que penser de la
« conduite de *Barras*. Maintenant il prétend faire sortir notre
« muet, et mettre un enfant malade à sa place! .... Etes-vous
« instruit de cela, et n'est-ce pas un piège?

« Général, je crains bien des choses : car on se donne bien
« des peines pour ne laisser entrer personne dans la prison de
« notre muet, afin que la substitution ne devienne pas publi-
« que, car si quelqu'un examinait bien l'enfant, il ne lui serait
« pas difficile de comprendre qu'il est *sourd* de naissance et par
« conséquent naturellement *muet*. Mais *substituer encore un autre*
« *enfant à celui-là;* l'enfant *malade* parlera, et cela perdra notre
« *demi-sauvé*, et moi avec; renvoyez le plus tôt possible notre
« fidèle et votre opinion par écrit.

« Tour du Temple, le 5 Février 1795. »

La concordance qui existe entre cette lettre de *Laurent*, et le
procès-verbal des trois Conventionnels nommés par lui, y donne
un caractère d'authenticité manifeste. Il est en outre évident que
l'enfant visité, le 19 Décembre 1794, était le sourd-muet dont
parle *Laurent*, qui avait été introduit par lui dans la prison de
la Tour avant le 7 Novembre 1794. Si le silence de l'enfant,
comme vous le supposez, voulait dire : « que m'importe? achevez
votre victime; » il fût constamment demeuré impassible, et n'eût
pas obéi à des gestes dont le mouvement, fort intelligible surtout pour un sourd-muet toujours attentif au moindre signe,
indiquait ce qu'on désirait de lui; car c'est au geste du Commissaire qui, en lui demandant la main lui présentait naturellement la sienne, et non pas à sa voix qu'il a obéi. Il en est
de même sans doute quant au commandement de marcher; il
s'est levé, parce qu'il a dû comprendre par un mouvement impératif de la main ce qu'on exigeait de lui. Si cet enfant n'avait
pas été muet, pourquoi n'aurait-il pas parlé, lorsque vous nous
le montrez si docile que, bien qu'« *accablé par la maladie,*
selon vous, il marchait et mangeait au commandement des
Conventionnels » des mets grossiers, et d'un fort bon appétit?
Mais cet état d'accablement par la maladie n'était pas plus vrai

alors que le motif que vous attribuez d'imagination à la visite
des Conventionnels, qui, d'après vous, aurait été ordonnée par
la Convention *sur un avis de la municipalité prévoyant la fin
prochaine du royal prisonnier*. Il demeure donc visible que cet
enfant, prétendu si opiniâtre dans sa volonté de ne pas parler
et si soumis tout à la fois, n'était pas le Dauphin, dont la résolution resta constamment inébranlable, et qui, depuis le jour
où il l'avait prise, ne manifesta jamais par un signe quelconque
qu'il prêtât la moindre attention à ce qu'on lui disait.

Si l'on compare en outre le signalement du prisonnier donné
par Harmand, avec celui du Dauphin enfant, on ne reconnaîtra
point le Dauphin avec le défaut de conformation signalé, les
jambes, les cuisses, et les bras, longs et menus, le buste court,
les épaules hautes et resserrées, et les cheveux châtain-clair;
car d'après le témoignage de Mme de Rambaud, le Dauphin,
étant enfant, avait le cou court et ridé d'une manière extraordinaire, une tête forte, un front large et découvert, des cheveux
d'un blond-cendré, la poitrine élevée, la taille très-cambrée et
une démarche remarquable.

Vous alléguez, il est vrai, que les trois Conventionnels connaissaient le Dauphin, et qu'ils se seraient bien aperçus d'une
substitution. Mais alléguer n'est pas prouver; et, tant que vous
n'aurez pas justifié, autrement que par votre parole, qui ne
fait pas autorité, ce fait improvisé par vous; vous me permet-
trez de regarder votre assertion comme une indication sans
portée. Dans une cause de cette nature tout doit être précis et
certain. Peu importe au surplus; car, si les Conventionnels
connaissaient le Dauphin, vous auriez eu encore à établir qu'ils
n'étaient pas dans le secret de la substitution. Mais la lettre
de *Laurent*, que j'ai reproduite, laisse croire au contraire qu'ils
étaient des instrumens passifs du Comité de sûreté générale, dans
un but qui leur était caché. Et ce qui prouve qu'il y avait là un
grand mystère, que le gouvernement avait un intérêt majeur a
éviter, par un silence obligé, tout commentaire dangereux; c'est
que le procès-verbal de visite n'a été lu qu'en Comité secret.

Vous avez encore commis, Monsieur, une méprise bien
caractéristique, en avançant que les trois Conventionnels se
retirèrent sans rien prescrire pour le soulagement du Dauphin.
Ils donnent un démenti bien positif à vos paroles en déclarant:
«nous emmenâmes les municipaux dans une autre pièce, pour
leur exprimer notre indignation, et ordonner que cet exécrable
état de choses serait changé à l'avenir.»

N'oubliez pas, je vous prie, que Mathieu était du nombre
des indignés, et qu'il réfute ainsi lui-même son discours que

vous nous avez cité. Je conçois que, pour le besoin de votre système, il vous fût pénible de voir ce représentant si inhumain devant la Convention avoir eu des sentimens d'humanité lors de sa visite au Temple. Mais puisque c'est la vérité, nous avons le droit de vous reprocher votre dissimulation. Ce sont là de ces infidélités qui vous feraient crier bien haut à l'imposture, et avec raison, si c'était nous qui nous les fussions permises. Pourtant combien d'autres il me reste à signaler.

La double face, sous laquelle se montrèrent certains Conventionnels, selon qu'ils parlaient en Comité secret ou en public, suivant qu'ils agissaient mystérieusement ou à découvert, fut une tactique fréquente dans ces temps d'anarchie où la défiance était la première loi de sûreté. Nous en avons encore un exemple dans la conduite que tinrent Roux, Doulcet, Tallien et Treillard, devant le Conseil des Cinq Cents, à l'époque de l'arrestation de Cormartin. Nous les avons vus concourir par leur signature aux engagemens pris avec les Vendéens de leur remettre la personne du Dauphin; et quand le reproche d'avoir violé leur promesse leur fut fait, ils la nièrent. On trouve au *Moniteur* du 20 Décembre 1795 leurs mensonges officiels rapportés en ces termes:

«Roux de la Marne—— «On sait de quels efforts les royalistes sont capables, lorsqu'ils ont résolu de *calomnier des représentans du peuple*. Mais j'ai à vous entretenir d'un trait plus hardi que tous ceux dont jusqu'ici vous avez eu connaissance. Cormartin est mis en jugement et, ne sachant plus comment éterniser son procès, il vient de faire placarder une affiche dans laquelle il a l'audace de produire une copie de lettre qu'il attribue aux membres des Comités de salut public, dont il relate les signatures. Il fait plus, il prétend que *le Comité s'est engagé avec lui à faire transférer le jeune Capet et sa sœur à St. Cloud, pour de là le faire passer en Vendée.*

«Je suis du nombre de ceux dont il relate les signatures dans le placard. Je ne crois pas avoir besoin de déclarer que je n'ai jamais eu de correspondance avec Cormartin. Mais il était nécessaire de fixer l'opinion sur les lettres dont on suppose l'existence.»

«Doulcet —— «L'écrit dont Roux vient de parler est répandu avec une extrême profusion. La lettre qui y est citée est extraite d'un ouvrage très-volumineux ayant pour titre: Réponse des chefs des Chouans au rapport du soi-disant représentant du peuple Doulcet, membre de la ci-devant Convention nationale. Cet écrit, envoyé à toutes les armées et dans toute la République, n'aura pu séduire sans doute que ceux qui auront bien voulu l'être. Je ne croyais pas et je ne crois pas devoir attester que jamais je n'ai signé un traité de ce genre. Cependant je ne suis pas fâché que mon collègue Roux ait donné de la publicité au démenti pour lequel je me joins à lui. »

« Tallien — « Je n'aurais pas parlé de cette affaire, si mon collègue Roux n'en avait le premier entretenu le Conseil. Je pense que la lecture seule du placard et de la lettre qu'on nous attribue doit détromper tous ceux qui ne liront pas avec des yeux prévenus. Je me joins à la déclaration de mes collègues ; j'atteste que je ne connais aucune lettre de cette nature ; et je rappelle d'ailleurs au Conseil que tout ce qui est relatif à la pacification de la Vendée doit concerner les représentans du peuple qui ont été en mission dans les départemens insurgés. Quand les témoins au procès de Cormartin rapportent quelque chose à sa décharge, ils disent aussitôt à ceux qui les entourent : Voyez-vous, *il y avait des conditions secrètes*. Ces manœuvres ne doivent point étonner le Conseil. Pour les déjouer il suffit de les faire connaître. »

« Treillard — « Au bas du placard Cormartin dit : J'espère que j'obtiendrai le temps nécessaire pour me procurer les pièces originales que j'indique. Le but de Cormartin est de gagner du temps. »

Le Conseil se trouvant suffisamment éclairé, sur l'attestation favorable que se donnèrent les ci-devant Conventionnels incriminés, passa à l'ordre du jour ; et Cormartin, qui avait raison, fut déclaré calomniateur. Voilà, Monsieur le Substitut, comment en politique la vérité devient mensonge, et le mensonge vérité, quand les pouvoirs de l'Etat ont intérêt à méconnaître un fait certain. Le fait effrontément denié et jugé faux par l'assemblée des sages du gouvernement, vers la fin de 1795, s'est passé au commencement de la même année, sous les yeux de nombreux témoins ; la passion et la crainte compriment toutes les consciences, même celles des Conventionnels signataires ; et, dans une assemblée de cinq cents citoyens, pas une voix loyale ne se fait entendre pour réclamer contre l'imposture, sanctionnée par le premier corps de l'Etat ! Etonnez-vous donc que l'évasion du Dauphin, si elle est vraie, ait traversé un demi-siècle sans apparaître au grand jour, sortie des ténèbres dont la mauvaise foi l'enveloppait ; que le Duc de Normandie, s'il a existé, ait rencontré sur sa route tant d'obstacles qui l'ont effacé devant près de deux générations hostiles à son existence ! Tous ces vieux erremens révolutionnaires que je signale, sont loin d'être étrangers à notre sujet. Ils vous prouvent que, pour juger sainement un évènement de la nature de celui qui nous occupe, et l'époque à laquelle il se lie, il faut en étudier les mœurs et les hommes, ailleurs que dans le *Moniteur* et les actes officiels des autorités auxquelles on impute le faux et la fraude; que les protestations des hommes politiques sont suspectes, dès qu'ils ont en vue des considérations qui leur sont personnelles; et que les témoignages contraires acquièrent d'autant plus de force, qu'il n'y eut jamais que déboires et persécutions à recueillir pour les gens de bien qui, dans l'intérêt d'une vérité proscrite, en la proclamant, s'exposent généreusement à l'animadversion des puissances publiques, et au mépris d'une opinion dominante.

§ 4.

Je reprends vos conclusions, Monsieur le Substitut, à l'endroit où nous les avons laissées, et je vous rends la parole. Votre discussion se continue en ces termes:

«Trois gardiens ont été plus spécialement chargés du Prince, «après le 9 Thermidor.

«Laurent, nommé le 28 Juillet 1794; Gomin, qui lui fut «adjoint le 8 Novembre suivant; Lasne, qui remplaça Laurent «le 31 Mars 1795. Lasne et Gomin, tous deux officiers de la «garde nationale, avaient eu de fréquentes occasions de voir le «Prince aux Tuileries; ils l'ont reconnu au Temple; ils ont «reçu son dernier soupir. *Ces deux hommes vivaient encore* «*en 1837; la justice a recueilli leurs déclarations.* Ce procès «me sera une occasion de les restituer à l'histoire.

«Etienne Lasne, âgé de 83 ans, propriétaire, demeurant à «Paris, rue Regratière 14, (Ile Saint-Louis), dépose:

«Je suis obligé de revenir sur ce que j'ai déjà dit pour vous «donner toutes les explications que vous désirez, et d'entrer «dans des détails circonstanciés sur ce que je sais du Duc de «Normandie, fils de Louis XVI.

«Je suis entré aux gardes-françaises en 1774 et j'en suis sorti «en 1782; puis, en 1789, je fis partie de la garde nationale de «Paris, et en 1791 je fus nommé capitaine des grenadiers du «bataillon du poste Saint-Antoine. J'eus, dans cette position, «et toutes les fois que j'étais de garde au château, occasion de «voir les enfans du Roi Louis XVI. *Le jeune Dauphin se faisait* «*remarquer par la beauté de ses traits, la vivacité de son* «*caractère et son regard imposant et plein d'expression; il* «*avait l'abord brusque de son père; ses gestes étaient vifs et* «*saccadés; le premier moment passé, personne dans la conver-* «*sation n'était plus affable; il étonnait par l'à-propos et la* «*maturité de ses reparties.*

« Après la journée du 10 Août, je fus nommé commandant
« en chef de la section des Droits de l'Homme ; en cette qualité,
« j'allai au Temple pour y inspecter les hommes de service, et
« j'y voyais les enfans de Louis XVI lorsqu'ils jouaient dans le
« jardin. *J'ai parfaitement reconnu le Dauphin pour celui que
« j'avais vu et sur la terrasse des Feuillans et dans les pro-
« menades aux Tuileries.*

« En Germinal an III (Avril 1795), je fus chargé par le Comité
« de sûreté générale de la garde du Prince et de sa sœur. A mon
« arrivée au Temple, je visitai le Dauphin ; *c'était bien assuré-
« ment le même, mais l'incurie de ses anciens gardiens l'avait
« mis dans un tel état que ce malheureux enfant inspirait la
« pitié et presque le dégoût.* Mon premier soin fut de faire un
« rapport à la Convention sur l'état dans lequel j'avais trouvé
« le jeune prisonnier, ce qui avait été négligé jusqu'alors. Ce
« rapport fit impression sur l'Assemblée, qui chargea *Desault*,
« chirurgien en chef, de le visiter.

« L'enfant avait des calus et une tumeur assez forte aux ge-
« noux ; il se soutenait à peine. Comme il faisait ses déjections
« sous lui et que l'on n'avait pas pris la précaution de le changer
« de linge en temps utile, il était tout couvert d'érosités.

« Desault m'enjoignit de le frotter avec de l'alcali volatil et de
« le tenir surtout proprement ; malgré la répugnance qu'avait
« alors l'enfant pour toute espèce de soins, déjà il ressentait les
« heureux effets de ce régime, lorsque *ce médecin fut enlevé tout
« à coup par une apoplexie foudroyante.* Il fut remplacé par
« MM. Pelletan et Dumangin, médecins distingués de l'époque.
« Ceux-ci continuèrent le traitement de Desault ; l'enfant repre-
« nait des forces, je redoublai de zèle, l'amélioration paraissait
« sensible : malheureusement, on ne put se rendre maître d'une
« fièvre interne qui le dévorait. Au milieu des souffrances les
« plus aiguës, le Prince montrait une impassibilité extraordi-
« naire ; aucune plainte ne sortait de sa bouche et jamais il ne
« rompait le silence.

« *Dans une seule circonstance, il daigna m'adresser la parole.*
« Le jour, plus souffrant que de coutume, il était étendu sur
« son lit ; la douleur avait altéré ses traits, il cherchait encore
« à dissimuler son mal. Je lui présentai une potion stomachique
« qu'on m'avait recommandé de lui donner dans ses momens
« de crise ; il refusa. Je revins à la charge à diverses reprises ;
« même refus. Enfin, fatigué de mes importunités, il prit le
« verre qui renfermait le breuvage, et contractant sa figure
« d'une manière toute particulière, signe manifeste de son mé-
« contentement, il en jeta le contenu par terre. Sans me dé-

9

«concerter, sans lui adresser le moindre reproche, je remplis
«de nouveau le verre, et pour lui inspirer plus de confiance,
«je le portai à ma bouche et bus moi-même devant lui : « *Tu*
«*as donc juré que je le boirais? me dit-il en se levant brusque-*
«*ment sur son séant, eh bien! donne, je vais le boire...*» Et
«d'un trait il avala ce qu'il y avait dans le verre, puis me le
«remit. *Ce sont les seules paroles que je lui aie entendu pro-*
«*férer pendant tout le temps que j'ai passé auprès de lui.*

«Mais le mal avait étendu ses ravages trop loin, toutes mes
«attentions furent inutiles ; elles en avaient seulement retardé
«les progrès, et procuré quelque bien-être au Prince.

«Un matin, et le souvenir de ce moment me suivra jusqu'au
«tombeau, *il me fit signe qu'un besoin le tourmentait;* depuis
«deux jours il était alité. *Je le pris dans mes bras, il jeta*
«*les siens autour de mon cou,* puis un soupir sortit de sa poi-
«trine, l'infortuné avait cessé de souffrir!... Le cœur nâvré, je
«replaçai sur le lit les restes du fils de Louis XVI, et aussitôt
«*je fis à la Convention le rapport détaillé de ce qui venait de*
«*se passer. Que l'on compulse les registres de cette époque et*
«*l'on se convaincra de la vérité de mon récit.*

«J'ajouterai en outre que, *pendant deux jours, le corps du*
«*Prince fut exposé dans sa chambre. Il a pu facilement être*
«*vu et reconnu par toutes les personnes qui allaient et venaient*
«*dans le Temple, ainsi que par les hommes de garde. Je ne*
«*l'ai quitté que lorsque les derniers devoirs lui furent rendus.*
«C'est dans le cimetière Sainte-Marguerite-Saint-Antoine qu'il a
«été enterré *dans une fosse à part.*

«A quelque temps de là, sa sœur, Mme la Duchesse d'Angou-
«lême, sortit du Temple par suite d'un échange favorisé par
«la Convention avec l'Autriche.

«Il est inutile que je répète ce que j'ai dit sur le cheval de
«carton dont il a été si souvent question, et autres contes faits
«à plaisir sur la prétendue évasion du Dauphin. Tout cela est
«absurde, parce que tout cela était impossible.

«Je dirai une dernière fois que le fils de Louis XVI est bien
«mort et que ceux qui usurpent le titre de Dauphin sont des
«imposteurs. *Je le leur ai bien fait entendre quand ils se sont*
«*présentés chez moi pour chercher à surprendre ma bonne foi,*
«*et je désire que la déclaration solennelle que fait un vieillard*
«*sur le bord de sa tombe, et qui fut acteur et témoin dans ces*
«*grandes scènes, serve à fixer enfin un point d'histoire que*
«*la malveillance ou la cupidité peuvent seules avoir intérêt à*
«*obscurcir.*»

«Voici la déposition de Gomin, l'autre gardien :

« Jean-Baptiste-Marie Gomin, âgé de quatre-vingt-trois ans, «rentier, demeurant à Pontoise, rue Sainte-Honorine, dépose :

«Je suis entré au Temple, *vers le 9 Thermidor an II (26* «Août 1794), en qualité de gardien du Prince *Charles-Louis,* «Duc de Normandie, fils de Louis XVI. *Je ne le perdais pas de* «*vue un seul instant,* et tous les soirs j'adressais au Comité de «sûreté générale un rapport écrit, concernant le service intérieur «de la prison et la surveillance qui m'était confiée.

«Lorsque j'entrai en fonctions, *la santé du Prince était dé-* «*plorable,* son état de langueur et d'abattement annonçait une «fin prochaine ; je cherchais par tous les moyens qui étaient en «mon pouvoir à raviver cette frêle existence, mes soins étaient «inutiles ; depuis longtemps il portait dans son sein le germe de «la mort. A une époque que je ne pourrais préciser il fut visité, «sur l'ordre de la Convention nationale, par le chirurgien *De-* «*sault ;* et après la mort de ce dernier, par le Sieur Pelletan, «premier chirurgien de l'Hôtel-Dieu, assisté de M. Dumangin «et d'un *troisième* dont j'ai oublié le nom.

«Ces Messieurs disaient que l'état du Prince était désespéré, «et que sa mort était imminente.

«*Pendant sa maladie, le Prince, que je voyais à tous les* «*instants de la journée, causait sans effort ; il a même parlé* «*une heure avant de mourir.* Il était impossible, surtout en «raison de la surveillance continuelle dont il était l'objet, qu'il «fût enlevé furtivement et caché *dans les combles de la Tour ;* «*cela n'était praticable qu'en obtenant notre coopération,* et «on ne peut l'admettre si l'on se reporte à cette circonstance, «que tous les jours le Prince était visité trois fois *par le* «*Commissaire qui nous était adjoint,* et qui était renouvelé «toutes les vingt-quatre heures, et *choisi parmi les personnes* «*connaissant très-bien le Duc de Normandie.*

«*Je suis d'autant plus certain que l'enfant que j'ai vu mourir* «*au Temple, était le Duc de Normandie,* fils de Louis XVI, «qu'antérieurement à sa détention, *je l'avais vu plusieurs fois et* «*de très-près* (étant à cette époque commandant d'un bataillon «de la garde nationale de Paris) *dans le jardin, dit du Prince,* «*aux Tuileries,* où il avait l'habitude de jouer, accompagné de «sa gouvernante, Mme de Tourzel.

«*J'étais assisté,* pour la garde du Prince, *d'un Sieur Laurent,* «qui a été remplacé dans les derniers temps par un nommé Lasne, «que je n'ai pas vu depuis plus de vingt ans. *Si cela était utile,* «*je donnerais la date précise de ma nomination aux fonctions* «*de gardien : l'ordonnance est à Paris,* dans le logement que «j'ai conservé rue et Ile Saint-Louis, n°. 44 ; j'y ai aussi

« quelques notes, elles me seraient nécessaires pour donner des
« renseignemens plus précis et plus détaillés sur la maladie du
« Prince; je les remettrai, si on le désire.

« *Quant au fait de l'identité* du Duc de Normandie, fils de
« Louis XVI, avec l'enfant confié à ma garde au Temple, et *à celui*
« *d'un enfant muet* qui lui aurait été substitué, mes souvenirs
« sont précis, et j'ai à cet égard la conviction la plus entière.
« Ainsi, je le déclare en mon ame et conscience :

« *Je connaissais parfaitement, avant sa détention,* le Duc de
« Normandie, fils de Louis XVI, *l'ayant vu souvent, et à une*
« *distance fort rapprochée, dans le jardin du Prince,* aux Tuile-
« ries, où il jouait sous la surveillance de Mme de Tourzel.

« *C'est cet enfant dont la garde m'a été confiée; c'est lui* que
« *j'ai soigné, c'est lui qui est mort sous mes yeux* en Juin
« *1795,* à la Tour du Temple; *c'est lui, enfin, qui parlait*
« *encore une heure avant de mourir.*

« *J'ajouterai que plusieurs membres de la Convention sont*
« *venus visiter cet enfant à l'époque où il était confié à ma garde,*
« *et que jamais il n'a fait de réponse aux questions qu'ils lui*
« *adressaient; ce qui a pu accréditer cette version que cet en-*
« *fant était muet; il répondait volontiers aux Sieurs Laurent*
« *et Lasne ainsi qu'à moi. Cette circonstance se rapporte aux*
« *derniers temps de sa vie.*

« *Au moment de l'ouverture de son corps, je fis entrer dans*
« *sa chambre plusieurs gardes nationaux et officiers qui tous*
« *l'examinèrent;* peut-être retrouverais-je sur mes notes de Paris
« les noms de plusieurs d'entre eux.

« Je n'ai plus rien à dire. »

« Que peut-on opposer à ces dépositions si graves ? Le défen-
« seur des héritiers Naundorff a dû reconnaître qu'à leur lecture
« sa conscience avait hésité, et qu'elles seraient accablantes *si*
« *elles n'étaient mensongères.*

« La preuve du mensonge, on l'a cherchée dans l'invraisem-
« blance de ces dépositions. Comment Lasne et Gomin ont-ils pu
« voir le Dauphin aux Tuileries? L'étiquette s'y opposait. Puis
« comment auraient-ils pu reconnaître au Temple, défiguré par
« les rigueurs d'une longue détention, l'enfant qu'ils avaient vu
« aux Tuileries brillant de tout l'éclat de la jeunesse et de la
« royauté? La réponse est facile. On sait que la famille de Louis
« XVI était comme prisonnière dans le palais des Tuileries; l'éti-
« quette des cours y avait été remplacée par la consigne des
« révolutions. Rien n'était plus facile aux officiers de la garde
« nationale que de voir et d'entendre le Prince qu'ils avaient mis-
« sion de surveiller; ils ont pu suivre sur ces augustes visages

« les dégradations de la douleur ; et d'ailleurs *comment dans une*
« *année les traits du Dauphin, auraient-ils pu changer au point*
« *d'être méconnaissables ?*

« On a ajouté que Lasne était entré au Temple après l'enlève-
« ment du Dauphin, et que ses souvenirs se rattachaient à l'enfant
« substitué ; *c'est la question par la question* ; car Lasne déclare
« positivement avoir reconnu le royal enfant, et sa déposition
« exclut toute idée d'une substitution. »

CHAPITRE III.

§ 1.

J'ai tant d'observations à vous faire, Monsieur le Substitut, sur
cette partie de votre dissertation, la seule qui mérite une réfutation sérieuse, qu'il me faudra nécessairement les restreindre
à des réponses catégoriques aux points saillans de la matière.
Cependant, d'assez longs développemens sont indispensables ; car
toute la cause est là ; puisqu'il s'agit de l'acte de décès. Vous
nous avez donné la déposition de *Lasne* faite en 1840 ; moi, je
vais y ajouter celle de 1837, visée par le jugement du Tribunal,
dont vous avez oublié de nous parler. Je dois encore, pour le
besoin de la vérité, introduire ici les principaux passages de
l'ordonnance de la Chambre du Conseil, rendue en 1841 sur la
procédure en escroquerie ; parce que le système du juge d'instruction Zangiacomi se confond avec le vôtre, que la vraie justice
une et indivisible ne peut pas se montrer en désaccord sur un
même sujet, quoique passant par des bouches différentes, et
que, tous deux, comme on le dit trivialement, vous avez mis
le fond de votre sac à découvert. Voici la première déposition
de *Lasne* du 13 Juillet 1837 :

« C'est moi qui ai été le dernier gardien à la Tour du Temple,
« du Prince *Charles-Louis*, Duc de Normandie, fils de Louis XVI ;
« et c'est pendant que j'étais chargé de la garde du Temple, que
« ce Prince est mort le 27 Prairial an III (Juin 1795).

« J'avais vu le Prince *avant le 10 Août*, parce qu'étant *à cette*
« *époque commandant en chef* du bataillon du district des Droits
« de l'Homme ; j'avais souvent monté la garde aux Tuiléries et
« avais *accompagné quelquefois le Prince* dans les promenades
« de la terrasse des Feuillans. Plusieurs fois, aussi, pendant la
« détention au Temple de la famille royale, j'y ai été de service

«avec mon bataillon, et j'avais eu encore occasion de revoir le
«Prince que j'avais parfaitement reconnu.

«En Germinal an III (Avril 1795), je fus chargé par le Comité
«de sûreté générale de la Convention de la garde du Prince et de
«la Princesse sa sœur. J'affirme que je le reconnus parfaitement
«pour celui que j'avais vu avant et depuis le 10 Août, soit aux
«Tuileries, soit au Temple.

«J'affirme encore sur l'honneur que ce Prince, malgré les
«soins que je lui donnai, est mort au Temple *après une mala-*
«*die de deux jours,* il a rendu le dernier soupir *sur mon bras*
«*gauche,* dans un instant où je le soulevais de son lit. J'ai été
«témoin de son autopsie.

«— Croyez-vous qu'il soit possible que l'on ait, en votre ab-
«sence, ou à votre insu, substitué un enfant au Prince, et
«*élevé mystérieusement celui-ci dans les combles de la Tour*
«*du Temple?*

«— Cela est impossible, *car la Tour du Temple dans la-*
«*quelle était détenu le Prince n'avait ni comble ni grenier et*
«*était surmontée d'une terrasse.* A la vérité, il y avait une flèche
«sur une partie du bâtiment; mais l'intérieur n'en était point
«accessible; et je ne sache pas même qu'il y eût d'escalier à
«l'intérieur. Elle n'était accessible qu'aux couvreurs et aux
«ouvriers; *il est absolument impossible* qu'on ait jamais pu y
«cacher qui que ce fût.

«Au reste, lors des débats du procès de Richemont, et dans
«l'instruction qui les a précédés, j'ai déposé de tous les faits
«qui étaient à ma connaissance sur cette affaire; et surtout
«de toutes les circonstances établissant que le Duc de Nor-
«mandie est bien mort au Temple; je ne puis que m'en référer
«à ce que j'ai dit.

«Signé : Lasne, Zangiacomi, Chevalier.»

Voici les principaux passages de l'ordonnance de la Chambre
du Conseil, qu'il est important de recueillir :

«Nous juges composant la première Chambre du Tribunal
«de premier Instance,

«Vu les pièces du procès et l'instruction faite contre Naun-
«dorff se prétendant fils de Louis XVI,

«Ensemble les conclusions de M. Eternaux, Substitut, *tendant*
«*à non-lieu;*

«Rapport de M. Zangiacomi duquel il résulte que;

«Au mois d'Octobre 1834, une scène bizarre se passa à la
«cour d'Assises de la Seine. Un prétendu Baron de *Richemont*
«traduit devant le Jury, s'était dans l'instruction et aux débats
«posé comme le fils de Louis XVI .... lorsque, à l'audience du

«lendemain, un Sieur Morel de Saint-Didier, se disant l'envoyé
«du *véritable Duc de Normandie*, se leva, quand la cour
«entra en séance, et déposa entre les mains du Président *une*
«*protestation* contre les prétentions du soi-disant Baron de
«*Richemont*. Cette protestation était signée Charles-Louis Duc
«de Normandie.

«La cour dressa procès-verbal de l'incident, et donna acte
«au ministère public de ses réserves. C'était un devoir pour
«l'autorité de s'enquérir de ce nouveau Prétendant, qui surgis-
«sait ainsi tout-à-coup. On ne tarda pas à savoir que cet individu
«n'était autre qu'un nommé Naundorff qui, arrivé en France en
«1832, était parvenu à persuader à quelques personnes crédules
«qu'elles voyaient en lui le fils de Louis XVI et de Marie-
«Antoinette. Grâce à quelques sommes qu'il avait ainsi obtenues
«de leur naïf dévouement, il avait fondé à Paris un Journal
«intitulé *la Justice*, et qui était destiné à établir ses droits
«prétendus. Cette feuille, après une courte apparition, *ne put*
«*parvenir à fournir le cautionnement* exigé par la loi, et ne
«tarda pas à succomber. Avant d'aller plus loin, il est néces-
«saire de consigner ici *les renseignemens obtenus par la voie*
«*diplomatique sur la vie antérieure de Naundorff*.

«Cet homme *paraît* né dans la *Prusse polonaise*. En 1810 il
«fit un voyage à Berlin; et en 1812 il s'établit à Spandau en
«qualité d'horloger: il obtint le titre de bourgeois de cette ville.
«En 1822, il alla habiter à Brandebourg. Accusé d'incendie, il
«fut *acquitté faute de preuves;* mais l'année suivante, il fut
«poursuivi comme ayant fabriqué et émis de la fausse monnaie,
«et fut définitivement condamné à trois ans de travaux forcés
«dans une maison de détention. Il subit sa peine dans les pri-
«sons de Brandebourg. Pendant le cours de ce procès, il voulut
«d'abord contester son individualité et se déclara natif de Wei-
«mar et ouvrier. Mais bientôt il éleva plus haut ses prétentions
«et changea ce titre modeste *pour se dire fils d'un Prince*. Il
«fabriqua sur ce thème un roman, et *se vit bientôt expulsé du*
«*Royaume de Prusse*. Il se réfugia d'abord à Dresde, puis vint
«à Paris en 1832. *Ce fut alors* qu'il chercha à accréditer parmi
«quelques esprits faibles et enthousiastes la fable qu'il avait
«imaginée; *aidé* SANS DOUTE par la lecture de nombreux
«Mémoires et par *des renseignemens puisés* PEUT-ÊTRE *auprès*
«*de gens qui, avant la révolution, avaient pu faire partie de*
«*la domesticité du château*, il parvint à *surprendre la bonne*
«*foi de quelques personnes d'une crédulité facile*, exploita ha-
«bilement de prétendues prédictions faites par un paysan des
«environs de Chartres, nommé *Martin*. Il se créa des partisans

«dans le département de Seine-et-Oise, notamment à Ver-
«sailles, et réussit ainsi à conquérir la conviction d'un Sieur
«*Appert, curé de St. Arnould, qui fut bientôt interdit par
«l'évêque du diocèse.*

«*Le 31 Mai 1836*, le gouvernement français, *fatigué de ses
«intrigues*, fit à Naundorff l'application des lois sur les étran-
«gers, et *prit contre lui un arrêté d'expulsion*. De nombreuses
«réclamations furent adressées à l'autorité par Naundorff et ses
«amis. Il y eut même pourvoi au Conseil d'Etat; mais la requête
«fut rejetée et, au mois de Juillet l'arrêté était mis à exécution.
«Depuis cette époque, il n'a pas cessé de résider en Angleterre;
«mais il a voulu y continuer le rôle qu'il avait commencé à
«jouer en France. Des proclamations adressées par lui au peuple
«français, des protestations envoyées aux souverains de l'Europe,
«et notamment au Prince Royal de Prusse, ont été répandues
«en 1837 par les amis de Naundorff, et ont été retrouvées lors
«des perquisitions nombreuses faites pendant le cours de cette
«procédure. Au mois de Juin de cette même année, il avait
«même publié à Londres.....

«On ne sait en vérité ce qu'il faut le plus admirer de l'in-
«croyable assurance de Naundorff, ou de *la crédulité aveugle*
«de ses partisans.

«Est-il besoin de discuter ici les preuves du décès de l'infortuné
«Louis XVII? Il était né en 1785. Enfermé au Temple, il y
«resta après la mort du Roi et toute communication avec son
«auguste sœur lui fut interdite. Cet état d'isolement devait
«agir d'une manière funeste sur la constitution si frêle du jeune
«Prince. Aussi sa santé déclinait-elle rapidement. *Les pièces
«officielles jointes à la procédure* établissent assez combien était
«dure et sévère la surveillance dont il était l'objet; et dans la
«séance du 2 Décembre 1794 un membre du Comité de sûreté
«générale exposa ainsi à la Convention les précautions qui
«avaient été prises :

«*A l'époque du 9 Thermidor*, un nouveau gardien avait
«été placé au Temple par le Comité de salut public. *Un seul
«gardien a depuis paru insuffisant* au Comité de sûreté générale.
«Un citoyen fut demandé à la commission de police adminis-
«trative de Paris. Indiqué par elle, *il fut adjoint au premier
«pour remplir cette fonction*; et, comme aux yeux des hommes
«prévenus et ombrageux, la permanence de deux individus au
«même poste éveille l'idée d'une séduction possible avec le temps,
«pour assurer de compléter d'autant mieux la détention des enfans
«du tyran, le Comité arrêta que chaque jour et successivement,
«l'un des Comités civils des 48 sections de Paris, fournirait un

«membre pour remplir pendant 24 heures les fonctions de gar-
«dien, concurremment avec *les deux nommés à poste fixe.*

  «*Les deux gardiens ainsi désignés étaient les nommés Lasne*
«*et Gomin. Le premier avait servi dans les gardes françaises,*
«le second avait commandé *un des bataillons* de la garde nationale.
«*Tous deux avaient été souvent de service dans les appartemens*
«*du château des Tuileries avant le* 10 *Août* 1792, et avaient
«ainsi eu de *fréquentes* occasions de voir le Prince. Il n'est donc
«pas possible de venir dire que l'enfant, dont la garde leur fut
«confiée au Temple, n'était pas le Dauphin; mais un enfant
«qu'on avait substitué pour assurer l'évasion du Duc de Nor-
«mandie. Cette substitution doit être rangée au nombre de ces
«fables dont aiment à se bercer les imaginations vives toujours
«éprises du merveilleux. *Lasne et Gomin* n'ont pas quitté le
«Prince. Tous deux étaient présens au moment de sa mort; il
«leur a parlé une heure avant de rendre le dernier soupir. Que
«peut-on opposer au témoignage de ces hommes, dont la justice
«a recueilli les déclarations *appuyées* d'ailleurs de toutes les
«preuves *géminées* qui peuvent constater la mort d'un homme?
«C'est le 20 Prairial an III (8 Juin 1795) que le jeune Dauphin
«*Louis-Charles,* Duc de Normandie, est décédé dans la prison
«du Temple à l'âge de 10 ans et 2 mois; et le lendemain, le
«député Sévestre annonçait à la Convention cet évènement en
«déposant aux archives les procès-verbaux.

  «Le seul récit de ces faits suffit pour établir la vérité, et rend
«inutile l'examen détaillé de toutes les soi-disant *présomptions*
«qu'ont successivement invoquées les nombreux intrigans qui
«ont cherché à faire revivre en eux le jeune Prince, dont la fin
«avait été si déplorable. Ainsi croule le roman laborieusement
«échafaudé par Naundorff et ses partisans; ainsi se trouve établi
«et *l'esprit astucieux* de l'un, et *la crédulité incompréhensible*
«des autres.....

  «Dans cet état de choses, il reste à apprécier quelle suite il
«convient de donner à la procédure encore ouverte. Les circon-
«stances que nous avons signalées sont de misérables intrigues
«sans portée, qui ne méritent pas la qualification de complot. *Il*
«*y a eu sans doute de la part de Naundorff, usurpation d'une*
«*fausse qualité; et par ce moyen il a obtenu la remise de som-*
«*mes assez considérables. Il pourrait donc y avoir lieu à in-*
«*culpation d'escroquerie,* MAIS une mesure administrative
«*compétemment* rendue, *et alors qu'aucun mandat* n'avait été
«encore décerné contre l'inculpé, a ordonné son expulsion; et
«dès lors de plus amples poursuites seraient quant à présent
«*sans résultat.* Les autres individus de la procédure doivent

«être plutôt considérés comme les dupes que comme les compli-
«ces *des escroqueries commises par Naundorff.* La procédure
«doit donc être close quant à présent, *pour être reprise dans*
«*le cas où Naundorff viendrait à rentrer en France.*

«Dans ces circonstances, en ce qui touche le nommé Naun-
«dorff,

«Attendu qu'il a été expulsé du territoire français en vertu
«d'une décision administrative, compétemment rendue;

«En ce qui touche les autres inculpés; attendu qu'il n'y a
«pas contre eux charges suffisantes;

«*Disons n'y avoir lieu à suivre;*

«Et maintenons la saisie de toutes les pièces.

«Fait au Palais de justice à Paris, le 9 Janvier 1841.

«ont signé ......»

En rapprochant de vos conclusions l'ordonnance de la Chambre
du Conseil que nous venons de lire, il m'est impossible, Monsieur le Substitut, de ne pas déclarer hautement que M. le Juge
d'instruction dans sa procédure instruite à la sourdine a, comme
vous à l'audience, traité la question, ainsi qu'on la traite dans
le monde politique ou ignorant, avec le parti pris de répudier
tout examen loyal, logique et consciencieux, et de dénaturer les
faits démonstratifs de la vérité. Si ce langage est sévère, nul
ne voudra m'en blâmer; car la vérité, droit inviolable de l'homme,
est aussi le plus impérieux devoir de la justice. La méconnaître
ou la parodier pour se faire du mensonge un prétexte d'oppression, constitue un outrage à la morale publique; et cette vérité,
dans l'ordre social, aucune constitution humaine n'a le privilège
d'en interdire la manifestation. On a pu jadis, sur le chevalet
de la torture, sous les verroux du despotisme, étouffer la voix
des gens de cœur qui s'élevait avec autorité contre les abus
des puissances politiques et religieuses. Ce honteux asservisse-
ment de la pensée, que l'imposture et l'iniquité des grands
tentent en vain de réimposer à l'humanité, ne saurait plus exister longtemps encore; l'homme est en train de reconquérir
ses droits absolus d'indépendance morale et spirituelle, et le
premier de tous est celui de pouvoir dire la vérité librement à
ceux qui la falsifient, ou entretiennent l'erreur, dans l'intérêt
matériel d'un ordre de choses destructeur du bien-être des peuples. Les actes de l'autorité rentrent essentiellement dans le domaine d'une discussion permise. S'il en arrive du scandale, qu'il
retombe sur la tête des imprudens qui l'ont voulu en s'écartant
de la voie droite. Quant à nous, nous nous félicitons des écarts
du pouvoir dans la question relative au Duc de Normandie:
nous avons du moins l'avantage d'avoir amené nos adversaires

politiques à une dissertation contradictoire, à nous dire leur
dernier mot par l'ordonnance de la Chambre du Conseil, par vos
conclusions et par le jugement du Tribunal civil. Retournons à
Lasne et à *Gomin.*

« Que peut-on opposer à ces dépositions si graves, avez-vous
« dit ? Le défenseur des héritiers Naundorff a dû reconnaître qu'à
« leur lecture sa conscience avait hésité ; et qu'elles seraient *ac-*
« *cablantes,* si elles n'étaient *mensongères.* »

Ce que vous dites-là, Monsieur le Substitut, demande une
explication ; je la donnerai péremptoire. Notre intelligent avocat,
d'abord, n'a point reconnu que ces dépositions seraient *acca-*
blantes, si elles n'étaient *mensongères.* Sa haute capacité le justifie d'une réflexion si peu logique. En effet, si les témoignages
de *Lasne* et de *Gomin* n'étaient pas mensongers ; ils seraient
plus qu'accablans, ils trancheraient définitivement la question,
et alors, en réalité, la cause des héritiers Naundorff serait insoutenable. Mais passons sur cette légère inadvertance. Il est
vrai que M⁰ Jules Favre m'a déclaré qu'ils étaient accablans ; il
a même été plus loin, il m'a prévenu qu'il ne plaiderait pas la
cause si je ne lui fournissais pas les moyens judiciaires de les
combattre d'une manière intrinsèque ; c'est-à-dire, autrement
que par des témoignages historiques sur l'évasion, et des reconnaissances d'identité. M⁰ Favre raisonnait en éminent légiste,
qui a l'expérience qu'au Palais les droits les plus équitables sont
parfois sacrifiés à un texte de loi, à un principe de droit rigoureux, dont l'application *légale* fait souvent gémir la conscience
du magistrat honnête homme. Les préjugés gouvernent le monde ;
et les juges font parti du monde. Nous ne pouvions pas nous
dissimuler que la cause du Duc de Normandie avait constamment
été présentée sous un côté ridicule, par les sommités de toutes
les époques, dont elle froissait les intérêts politiques ; par les
sourdes menées du Clergé catholique, qui s'était frappé de discrédit en absolvant de ses infractions aux commandemens de Dieu
la *sainte* Duchesse d'Angoulême, vivant dans un état public
d'impénitence, de spoliation du bien d'autrui, d'oubli de ses devoirs, de complicité permanente avec tous les criminels proscripteurs de son frère ; par les influences sociales de toutes les factions,
par le vil égoïsme des esclaves de l'opinion dominante. Pour
lutter avec avantage, devant une justice opposante, contre d'aussi
puissans mobiles de réprobation ; il ne devait donc y avoir rien
de louche, rien *d'objectable,* quoique moralement et humainement
inadmissible, dans l'exposition judiciaire des droits de la famille
méconnue. Nos écrits nous avaient mainte fois donné raison devant
le monde impartial ; et le monde inique nous poursuivait toujours

de ses dédains. Pour triompher sur l'esprit d'un Tribunal, dont les membres ne sont pas malheureusement insensibles aux arrêts de la prévention, il fallait avoir visiblement raison contre tous ; par conséquent contre *Lasne* et *Gomin*, anciens agens de la Convention, qui la disculpaient par des paroles qu'on jeterait en avant comme le palladium des répulsions de la politique. Voilà dans quel sens, *en droit*, leur dépositions assermentées étaient *accablantes;* quoiqu'elles ne pussent *en fait* détruire la certitude contraire résultant d'un ensemble de faits constans, d'attestations honorables, tels que, dans une question d'état ordinaire un Tribunal même exigeant, eût trouvé plus d'élémens qu'il n'en fallait pour adjuger aux demandeurs, sans complément de preuves subsidiaires, leurs conclusions principales. Mais il ne suffisait pas, pour l'honneur et la réputation de notre illustre avocat, pour la moralité de ses augustes cliens, que *Lasne* et *Gomin* n'eussent pas dit la vérité, il lui importait aussi de pouvoir l'établir juridiquement ; tâche souvent impraticable ; car le faux témoin prend la même attitude que celle de l'homme vrai ; et le mensonge pressenti ne peut pas toujours être prouvé directement en justice, où la forme emporte le fond. Mᵉ Jules Favre est placé à une telle hauteur d'élévation sociale, qu'il se devait à lui-même de ne pas s'exposer à ce que l'ombre même d'une défaveur, toute injustifiable qu'elle eût été, planât sur la juste considération dont il jouit. Il n'ignorait point que, pour prix du plus sublime autant que du plus désintéressé dévouement à la vérité diffamée, qu'en cédant aux loyales prescriptions de la robe qu'il porte si honorablement, il rencontrerait, dans ce siècle rapetissé d'intérêt matériel, contre lequel sa conduite était une flétrissante protestation, les traits acérés de l'envie, les quolibets de la nullité, qui croit se donner du mérite en critiquant ce qu'elle n'a pas l'esprit de comprendre ; la désapprobation enfin d'une foule d'êtres dont il allait frapper d'anathême les coupables répugnances. Alors il m'a dit : « Je ne veux pas qu'il reste un biais qu'on puisse, à tort ou à raison, m'opposer. La déclaration si précise de deux Commissaires de la Convention préposés dans le temps à la garde du Dauphin, me gêne et me préoccupe désagréablement, et j'ai résolu de ne pas plaider la cause des enfans du Duc de Normandie, si vous n'en détruisez pas dans mon esprit la fâcheuse impression. » Je l'ai fait ; et je ne crois pas m'abuser, en considérant les hésitations vaincues de Mᵉ Jules Favre, comme un argument de moralité qui grandit l'autorité de sa parole.

Cette circonstance, Monsieur le Substitut, me détermina à me présenter aux archives nationales, dont les portes m'ont été poliment ouvertes, je l'avoue; mais dans quel sens : je vais vous le dire. Obligé de consigner dans une demande écrite la nature des recherches auxquelles je désirais me livrer; j'ai très franchement énoncé que, m'occupant d'études historiques, j'avais rencontré des témoignages qui établissaient que le Dauphin n'était pas mort au Temple. Je réclamai en conséquence la communication des actes de la Convention, du Directoire, du Consulat, de l'Empire et de la Restauration, qui pourraient m'éclairer sur cette question. Voici la réponse écrite au bas de ma requête :

« On communiquera à M. de la Barre tous les documens, et on lui donnera toutes les explications *de nature à dissiper* l'étrange illusion où il paraît être, et à le convaincre que l'administration des archives ne veut rien lui refuser. »

Je n'ai eu qu'à me louer, je le répète, des égards et de la déférence dont j'ai été favorisé par les personnes de l'établissement avec lesquelles j'ai été mis en rapport; et j'affirme qu'en racontant ces détails il n'y a en moi aucune pensée désobligeante pour qui que ce soit. J'en veux faire seulement ressortir la conséquence avantageuse pour la cause. J'ai précisé les pièces, les dates, les époques qu'il m'importait de vérifier; toutes les communications possibles, relativement au décès du Prince, se sont bornées au rapport imprimé de *Sévestre* tel que nous le connaissons, sans aucune pièce à l'appui. De cette disette de documens, on doit conclure forcément, que le gouvernement français ne peut justifier la mort du fils de Louis XVI autrement que par l'acte de décès argué de faux; et que, si tout ce qui s'y rattache a disparu, c'est qu'évidemment les pouvoirs successifs en France, à l'effet de se mettre à l'abri d'investigations indiscrètes, ont fait enlever des papiers compromettans pour leur système de mensonge.

On m'a communiqué encore plusieurs cartons de Mémoires du Temple, dans lesquels j'ai trouvé la date précise des nominations de *Laurent*, de *Gomin* et de *Lasne*, comme gardiens des deux enfans de Louis XVI, et qui renversèrent de fond en comble tout l'échafaudage de perfides énonciations bâties par le juge d'instruction sur la déposition des deux derniers; comme on le verra bientôt. Aussi vous devez vous le rappeler; quand apparurent ces révélations foudroyantes, il y eut une sorte de stupéfaction dans l'auditoire, dont M.M. les juges et vous, vous ne fûtes pas exempts. Vous me fîtes prier à l'issue de l'audience de vous indiquer dans quel carton des archives j'avais découvert ces pièces, qui avaient échappé à vos recherches. Je me fis un devoir de satisfaire à votre demande et, pour

accéder à vos désirs je vous donnai encore par écrit quelques
autres explications, qui, probablement ne furent pas de votre
goût, puisqu'elles ne vous ont pas empêché de conclure contre
le bon droit. Je me félicite toutefois que nous soyons d'accord
sur l'authenticité des brevets de nomination de *Laurent*, de
Gomin et de *Lasne;* parce qu'ils conservent toute leur force
malgré votre critique indignée de nos argumentations. Je prie
le lecteur de se reporter à vos observations concernant *Lasne*
et *Gomin* pour bien comprendre ce qui va suivre.

Vous vous prévalez des dépositions de *Lasne* et de *Gomin* de
1857 et 1840, à l'effet d'identifier avec l'Orphelin du Temple
l'enfant mort le 8 Juin 1795. C'est s'y prendre un peu tard
pour une justification qui aurait dû être établie dès cette
dernière époque, et résulter de documens officiels qu'on devrait
pouvoir reproduire. On a omis une formalité de rigueur, sans
laquelle l'acte de décès du 12 est insuffisant pour constater la
mort du Dauphin. Eh bien! Monsieur le Substitut, aux termes
de la loi, ce complément de preuves ne peut se faire *qu'en
Instance civile,* en présence des parties intéressées, qui arguent
de faux et de nullité cet acte reconnu incomplet; et la preuve
contraire leur appartient de droit. Faire des deux dépositions
une base du jugement et ne pas vouloir admettre celles produites
et offertes au nom des demandeurs, c'est un flagrant déni de
justice. Les dépositions, fussent-elles admissibles, vous ne pourriez encore les leur opposer légalement, qu'autant qu'elles
auraient été confirmées contradictoirement avec eux. Mais elles
ne sont pas même recevables, car elles ont été rendues dans
une instruction correctionnelle, hors de la présence de celui
qui avait intérêt à les combattre. Vous savez aussi bien que
moi qu'on ne transporte pas un témoignage correctionnel, fut-il
contradictoire avec la partie adverse, dans une Instance civile;
qu'il y a des règles impératives prescrites pour les enquêtes,
dont le juge ne peut pas s'affranchir; ces dépositions sont donc
nulles, et ne pourraient tout au plus être invoquées par une
justice régulière, qu'à titre de renseignemens. Sans être jurisconsulte, on conçoit qu'il n'en saurait être autrement, surtout
dans notre espèce. Le Duc de Normandie n'était pas là pour
contredire les allégations qu'on oppose à ses héritiers; il n'a
pas eu la faculté d'interpeller les témoins, pour rectifier leurs
souvenirs, éclairer leurs erreurs, ou démontrer leur mensonge.
Leur déclaration a été dictée sous l'influence d'un juge instructeur qui s'efforçait d'établir ténébreusement une culpabilité,
dans une procédure instruite par contumace contre celui qui,
se prétendant fils de Louis XVI, avait saisi la magistrature

compétente de sa réclamation, et qu'on avait chassé de France pour ne pas le juger. Sanctionner votre système, ce serait créer arbitrairement à des juges d'instruction pervers, à de faux témoins non controlés, un expédient trop facile pour attenter à l'honneur, à la propriété, aux intérêts les plus sacrés du citoyen, en lui enlevant le droit inviolable de la défense. Ce principe conservateur est si impérieux, que le renvoi d'un inculpé, devant la police correctionnelle ou criminelle, n'établit à son égard qu'une prévention, qui, jusqu'au jugement de condamnation, laisse subsister toute-puissante en sa faveur une présomption légale de non-culpabilité. Ainsi, si la Chambre du Conseil avait décidé qu'il y avait lieu à suivre pour le délit imputé d'escroquerie, vous n'auriez pas eu le droit de requérir une condamnation contre le prévenu, venant se faire juger, sur la lecture de ces témoignages; la loi vous obligeait de les recevoir oralement devant lui, afin qu'il pût y répondre. Et vous prétendriez, ainsi que le Tribunal, qu'ils sont valables et décisifs dans la cause civile! Cette prétention n'est pas seulement illégale; le bon sens la repousse comme une énormité; et d'autant plus que, même, d'après ces dépositions, qui vous inspirent une foi si absolue, la Chambre du Conseil n'a pas osé renvoyer en police correctionnelle Naundorff, comme se disant faussement fils de Louis XVI, tant elle avait peur qu'il ne vînt se faire juger, ainsi que nous en avions menacé la justice avant l'ordonnance de non-lieu, et qu'il ne démontrât la fausseté des assertions de *Lasne* et de *Gomin*. Je soutiens donc, avec la loi, qu'il nous suffit de récuser leur témoignage, pour qu'ils soient écartés de la cause. Mais comme en fait il existe, et que nous ne reculons devant aucune discussion, apprécions-en la valeur intrinsèque.

Ces dépositions ne peuvent inspirer aucune confiance et voici pourquoi. Occupons-nous d'abord de celle de *Lasne*.

Lasne a déposé deux fois, en 1837 et en 1840. Les deux dépositions ne se ressemblent guère, je vous l'assure; car celle de 1840, comme on a pu le remarquer à la lecture, est considérablement embellie et augmentée. Elles ont même donné lieu à une méprise assez singulière: le Tribunal, dans son jugement, s'appuie sur celle de 1837 et vous, vous avez discuté sur celle de 1840; inconcevable maladresse de votre part, car elle est frappée d'une nullité radicale: attendu qu'elle n'a pas été signée par le témoin. La signature de ceux qui déposent, à moins d'un empêchement physique, est une formalité indispensable, la garantie obligée que le juge n'a pas fait dire au témoin le contraire de ce qu'il déposait, plus qu'il ne déposait, ou autrement qu'il ne déposait. Et pourtant, dans vos pénibles préoccupations, vous n'avez pas songé à nous lire ce que je vois écrit par le juge d'instruction :

« Lecture faite, a persisté et a déclaré que tous ces faits étaient « vrais, mais *a déclaré qu'il ne voulait pas signer.*

— « *Pourquoi ne voulez-vous pas signer ?*

— « Parce que j'ai déjà fait une première déposition et que « *je ne vois pas la nécessité de signer.* »

Voilà un refus de signature, Monsieur, qui ne peut être interprété que d'une seule manière. On ne doit pas l'attribuer à une résistance capricieuse du vieillard ; un motif plus grave assurément, que cette irrégularité nous autorise à pressentir, peut seul expliquer l'abstention de signature du témoin. Il n'aura pas voulu prendre sur lui la responsabilité de l'attestation, en raison des termes dans lesquels elle est consignée et des *additions* qu'elle ajoute à celle de 1837. Les déclarations des témoins sont en général simples et précises ; ils ne font point de pathos, et *Lasne* n'a point pu dire, pour avoir vu le fils de Louis XVI très-accidentellement et de loin dans un jardin :

« Le jeune Dauphin se faisait remarquer par la beauté de ses « traits, la vivacité de son caractère et son regard imposant et « plein d'expression. Il avait l'abord brusque de son père, ses « gestes étaient vifs et saccadés ; le premier moment passé, per-« sonne dans la conversation n'était plus affable. Il étonnait par « l'à-propros et la maturité de ses réparties. »

Beaucoup de ceux qui fréquentaient habituellement la cour n'auraient pas été en position de signaler d'une manière aussi minutieuse le caractère du Dauphin ; et vous voulez qu'un garde national qui, en raison de l'étiquette, ne lui a peut-être pas une seule fois adressé la parole ; vous voulez que *Lasne* se soit exprimé de la sorte ! Allons donc, Monsieur le Substitut ! C'est plus qu'une invraisemblance ; et M. Zangiacomi, en voulant trop prouver par *Lasne* a prouvé contre lui. Quand il serait vrai d'ailleurs que *Lasne* aurait vu le Prince une ou deux fois aux Tuileries dans l'année 1791 en montant la garde, il n'aura fait que *l'entre-apercevoir*, de loin, et sans la faculté d'aucune communication particulière avec lui ; car, quoique l'étiquette de la cour fut remplacée, selon vous, par la consigne des révolutions, la vie intérieure de la famille royale mettait du moins le jeune Dauphin à l'abri de tout contact avec des soldats citoyens, dont le républicanisme grossier commandait à la gouvernante des enfans de France une sollicitude de surveillance de tous les instans. D'un autre côté, le capitaine des grenadiers du bataillon du poste St. Antoine n'avait point la mission, ainsi que vous le prétendez encore, de surveiller le Prince; parce que l'Assemblée, sous le commandement de Lafayette, avait donné au Roi, à la Reine, et au Dauphin, une garde particulière.

Vous ajoutez en outre que «les officiers de la garde nationale «ont pu suivre sur le visage du Prince les dégradations de la «douleur, et que, dans une année, les traits du Dauphin n'a-«vaient pas pu changer au point d'être méconnaissables. »

D'abord, il ne s'agit pas d'une année d'intervalle entre le séjour aux Tuileries et l'époque où *Lasne* aurait revu le Prince confié à sa garde dans la prison du Temple, mais d'environ quatre années; puisqu'il n'y est entré qu'en 1795. Ensuite, pour suivre les dégradations de la douleur sur un visage, il faut ne pas le perdre de vue, et vous ne disconviendrez pas que l'état du Prince aux Tuileries n'avait rien de comparable à l'aspect sous lequel *Lasne* nous le dépeint, au mois d'Avril 1795, comme *inspirant la pitié et presque le dégoût*. Je soutiens qu'il était impossible au nouveau gardien, de s'assurer par lui-même que c'était le même enfant que celui qu'il prétendait avoir vu aux Tuileries.

Mais je sais qu'on lit encore dans la déposition de *Lasne :* «*Après la journée du* 10 *Août* je fus nommé commandant en «chef de la section *des Droits de l'Homme :* en cette qualité, «j'allais au Temple pour y inspecter les hommes de service, et «j'y voyais les enfans de Louis XVI lorsqu'ils jouaient dans le «jardin. J'ai parfaitement reconnu le Dauphin pour celui que «j'avais vu et sur la terrasse des Feuillans et dans les promenades «aux Tuileries.»

La déposition est habile, pour faire croire à une reconnaissance d'identité. Nous y voyons trois stages de reconnaissance : dans *les promenades aux Tuileries en* 1791, par *Lasne,* capitaine des grenadiers du bataillon du poste St. Antoine; après *le* 10 *Août,* au Temple, par *Lasne,* commandant en chef de la section des Droits de l'Homme; *en Avril* 1795, par *Lasne,* gardien des enfans de Louis XVI. Toutefois cette habilité ne sauve pas l'invraisemblance, je dirai plus, l'impossibilité de ces trois épo-ques de reconnaissance; et que *Lasne,* en faisant ses divers ser-vices de garde national, ait pu apprécier le caractère du Dauphin tel qu'il l'a détaillé, car il y avait défense sévère, de la part du Conseil général, même au commandant général du poste du Temple, de se permettre aucune communication avec la famille royale. Ce qui, du reste sous ce rapport, doit enlever toute confiance à la déclaration de *Lasne;* c'est qu'il n'est pas d'accord avec lui-même dans ses deux dépositions. Dans celle de 1840, non signée, il voit le Prince aux Tuileries comme capitaine des grenadiers du bataillon du poste St. Antoine; dans celle de 1837, il l'y voit *avant le* 10 *Août,* comme commandant en chef du bataillon du district des Droits de l'Homme, et d'après la déposition de 1840, il n'aurait été nommé à ce poste *qu'après la journée du* 10 *Août.* Où est la vérité? Une justice impartiale n'ira point la chercher dans les contradictions d'un témoin; et celle que je signale ici est d'une haute importance. En effet, si *Lasne* se trompe sur le poste qu'il occupait lorsqu'il dit avoir vu le Prince; quelle garantie avons-nous qu'il rappelle fidèlement ses impressions quant à la reconnaissance d'identité? Aucune.

Je maintiens encore, et par le simple bon sens, que *Lasne* n'a point pu dicter la belle péroraison suivante :

«Je dirai une dernière fois, que le fils de Louis XVI est bien «mort, et que ceux qui usurpent le titre de Dauphin sont des «imposteurs. Je le leur ai bien fait entendre quand ils se sont «présentés chez moi pour chercher à surprendre ma bonne foi; «et je désire que la déclaration solennelle que fait un vieillard sur «le bord de sa tombe, et qui fut acteur et témoin dans ces grandes «scènes, serve à fixer enfin un point d'histoire que la malveillance «ou la cupidité peuvent seules avoir intérêt à obscurcir.»

Ces réflexions, plus que déplacées dans un témoignage judiciaire, lui ôtent son caractère de sincérité, en laissant voir, au lieu d'un témoin, un homme politique qui dépose dans un sens conforme à une opinion arrêtée d'avance. Comprenez-vous, maintenant, pourquoi *Lasne* n'a pas voulu signer l'amplification de 1840? Vous alors, Monsieur le Substitut, qui, à propos d'un mot employé par Mᵉ Jules Favre, *le* au lieu de *vers* dans la déposition de *Gomin;* vous qui avez pris un ton si ridiculement solennel, en criant à l'imposture, deviez-vous nous taire que *Lasne* avait refusé opiniâtrement de signer la déclaration qu'on lui attribue? Non, vous ne le deviez pas; car vous avez argumenté sur une pièce nulle, et qui ne méritait pas de fixer l'attention du Tribunal. Le Tribunal l'a si bien senti qu'il ne parle que du témoignage donné en 1837.

Oh! je n'en ai pas fini, Monsieur le Substitut, avec la déposition de *Lasne :* je prétends aussi que, même fût-elle hors de critique, elle n'a pas plus de force que sa déclaration de 1795, d'après laquelle l'acte de décès a été rédigé. La raison en est péremptoire. De deux choses l'une effectivement : ou *Lasne* à été trompé de bonne foi en prenant pour le Dauphin un enfant qui ne l'était pas, celui dont il fut constitué le gardien, et qui est mort sur *son bras gauche* d'après le témoignage de 1837, *et les bras autour de son cou d'après celui de* 1840. Ou, il a cédé à une exigence de ses supérieurs, en signant un acte de décès qu'il savait mensonger.

Si, quand il est entré au Temple comme Commissaire, il a cru sincèrement que l'enfant confié à sa garde était le Dauphin, sa déclaration du décès est erronée sans qu'il l'ait su. Nous prétendons que le décédé était un enfant substitué au fils de Louis XVI; voilà la question à examiner. Nous devons en chercher la solution en dehors de l'acte mortuaire, dont fait essentiellement partie la déclaration de *Lasne*, car si, comme nous l'affirmons, la substitution est établie par des autorités décisives, l'acte devient nul et sa nullité entraîne celle de la déclaration des deux signataires de l'acte. Il est donc tout bonnement absurde de vouloir confirmer la déclaration attaquée de 1795, par la déclaration du même individu en 1837 et 1840. *Lasne* ne peut pas plus la certifier valable, qu'un fonctionnaire ne peut légaliser lui-même la certitude de sa propre signature. C'est ici qu'est véritablement une pétition de principe, et c'est décider la question par la question; car l'état des choses n'a point changé, et *Lasne*, trompé en 1795, doit certainement ratifier son erreur à une époque ultérieure et tenir toujours le même langage: c'est évident. Donc la déposition de *Lasne*, dans cette hypothèse, ne saurait nous être plus valablement opposée que l'acte que nous attaquons. Elle ne le saurait pas plus s'il a fait sciemment une fausse déclaration; parce que l'on doit supposer qu'ayant menti une première fois, il aura fait un second mensonge pour couvrir le premier, ayant un intérêt personnel à ne vouloir pas se contredire.

Au surplus, nous produisons aussi, nous, un interrogatoire que le Prince, en présence de M. Albouys, a fait subir à *Lasne* en 1834, dans lequel ce dernier est bien loin d'attester aussi positivement que devant le juge d'instruction sa certitude de l'identité de l'enfant mort avec le Dauphin. Et cet interrogatoire, dont nous pouvons prouver judiciairement la sincérité; nous avons le droit de l'opposer à la justice, aussi bien que la justice nous en oppose qui ont été reçus mystérieusement contre le Prince. Il en a été rendu compte, par une lettre du Duc de Normandie adressée le 31 Octobre 1834 à la Cour d'Assises qui jugeait l'imposteur *Richemont*; le voici tel qu'il a eu lieu:

Quelques mois après l'arrivée du Prince à Paris, M. Albouys lui parla du Sieur *Lasne* et paraissait, ainsi que d'autres personnes, attacher une grande importance aux déclarations de cet homme. Le Prince qui ne reculait devant aucun genre d'épreuves se rendit à la demeure de *Lasne* avec M. Albouys, et quand ils furent dans son cabinet le Prince lui dit:

«Vous êtes celui dans les bras duquel on prétend que Louis XVII a rendu le dernier soupir?»

A cette question il fixa le Prince attentivement sans lui répondre.

«Ne craignez rien, continua-t-il, je suis un ami de Louis XVII et je vous certifie que vous êtes dans l'erreur, Louis XVII n'est pas mort au Temple; il existe.»

«Ha! Ha! répliqua *Lasne,* serait-il possible? Non je ne peux pas le croire.»

«Si vous voulez répondre sincèrement à mes questions, ajouta le Prince, je vous le prouverai.»

Le vieillard répondit d'une voix tremblante: «Oui je le veux bien.» Il s'établit alors entr'eux la conversation suivante:

— «Avez-vous connu le fils de votre ancien Roi avant sa captivité?»

— «Oui.»

— «Fûtes-vous employé dans la maison du Roi?»

— «Non.»

— «Où avez-vous donc vu le Prince dans son enfance?»

— «Je l'ai vu quelquefois au jardin des Tuileries.»

— «Fûtes-vous employé comme gardien de Louis XVII au Temple longtemps avant sa mort?»

— «A peu près quarante jours avant sa mort.»

— «Vous dites n'avoir vu le Prince que quelquefois au jardin des Tuileries; dans ce temps le Prince se portait parfaitement bien.»

— «Oui Monsieur.»

— «Mais comment fut-il possible qu'après trois ans vous ayez reconnu cet enfant, que vous n'aviez vu que quelquefois, dans l'état affreux où il se trouvait au Temple?»

— «L'enfant, qui m'a été confié au Temple comme le fils de Louis XVI, n'était pas malade, mais au contraire il jouissait de la meilleure santé.»

— «Voilà, dit le Prince en s'adressant à M. Albouys, la preuve la plus incontestable que cet homme a été trompé alors par la commune: car le Dauphin supposé était à cette époque très-malade.» Puis en se retirant il dit à *Lasne:* «Vous serez convaincu en peu de temps que le fils de votre ancien Roi n'est pas mort; ne le souhaiteriez-vous pas?

«Oh! mon Dieu, oui, répliqua-t-il; mais je ne peux pas le croire. Je serais bien heureux, car vous voyez combien j'aime la famille royale,» ajouta-t-il en montrant tous leurs portraits.

Je pourrais sans inconvénient borner là ma critique des dépositions de *Lasne;* j'ai, ce me semble, présenté d'assez fortes considérations qui ne permettent pas d'y avoir égard; mais je tiens à prouver que j'approfondis une question consciencieusement, et que je ne me forme pas une conviction à la légère. Je poursuis mon investigation en comparant entr'eux les divers témoignages. Pour qu'ils fussent acceptables, il faudrait nécessairement qu'il ne s'y rencontrât aucune contradiction, aucun fait inadmissible; et j'en ai déjà signalé plusieurs. Il en est d'autres que je ne veux pas passer sous silence; parce que deux versions sur un même fait, ou un fait avancé faussement font suspecter la sincérité d'un témoin, de sorte qu'on ne saurait plus ajouter foi aux autres parties de son témoignage, qui n'ont pour garantie que sa parole menteuse.

Nous avons vu que *Lasne*, interrogé par le Prince, déclare que l'enfant confié à sa garde jouissait d'une bonne santé. C'est aussi ce qu'il dépose en 1837 en disant: «Le Prince *après une maladie de deux jours* a rendu le dernier soupir.»

Dans sa déposition non signée on lit au contraire: «ce malheureux enfant inspirait la pitié et presque le dégoût.»

Gomin, entré au Temple longtemps avant *Lasne*, dit que lors de son installation, «la santé du Prince était déplorable, que son état de langueur et d'abattement annonçait une fin prochaine.»

Lasne affirme «qu'il fit un rapport à la Convention sur l'état dans lequel il avait trouvé le jeune prisonnier; *ce qui avait été négligé jusqu'alors* (Avril 1795);» tandis que le Conventionnel Harmand, dans son rapport de 1794, assure «qu'il fut rendu compte de l'état du Prince au Comité de sûreté générale.»

M. le Juge d'instruction, se méprenant sur le récit du Prince, pensait que nous faisions mourir l'enfant muet à sa place; lorsqu'au contraire ce fut l'enfant scrofuleux qui succomba le 8 Juin 1795. Il s'est appliqué alors à faire représenter cet enfant comme ayant parlé. Peu nous importe qu'il ait parlé; nous n'avons jamais prétendu le contraire. Ce fait même établit matériellement, sans qu'on s'en soit douté, conformément aux indications de *Laurent* et à celles du Prince, la substitution d'un autre enfant à celui qui, visité par les trois Conventionnels, ne prononça pas une seule parole.

Dans la déposition de *Lasne* de 1837, il n'est pas question que l'enfant ait parlé. Dans celle non signée, il atteste qu'il n'a parlé qu'une *seule* fois pendant tout le temps de son service auprès de lui; et *Gomin* dit: «pendant sa maladie le Prince que je voyais à tous les instans de la journée *causait sans efforts*; il a même parlé une heure avant de mourir. *Il répondait volontiers aux Sieurs Laurent* et *Lasne* ainsi *qu'à moi*; CETTE CIRCONSTANCE SE RAPPORTE AU DERNIER TEMPS DE SA VIE.»

C'est-à-dire encore, qu'avant les derniers temps de sa vie, l'enfant ne parlait pas. En effet, l'enfant qui n'est pas mort au Temple, qui ne parlait pas, dans les premiers temps du service de *Gomin*, c'était le muet; et celui qui parla dans les derniers temps de sa vie, c'était l'enfant malade substitué au muet. On ne peut s'expliquer autrement cette observation du témoin qui, malgré son désir de déguiser la vérité, la laisse involontairement percer. En révélant un changement de volonté chez l'enfant, à deux époques rapprochées, qui le fait causer volontiers sans hésitation après un mutisme complet, invraisemblable s'il s'agissait du même enfant, on fait clairement entrevoir un changement de personne dans le prisonnier, et deux enfans, selon la version du Duc de Normandie, pendant le service de *Gomin* au Temple.

Lasne déclare que la substitution était impossible matériellement; que la Tour n'avait *ni comble ni grenier*, et que par conséquent on ne pouvait y cacher qui que ce fût. Mais *Gomin* reconnaît que cette substitution était praticable *avec la coopération des gardiens;* et que, conséquemment on aurait pu alors cacher le Prince dans *les combles de la Tour;* quoique d'après *Lasne* il n'en existât point.

Dans sa déposition non signée *Lasne* dit: «*pendant deux jours* «le corps du Prince fut exposé dans sa chambre. Il a pu facile- «ment être vu et reconnu par toutes les personnes qui allaient «et venaient dans le Temple, ainsi que par les hommes de garde. «Je ne l'ai quitté que lorsque les derniers devoirs lui furent «rendus, c'est dans le cimetière Ste. Marguerite St. Antoine qu'il «a été enterré *dans une fosse séparée.*»

Tous ces détails, ajoutés à la déposition de 1837 dans celle non signée, ne peuvent pas être vrais. L'exposition du corps pendant deux jours, ou 48 heures, dans la chambre du décédé, est démentie par le procès-verbal d'autopsie qui a eu lieu le lendemain du décès à 11 heures du matin, c'est-à-dire 20 heures après le décès. D'ailleurs, toutes les personnes qui allaient et venaient dans le Temple, ainsi que les hommes de garde, n'ont ni vu ni reconnu l'enfant mort pour le Dauphin; d'abord parce que deux arrêtés du Conseil général de 1792 et 1793 avaient décidé: «qu'aucun membre au service du Temple, que personne n'entrerait dans la Tour, si ce n'est l'officier commandant le corps de garde intérieur, et *seulement pour son service.* Ensuite, s'il n'y avait pas eu défense formelle à toutes ces personnes, dont *Lasne* ne désigne pas le nom, d'entrer dans la Tour, il aurait fallu justifier qu'elles avaient connu le Dauphin avant *le 7 Novembre* 1794, et rapporter leur témoignage de 1795, constatant l'identité si dérisoirement certifiée.

Une autre fausseté palpable, qui se trouve contredite par l'autorité même, est la partie de la déposition où *Lasne* affirme qu'il n'a pas perdu de vue l'enfant mort, qu'il l'a conduit au cimetière et qu'il a été enterré *dans une fosse séparée*. En donnant pour témoin de l'enterrement un des gardiens du Temple, qui nie l'évasion du Dauphin; on fait encore donner un démenti au Prince qui déclare avoir été retiré du cercueil, où on l'avait mis à la place du cadavre, dans le trajet du Temple au cimetière. Toutes les combinaisons de la perfidie ont été calculées, comme on le voit, dans cette procédure occulte, dont on se fait aujourd'hui des argumens contre nous. Eh bien! il est faux que le corps de l'enfant mort ait été d'abord déposé dans une fosse à part; et dès lors que *Lasne* ait assisté à l'enterrement. C'est la police qui va nous l'apprendre et, qui plus est, en rejetant comme une imposture le témoignage de *Dusser,* signataire de l'acte de décès du 12 Juin 1795; circonstance bien grave, et de nature à invalider moralement la sincérité de sa signature au bas de l'acte mortuaire. Peuchet, archiviste de la police, nous donne à cette occasion des renseignemens précieux qui, bien que nous détournant un peu du point principal de notre discussion, viennent néanmoins ici fort à propos. Voici ce qu'il dit dans ses Mémoires :

«Recherches pour l'exhumation du corps de Louis XVII, mort dans la prison du Temple le 20 Prairial an III (8 Juin 1795).

«.......... La perspicacité populaire découvre qu'on a omis à dessein d'ordonner un service funèbre le 8 Juin en l'honneur de Louis XVII, et de marquer dans le calendrier le 8 Juin comme un jour de deuil aussi bien que le 21 Janvier.

«Donc Louis XVIII et toute sa famille savaient que le Dauphin n'était pas mort. Il était évident qu'on n'avait pas voulu faire dire pour un vivant des prières qui ne sont dues qu'aux morts. Tous les membres de la famille étaient parfaitement instruits de ce qu'était devenu Louis XVII; mais chacun d'eux tenait à l'éloigner de la couronne; Louis XVIII, parce qu'il l'avait placée sur sa tête; les autres, parce qu'ils avaient l'espoir de la placer un jour sur la leur. Quant à Madame, elle ne voulait pas renoncer à la perspective d'être Reine un jour; enfin, il y avait un complot flagrant d'usurpation, dont le malheureux Louis XVII était la victime..... Les conjectures étaient à perte de vue dans un certain monde......

«Parmi ceux qui se targuent de ce que sa dépouille n'a pas été retrouvée, il y en a qui supposent qu'on a fait un simulacre de recherches.....

« Au mois de Février 1816, S. M. Louis XVIII ordonna qu'il serait fait des recherches afin de découvrir le lieu de la sépulture du Roi son auguste neveu et prédécesseur..... Le préfet de police, Comte Anglès, fut chargé de prendre toutes les mesures nécessaires pour la prompte exécution de cet ordre.....

« Il n'y avait plus de vivant que *Dusser*, qui, en sa qualité de Commissaire de section, avait dû présider à l'inhumation. Voici sa déclaration :

« *Le* 24 *Prairial* de l'an III, je fus requis par le Comité de sûreté générale de me transporter à la Tour du Temple, pour constater le décès de la jeune et intéressante victime qui venait d'expirer. Je fus également requis de surveiller son inhumation au cimetière de Ste. Marguerite, faubourg St. Antoine.

« Cette cérémonie funèbre avait attiré *un grand concours de monde* devant la porte du Palais du Temple, et l'on voulait faire sortir secrètement et sans appareil le corps de ce malheureux enfant, par une petite porte qui donnait dans l'enclos du Temple. Moi seul me rendis opposant à cette mesure peu décente. Le cortège sortit donc par la grande porte; la commisération et la tristesse qu'on aurait voulu éviter étaient peintes sur tous les visages; mais l'ordre, ainsi que je l'avais prévu, ne fut point troublé.

« Arrivé au lieu de la sépulture, je pris sur moi d'ordonner que le corps de cet enfant fût inhumé dans une *fosse séparée* et non dans la fosse commune; et cet ordre fut exécuté en présence des Sieurs Briard et Goddet, Commissaires civils de la section du Temple, qui étaient animés des mêmes sentimens que moi..... »

« Le Sieur Dusser ajouta qu'il ne pouvait indiquer, même à peu près, dans quel endroit du cimetière il avait fait creuser la fosse particulière. Ce défaut de mémoire locale parut d'autant plus extraordinaire, que le Sieur Dusser se rappelait on ne peut mieux une foule de particularités très-insignifiantes, d'une époque antérieure à la circonstance pour laquelle son ministère avait été requis. De tout ce qu'il avait vu, il n'avait rien oublié, si ce n'est l'emplacement où il avait fait déposer le corps de Louis XVII. On fut d'autant plus porté à douter de la vérité de la déclaration de Dusser, que le désir de se faire auprès de la famille du défunt un mérite de la manière dont il s'était comporté dans cette occasion s'y faisait beaucoup trop remarquer. Il insistait beaucoup trop sur l'énergie qu'il avait déployée pour contrecarrer le vœu de l'autorité supérieure, et sur la grandeur du péril auquel il s'était exposé.

« On fut porté à douter de la vérité de la déclaration de Dusser, qui commit en outre une erreur de date en disant que *le* 24 *il fut appelé pour constater le décès.* C'était le 22, le lendemain de l'ouverture du corps et le surlendemain de la mort du Prince; *c'est ce qui résulte de l'acte mortuaire qu'on ne saurait arguer de faux.*

«Il y a vice de rédaction, et la date du 24 ne s'applique qu'à l'inhumation, *dont l'inexplicable retard* donna naissance dans le temps à une foule de conjectures et de versions singulières, adoptées comme articles de foi *par ceux qui supposent* une évasion déguisée au moyen d'un enterrement, et ingéniée par la secte des croyans au Dauphin vivant.

«En somme, cette fusion de deux dates n'aurait pas fait que le dire du Sieur Dusser fut moins digne de confiance, si plusieurs faits qu'il avait avancés n'eussent été reconnus faux; et si d'autres témoignages fussent venus le corroborer. Mais loin de là; l'affirmation du Sieur Dusser se trouve formellement contredite, excepté pourtant par Briard et Goddet, avec lesquels il s'était probablement concerté, et par Voisin le conducteur des convois funèbres à qui il avait sans doute aussi fait la leçon.......

«Le concierge du cimetière, qui occupe cette place depuis 28 ans, a affirmé que le cortège arriva le soir vers les 9 heures; qu'on alla déposer *le corps dans la fosse commune*, qu'il en fut lui-même témoin.

«La veuve d'un fossoyeur surnommé Valentin dit: «On l'enterra à la brune; il ne faisait pas encore tout à fait nuit; *il y avait très-peu de monde.* Je pus facilement m'approcher; je vis le cercueil comme je vous vois; *on le mit dans la fosse commune......* Son mari lui dit qu'il l'avait retiré de la fosse commune la nuit même de l'enterrement et déposé dans une fosse à part, dont elle ne sait pas l'endroit......»

«Les commissaires de police Petit et Simon, chargés des instructions du préfet de police Anglès, *stigmatisèrent la déclaration de Dusser* qui avait parlé d'un grand concours de monde à la porte du Temple, lorsqu'il était au contraire de notoriété publique que l'enterrement, qui n'était nullement une cérémonie, avait eu lieu presque dans la solitude, en quelque sorte *clandestinement,* partant sans cortège de commisération et de tristesse......

«Bien que le rapport des commissaires fût de nature à motiver une fouille dans le cimetière de Ste. Marguerite, on ne s'était pas encore mis à l'œuvre lorsque, au commencement de Juin 1816, on apprit à la préfecture de police qu'un Sieur Toussaint Charpentier, jardinier en chef du Luxembourg, pouvait donner des détails *de visu* sur l'inhumation de Louis XVII. Mandé le 11 Juin à la préfecture, cet homme y fut interrogé par M. le Chevalier de Chancy, chef de la première division.

« Il résulte de sa déclaration que le cercueil fut enlevé mystérieusement pendant la nuit et transporté dans un autre cimetière.

« A la question, s'il n'avait pas fait déjà quelques démarches pour porter à la connaissance de la famille royale les faits dont il était instruit, Charpentier répondit que, dès le mois de Décembre, il avait raconté ces faits à Mᵐᵉ la Marquise *de Soucy*, qui lui avait promis d'en faire part à Mᵐᵉ la Duchesse d'Angoulême; que dans le mois de Janvier 1815 il fut conduit par Mᵐᵉ la Comtesse de Riault auprès d'un ecclésiastique qui était secrétaire du Ministre de l'intérieur, qu'il s'était entretenu avec cet ecclésiastique, qui lui avait promis d'appeler l'attention du Ministre sur l'objet dont il était venu lui parler.

« Il était impossible de suspecter la sincérité d'une telle déclaration........

« M. Duclos de Valmer, d'après la déclaration d'un fossoyeur, le 9 Janvier 1804, assure que le corps du Dauphin, déposé dans *la fosse commune*, en a été retiré secrètement la nuit, et placé dans un trou séparé dont il désigne l'emplacement....

« .... Dès que cette note eût été adressée à M. Decazes, on ne sut plus à quoi s'en tenir, et les fouilles qu'on avait résolues *furent définitivement ajournées*.... Je ne m'explique pas comment on a négligé de faire vérifier matériellement les différentes indications accueillies.

« Il ne faut pas perdre de vue que le décès de Louis XVII est annoncé dans l'acte mortuaire comme ayant eu lieu le 20, et que l'enterrement ne s'effectua que *quatre jours après*. On s'inquiète de la raison de ce délai. Est-ce pour laisser le temps de procéder à l'autopsie? Elle fut terminée dans la journée du 21. Dans quelle intention cette attente de trois jours encore? Sans doute, pour préparer un semblant de funérailles. Pour *justifier* l'annonce officielle de cette mort, on éprouve plus d'embarras qu'on ne l'avait imaginé d'abord; et c'est de là que provient le retard; les obstacles ne sont levés que le quatrième jour. Quelle devait être en pareille occurrence et en présence d'un tel évènement la conduite du Comité de sûreté générale? Le simple bon sens l'indique. La guerre de la Vendée n'était pas éteinte; elle donnait de vives inquiétudes au gouvernement; il fallait donc que les Vendéens fussent sûrement convaincus que la mort de Louis XVII leur enlevait leur principal espoir; il fallait ôter à jamais à la politique royaliste la possibilité de ranimer l'enthousiasme, par l'apparition soudaine d'un Dauphin supposé au milieu des armées catholiques et royales......

« Dans ces conjonctures, pour tout convaincre et pour tout déjouer, pour éviter enfin les résurrections, *l'exposition pu-*

blique du Prince défunt, et son convoi fait au grand jour, non avec quelques témoins, mais avec des spectateurs, étaient également des mesures indispensables. On aurait dû appeler la foule et lui ouvrir le Temple et le cimetière........ Que fit-on? *On se cacha sous l'épaisseur des murailles et l'on évita la clarté du jour.* De bonne foi, tout cela pouvait donner à penser, à soupçonner du mystère; mais ce n'est pas moi qui l'éclaircirai.......

« Précisément, en raison de ces irrégularités et de cette clandestinité, le gouvernement, pour couper court à une multitude de bruits préjudiciables à sa réputation de moralité, aurait dû presser les foûilles, jusqu'à ce quelles offrissent une solution....... *J'ignore pour quel motif elles n'ont pas été commencées.* »

En voilà assez je pense, Monsieur le Substitut, et plus qu'il n'en faut pour que les dépositions de *Lasne* perdent le caractère d'autorité que vous et le Tribunal, ainsi que la Chambre du Conseil de 1841, vous leur avez indûment attribué. Celle de 1837 contient une autre méprise capitale, dont je m'occuperai après avoir examiné le témoignage de *Gomin,* parce qu'elle se rattache au fait de la substitution.

§ 2.

Passons donc à *Gomin*. La plupart des observations que j'ai faites à l'égard de *Lasne* s'appliquent à lui également; je ne les reproduirai point; le lecteur judicieux saura lui en faire l'application. Seulement je veux faire remarquer que *Gomin* base sa certitude de l'identité du décédé avec le Dauphin sur ce que, « étant commandant de la garde nationale de Paris, il avait vu le fils de Louis XVI, antérieurement à sa détention, *plusieurs fois* et de très-près dans le jardin dit du Prince aux Tuileries. »

C'est pourquoi redit-il un instant après: « je le connaissais parfaitement l'ayant vu *souvent.* » Admettant que plusieurs fois soit synonyme de souvent, et que le fait rapporté soit vrai; je soutiens qu'au mois de Novembre 1794, plus de deux ans après l'incarcération du Prince, en revoyant un enfant *dont l'état de langueur annonçait la fin prochaine,* il lui a été impossible d'être certain par lui-même, que cet enfant était le même que celui qu'il aurait vu jouer dans le jardin des Tuileries. Mais il est des observations particulières qui concernent ce témoin, et pour le bien juger il importe de relater la date précise de la nomination officielle des trois gardiens, que j'ai copiée aux archives nationales ainsi qu'il suit:

«Par arrêté des Comités de salut public et de sûreté géné-
«rale, le citoyen *Laurent* a été chargé de la garde des enfans
«de Capet le 11 du mois de Thermidor an II.» — Correspondant
au 29 Juillet 1794. —

«Extrait des registres de la Tour du Temple.

«Le 19 Brumaire de l'an III, — correspondant au 9 Novembre
«1794 —, sept heures de relevée, se sont présentés..... membres
«de la commission de police administrative de Paris, lesquels
«........ nous ont déclaré qu'ils viennent, en exécution d'un
«arrêté du Comité de sûreté générale de la Convention, signifié
«à la dite commission ce jourd'hui, installer le citoyen *Gomin*
«dans les fonctions d'*adjoint* au citoyen *Laurent,* pour la
«garde du Temple.......

«La Commission a nommé pour Commissaire à l'effet de
«conduire le citoyen *Gomin* à son poste, de l'y installer, de
«lui faire prêter serment de bien et fidèlement remplir sa
«mission......

«Et sur-le-champ le citoyen *Gomin* a été, par *nous gardiens*
«et Commissaires civils, conduit dans la chambre des détenus
«*dont il a reconnu l'existence.*

«En foi de quoi....... signé *Laurent.........*»

«Le 26 Floréal, an III, rapport.

«Traitement du mois de Germinal.

«Laurent Commissaire..... pour 11 jours

«remplacé le 11 par

«*Lasne*................ pour 20 jours.»

Ainsi *Lasne* est entré en fonction le 11 Germinal an III,
correspondant *au 31 Mars 1795*, et *Laurent,* ce jour-là même,
a quitté le Temple et cessé ses fonctions.

Que nous avez-vous dit, Monsieur le Substitut, sur la déposition de *Gomin?* Voici vos paroles:

«Quant à la déposition de *Gomin,* on l'accuse nettement de
«mensonge, et l'examen de cette accusation montrera au Tribu-
«nal par quels moyens les héritiers Naundorff cherchent à sur-
«prendre sa religion. Ils ont eu en communication le dossier
«criminel où se trouvent les dépositions; ils ont pu en prendre
«copie, et voici comment ils raisonnent. *Gomin* était pensionné
«par Mme la Duchesse d'Angoulême (il y a là une insinuation à
«laquelle je ne ferai pas l'honneur d'une réponse); il a chez lui
«son brevet de nomination; il le vérifie, et le lendemain, il
«vient dire au juge d'instruction: «*Je suis entré au Temple le
«26 Août 1794;*» or, il n'y est entré que *le 9 Novembre.* Il au-
«rait pu se tromper sur cette date, s'il avait déposé avant d'a-
«voir vu son brevet; mais il se trompe après cette vérification;

«donc il ment sciemment. Or, s'il a menti sur un point, quelle
«foi ajouter au reste de sa déposition?

«J'avoue, Messieurs, qu'en écoutant ce langage, tenant dans
«mes mains les pièces originales, sachant qu'elles avaient été
«communiquées, je ne pouvais revenir de mon étonnement, car
«les choses se sont passées tout au rebours du récit qui vous a
«été présenté.

«*Gomin*, vieillard de quatre-vingt-trois ans, est entendu par
«M. le juge d'instruction de Pontoise, le 7 Août 1837; il dit être
«entré au Temple *vers le* 26 *Août;* que la date n'est pas précise;
«que, si la justice le désire, il apportera son brevet de nomi-
«nation qui est resté dans sa maison de Paris; on le lui
«demande, et il l'apporte à M. le juge d'instruction le 10
«Septembre 1837.

«Ainsi, il a fait sa déposition un mois avant d'avoir vu son
«brevet; *il aurait pu faire une erreur, ce vieillard de quatre-*
«*vingt-trois ans, et il ne la fait pas, car il dit seulement:* «*Je*
«*suis entré au Temple* VERS *le* 26 *Août, et non* LE 26 *Août,*
«*comme on le prétendait.*

«Qui se trompe de *Gomin* ou des héritiers Naundorff? Voilà
«la pièce originale; voici la copie des héritiers Naundorff.
«Pourquoi cette copie n'est-elle pas conforme à l'original? *Quand*
«*on argumente sur un mot devant des juges, il faut que ce*
«*mot soit exact;* il faut le faire copier par une main qui ne soit
«pas distraite ou infidèle. S'il y a de l'inexactitude ici, elle
«n'est pas dans la déposition de *Gomin;* elle est dans les criti-
«ques qu'on lui adresse. *Gomin* n'a donc pas menti, et puisqu'on
«avouait que cette déposition serait accablante, si elle n'était
«mensongère, il en résulte ceci: C'est que cette déposition reste
«debout avec toute sa puissance et son énergie, et *qu'en présence*
«*de ses termes, la cause de Naundorff est insoutenable.*»

Irritez-vous tout à votre aise, Monsieur le Substitut, faites
de l'indignation tant qu'il vous plaira; je ne m'en émeus point,
et je répète ce qui a été dit à l'audience: *Gomin* a menti, il a
menti sciemment. J'ajoute que M. le Juge d'instruction a bâti
son ordonnance de la Chambre du Conseil sur les mensonges
du témoin, dont il avait la preuve à son dossier. Prouvons-le.

Gomin dépose: «je suis entré au Temple vers le 9 Thermidor
an II (27 Juillet 1794 et non 26 Août), en qualité de gardien
du Prince *Charles-Louis.*»

Or il n'a été nommé que le 19 Brumaire an III (9 Novembre
1794); *c'est-à-dire 3 mois 13 jours plus tard.*

Il dit encore: «j'étais assisté pour la garde du Prince d'un
Sieur *Laurent.*»

Mais son brevet de nomination porte qu'il est installé dans les fonctions d'*adjoint au citoyen* LAURENT. A-t-il menti? Oui ou non? Répondez logiquement au lieu de vous indigner à faux. Vous prétendez que ce *pauvre vieillard* n'ayant pas vu son brevet avant sa déposition aurait pu faire une *erreur;* et vous concluez qu'il ne la *fait pas.* Singulière aberration d'esprit, dont le bon sens public fera raison, comme il convient! Avez-vous donc perdu toutes les notions du vrai et du faux, à ce point que vous ne voyiez pas même une erreur dans ce qui est une imposture réfléchie? J'avoue qu'il faut avoir une bien grande propension à l'indulgence en faveur d'un parjure, pour supposer une telle absence possible de mémoire de la part d'un témoin, qui a si minutieusement combiné ses paroles et ses autres prétendus souvenirs, à l'effet de faire croire à une identité mensongère. Comment! *Gomin* avait besoin de son brevet sous les yeux pour se rappeler qu'il n'était pas entré en fonctions *vers* le 9 Thermidor, époque si mémorable, mais *plus de trois mois après?* Pour ne pas oublier que *Laurent,* déjà en exercice depuis longtemps, était du nombre des Commissaires qui l'avaient installé; en un mot qu'il était adjoint à *Laurent,* et non pas *Laurent* à lui! Une opinion aussi déraisonnable se réfute d'elle-même, aussi bien que votre argumentation en faveur du faux témoin. Quand il s'agit d'un fait de la plus sérieuse importance, vous vous amusez à nous faire une chicane de mots et vous vous écriez :

« Les choses se sont passées tout au rebours du récit qui vous « a été présenté. *Gomin* dit être entré VERS le 26 Août (c'est « 27 Juillet qu'il faut dire), et non LE 27 Juillet comme on le « prétendait. Quand on argumente *sur un mot* devant des juges; « il faut que *ce mot* soit exact. »

En vérité, Monsieur le Substitut, si vous aviez pris à tâche de livrer la cause et la justice à la dérision publique, par la discussion d'un système ridicule de votre façon; vous pouvez vous en glorifier; vous êtes constamment resté dans votre rôle. Quoi! nous avons argumenté sur *un mot!* Laissons de côté, je vous prie, cette mauvaise plaisanterie; parlons sensément, et rendons à l'imposture son caractère réel. Que font à la cause les mots LE ou VERS, ou, selon qu'il est écrit dans l'ordonnance de la Chambre du Conseil, *à l'époque du* 9 *Thermidor?* Il s'agit de *mois* et non pas de *mots,* et puisque vous voulez vous indigner, indignez-vous de toute l'énergie dont une ame honnête est capable, en voyant M. Zangiacomi et les membres de la Chambre du Conseil écrire et signer, comme acte de justice, que les deux seuls gardiens donnés au Dauphin après le 9 Thermidor furent *Lasne* et *Gomin;* tandis que le premier nommé avait été *Laurent,* entré en fonctions le 11 Thermidor an II (29 Juillet 1794). Indignez-vous, et alors vous serez dans votre droit, de ce que *Laurent* n'est pas même désigné dans cette sentence de prévarication.

Comprenez-vous à présent l'utilité du mensonge? En écartant *Laurent* de la garde du Temple, on fait mentir le Prince qui dit l'avoir eu pour gardien, et que c'est lui qui a facilité les moyens de son évasion.

En faisant entrer *Gomin* au Temple, à l'époque du 9 Thermidor, temps auquel le fils de Louis XVI était encore dans son ancienne prison de la Tour, en lui faisant affirmer que, depuis son entrée en fonctions, il n'a pas perdu de vue un seul instant l'enfant confié à sa surveillance, la substitution devenait mensongère, et conséquemment l'évasion, telle qu'elle est rapportée par le Duc de Normandie; puisqu'il est certain que la première substitution de l'enfant muet, annoncée par *Laurent* dans une de ses lettres, a dû avoir lieu avant le 7 Novembre 1794, *trois mois* après le 9 Thermidor et avant l'entrée de *Gomin* au Temple.

Ce fut là, ainsi que vous serez contraint de le reconnaître, si l'esprit de bonne foi vous revient, une bien traîtreuse combinaison, de la part de magistrats, dont chaque parole en justice devrait être une vérité; et qui l'ont sanctionnée, cette odieuse combinaison, *le brevet de nomination de Gomin sous les yeux.* Je sais qu'on a eu la précaution de le faire disparaître du dossier correctionnel avant de nous le communiquer. Mais un second interrogatoire que le juge instructeur a fait subir à *Gomin,* à Paris, le 5 Septembre 1837, et qu'on a par inadvertance, je présume, laissé subsister parmi les pièces de la procédure, m'a appris ce qu'on n'aurait pas voulu que nous sussions. Une note qui précède l'interrogatoire est ainsi conçue:

«Pièces déposées par M. *Gomin* dans l'instruction de l'affaire «Naundorff.»

Vient ensuite l'interrogatoire dans lequel *Gomin* dépose:

«Conformément à votre invitation, je vous représente et dépose «ma nomination en qualité de surveillant du Temple, et la lettre «qui me fut adressée pour m'en donner avis; et quelques notes «et pièces que j'ai conservées concernant le fils de Louis XVI, et des «évènemens qui se sont passés au Temple pendant mon séjour.

«Lecture faite, ont signé

«GOMIN, Zangiacomi, J. Chevalier.»

On ne s'attendait pas que la Providence, qui déjoue les conseils de l'iniquité, permettrait que, pour contrecarrer un mensonge judiciaire, élevé à la hauteur d'une ordonnance de justice, je découvrisse aux archives nationales un document rendu décisif au profit de la vérité, par l'audace de l'imposture avec laquelle on s'efforçait de la combattre ; car les argumens perfides d'une insigne mauvaise foi de l'autorité suffisent seuls pour éclairer la légitimité des droits du personnage, auquel on ne saurait opposer en justice que de fausses allégations. Si l'imposture se prouve par la vérité, la vérité aussi se prouve par les fourbes expédiens de ceux qui la dénient. Cette fausseté capitale, si je ne l'avais pas surprise au milieu des ténèbres dont on l'enveloppait, pouvait perdre à jamais la famille du Duc de Normandie qui, pendant dix ans, n'avait pas été à même de la connaître, et qui ne la connaîtrait pas encore sans l'Instance introduite en son nom. Mais, grâce à la justice éternelle, les oppresseurs de l'innocence se sont pris dans leurs propres trames, et le salut des méprisés du monde viendra du côté même où l'on voulait donner la mort.

Cette œuvre de machiavélisme, Monsieur le Substitut, se continue dans le même sens ; on travestit le récit du Prince, et l'on fait ensuite réfuter cette falsification par *Lasne* et *Gomin*.

« Croyez-vous, demande à *Lasne* le juge d'instruction en 1837, «qu'il soit possible que l'on ait en votre absence ou à votre insu, «substitué un enfant au Prince, et élevé mystérieusement celui-ci «*dans les combles* de la Tour du Temple ? »

« — Cela est impossible, répond le témoin, car la Tour du «Temple, dans laquelle était détenu le Prince, n'avait ni comble «ni grenier et était surmontée d'une terrasse. A la vérité, il y «avait une flèche sur une partie du bâtiment ; mais l'intérieur «n'en était point accessible ; et je ne sache pas même qu'il y eut «d'escalier dans l'intérieur ; elle n'était accessible qu'aux cou-«vreurs et aux ouvriers ; *il est absolument impossible qu'on ait* «*jamais pu y cacher qui que ce fût.* »

La police découvrit l'existence et la résidence de *Gomin*, qu'on ignorait probablement lors du procès de l'agent de police *Richemont ;* puisqu'on ne l'avait point fait entendre alors. Le 31 Juillet 1837, M. le préfet de police écrivait :

« *Gomin* n'a aucune relation connue, ne parlant jamais à personne, et ayant toujours paru être d'un caractère sournois. Il paraît qu'il a été employé au ministère de la maison du Roi, sous la direction de M. le Comte de Pradel. »

Par suite de cette communication qui indiquait la résidence de *Gomin* à Pontoise, M. Zangiacomi, le 2 Août 1837, adressa à M. le juge d'instruction de cette localité une commission rogatoire qui grossissait, d'un complot imaginaire contre la sûreté de l'Etat, une simple procédure en escroquerie basée dans le principe sur la prétention mensongère de filiation royale élevée par Naundorff. Mais laissons subsister l'addition du complot contre la sûreté de l'Etat; la justice est riche en accusations chimériques; une de plus, une de moins, ne font rien à l'affaire. Dans cette commission rogatoire concernant *Gomin*, on lit les passages suivans qu'il n'est pas sans intérêt de relater:

«Vu la procédure qui s'instruit contre le Sieur Naundorff, se disant Duc de Normandie fils de Louis XVI, inculpé de complot contre la sûreté de l'Etat, et d'escroquerie; attendu qu'il résulte de renseignemens à nous transmis, que le Sieur *Gomin* aurait soigné dans sa dernière maladie le Prince *Charles-Louis*, Duc de Normandie, décédé en Juin 1795 à la Tour du Temple;

«Qu'il est utile, pour fortifier et compléter tous les documens établissant le fait historique de la mort du Prince, fils de Louis XVI, de recevoir la déposition du Sieur *Gomin*, comme déjà on a eu celle de *Lasne*, dernier gardien du Prince;

«Que cette réunion de preuves repousse d'autant les prétentions du Sieur Naundorff, et justifie par cela l'inculpation qui lui est faite d'escroquerie, en prenant un faux nom et une fausse qualité, de sommes considérables à un grand nombre d'individus;

«M. le juge d'instruction interrogera le témoin sur le point de savoir si, *comme le prétend Naundorff*, il est possible que le Prince ait été furtivement enlevé et *caché dans les combles de la Tour*; s'il est possible qu'on lui ait substitué un enfant muet; s'il est bien certain que celui qu'il a vu mourir en Juin soit bien réellement *l'enfant qu'il avait vu avec le Roi Louis XVI et la Reine Marie-Antoinette*; et enfin, M. le juge d'instruction voudra bien lui adresser toutes les questions et interpellations qu'il croira de nature à servir à la manifestation de la vérité, pour prouver le fait de l'identité du Prince décédé avec l'enfant *écroué* sous les noms de *Charles-Louis* Duc de Normandie.»

Je ne puis m'abstenir de faire observer avec quelle finesse de rédaction est posée comme résolue la question à résoudre; comment on provoquait subrepticement à des réponses insinuées d'avance; comme par exemple ce fait suggéré, avant d'avoir su ce que savait *Gomin*, *qu'il avait vu le Dauphin avec le Roi Louis XVI et la Reine Marie-Antoinette*; souvenir essentiel à lui créer, sans quoi sa reconnaissance du Prince dans l'enfant décédé eût péché par sa base; d'autant plus que, dans le procès-verbal de son installation, on lui fait reconnaître, non l'identité des enfans de Louis XVI; mais *seulement leur existence*. Nous ne nous plaignons pas toutefois de ce luxe de précautions pour détruire la vérité méconnue systématiquement. Tous ces calculs de la diplomatie judiciaire tournent à la confusion de ses auteurs, et font reluire la lumière qu'on s'efforce d'éteindre.

A la question relative au mode d'enlèvement, *Gomin* répond tout naturellement :

« Il était impossible, surtout en raison de la surveillance « continuelle dont le Prince était l'objet, qu'il fût enlevé furti- « vement et caché *dans les combles de la Tour;* cela n'était « praticable qu'en obtenant notre coopération; et on ne peut « l'admettre....... »

Vous aussi, Monsieur le Substitut, vous avez pris pour règle de conscience celle du juge d'instruction, et pour base de vos conclusions celle de la procédure correctionnelle, et vous nous avez dit :

« Les héritiers Naundorff n'ont pas raconté l'évasion de leur « père ; ils n'ont raconté sa vie que depuis son évasion jusqu'à « son apparition en Prusse, ce silence prudent et habile, Naun- « dorff n'avait pas su le garder ; il a fait ce récit, et en vérité « il était impossible de le présenter sérieusement au Tribunal.

« *Il raconte* que la surveillance du Temple étant trop sévère « pour que ses amis l'en fissent sortir, ils l'avaient caché *dans* « *les combles* de cette prison ; qu'ils avaient mis à sa place un « enfant muet, puis ensuite un enfant malade amené de l'Hôtel- « Dieu, et qui mourut en Juin 1795. Quant à lui, il avait été « caché et sorti du Temple *dans le double fond du cercueil,* puis « conduit en Vendée et de là en Italie............

« Le simple exposé de ce récit en est la critique la plus « sanglante. D'abord il n'y avait pas de cachette au Temple, « c'est *Lasne* qui l'atteste. Et puis, comment admettre qu'on « eût pu, au milieu de ces funérailles publiques, extraire un en- « fant vivant du fond du cercueil qu'on allait descendre dans la « fosse ! Mais laissons de côté ces monstrueuses invraisemblances. »

En vérité, les adversaires du Duc de Normandie sont bien gauches dans leurs moyens de répulsion; ils ne sauraient pro- férer un mot, faire un pas, sans se flétrir eux-mêmes de leur propre flétrissure. S'ils avaient cru combattre une imposture; à quoi bon inventer, pour faire ensuite réfuter leur invention par le parjure. On s'imaginait donc que tôt ou tard nos regards ne pénètreraient pas dans ces archives du mensonge. Si l'on a eu cette confiance, on se trompait déplorablement, comme on doit le sentir aujourd'hui. Que les artisans de l'iniquité re- cueillent le fruit de leurs œuvres ; il sera un peu amer pour eux, je ne me le dissimule point. Mais à chacun suivant son mérite ; c'est la loi rigoureuse de la justice distributive. Pour qu'il en soit ainsi, nous allons juger les paroles du Prince, et

non pas les parodies insidieuses de ses détracteurs, qui seules
sont de monstrueuses invraisemblances. Eh bien! le Prince n'a
jamais parlé ni *des combles de la Tour,* ni d'un *double fond
du cercueil.* Il raconte son évasion dans ces termes :

« A cette époque des amis avaient formé le projet de me
« soustraire à mes bourreaux ; on ne tarda pas à en comprendre
« l'impossibilité. Un seul chemin conduisait à moi, et cette unique
« issue était si soigneusement gardée qu'on n'eût pas fait entrer
« ou sortir une souris sans être aperçu.

« La tourelle où était l'escalier avait une seule porte, près de
« laquelle jour et nuit s'exerçait une stricte surveillance, en
« dedans comme en dehors. Quiconque arrivait pour pénétrer
« dans la Tour était conduit pour être fouillé devant le Conseil
« municipal logé au rez de chaussée ; au sortir de la Tour, même
« investigation par ce Conseil, dont on ne pouvait pas dépasser
« la porte, parce qu'un factionnaire y était constamment en
« faction, et que l'escalier qui correspondait à tous les autres
« étages communiquait également avec le rez de chaussée, seule
« pièce occupée par les hommes de la municipalité. La consigne
« était d'y conduire tout le monde sans exception. Le corps de
« garde se tenait au premier étage qui, sans être divisé, com-
« posait une seule pièce voûtée comme celle du rez de chaussée ;
« lorsque la sentinelle du premier suspectait quelqu'un de ceux
« qui sortaient de la Tour, elle avait l'ordre, de même que pour
« ceux qui entraient, de les amener devant le Conseil, lequel
« faisait reconduire tout individu jusqu'en dehors de la Tour
« par un ou deux municipaux. Cette rigoureuse surveillance
« avait été prescrite, parce que le projet de mon enlèvement
« s'était divulgué......

« Par conséquent comme il était impossible de me faire évader,
« on résolut de me cacher dans la Tour même, pour faire
« croire à mes persécuteurs que j'étais sauvé. La pensée était
« audacieuse ; toutefois c'était le seul moyen de faciliter l'en-
« lèvement qu'on avait concerté. Rien n'était plus praticable
« que de me faire disparaître pour le moment. En sortant de
« chez moi, personne n'escortait ceux qui descendaient jusqu'au
« premier les objets dont je m'étais servi. Mes amis étaient
« donc bien convaincus qu'on pouvait me transporter plus haut
« sans aucun risque d'être découvert. En effet quoique ma sœur
« fût enfermée au troisième, elle n'avait à cette époque ni senti-
« nelle ni municipaux pour sa garde. L'expédient laissait entre-
« voir des chances presque certaines de succès. Alors un jour
« mes protecteurs me firent avaler une dose d'opium que je pris
« pour une médecine ; et bientôt je me trouvai moitié éveillé,

«moitié endormi. J'entrevoyais comme si c'eût été un rêve pour
«moi, que l'enfant n'était autre qu'un mannequin dont le masque
«représentait très-naturellement ma figure. Cette supercherie
«se passait au moment où la garde fut changée; celle qui la
«remplaça se contenta de visiter l'enfant, afin de certifier ma
«présence, et il lui suffit de voir un être dormant dont le visage
«était le mien; *mon silence habituel* contribua encore à fortifier
«l'erreur de mes nouveaux argus. Cependant j'avais entièrement
«perdu connaissance, et lorsque je repris mes sens je me trou-
«vai enfermé dans une grande pièce qui m'était tout-à-fait
«étrangère: c'était le quatrième étage de la Tour. De vieux
«meubles de toute espèce encombraient cet étage, au milieu
«desquels on m'avait disposé un gîte qui communiquait avec un
«cabinet pris dans une tourelle, où l'on m'avait mis de quoi vivre.
«Toute autre issue était barricadée. Avant de m'y cacher, un
«de mes amis, (Laurent) m'avait fait comprendre de quelle ma-
«nière je serais sauvé, sous les conditions de supporter toutes
«les peines imaginables sans me plaindre, ajoutant qu'un seul
«mouvement imprudent entrainerait ma perte et celle de mes
«bienfaiteurs; et il insista surtout pour que, quand je serais
«caché, je ne demandasse pas le moindre secours, et conservasse
«toujours le rôle d'un véritable muet.

«*Laurent* était envoyé par *Mme* de *Beauharnais*, sous l'auto-
«rité de *Barras*, pour adoucir mes peines et préparer les moyens
«de me sauver. Il était créole comme *Joséphine*, que j'avais connue
«dans mon enfance jusqu'au dernier jour de notre résidence aux
«Tuileries. Son époux, M. de Beauharnais, était en liaison avec
«nos ennemis, et ce fut à cette circonstance que Joséphine sa
«femme dut d'être protégée et sauvée par *Barras*, qu'elle mit
«dans mes intérêts, et qu'elle détermina à l'assister pour opérer
«ma délivrance. *Laurent* ne me connaissait pas alors. Je ne
«dirai point ici ce qui lui valut ma confiance toute entière.

«A mon réveil je me rappelai les recommandations de mon
«ami, et je pris la ferme détermination de mourir plutôt que
«de les enfreindre. Je voyais mon premier sauveur de temps
«en temps, la nuit, lorsqu'il m'apportait ce dont j'avais besoin.
«Le soir même le mannequin fut découvert: mais le gouverne-
«ment d'alors trouva bon de tenir secrète *mon évasion qu'il
«croyait consommée.* Mes amis de leur côté, pour mieux tromper
«les sanguinaires tyrans, *avaient fait partir un enfant sous mon
«nom, dirigé, je crois, vers Strasbourg.* Ils avaient même
«accrédité l'opinion et fait donner avis aux gouvernans *que
«c'était bien moi qu'on dirigeait ainsi sur cette ligne.* Enfin le
«pouvoir, à l'effet de masquer entièrement la vérité, mit à la

«place du mannequin *un enfant de mon âge réellement muet,*
«et doubla la garde ordinaire, pour accroître la croyance que
«c'était bien moi encore. Ce surcroît de précautions empêcha
«mes amis de consommer l'exécution de leur projet tel qu'ils
«l'avaient concerté. Je restai donc dans ce maudit trou, où
«j'étais comme enterré tout vivant.

«J'avais à cette époque environ neuf ans et demi, et déjà
«accoutumé à la dureté par mes longues souffrances, *je fis peu*
«*de cas du froid que je ressentais, car ce fut pendant l'hiver*
«*qu'on me claquemura au quatrième étage.* Mes amis avaient
«su s'en procurer les clefs pour préparer auparavant ce qui était
«nécessaire à mon séjour. Personne ne pouvait soupçonner que
«j'étais là : cette pièce ne s'ouvrait jamais. Si quelqu'un s'y fût
«introduit, on n'aurait pas pu me voir, et l'ami qui me visitait
«ne parvenait jusqu'à moi qu'en marchant à quatre pattes. S'il
«éprouvait des obstacles, je demeurais tranquille comme un mal-
«heureux au fond de mon oubliette.

«Pendant que j'étais seul au quatrième étage, bien des choses
«se sont passées sur lesquelles actuellement, pour raison, je
«m'abstiens de m'expliquer. Je ne puis que raconter ce qui
«m'était communiqué par mon ami Montmorin, ami fidèle jus-
«qu'à la mort, et qui a été bien connu de Madame la Duchesse
«d'Angoulême dans d'autres circonstances.

«Le gouvernement révolutionnaire, par suite de sa position
«politique, avait jugé convenable de ne pas laisser divulguer
«l'état des choses; conséquemment il avait remplacé le manne-
«quin *par un enfant muet.* Malgré cette ruse, et comme il
«existait bien des gens qui avaient parfaitement connu le véri-
«table Dauphin, *on donna l'ordre de ne laisser entrer aucune*
«*des personnes qui avaient cette connaissance afin d'éviter toute*
«*possibilité d'être trahi.* Pour vérifier l'existence du prétendu
«Dauphin, on envoyait seulement *des individus qui étaient dans*
«*le secret, ou d'autres qui ne me connaissaient pas.* Je ne puis
«me rendre compte comment, en dépit de toutes ces précautions,
«le bruit s'est sourdement répandu que le véritable Dauphin
«n'était plus dans la Tour. De telles indiscrétions effrayèrent
«les agitateurs, et l'on décida de faire mourir l'enfant muet.
«A cet effet, on mêlait à ses alimens des substances qui le ren-
«daient malade, et afin de détourner le soupçon d'un assassinat,
«M. Desault fut introduit, non pour le guérir, mais pour feindre
«l'humanité. M. Desault visita l'enfant, et vit bientôt qu'on lui
«avait donné une espèce de poison; il fit préparer un contre-
«poison par son ami Choppart, pharmacien, *en lui déclarant que*
«*l'enfant qu'il soignait n'était pas le fils de Louis XVI, qu'il*

«*avait connu auparavant*. La révélation de M. Desault se répéta :
«les meurtriers de ma famille pleins d'effroi, voyant que la vie
«du muet se prolongeait au travers de leurs tentatives d'em-
«poisonnement, *lui substituèrent un enfant rachitique tiré d'un*
«*des hôpitaux* de Paris. Cette mesure les rassurait encore sur
«l'appréhension qu'ils avaient que par accident, on ne vînt à
«s'apercevoir que *le muet* l'était réellement ; et pour se sous-
«traire à de nouvelles trahisons, ils firent *empoisonner Desault*
«*et Choppart*. Les soins donnés au dernier substitué le furent
«par des médecins qui, n'ayant jamais vu ni le véritable Dauphin
«ni l'enfant malade, crurent naturellement que c'était moi qu'ils
«soignaient...... *Des motifs impérieux contraignirent le gouver-*
«*nement à accélérer la fin de cette victime infortunée.* Elle
«mourut, m'a-t-on dit, le 8 Juin 1795 ; et après l'autopsie son
«cadavre fut déposé dans une caisse pour être ensuite enterré.
«Cette caisse, ainsi que le cadavre, furent placés dans la chambre
«habitée autrefois par mon père. Pendant cette opération, j'avais
«reçu une forte dose d'opium. On me *mit dans le cercueil* d'où
«l'on retira l'enfant autopsié, et le tout fut effectué presque à
«la même heure où l'on venait chercher le cercueil pour le trans-
«porter au cimetière. A peine l'enfant mort fut-il caché au
«*quatrième étage*, lieu où j'étais, que mes amis, instruits de ce
«qui se passait, chargèrent dans une voiture le cercueil qui me
«renfermait. Certes, ceux qui ne savaient rien crurent qu'on
«allait m'enterrer. Mais la voiture était préparée. En allant au
«cimetière, *on me mit dans la caisse au fond de la voiture dans*
«*un coffre qu'on y avait pratiqué,* et pour laisser au cercueil
«la même pesanteur, on le remplit de vielles paperasses, qu'on
«retira du coffre. Dès que le cercueil fut enfoui dans la fosse,
«mes amis rentrèrent avec moi dans Paris...... Très-heureuse-
«ment cette opération se fit rapidement ; car à peine avais-je
«été mis en sûreté que le mystère de tout fut dévoilé. Mais
«malgré les efforts de mes persécuteurs à me ressaisir, j'étais
«sauvé et bien caché. Déjà le public à cette même époque répé-
«tait que ce n'était pas moi qui avais été enterré. Ces propos
«intimidèrent le gouvernement, qui donna l'ordre à ses agens
«*de déterrer le cercueil,* de le clouer fortement et de *l'enterrer*
«*ailleurs ;* afin qu'on ne pût le trouver en cas de recherches.
«Nonobstant ces mesures, partout on fit des investigations sous
«divers prétextes...... Mes amis, pour donner le change à mes
«ennemis, *firent partir* avec ses parens, *sous mon nom,* un
«*enfant* natif de Versailles......»

Voilà, Monsieur le Substitut, comment les choses se sont
passées ; voilà des faits précis, que nous articulons, dont nous

offrons la preuve, qui n'ont point été réfutés par les faux témoins de la justice; et qui donnent à la cause une toute autre physionomie que celle qu'on a voulu lui imprimer par de basses manœuvres. Qu'il y eût où qu'il n'y eût pas de combles à la Tour du Temple, peu importe; puisque l'endroit où le Prince a été caché avant son évasion était le quatrième étage de la Tour, dont la réalité se trouve confirmée par Cléry, dans son journal du Temple, où nous lisons pages 74 et 78:

« La grande Tour, d'environ 150 pieds de hauteur, forme *quatre* « *étages* qui sont voûtés, et soutenus au milieu par un gros pil- « lier depuis le bas jusqu'à la flèche.

« *Le quatrième étage n'était point occupé;* une galerie régnait « dans l'intérieur des crénaux, et servait quelquefois de pro- « menade. »

Il devient donc manifeste pour tout le monde que, si quelqu'un est absurde, ce n'est pas nous; que si quelqu'un a tronqué la vérité, ce n'est pas nous; que si des moyens ont été mis en jeu pour surprendre la religion du Tribunal, ce n'est pas par les héritiers Naundorff.

Relisez la déposition de *Gomin,* Monsieur le Substitut, et comparez-la aux faits qu'il ne vous est plus possible de méconnaître; et vous serez convaincu qu'aucune des assertions de ce témoin complaisant n'est conforme à la vérité. Il nous dit que « l'enfant confié à sa garde, visité par plusieurs membres de la « Convention, n'a jamais fait de réponses aux questions qu'ils lui « adressaient, ce qui a pu accréditer cette version que cet enfant « était muet. » Je ne puis trop le répéter, cette partie de la déposition constate la présence d'un enfant muet à la place du Dauphin. Mais ensuite pour établir que cet enfant n'était pas muet, et qu'il confond volontairement avec l'enfant malade, il le fait parler à *Laurent* dans les derniers temps de sa maladie, et *Laurent* avait quitté le service de la Tour du Temple le jour où *Lasne* entrait en fonctions, plus de deux mois avant les derniers jours du décédé.

Après la mort de Desault, l'enfant fut soigné par M. M. Pelleton et Dumangin; *Gomin* les fait assister par un troisième médecin dont il a oublié le nom. C'est encore là une assertion mensongère, de nulle gravité, si l'on veut, mais qui dénote au moins que l'on ne peut ajouter foi au témoignage de cet homme. Il déclare en outre « qu'au moment de l'ouverture du corps de « l'enfant, il fit entrer dans sa chambre plusieurs gardes nationaux « et officiers qui tous l'examinèrent. » Nouveau mensonge évident, qui ne prouve rien que la mauvaise foi du témoin, et dont on ne voit pas même l'utilité; car tous ces gardes nationaux et tous ces officiers, en examinant le cadavre, ne constataient pas son identité avec le fils de Louis XVI. Toutefois l'intérêt de la vérité en exige la réfutation, et, sans tenir compte de ce que le témoin se donne une autorité que n'avaient point les gardiens de la Tour; la teneur du procès-verbal d'autopsie dément le fait pour ainsi dire directement. Ensuite, M. Pelletan a fait connaître comment il avait pu secrètement soustraire le cœur de l'enfant autopsié; et son récit ne mentionne comme présens dans la chambre que les quatre médecins opérateurs et les Commissaires.

Mais *Gomin* fait un mensonge plus sérieux, dont on espérait tirer parti contre le Prince, quand il dit:

«Le Prince était visité tous les jours trois fois par le Com-
«missaire qui nous était adjoint, et qui était renouvelé toutes
«les 24 heures et *choisi parmi les personnes connaissant très-*
«*bien le Duc de Normandie.*»

On est honteux vraiment pour la justice, Monsieur le Substitut, de voir accepter judiciairement des énonciations tellement ridicules qu'on les réprouve en les reproduisant. Comment *Gomin* savait-il que, pendant plus de six mois, on trouva chaque jour dans chaque Comité des quarante-huit sections de Paris, parmi les gens révolutionnaires et de basse extraction qui les composaient, des Commissaires connaissant très-bien le Duc de Normandie? On s'est prudemment abstenu de lui adresser cette question dangereuse: car une réponse quelconque n'aurait pu que couvrir de confusion l'imposteur. Il est d'ailleurs un fait certain, c'est qu'à l'époque où commença le service des Commissaires civils, la première substitution avait eu lieu. On doit même supposer que ce surcroît de rigueurs apparentes, dans la surveillance de l'enfant mis à la place du Dauphin, était une mesure fort adroite suggérée par Barras, et ceux qui croyaient l'évasion consommée; afin que le public ne s'en doutât point, et à l'effet de la cacher à la Convention. La sécurité qu'inspirait à tous cette innovation rassurante laissait aussi plus de chances favorables au dénouement ultérieur.

Gomin affirme que, depuis son entrée en fonctions, il n'a pas perdu de vue *le Prince* un seul instant. Nous savons, à n'en pouvoir douter, que le Prince n'était autre que l'enfant muet introduit dans la Tour avant l'arrivée de *Gomin*. Mais l'affirmation du témoin n'est pas vraie; et c'est *Gomin* qui se donne un démenti. M. de St. Gervais avait reçu ou s'était arrogé la mission de démontrer la mort de Louis XVII au Temple. Il n'est pas besoin de dire qu'il n'a rien démontré que la mort d'un enfant, d'après l'acte de décès du 12 Juin 1795. Mais il invoque le témoignage de *Lasne* et de *Gomin*, qu'il avait interrogés; et il paraît évident que *Gomin* aurait eu peu de rapports avec le prisonnier, ayant été chargé spécialement de la garde de la fille de Louis XVI. Ces précieux renseignemens nous sont fournis par l'auteur du *Passé* et de *l'Avenir*, M. l'abbé Perrault, qui savait pertinemment que Louis XVII n'était pas mort au Temple, et que le Comte de Provence occupait sciemment la place de son neveu et Roi sur le trône de France. Cet ecclésiastique était secrétaire de la grande aumônerie de la France pendant la Restauration et, par ses relations avec les plus hauts personnages de la Cour, il avait acquis la certitude de l'existence de Louis XVII. Dans sa réfutation des écrits de M. de St. Gervais, il se livre à une dissertation on ne peut plus judicieuse, et donne des éclaircissemens qui clorront merveilleusement la discussion sur les dépositions de *Lasne* et de *Gomin*. Voici ce qu'il écrivait en 1852 :

«Nous venons de nommer le fils infortuné du Roi-Martyr; .... Une tradition secrète, religieusement conservée dans le cœur de quelques Français, suppose que la tombe ne renferme pas encore ses précieuses dépouilles, et que des hommes, intrépides et dévoués ont réussi à l'arracher à ses bourreaux et à sa captivité; qu'un autre enfant de son âge lui fut substitué, mourut au Temple à sa place, et conserva par sa mort la vie au fils de Louis XVI et de Marie-Antoinette. Cette tradition, sortie du secret des consciences, où la crainte l'avait comprimée pendant longtemps, s'est répandue peu à peu; elle a fini par devenir une croyance assez générale et donné lieu, d'une part, à quelques intrigans de se faire passer pour le fils de Louis XVI, et d'oser soutenir leurs prétentions par des Mémoires imprimés : d'une autre part, plusieurs écrivains se sont inscrits en faux contre cette prétention, et ont entrepris de prouver, par des écrits que nous avons sous les yeux, la mort du jeune Louis XVII dans la Tour du Temple.

«Nous n'entreprendrons pas de réfuter les Mémoires d'un prétendu Duc de Normandie (Richemont) publiés dans le courant de 1851. Nous nous bornerons à dire qu'ils sont évidemment l'ouvrage d'un imposteur.........

«Parmi les écrivains qui ont prétendu prouver la mort de cet infortuné Prince, M. de St. Gervais...!........ a publié ses raisons dans deux Mémoires qui se sont succédés à de courts intervalles dans le courant de l'année 1851, sous le titre de *preuves authentiques de la mort du jeune Louis XVII.*

«Comme nous avons déclaré devant le public que les preuves authentiques de M. de St. Gervais ne nous ont point convaincu, il est juste que nous exposions les motifs de notre opinion.

« M. M. les docteurs Dumangin et Pelletan furent nommés par le Comité de sûreté générale, l'un le 5 Juin 1795, et l'autre selon M. Pelletan le 7 Juin.........

« M. M. Dumangin et Pelletan ne connaissaient point le Dauphin, avant d'être admis à traiter l'enfant qui s'y trouvait les trois derniers jours avant sa mort. Ces deux médecins ne pouvaient donc avoir d'autres preuves de l'identité du malade, avec le Dauphin, que l'assurance qui leur en était donnée soit par la garde, soit par les Commissaires à qui on était censé confier la surveillance du fils de Louis XVI. N'ayant point connu cet enfant avant leur première visite au Temple, ils n'avaient aucune preuve directe, personnelle, que le jeune malade était réellement le Dauphin. Ces faits sont certains et notoires.

« Ce point établi, nous allons examiner les preuves de la mort du fils de Louis XVI, données par ces deux médecins, et sur lesquels l'écrivain se fonde *principalement* pour soutenir son opinion.

« Ces preuves ne sont autre chose que le procès-verbal même de l'autopsie du cadavre de l'enfant mort au Temple. Nous l'avons déjà dit, ni l'un ni l'autre de ces médecins, qui donnaient *depuis quelques jours* leurs soins au jeune malade, n'avaient connu le fils de Louis XVI ; aussi voyez avec quelle prudence ils s'expriment dans le procès-verbal : « Nous avons « trouvé dans un lit le corps mort d'un enfant qui nous a paru « âgé d'environ dix ans, que les Commissaires *nous ont dit être* « celui du fils du défunt Louis Capet, et que deux d'entre nous « (M. M. Dumangin et Pelletan) ont reconnu pour être l'enfant « auquel ils donnaient des soins depuis quelques jours. » Ainsi donc les médecins ne prennent point sur eux d'attester qu'ils reconnaissent le corps présent pour être celui de Louis XVII. Mais seulement qu'on leur *a dit être* celui du fils de Louis XVI ; à la vérité ils ajoutent qu'il est celui qu'ils soignaient au Temple depuis *quelques jours*. Mais cela ne démontre nullement que cet enfant fût ce qu'on leur a dit qu'il était. Il y a plus, c'est qu'il doit paraître étonnant que s'ils avaient acquis des preuves convaincantes, personnelles, que le jeune malade fût Louis XVII, par exemple par quelques paroles échappées à cet enfant pendant qu'ils le voyaient et le traitaient, ou par quelque aveu qu'il aurait fait, en répondant à leurs questions, comment se seraient-ils bornés à dire : Nous avons trouvé un corps mort *qu'on nous a dit être* celui de l'enfant que nous soignions ; sans ajouter un seul mot propre à confirmer *ce qu'on leur a dit ?* Dans tous les cas, qu'ils fussent convaincus ou non que l'enfant présent était le fils de Louis XVI, il n'en est pas moins vrai que le procès-verbal apporté en preuve par M. de St. Gervais, ne démontre qu'une chose, c'est que les Commissaires ont dit que c'était lui......

«Leur simple déclaration, citée comme en passant par les médecins dans leur procès-verbal, nous parait tout-à-fait insuffisante en pareille matière..... Il faudrait, pour constater la vérité, prouver qu'il n'en ont point imposé, quoiqu'ils eussent le plus grand intérêt à le faire, dans le cas où l'enfant-Roi aurait été enlevé, soit de leur consentement, soit à leur insu, puisqu'ils étaient responsables, et qu'il y allait de leur vie. En outre les Commissaires qui ont assisté à l'autopsie voyaient peut-être le corps pour la première fois, ou tout au plus depuis la veille de sa mort, attendu que les mêmes Commissaires ne restaient que 24 heures en surveillance au Temple, qu'ils se succédaient un à un, et que le nombre total des individus qui, par leurs fonctions, dans les Comités civils de Paris, avaient droit à être nommés Commissaires était si grand, qu'à peine les mêmes individus avaient l'occasion de paraître en surveillance au bout de quelques mois. La preuve tirée de leurs assertions est donc tout-à-fait insuffisante. Celle du témoignage des médecins l'est donc aussi, puisqu'il repose sur la déposition des Commissaires, et qu'il n'attestent que ce que ceux-ci leur ont dit.....

«Nous venons de discuter avec impartialité *la principale des preuves authentiques* de M. de St. Gervais..... Nous ne nous arrêterons point à examiner les détails du procès-verbal d'autopsie, parce qu'il ne prouvent rien à ce sujet-là, et s'il fallait en tirer une induction, elle serait plutôt contraire que favorable à l'opinion de M. de St. Gervais.

«En effet les médecins déclarent, «que tous les désordres «dont ils viennent de donner les détails sont nécessairement l'effet «d'un vice scrofuleux existant *depuis longtemps*, et auquel on «doit attribuer la mort de l'enfant.»

«Mais il est constant que dans le mois de Décembre 1794, c'est-à-dire six mois avant la mort de l'enfant au Temple, le prisonnier se portait bien; que, dès le mois de Février suivant son sort fut encore adouci. Est-il donc probable que le *même* enfant fût mort d'un vice scrofuleux existant *depuis longtemps*, quand on voit que quelques mois auparavant sa santé était bonne? Si l'on suppose qu'un individu assez ressemblant au Dauphin, et attaqué d'un vice scrofuleux, a pu lui être substitué dans la Tour du Temple, lorsque la maladie de cet individu était à son dernier période et laissait entrevoir sa mort comme prochaine, dès lors tout parait s'expliquer : le rapport des médecins s'accorde avec la maladie et avec la cause réelle de la mort de l'enfant mis au Temple à la place du fils de Louis XVI; dès lors on conçoit très-bien qu'ils aient dit que cette cause de mort existait *depuis longtemps*. Mais sans cette supposition, le procès-verbal paraît difficile à comprendre lorsqu'il traite de la maladie du jeune prisonnier.....

«Nous avons déjà parlé de la substitution d'un enfant très-malade au fils de Louis XVI, et nous nous sommes bornés à la donner comme une supposition possible. Si l'on en croit des personnes se disant bien informées, cette substitution serait réelle..... De l'aveu de M. de St. Gervais, les Commissaires et les gardiens préposés à la surveillance des deux jeunes prisonniers du Temple, furent d'abord les officiers municipaux et Simon le cordonnier. La surveillance de ce dernier dura jusqu'au 9 Janvier 1794; celles des officiers municipaux jusqu'au renversement de Robespierre. Simon fut remplacé par un gardien nommé *Laurent*, qui était chargé des deux prisonniers en même temps. A la chute de Robespierre, un second gardien fut adjoint au Sieur *Laurent*, et se nommait *Gomin*, citoyen d'un républicanisme éprouvé, disait le député Mathieu dans la séance de la Convention du 2 Décembre 1794. *Ce gardien fut spécialement chargé de Madame Royale, tandis que* Laurent *surveillait* LE DAUPHIN...... Le gardien *Laurent* fut renvoyé et remplacé par le Sieur *Lasne*, qui resta à la garde spéciale du jeune prisonnier jusqu'à la mort d'un enfant à la Tour du Temple. Après la mort de Robespierre, ce furent les membres des Comités civils des quarante-huit sections de la capitale, que l'on chargea de la surveillance des prisonniers: un membre de ces Comités allait chaque jour demeurer au Temple pendant 24 heures. Comme les membres des Comités se succédaient un à un dans cette fonction, et qu'ils étaient au nombre de 150 environ, il s'en suit que le même Commissaire ne devait reparaître en surveillance qu'à cinq ou six mois d'intervalle; en sorte que leur installation n'ayant eu lieu que *dans les derniers mois de* 1794, il est évident que la plupart n'ont pu aller au Temple *qu'une seule fois;* puisqu'il n'a dû s'écouler qu'environ deux cents jours depuis l'établissement de cette surveillance jusqu'au jour où elle a cessé par la mort de l'enfant arrivée le 8 Juin 1795.

«Ces éclaircissemens donnés, *conformément au récit de M. de St. Gervais,* les gardiens qui ont soigné constamment *le captif,* qui devaient le voir tous les jours et par conséquent le connaître parfaitement, donnent-ils un témoignage tellement irrécusable de son identité qu'on doive la regarder comme authentiquement prouvée par eux?.... Il s'agit d'examiner le témoignage des deux gardiens cités par M. de St. Gervais, comme attestant la mort du fils de Louis XVI au Temple. Ces gardiens sont les Sieurs *Gomin* et *Lasne* qui, depuis assez longtemps se trouvaient en fonction au Temple, et n'y ont cessé leur surveillance qu'à la mort de l'enfant : nous ne parlons point des gardiens précédens, Simon et *Laurent*, parce que l'écrivain dont nous discutons les preuves n'invoque en rien leur témoignage......

«Le Sieur *Gomin*, chargé plus spécialement de la garde de Madame Royale, a pu voir Louis XVII au Temple; mais il ne l'a point suivi habituellement; et dans les derniers mois qui ont précédé la mort d'un enfant, *il est constant que le Sieur Lasne seul en avait la conduite et la surveillance.* Ce que le Sieur *Gomin* a pu dire n'est donc pas, par-là même, d'une autorité irréfragable; comme il n'était pas auprès de l'enfant il n'a pu en parler que par ouï dire. Mais enfin *qu'a-t-il attesté à M. de St. Gervais? Que le jeune prisonnier du Temple était bien vraiment le fils de Louis XVI, qu'il lui a parlé, que l'auguste enfant avait confiance en lui, et voulait bien avec lui rompre un silence* QU'IL GARDAIT CONSTAMMENT ENVERS LES AUTRES; en un mot, le Sieur *Gomin* a rendu à M. de St. Gervais le même témoignage que le Sieur *Lasne* sur l'identité de l'enfant...... Mais depuis le mois de Mars 1795 au plus tard, le Sieur *Gomin* ne dut avoir aucun rapport avec l'enfant, puisque le Sieur *Lasne*, à cette époque, en fut spécialement chargé, tandis que le Sieur *Gomin était auprès de Madame Royale.* Celui-ci n'a donc guère pu dès lors avoir des renseignemens sur le jeune prisonnier que par le Sieur *Lasne*, et s'il lui est arrivé d'en avoir de directs, ce n'est qu'à des intervalles plus ou moins éloignés; ces renseignemens n'ont pu être habituels.......

«Le Sieur *Gomin*, chargé spécialement de la garde de Madame Royale, paraît s'en être acquitté avec humanité puisque à *la Restauration cette Princesse a daigné lui procurer un emploi.* Mais on sent qu'à cette époque, voyant Louis XVIII sur le trône, le Sieur *Gomin* au lieu de parler de l'existence de Louis XVII, ou de son enlèvement, s'il y croyait, a dû garder un profond silence à cet égard, et montrer comme tant d'autres une conviction contraire. Son intérêt l'y portait, et quoiqu'il fût d'un républicanisme éprouvé, on peut bien ne lui supposer ni assez d'indépendance, ni assez de désintéressement pour avoir osé dire la vérité......

«Voyons ce que l'on doit penser du témoignage du Sieur *Lasne* dans cette affaire. M. de St. Gervais nous donne ce personnage pour un royaliste courageux..... Ce qu'il y a de constant, c'est que la garde du jeune captif lui fut spécialement confiée depuis le 51 Mars 1795 jusqu'à la mort d'un enfant au

Temple. Il paraît qu'il s'en acquitta avec les égards et tous les soins dus à cette trop intéressante victime, et qu'il adoucit même autant qu'il dépendait de lui les rigueurs de sa captivité........ Le Sieur *Lasne* a parlé de la mort du Dauphin dans le Temple, à l'auteur des *preuves authentiques,* comme d'un fait dont il était convaincu.....

« Voilà un témoignage bien formel, bien positif de la mort du Dauphin, donné par celui même qui se trouvait auprès du jeune captif depuis la fin de Mars 1795 jusqu'au 8 Juin, et qui était chargé de le surveiller continuellement. Cependant nous le disons avec confiance, ce témoignage ne nous paraît pas irrécusable et démonstratif. Ne peut-on pas *supposer* que, quelques jours avant la mort d'un enfant au Temple, le Dauphin en a été enlevé secrètement, et à l'insu du Sieur *Lasne* (les deux substitutions avaient eu lieu lorsque *Lasne* est entré en fonctions)..... Or, ni celui-ci, ni M. de St. Gervais, ni qui que ce soit ne dit un seul mot propre à combattre cette supposition. On peut d'autant mieux la faire que, vers la fin de la captivité, la surveillance devait être moins rigoureuse, *à raison de l'esprit de modération qui régnait alors dans le Comité de sûreté générale et dans la Convention même.* Mais cette supposition une fois admise comme possible, dès lors toutes les paroles du Sieur *Lasne* prouvent seulement l'erreur où il était de bonne foi, parce que l'enlèvement se serait opéré à son insu et sans sa participation.......

« Dans l'hypothèse contraire (s'il a connu le secret de la substitution), quelle aura dû être sa conduite? Un secret et un silence inviolable sur cet évènement. Il aura dû craindre pardessus tout que la Convention n'en eût connaissance. Il avait tout intérêt possible à se taire et à laisser croire que le nouveau prisonnier était le fils de Louis XVI. En gardant le silence, il avait d'autant plus d'espoir de sauver sa responsabilité, que l'enfant nouveau étant au dernier période de sa maladie, et dans un état d'affaissement qui lui permettait à peine de répondre un mot, lui donnait par-là l'assurance de ne pas trahir le secret que d'ailleurs on avait dû lui recommander rigoureusement, soit avant de le mettre au Temple, soit depuis qu'il y tenait la place du Dauphin. Nous ne voyons rien que de possible et de naturel dans cette supposition.......

« Mais s'il a eu connaissance du secret..... pour bien comprendre à cet égard la position de *Lasne,* il faut voir la conduite qu'il a pu, qu'il aura dû même tenir en raison des circonstances. Il n'a pu parler de l'enlèvement sous le règne de la Convention: cet aveu lui aurait coûté la vie; il en aura encore bien mieux senti le danger et pour le Dauphin et pour lui, s'il était royaliste comme le pense M. de St. Gervais. Le Sieur *Lasne* avait, sous le Directoire et sous le règne de Bonaparte, les mêmes raisons de se taire. La révélation d'un secret tel que celui-là l'aurait gravement compromis; il courait à peu près sous ce rapport les mêmes dangers que du temps de la Convention. Sons le règne de Louis XVIII et de Charles X était-il avantageux de dévoiler son secret? Il a vu les deux Rois monter tranquillement sur le trône, appuyés, soutenus, reconnus pour Rois légitimes par toutes les puissances et par l'opinion générale de leur légitimité. Nulle voix tant soit peu imposante ne s'est élevée en faveur du fils de Louis XVI. Qu'a dû faire alors le Sieur *Lasne*, à moins qu'on ne lui suppose un courage héroïque qui lui fit braver tous les dangers pour rendre hommage à la vérité? Il a dû se taire et répondre à ceux qui l'interrogeaient, que le jeune Prince était vraiment mort. Dire le contraire lui aurait attiré des dangers, comme à un perturbateur de l'ordre public, comme à un adversaire de la succession légitime au trône de France, enfin comme à un criminel de lèse-majesté, d'autant plus coupable aux yeux des deux Rois Louis XVIII et Charles X, que sa qualité de gardien auprès de Louis XVII rendait son témoignage plus imposant et plus nuisible à leurs intérêts personnels.

«*Depuis la révolution de Juillet, le Sieur Lasne a eu les mêmes raisons, et de plus fortes, de plus pressantes encore, pour persister dans son assertion. Les dangers d'un aveu de la sortie du jeune captif du Temple ont pu lui paraître plus imminens.*

«Nous ne pouvons nous empêcher d'exprimer ici tout notre étonnement de la conduite tenue envers le Sieur *Lasne* par le gouvernement de la Restauration en 1814. Quoi! Le Sieur *Gomin........, pour avoir été chargé pendant quelque temps, avant le Sieur Lasne, de la conduite du Dauphin, est attaché au service de la maison du Roi,* quoique les députés de la Convention aient loué publiquement son *républicanisme éprouvé! Et le Sieur Lasne,* qui ne paraît pas avoir mérité de tels éloges, que l'on dit même avoir été constamment un vrai et courageux royaliste, plein d'attention et de dévouement pour le Dauphin pendant sa captivité, *ce gardien si bon, si royaliste, si fidèle, reste dans l'oubli!* Comment expliquer cette singularité?....... Ne semble-t-on pas avoir craint d'approfondir ses révélations, et de pénétrer un secret importun? Comme personne ne pouvait donner des détails plus précis, *plus sûrs* que les siens sur le prisonnier, pourquoi sous le gouvernement de

« Louis XVIII ne l'a-t-on pas fait interroger comme le témoin le plus propre à confondre tous les bruits de l'existence du Dauphin, et toutes les prétentions de ceux qui ont voulu jouer le personnage? Cette singularité de conduite renferme quelque chose de mystérieux et d'inexplicable, qui répand des nuages et des doutes sur la mort de Louis XVII, rend plus admissible la supposition de son enlèvement du Temple........ L'attestation du Sieur *Lasne*, nous croyons l'avoir démontré, ne détruit nullement la possibilité de l'enlèvement du prisonnier. Elle ne peut donc être admise comme authentique et irrécusable..... »

Ainsi, Monsieur le Substitut, il demeure clairement et irrésistiblement expliqué que les témoignages de *Lasne* et de *Gomin*, loin de rendre insoutenable la cause du Duc de Normandie, ajoutent une nouvelle évidence à la fausseté de l'acte de décès qui le fait mourir au Temple. Vous n'aviez qu'eux pour appui; ces bases essentielles de votre dissertation, sur lesquelles vous vous reposiez avec tant de sécurité, vous échappent; tout votre système croule avec elles. Il est de plus manifeste que ces témoignages ont été coordonnés pour les besoins d'une méconnaissance qu'on ne put jamais soutenir que par le mensonge. D'après tout ce qui précède, j'ai donné la mesure de votre impartialité, j'ai frappé de discrédit tout l'ensemble de votre laborieux travail, j'ai ruiné vos conclusions, j'ai restitué à la cause du fils de Louis XVI, sa noble et majestueuse physionomie Depuis notre Instance, la cause a pris une nouvelle face, et j'apporte une démonstration irréfutable du bon droit des demandeurs, en faisant tourner contre nos adversaires les armes dont ils se servaient pour nous abattre. Pour que la vérité triomphe, il me suffit de faire ressortir l'inconsistance des moyens qu'on lui oppose, l'insuffisance des objections qu'on nous fait. Quant à l'ordonnance de la Chambre du Conseil, que nous ne devons pas séparer de vos conclusions, elle ne saurait non plus désormais inspirer de confiance à personne. Composée d'erreurs, sinon de faussetés préméditées, elle se change aussi dans une justification de vérité judiciaire au soutien des droits de la famille du Duc de Normandie, par l'insidieuse combinaison des élémens qui la constituent. Il faudrait être aveugle pour n'en pas voir une réfutation complète dans les faits constans du procès civil, et les considérations que j'ai fait valoir contre vous. Pour tout esprit éclairé, cet acte judiciaire reste dans la cause comme un opprobre contre les instrumens serviles des réprobateurs politiques de l'auguste fils de Louis XVI; car tout est faux ou dénaturé, tout est perfidie dans les énonciations de l'ordonnance: nous nous en sommes convaincus en analysant les dépositions de *Lasne* et de *Gomin*. Pour qu'on ne s'avise plus de dire avec vous que « la conduite de Naundorff, après son entrée en France, a été éclairée par une instruction criminelle ; » jetons-y un rapide coup d'œil d'examen, avant de rentrer plus directement dans la question civile. J'écris pour le public, et de quelque côté que vienne la lumière, il en fera son profit.

CHAPITRE IV.

§ 1.

Ce n'était pas assez sans doute pour le juge d'instruction, que *Lasne* et *Gomin* eussent fondé leur prétendue certitude de l'identité de l'enfant mort avec le Dauphin, sur le futile prétexte qu'ils auraient vu ce dernier se promener dans le jardin des Tuileries ; ce motif de reconnaissance avait trop peu de valeur à ses yeux, puisqu'il a trouvé mieux de ne pas se renfermer dans les limites tracées par ses témoins. Il ajoute en effet lui-même à leurs dépositions que :

« Tous deux avaient été souvent de service dans les appartemens « du château des Tuileries avant le 10 Août 1792, et qu'ils avaient « eu ainsi de fréquentes occasions de voir le Prince. »

Des appartemens substitués à un jardin, ne donnent certes pas le caractère de probité judiciaire à ce passage de l'ordonnance.

La Chambre du Conseil, s'appuyant ensuite sur de prétendus renseignemens obtenus par la voie diplomatique, dit que Naundorff paraît *né dans la Prusse polonaise.*

Cette supposition, malignement consacrée en justice, n'a pas même l'apparence de la vérité ; *car elle est officiellement démentie* par une lettre d'un Ministre prussien, qui a été lue à l'audience par Mᵉ Jules Favre, et qui se trouve insérée dans mon Mémoire judiciaire, publié avant la reddition de l'ordonnance ; mais parce que le gouvernement prussien ne voulait pas reconnaître l'horloger de Spandau dans sa qualité de Prince français, quoiqu'il en ait la justification dans ses archives ; tous les renseignemens diplomatiques consistent à dire, qu'on ne sait rien des antécédens de sa vie avant 1810, époque de son arrivée à Berlin. Les droits de bourgeoisie, en outre, qui lui ont été conférés, sur un ordre du directeur général de la police, contrairement aux lois du pays, ne permettent pas de douter de la véracité du récit du Prince ; c'est-à-dire que le nom de Naundorff lui a été imposé pour le soustraire momentanément à de nouvelles persécutions, et le trahir plus tard en exploitant sa légitimité contre lui et contre la France, au bénéfice d'une criminelle coalition des souverains de l'Europe.

On reproche au royal méconnu les deux accusations politiques d'incendie et de fausse monnaie, inventées pour le tuer moralement par ses lâches proscripteurs. Il fut acquitté de la première, dit-on, faute de preuves. Comment alors avoir l'absurdité de le soutenir coupable; puisqu'on n'a rien pu prouver dans le sens de l'accusation? Cet incendie que lui imputa l'animosité de ses ennemis fut la cause de sa ruine, et la justice se vit forcée de mettre à la charge de la régence de Potsdam les frais de cette monstrueuse poursuite, en disculpant l'honnête homme calomnié. Où voit-on là une trace de culpabilité?

Quant au crime de fausse monnaie, mensongèrement imputé à l'innocent, et dont l'infamie retombe sur la tête des artisans de cette machiavélique inculpation, comment avoir la bassesse de le reproduire encore, lorsque le gouvernement prussien, hautement sommé de communiquer publiquement le dispositif de la sentence, invoque un prétendu texte du code criminel prussien, pour s'en dispenser, dans l'impuissance où il est de contredire le Prince qui lui a reproché avec amertume de l'avoir fait condamner, non comme fabricateur de fausse monnaie; mais uniquement *«parce qu'au cours du procès, se disant Prince natif, il « s'était conduit comme un menteur impudent, laissant supposer «qu'il appartenait à l'auguste famille des Bourbons!»*

Après s'être dit fils de Prince, «bientôt, ajoute-t-on, il fut «expulsé du royaume de Prusse.»

Mais cette nouvelle affirmation n'est pas vraie non plus. Est-ce qu'en Prusse le gouvernement aurait expulsé *un de ses sujets* coupable au lieu de le juger? Au moment même de la chute de Napoléon, le Prince, par des lettres signées *le Duc de Normandie*, réclama ses papiers du Prince de Hardenberg et de M. Lecoq; et ce n'est qu'en 1832, après l'empoisonnement de son énergique défenseur Pezold, qu'il quitta secrètement et volontairement la Prusse, pour se soustraire à un nouvel abus de l'absolutisme. L'ordre avait été signé de l'enfermer dans une forteresse, et devait s'exécuter quand, informé par une lettre anonyme d'un ami inconnu, du danger dont il était menacé, il partit alors mystérieusement pour la France. Ce dernier fait n'est pas niable, il est de notoriété publique à Crossen.

Si l'instruction de la procédure en escroquerie avait été suivie avec loyauté et bonne foi, dans le but de découvrir une vérité problématique, on n'eût pas adopté un mode d'agir tout opposé aux habitudes et aux règles de la justice ordinaire. On eût pesé équitablement tous les élémens, tous les faits du procès, toutes les autorités, tous les moyens connus de la défense, sans prendre pour base d'une décision injustifiable les allégations de l'imposture; sans omettre de tenir compte des illégalités exercées contre le prétendu escroc, antérieurement aux poursuites commencées; sans faire un mépris scandaleux des témoignages produits en sa faveur. Le but ténébreusement persécuteur de cette instruction se dévoile donc par la marche insolite de l'autorité.

Pourquoi ne mentionne-t-on pas l'Instance en réclamation d'état? pourquoi ne parle-t-on pas de notre plainte en diffamation, par suite de laquelle le Tribunal a ordonné la mise à fin de la procédure, tenue en suspens comme un épouvantail contre le Prince et ses amis? J'étais un des Rédacteurs de la *Voix d'un Proscrit*. Le gérant du *Capitole* ayant publié contre nous un article calomnieux disait :

« Dans le but de favoriser une sale intrigue, et d'augmenter
« le nombre des dupes qui la propagent à l'aide de leurs noms
« ou de leurs bourses, des publications mensuelles continuent à
« entretenir Paris et la province des aventures incroyables d'un
« nommé Charles Guillaume Naundorff..... »

Le journaliste fut cité devant le Tribunal de police correctionnelle, au nom du Prince et du mien, pour répondre de sa diffamation. Le ministère public, invoquant la procédure en escroquerie, requit une remise indéfinie de la cause sous prétexte qu'il convenait, avant de donner suite à notre plainte, de terminer l'instruction. Ce fut alors que, sur notre demande formelle, le Tribunal impartit au Procureur du Roi un délai, dans lequel une ordonnance de la Chambre devait être définitivement rendue. L'assignation notifiée au nom du Prince fut en même temps annulée, comme donnée dans des noms et qualités auxquels il n'avait pas justifié qu'il eut droit. Mais ultérieurement le Tribunal se vit obligé de statuer à mon égard. Si Naundorff n'eût pas été à ses yeux le fils de Louis XVI, il l'aurait déclaré dans le jugement qui me concerne, d'autant plus que le gouvernement venait de faire publier, *par Morin de Guérivière, l'un des compères de l'agent de police Richemont,* une soi-disant dépêche ministérielle prussienne, qui attribuait au prévenu d'escroquerie une origine juive polonaise. On s'est bien gardé de nier l'identité, dont la méconnaissance faisait la base des poursuites. Pourtant comme on ne voulait pas me donner raison suivant mon droit; parce que ce serait aussi donner raison judiciairement au Prince, on s'est perdu dans le vague, par un faux-fuyant dérisoire, en décidant *que je n'étais pas compris dans la diffamation.* C'était réconnaître indirectement que la diffamation était réelle, et dès lors le droit de Naundorff à se dire Duc de Normandie. Mais comme j'avais la ressource de l'appel, on adopta cette voie détournée de déni de justice, pour masquer la méconnaissance du Prince, dont il eût été impolitique de faire un des attendus du jugement, et qui aurait donné lieu devant la Cour royale, à une discussion directe sur l'identité répudiée, et appelé l'attention publique sur ce débat qu'on redoutait. Voilà aussi pourquoi l'ordonnance de 1841, dont aucun des considérans ne peut soutenir les regards de la vérité, a été préparée contre le Prince aussitôt après son expulsion de France.

« *Le* 51 *Mai,* dit-on encore, le gouvernement, fatigué des « intrigues de Naundorff, lui fit l'application des lois sur les « étrangers, et prit contre lui un arrêté d'expulsion. »

J'ai prouvé que cette date était mensongère, et que la seule cause d'expulsion avait été le procès civil intenté, dont on arrêtait ainsi arbitrairement le cours légal. Ainsi se retourne contre le pouvoir la qualification d'imposteur donnée au Prince identifié par les prévarications du gouvernement. L'imposteur est la puissance publique, qui refuse de juger l'homme allant au-devant de la justice et en réclamant l'examen, et qui le condamne sans l'entendre.

M. le juge d'instruction, ne sachant comment se défaire de la démonstration puissante d'identité qui résultait des souvenirs si précis du Prince sur la vie d'enfance du Dauphin, et du témoignage honorable des témoins de son évasion et de sa reconnaissance, substitue, à des certitudes acquises, des probabilités contraires de son imagination fantastique; il les élimine de la cause (je rougis de honte pour la justice en reproduisant ses paroles), *par des sans doute et des peut-être !*

« Aidé, *sans doute,* disent les juges de la Chambre du Conseil, « par la lecture de nombreux Mémoires, et par des renseigne-« mens puisés *peut-être* auprès de gens qui, avant la révolution « avaient pu faire partie de la domesticité du château, il par-« vint à surprendre la bonne foi de quelques personnes d'une « crédulité facile. Il réussit à conquérir la conviction d'un Sieur « Appert, curé de St. Arnould, qui fut bientôt interdit par « l'évêque du diocèse de Versailles...... Ainsi croule le roman « laborieusement échafaudé par Naundorff et ses partisans; ainsi « se trouvent établis et l'esprit astucieux de l'un et la crédulité « incompréhensible des autres. »

Sans chercher à faire ressortir tout ce qu'il y a de partialité révoltante dans cette partie de la décision judiciaire, basée sur des *sans doute* et des *peut-être ;* sous le point de vue du bon sens, quelle pitoyable argumentation, plus pitoyablement encore convertie en arrêt de justice, pour repousser une évidence dont les yeux de la magistrature ont été offusqués! Quel génie surhumain aussi l'on suppose à ce prétendu juif polonais de basse extraction, qui, aux termes du jugement civil, ne sachant pas le français en 1833, époque où il surprend la bonne foi de quelques personnes crédules, a pourtant pu lire et comprendre des livres français, où il aurait appris toutes les particularités qu'il a rapportées et qui ne sont écrites nulle part! Et c'est sur d'aussi burlesques raisons qu'une Chambre de justice déclare imposteur l'homme de vérité, diffame le citoyen probe et honnête! La passion ne prend-elle pas ici le masque de la justice?

Mais vous, Monsieur le Substitut, vous ne voulez pas même nous laisser la ressource des livres dont parle M. le juge d'instruction; et vous flétrissez de votre mépris ceux que nous invoquons au soutien de la narration du Prince. « *Mettons-les* « *de côté*, avez-vous dit, ce sont des œuvres apocryphes d'écri- « vains faméliques, *soldés* par des libraires *ruinés*. » Je ne relèverai point l'ingénuité de votre « *mettons-les de côté;* » mais le point saillant de votre observation, qui fait trouver à des libraires *ruinés* les moyens de *solder* des Mémoires et livres d'histoire dont votre haute sagesse récuse arrogamment l'autorité.

« Naundorff, porte l'ordonnance, a surpris la bonne foi de personnes crédules. » Il y a plus que de la déraison, de la part d'un Tribunal, à sanctionner une aussi absurde conjecture, pour écarter de la cause des témoignages sollicités, reçus judiciairement, et qui méritaient *au moins* autant que ceux de *Lasne* et de *Gomin*, les honneurs d'un examen juridique. Mais on n'en parle pas même. On passe sous silence les noms de M. de Joly, de M. Brémond, de Mme de Rambaud, de M. et de Mme Marco de St. Hilaire, de Mme de Broglio Solari, de M. le Marquis de la Feuillade, tous anciens serviteurs de la cour de Louis XVI, et qui, autrement que les deux gardiens du Temple avaient connu le Dauphin. On a réfléchi, *sans doute*, qu'en enregistrant leur reconnaissance si décisive, on enregistrerait aussi l'identité royale qu'on avait ordre de répudier. L'ordonnance de la Chambre du Conseil ne mentionne donc pas leurs attestations, bien qu'elles fassent partie essentielle des élémens du procès; parce que le nom seul de ces témoins imposans et incorruptibles détruisait le caractère de crédulité qu'on voudrait leur attribuer.

Au nombre des personnes crédules, on signale M. Appert, curé du canton de St. Arnould; et rappelant l'interdiction prononcée contre lui par son évêque, on ose s'en faire un argument contre la vérité travestie. Mais cette iniquité d'un des Princes de l'église romaine, par son caractère de persécution sacrilège, est devenue *une consécration impie*, si je puis parler de la sorte, des droits du Prince qui, lui aussi, fut frappé d'anathème pas les soi-disant successeurs des apôtres. Puisqu'on a soulevé le voile qui couvre un grand scandale catholique, il faut bien que je dissipe les ténèbres dont on l'enveloppe.

M. Appert dont la longue carrière sacerdotale, selon l'esprit du véritable christianisme, n'a laissé derrière lui que des souvenirs de vertu et de constante intégrité, s'est vu dans la nécessité de s'expatrier, afin de se soustraire à la haine des ennemis religieux du Duc de Normandie. Il était une puissance morale de vérité redoutable pour les injustes; car l'un des premiers à connaître le Prince, et à défendre avec énergie les droits de la justice, il avait aussi entretenu des relations suivies avec *Martin*. Témoin de toutes les roueries sacerdotales dans l'affaire du Prince, et du serviteur de Dieu, il les flétrissait par sa parole et son exemple. Les mensonges du rédacteur de l'*Ami de la Religion*, sur la mort du *Martyr de Gallardon*, avaient été victorieusement combattus par le prêtre honnête homme. Au sein même de l'évêché, un complot s'organisa contre lui. On sentit l'urgence de le réduire à tout prix au silence, et de le détacher des intérêts du Prince, en faveur duquel sa conviction entraînait celle de beaucoup d'autres. M. le curé de St. Arnould était encore le confesseur du Prince, et lui avait administré les sacremens de l'église, que l'infortuné fils de Louis XVI n'avait pu recevoir dans son enfance, ni depuis, en raison de sa vie emprisonnée, mystérieuse et forcément cachée. Ce fut M. Blanquart de Bailleul, évêque du diocèse de Versailles, qui confirma l'auguste pénitent, présenté à lui incognito, car il y avait danger alors pour le Prince de se montrer trop publiquement. Mais peu de temps après, cet évêque ayant été prévenu que le personnage confirmé était le Duc de Normandie, écrivit à M. Appert que:

«D'après des renseignemens qu'il avait pris, il lui ôtait tout «pouvoir de confesser le prétendu Duc de Normandie, et lui «interdisait expressément de lui administrer aucun des sacremens «de l'église.»

C'était frapper d'excommunication le Roi, que les modernes Princes des prêtres rejetaient à l'imitation du sacerdoce judaïque, qui tant de fois blasphéma l'Eternel en couvrant de sa divine Majesté les crimes d'un culte politique et impie.

M. Blanquart de Bailleul, dès 1833, avait dénoncé le Prince au préfet de Versailles, qui ne tint aucun compte de l'avertissement. Alors il renouvela sa dénonciation aux Ministres de Louis-Philippe, se félicita de l'arrestation de l'infortuné fils de Louis XVI, et pendant sa détention illégale, peu de jours avant son expulsion de France, il écrivit à M. Appert :

«Qu'il espère que les circonstances vont rendre ses relations «plus difficiles et plus rares; qu'il a eu plusieurs conférences «à son sujet avec le Ministre de la justice et des cultes; qu'en «conséquence il ait à lui déclarer catégoriquement s'il consent «ou non à exécuter les ordres qu'il lui a donnés.»

Au nombre de ces ordres, il y avait l'injonction, après déjà deux interrogatoires subis, d'aller se soumettre à un troisième. Comme M. Appert avait jugé par les précédens que le secret de la confession se trouvait gravement compromis, et qu'on en avait abusé dans un intérêt politique; comme aussi depuis plus d'un an on répandait sourdement le bruit que le confesseur du Prince avait fait à l'évêque l'aveu que Naundorff était un imposteur, le digne curé, effrayé des conséquences qu'on tirait de ses soumissions antérieures possibles à son supérieur ecclésiastique, s'abstint prudemment de toute nouvelle communication secrète, réclamant une sentence publique et motivée, afin qu'il pût se justifier hautement, et rendre ainsi un hommage solennel à son Prince. Cette religieuse constance du curé de St. Arnould, à rester ferme dans ses devoirs et ses convictions inébranlables, fut taxée de rebellion, et le 6 Septembre 1836, l'évêque le frappa d'interdit par la lettre suivante :

«Je vous annonce que je vous suspens par la présente de toute «fonction pastorale et ecclésiastique, même de la célébration de «la sainte messe, et que je ne vous rétablirai dans l'exercice de «vos fonctions, que lorsque vous serez venu passer au Séminaire «de Versailles le temps que j'aurai déterminé.»

Ces abus crians d'autorité papiste, exercés en haine du Duc de Normandie; cette lâche servilité aux exigences des passions politiques, furent consommés par un arbitraire final non moins exorbitant que les premiers; M. Appert, curé de canton, était comme tel inamovible; le pouvoir temporel même ne pouvait le dépouiller de son titre, ni le priver de la partie fixe de son allocation annuelle. Un autre curé fut mis à sa place, et depuis l'année 1836 ses appointemens lui ont été intégralement retranchés. Ainsi cessa d'appartenir au sacerdoce de France un homme vénérable, qui pendant trente ans avait exercé son ministère sans reproche, et dans la pratique de toutes les vertus chrétiennes. Et pourquoi? Uniquement parce qu'il avait exercé des œuvres d'amour et de miséricorde envers le fils de Louis XVI, dont l'existence contrariait les vues intéressées du gouvernement et de l'église romaine. Sa résistance aux prescriptions sacrilèges de son évêque ayant eu lieu à l'insu de sa paroisse, et voulant éviter le scandale en prolongeant plus longtemps une lutte inutile, M. Appert, pour toute réponse à la lettre dernière, avec infiniment de raison, sans dire adieu à *Monseigneur*, alla rejoindre dans son exil le Duc de Normandie.

Vous connaissez à présent, Monsieur le Substitut, les motifs réels de l'interdiction de M. Appert; jugez vous-même si les membres de la Chambre du Conseil ont eu raison de s'en faire un argument contre le Prince. Cet incident nous a amenés sur un terrain étranger à la cause civile. Mais je n'ai pas dû le passer sous silence; puisque l'autorité elle-même donnait au fait allégué un caractère mensonger. Je n'en dirai pas davantage sur ce sujet, et je ne répondrai pas autrement à vos allusions contre la conduite religieuse du Prince. Ce n'est pas ici qu'il convient de traiter cette question. Il me suffit d'avoir fait voir que le clergé a aidé le gouvernement français à tyranniser l'innocence. La justice aussi, nous venons de nous en convaincre, entrant dans les mêmes voies, s'est faite oppressive et haineuse à son tour, en motivant ses arrêts sur des raisons d'Etat, c'est-à-dire sur des mensonges délibérés, sur des calomnies. Feignant ensuite de ne pas connaître un mot des faits et des preuves qui identifient infailliblement le Duc de Normandie, que j'ai livrés au public dans *Les Intrigues Dévoilées*, et que j'avais soumis à la magistrature dans le Mémoire judiciaire publié avant la reddition de l'ordonnance, la Chambre du Conseil, pour compléter son déni de justice, ne parle que de *présomptions* invoquées par le Prince, *d'un roman laborieusement échafaudé*, et par un étrange aveuglement déclare *inutile* l'examen de la cause telle que nous la présentons. Voilà, Monsieur le Substitut, ce que la magistrature nous donne comme une justice éclairée. Toutefois, elle a trahi par sa décision sa pensée secrète; puisqu'elle déclare d'une part, qu'il y a eu par Naundorff usurpation d'une fausse qualité et escroquerie; tandis que de l'autre, elle prononce qu'il n'y a pas lieu à suivre contre lui, attendu son expulsion. Or, du moment que l'expulsion avait eu lieu quand l'instruction a commencé, et que la procédure n'a appris que ce qui était connu pendant le séjour du Prince en France, il est par-là clairement démontré que cette instruction n'était qu'un nouveau moyen de persécution.

Que résulte-t-il, après tout, de toutes ces infractions aux lois de la justice et du bon sens? C'est qu'après quatre années de laborieux efforts, d'échange de correspondances avec la Prusse, de recherches dans les papiers de tous les ministères, de toutes les polices, la procédure arbitrairement édifiée, sans contrôle de notre part, ne peut valider l'acte de décès du 12 Juin 1795 que par l'acte de décès lui-même. Par conséquent les puissances judiciaires, civiles et politiques, laissent subsister dans toute leur force de vérité, les témoignages, les faits et considérations produits par nous, et qui en ont irrésistiblement établi la nullité.

Toutefois cette procédure nous révèle un fait d'une bien haute importance, et qui à lui seul suffirait pour attester l'identité de Naundorff avec le fils de Louis XVI. A différentes époques, et sous les divers règnes qui se sont succédés depuis 1795 jusqu'à ce jour, lorsqu'on redoutait quelque éclat touchant l'existence de Louis XVII, on lançait dans le monde des faux Dauphins pour ridiculiser le véritable, et tourner contre lui l'opinion publique. On doit comprendre que ces manœuvres des pouvoirs politiques étaient un puissant témoignage en faveur de la vérité, puisque pour la combattre on en présentait une burlesque imitation. Si la mort du dernier Dauphin eût été aussi authentique, aussi incontestable que celle du premier, que celle de Napoléon et de son fils, que celle du Duc d'Enghien et du Duc de Berry, des imposteurs n'auraient pas cherché à faire revivre le dernier fils de Louis XVI; et si la croyance à son évasion de la Tour du Temple n'avait pas été un fait presque notoirement reconnu, ces basses intrigues, considérées comme des actes de démence, objet de la risée de tous, n'auraient pas obtenu le moindre crédit. Pourtant le nom de Louis XVII a été un sujet d'effroi pour le gouvernement révolutionnaire, sous le Consulat, sous *les deux Restaurations*, et même sous Louis-Philippe, l'élu de la souveraineté nationale; quoiqu'une nouvelle dynastie se trouvant substituée à la branche aînée des Bourbons, il dût paraître indifférent à la France que la légitimité déchue reposât sur la tête du Duc de Bordeaux ou sur celle du Duc de Normandie.

Or, tous les faux Dauphins trompés par une erreur commune que consacre l'histoire, et conséquemment par ceux qui les ont mis en avant, se sont fait appeler Louis-Charles. On avait consulté des almanachs, et l'on se croyait à l'abri de toute méprise, en adoptant les prénoms qui y sont inscrits. Louis XVIII lui-même, quoique parrain du Duc de Normandie, avait osé écrire effrontément dans ses Mémoires qu'il fut baptisé sous les noms de *Louis-Charles*, tandis qu'en réalité il reçut ceux de *Charles-Louis*. Cette falsification d'un fait qui se lie d'une manière directe aux preuves de l'identité du Duc de Normandie, avait été calculée par l'oncle usurpateur pour enlever à son neveu la puissance de son souvenir à cet égard. En effet dans les lettres que le Prince écrivit de Prusse à sa famille, aussitôt après la chute de l'Empire, il les avait signées *Charles-Louis,* comme preuve infaillible de vérité pour les Bourbons. En cherchant à faire croire que le Dauphin n'avait jamais eu ces prénoms, on enlevait à l'Orphelin du Temple l'avantage irrécusable d'avoir seul connaissance d'un fait que la nouvelle génération n'avait pas connu. Mais l'explication, donnée par le Prince aux serviteurs de Louis XVI, vint ajouter dans leur esprit un nouveau et puissant motif de conviction en faveur de son identité.

Les prénoms du fils aîné de Louis XVI furent *Louis-Joseph-Xavier-François,* ceux du dernier *Charles-Louis.* A l'époque du décès du premier Dauphin, le Roi et la Reine désirant que le prénom principal du nouveau Dauphin fût celui de Louis, on fit en conséquence substituer dans les actes à la place de *Charles-Louis, Louis-Charles;* et cette dernière désignation s'est perpétuée jusqu'au jour où le Duc de Normandie a reparu dans le monde. S. A. R. reprit alors ses premiers noms, en écrivant de Prusse à sa famille; et l'on doit avouer que le fils de Louis XVI seul, fort d'une vérité qu'il révélait, pouvait par sa signature donner un démenti à un fait acquis depuis une génération; et qu'un intrigant se fût bien gardé de fronder ainsi la croyance générale, par un changement d'ordre dans les prénoms du Dauphin, et par une signature qui, si elle n'eût pas été justifiée, n'étant elle-même qu'une nouvelle imposture, eût fait à l'aide seule d'un almanach, découvrir la manœuvre, et trahi le faussaire. Cette nouvelle signature *Charles-Louis* était d'autant plus extraordinaire que le Prince, à la mort de Louis XVI, était devenu sous le titre de *Louis* XVII et non de *Charles* X, Roi reconnu par toutes les puissances, par le parti des émigrés, et par les royalistes de France. En se prévalant des prénoms *Charles-Louis,* il contrariait l'opinion de la plupart des vieux serviteurs de son père encore existans, qui s'étaient habitués aux prénoms de *Louis-Charles,* les seuls qu'on lui reconnut. Aussi, quand il revint en France en 1833, réservant cette révélation pour l'opposer en justice comme un témoignage d'identité aux faux Dauphins qui s'étaient présentés avant lui, il se conforma dans le principe à l'usage et écrivit à sa sœur à Prague en 1834 par M. Morel de St. Didier, en signant *Louis-Charles.* Ce ne fut qu'ultérieurement, que l'explication fut donnée, reconnue vraie par les anciens serviteurs de Louis XVI, auxquels elle remémora les particularités de ce fait qu'ils avaient oublié, et, par une lettre adressée au président de la cour d'Assises qui jugeait l'imposteur *Richemont,* elle devint alors publique.

Les sots et les ignorans s'ébahirent de cette prétention de l'horloger de Spandau ; et l'on s'écriait avec l'imposture : « quand on réclame un nom, il faudrait au moins savoir quel il est. » Eh bien ! Voilà qu'une procédure instruite contre le Prince nous dispense de fournir la preuve de l'exactitude de ses souvenirs. C'est l'autorité qui, en s'efforçant de le faire considérer comme un imposteur, lui donne raison. La déposition de *Gomin*, et celle signée de *Lasne* en 1857, qualifient le Duc de Normandie *Charles-Louis*, et la commission rogatoire envoyée à Pontoise nous apprend que le fils de Louis XVI *a été écroué au Temple*, sons les prénoms de *Charles-Louis*. Que peut-on objecter à cette démonstration de vérité non équivoque qui nous vient providentiellement de la part de nos ennemis ? Rien autre chose que le mensonge et les subterfuges de la mauvaise foi.

Cette conclusion, Monsieur le Substitut, à laquelle vous ne vous attendiez pas ; car vous, vous êtes obligé par état à respecter les actes de la justice quels qu'ils soient, cet aspect peu honorable, sous lequel le public envisagera dorénavant l'ordonnance de 1841, me ramène à votre discours d'audience qui, dans toutes ses parties, ne peut pas plus se soutenir que les actes de vos devanciers. Privé de documens pour étayer votre système insoutenable, vous en demandez à l'inconnu et vous nous dites sérieusement :

« *Combien d'autres témoins pourraïent être entendus !* Depuis « trois ans que durait la captivité du Prince, *combien* de Com- « missaires de section, *combien* de gardes nationaux l'ont ap- « proché. Comment tromper *tant de personnes* appelées par leurs « passions ou leurs devoirs à découvrir la fraude ! »

Où sont-ils donc ces nombreux témoins, ces nombreux sectionnaires, ces nombreux gardes nationaux que vous dites avoir approché le Prince ? Nommez-en un seul, et par pudeur au moins rapportez-nous ce qu'il a dit. Vous employez une ressource facile pour démentir la vérité qui vous déplaît, en vous jetant dans un vague si profond qu'on n'y voit pas d'issue. Ah ! Monsieur, vous vous égarez avec une légèreté inconcevable sans plus pouvoir retrouver votre chemin. Quoi ! après avoir vu le juge d'instruction se perdre comme vous dans le faux ou la divagation, pour colorer sa diffamation judiciaire contre le fils de Louis XVI ; pouvez-vous bien avancer qu'il aurait eu tant de témoignages de vérité à entendre et à produire, et qu'il nous en eût fait grâce ? Ce que vous dites là est bon pour en faire accroire à la foule crédule et irréfléchie ; mais devant un Tribunal c'est faire une insulte au bon sens des juges. Vous, Messieurs de la justice, vous nous avez

traités avec trop peu de ménagemens, pour donner à penser
que vous auriez négligé de bons moyens, à l'effet de repousser
des prétentions qui vous importunent, lorsque vous n'en avez
fait valoir que de mauvais; et dans une circonstance décisive où
l'imposture aux abois, dans sa lutte avec la vérité, rend son
dernier râle. Nul n'acceptera pour preuve des insinuations ou
des allégations qui n'auront pas la sanction de la raison, la
force d'une autorité respectable; et votre parole n'en offre pas
le caractère.

§ 2.

« En Mai 1795 seulement, dites-vous encore, Monsieur le
« Substitut, on envoya Desault au Dauphin. Ce célèbre chirur-
« gien comprit de suite qu'il arrivait trop tard. Il prodigua ses
« soins à l'enfant qui, reconnaissant un ami, *rompit à son égard*
« *le silence qu'il gardait devant les Conventionnels.* Desault
« quitta le Temple les larmes aux yeux; il a parlé du Dauphin
« à ses amis, à Beaulieu notamment qui rapporte le témoignage
« dans son livre sur la révolution, et qui a répondu ainsi par
« avance à ceux qui prétendent aujourd'hui que Desault aurait
« été empoisonné; parce qu'il se serait aperçu qu'on lui avait
« présenté un enfant substitué au Dauphin. »

Qu'est-ce donc que ce Beaulieu, Monsieur le Substitut, qui
mérite l'honneur insigne de n'être pas rangé par vous dans la
catégorie des « *écrivains faméliques dont les œuvres apocryphes
ont été soldées par des libraires ruinés ?* » C'est un historien
si peu connu qu'il m'a été impossible de me le procurer dans
les cabinets littéraires ou chez les libraires de Paris. Son histoire sur la révolution, si je ne me trompe, date de l'année 1796,
époque où il n'eût pas été prudent de parler publiquement de
l'évasion du Dauphin, et d'un assassinat commis pour en empêcher la révélation. Les histoires publiées avec l'approbation
directe ou tacite du gouvernement, ne sont pas des autorités
compétentes dans la question. Beaulieu, historien révolutionnaire, assurément, a dû écrire dans le sens de ses opinions, et
des volontés du pouvoir dominant; d'après le *Moniteur,* et d'après
les actes officiels de ce temps : son récit dès lors ne mérite pas
plus de confiance que l'acte de décès. N'ayant pas sous les yeux
la relation de cet écrivain, au nom duquel vous niez la substitution d'un enfant au prisonnier royal, je ne puis en démontrer
matériellement la fausseté; mais ce que vous lui faites dire au
sujet de Desault ne peut pas être vrai; parce que, s'il est une
opinion accréditée dans l'histoire, c'est que ce médecin est mort

empoisonné. Les auteurs et les témoins varient sur la date et sur la cause de sa mort violente; néanmoins tous sont unanimes à reconnaître que cette mort a été le résultat d'un crime qui se rattachait à un mystère touchant le Dauphin; beaucoup même la considèrent comme une preuve de l'évasion. Vous connaissez le témoignage si précis de M. Abeillé, élève de M. Desault; il en est plusieurs autres qui m'ont été offerts pendant que la cause était en Instance; et parmi les écrivains dont je pourrais citer l'autorité, je vous nommerai la *Biographie nouvelle des contemporains, Cléry, l'histoire de la captivité de Louis XVI, Weber, la Comtesse d'Adhémar, Touchard Lafosse*..... qui tous donnent un démenti positif à Beaulieu.

Beaulieu déclare que l'enfant a parlé à Desault. L'enfant, décédé quelques jours après la mort de ce médecin, étant l'enfant scrofuleux substitué au muet, nous n'avons aucun intérêt à contester que l'enfant lui ait parlé; quoique Beaulieu soit le seul à le prétendre. Au surplus, si vous voulez qu'on croie à vos autorités, mettez-les d'accord entre elles; car *Lasne* affirme dans sa déposition que, «pendant tout le temps de son service, l'enfant «n'a parlé qu'une seule fois, au moment de mourir;» et déjà depuis plusieurs jours M. Desault était mort de mort subite.

«Pelletan et Dumangin, avez-vous dit, remplacèrent Desault. «Pelletan exprima vivement son indignation de l'état dans le-«quel il trouva le Prince. *Parlez plus bas,* lui dit celui-ci, je «ne veux pas que ma sœur apprenne que je suis malade; elle «en serait affligée. Paroles touchantes qui protestent contre le «roman de la substitution. On dit qu'un enfant malade avait «été transporté de l'Hôtel-Dieu dans le lit du Dauphin évadé. «Comment cet enfant eût-il simulé le langage du Prince? Com-«ment au milieu de son agonie aurait-il joué un rôle? Comment «des hommes comme les médecins Pelletan et Dumangin y «auraient-ils été trompés?»

Il n'y a, Monsieur le Substitut, à opposer à cette fable, si ridiculement inventée contre la substitution, qu'une toute petite difficulté; c'est que la sœur ne pouvait pas entendre ce qui se passait dans la chambre du frère. Quand vous l'avez débitée avec autant d'assurance, vous ignoriez, je présume, que le fils de Louis XVI avait été logé au second étage de la Tour, et Marie-Thérèse au troisième; quatre-vingt-deux marches plus haut selon le rapport d'Harmand de la Meuse. Le Prince le savait parfaitement; si donc l'enfant a tenu le langage rapporté par vous, il n'aurait fait que réciter une phrase suggérée; et ses paroles sont une preuve manifeste qu'il n'était pas le Dauphin. Vous avez aussi oublié que l'allégation prétendue de M. Pelletan est également démentie par la déposition de *Lasne*. Enfin j'ajoute que la famille Pelletan est au nombre des témoins que nous voulions faire entendre, comme autorité pour nous dans la question de l'évasion.

« Le 31 Mai, assurez-vous, Bellanger, peintre distingué, entre « au Temple comme Commissaire civil ; il prend au crayon le « profil de l'enfant, et ce dessein s'est trouvé ressemblant aux « portraits qui avaient été faits à Versailles. »

Comme vous ne nous dites pas, Monsieur le Substitut, à qui vous avez été demander des enseignemens sur l'histoire, ni la source où vous puisez votre anecdote du profil, vous nous ôtez la possibilité de la contredire. Mais je vous l'accorde comme vraie. Que prouve-t-elle ? Une croyance erronée de ressemblance et rien contre la substitution. Pour toute réponse, je vous apprendrai que Naundorff avait visiblement transmis son sang royal à ses huit enfans, dont tous, par des ressemblances frappantes avec les membres de la famille des Bourbons, sont une preuve vivante et providentielle de l'identité de leur père avec l'Orphelin du Temple. Lui-même avait les traits et la physionomie de Louis XVI avec un mélange de ceux de la Reine ; ses habitudes de corps, son allure, ses manières, tout en lui retraçait la royale personne de l'auguste Martyr. Comme le Dauphin, il portait à la cuisse un signe connu de plusieurs personnes de l'ancienne cour, et décrit par le Roi et la Reine dans le procès-verbal que le gouvernement prussien a reçu en 1810, et que, contre les lois impérieuses de la probité et de l'honneur, il retient en sa possession. Comme le Dauphin, il avait les yeux bleus, les cheveux bouclans naturellement et blond-*foncés* par l'âge, la bouche petite de la Reine, et comme elle une fossette au menton, le front bombé, la poitrine bombée, une taille très-cambrée et un port de tête majestueux. Comme le Dauphin il avait un signe remarquable au-dessous du sein, les deux premières dents incisives plus avancées, et qu'on appelait des dents de lièvre. Comme le Dauphin, il avait une petite cicatrice à la lèvre supérieure, provenant de la morsure d'un lapin, et une autre sous le menton, occasionnée par la violence du féroce Simon, qui l'avait fait tomber brutalement sur le coin d'une chaise. Comme le Dauphin, il avait sur les deux bras des marques d'inoculation, que Mme de Rambaud, vous le savez, a reconnues pour être exactement celles d'un instrument qui n'avait servi que pour le Dauphin, par la volonté expresse de la Reine. J'ajoute que chacun des enfans était, dans son bas âge, le portrait vivant du Dauphin et que, quand on confronte la figure des deux derniers avec les portraits que nous avons de son enfance, on croirait que c'est leur propre portrait qu'on a fait. Pour ceux qui ont connu l'infortunée Marie-Antoinette, et qui connaissent Mme la Duchesse d'Angoulême, ils retrouvent ces deux Princesses dans *Amélie*, la fille aînée du Prince, dont l'étonnante ressemblance avec sa grand'mère et sa tante a fait verser bien des larmes de tristes souvenirs, et forcé les plus incrédules à l'irrésistible conviction de l'origine royale de son père. Voilà des ressemblances qui ne peuvent pas tromper, que la nature seule a pu produire, qui portent un cachet de vérité non équivoque, sans rien devoir à une imagination abusée, et qui ne permettent pas de prêter la moindre attention au dérisoire argument que vous tirez du profil dessiné par votre peintre Bellanger.

Obligé de parler de *Laurent*, vous Monsieur le Substitut; parce que la découverte que j'avais faite aux archives ne vous laissait pas la liberté de le passer sous silence, à l'imitation du juge d'instruction, vous nous dites à son sujet :

« On a lu trois lettres de *Laurent:* a-t-on montré les origi-« naux de ces lettres? Non ! On dit seulement que Naundorff les « a déposées en 1810 entre les mains de M. Lecoq, conseiller de « justice à Berlin. C'est une allégation facile; mais la famille de « M. Lecoq le nie. Le gouvernement prussien n'en a pas trouvé « la trace. *Laurent* était un Jacobin. Il a été déporté plus tard « à Cayenne pour la violence de ses opinions. Sa vie proteste « contre le rôle qu'on lui fait jouer dans le roman de l'évasion. « Ces lettres ont été fabriquées pour le besoin de la cause. »

S'il a été déclaré, Monsieur le Substitut, que les originaux des trois lettres ont été déposés en 1810 entre les mains de M. Lecoq, directeur-général de la police du royaume et non pas simple conseiller de justice à Berlin; c'est une erreur qui aura échappé dans la discussion, mais de nulle importance, puisque nous ne pouvons pas les représenter aujourd'hui, et qu'ils ont disparu avec les procès-verbaux d'enlèvement. Toutefois ce qui n'est pas une méprise de votre part, ce qui est au contraire une assertion tout-à-fait fausse, c'est votre allégation à l'égard de la famille de ce fonctionnaire. La famille de M. Lecoq n'a jamais rien nié; je vous défie de prouver ce que vous avancez. Ce dont le gouvernement prussien n'a pas trouvé la trace, c'est l'origine prussienne juive polonaise que, malgré les démentis officiels de la Prusse, la justice s'entête à vouloir attribuer à Naundorff.

Vous prétendez que la vie de *Laurent* proteste contre le rôle qu'on lui fait jouer; parce qu'il était Jacobin. L'histoire est loin de le représenter comme tel; tandis que *Gomin*, comblé des

faveurs de la Restauration, avait reçu un certificat d'ardent républicanisme. *Laurent* eût-il été Jacobin, ce ne serait pas là
une raison pour nier sa coopération à l'œuvre de libération du
Dauphin; car cette libération n'a pu s'effectuer que par l'assistance d'anciens Conventionnels jacobins. Il est reconnu en outre
que plus d'un ami de l'infortunée famille royale a pris le masque
d'un fougueux révolutionnaire, pour mieux servir ses intérêts;
et c'est en jouant ce rôle, peut-être, que *Laurent* pût parvenir
à obtenir la confiance du Comité de sûreté générale. L'honorable
et révérend Charles Perceval, un des membres les plus distingués
de l'église anglicane et de l'aristocratie d'Angleterre, qui a fait
hommage au Prince de sa traduction anglaise de *l'Abrégé des
infortunes du Dauphin*, soumet au sujet de *Laurent* des observations on ne peut plus judicieuses, à la suite d'autres indications importantes, que personne n'aura la témérité de révoquer
en doute. Voici quelques-unes de ses notes explicatives :

«Un gentilhomme anglais, mon parent, se rendait en diligence
de Paris à Calais dans le mois de Novembre 1837; ayant parlé
du Dauphin à ses compagnons de voyage, une Dame française
royaliste, qui parut ne rien savoir des réclamations du Prétendant actuel, dit qu'il était positif que le Dauphin ne mourut
point dans la Tour du Temple, et elle désigna la maison où la
femme *Simon* était décédée, ajoutant qu'elle avait déclaré que
l'Orphelin du Temple s'était évadé.

«Pendant que ce volume était sous presse, il est aussi parvenu à ma connaissance, sous l'autorité d'un Monsieur et d'une
Dame anglaise qui avaient fait partie des détenus de Verdun,
que les officiers de la garnison s'entretenaient entre eux de
l'évasion du Dauphin comme d'un fait accrédité, et que dans
un séjour qu'ils firent ensuite à Versailles, ils avaient entendu
répéter ces propos.

«Une maladie violente termina la vie de Joséphine avec le
«règne de son ingrat mari. Cette mort qui arrivait si à propos
«ouvrit carrière à d'étranges soupçons. On murmura certains
«mots *d'un personnage* sur qui elle pouvait faire des révélations
«dangereuses, et le peuple, *qui aime toujours l'extraordinaire,*
«voulut en voir dans la fin prématurée de la première épouse
«de Bonaparte.» (Voir les *Mémoires d'une femme de qualité
sur Louis XVIII, sa cour, et son règne,* publiés en 1829.)

«La femme de qualité ne donne aucune indication sur le nom
du personnage en question. Mais plusieurs Dames anglaises,
alliées à la famille de l'éditeur, qui étaient à Paris le printemps
dernier, ont appris que les bruits qui circulaient à l'époque de
la mort de Joséphine, en 1814, la supposaient empoisonnée,

parce qu'elle aurait répondu à *l'Empereur Alexandre,* qui l'avait visitée à la Malmaison en lui parlant de la restauration des Bourbons : «*Pour la légitimité, Sire, vous n'y êtes pas encore.*» Il ne pouvait alors y avoir d'autre légitimité que celle de Louis XVIII, si Louis XVII n'était pas vivant. Dans tous les cas, les soupçons qui s'élevèrent au sujet de la mort de Joséphine prouvent qu'en France, dès 1814, la croyance populaire était non seulement que le Dauphin avait été sauvé du Temple, mais aussi que Joséphine avait *coopéré à son évasion.*

«Les trois lettres de *Laurent,* citées par le Prince pour établir la substitution d'un enfant à lui, sous les auspices de Joséphine, ont une sorte de caractère d'authenticité tiré des circonstances suivantes : nous sommes informés par Lacretelle, dans son histoire de France, que *Laurent* dont il fait mention, en rapportant la mort supposée de Louis XVII, était créole, et qu'il fut déporté par Bonaparte à Cayenne, comme un Jacobin dangereux. Mme d'Angoulême, dans son récit des évènemens...... fait le plus grand éloge de *Laurent* pour sa conduite noble et touchante envers elle au temps de la date de ses lettres. Joséphine étant créole elle-même, il est tout naturel de croire qu'elle connaissait *Laurent,* et qu'elle le savait digne de sa confiance. Son bannissement à Cayenne démontre que Napoléon avait de fortes raisons pour se débarrasser de lui; et d'après le témoignage honorable de Mme d'Angoulême en sa faveur, il est loin d'être prouvé qu'il fût déporté pour son jacobinisme : on a lieu de présumer au contraire que cet homme était redouté par les ennemis des Bourbons comme dépositaire d'un secret important.

«Cambacérès avait eu de grands torts envers la maison de «Bourbon; mais il se les était fait pardonner par de grands et «*secrets* services; il avait des liaisons mystérieuses avec de puis-«sans personnages.» (*Mémoires d'une femme de qualité,* vol. V, ch. 5, p. 75.)

«Pourquoi, si Cambacérès eût rendu de grands services aux Bourbons, les a-t-on tenus secrets après la Restauration? C'est qu'il était dangereux de les révéler. Tout rapport avec cet homme ne pouvant que décrier les Bourbons, le mystère dont on les couvrit n'a pas lieu de surprendre. Mais plus ces liaisons avaient besoin d'apologie, plus il y avait de motifs de publier les services qui auraient pu les expliquer.

«*Laurent,* dans sa première lettre du 7 Novembre, annonce que le recèlement du Dauphin a été effectué. On doit supposer que cet enlèvement se fit dans les premiers jours de Novembre, ou peut-être justement à la fin d'Octobre.

« Dans le récit des évènemens arrivés au Temple par Madame, Duchesse d'Angoulême, elle raconte qu'au milieu de la nuit, à la fin d'Octobre, elle fut éveillée par des coups frappés à sa porte; quand elle eut ouvert *elle vit Laurent et deux municipaux qui la regardèrent, puis se retirèrent sans rien dire.* Cette circonstance s'accorde parfaitement avec la lettre de *Laurent.* On peut se rendre compte de l'entrée insolite et brusque chez Madame, au milieu de la nuit uniquement *pour la regarder,* par la découverte *de la figure* artificielle dans le lit du Dauphin, à cette heure-là même. Car il est tout naturel de penser que, lorsque les municipaux remarquèrent sa disparition, ils durent s'assurer si la Princesse elle-même n'était pas aussi évadée. En conséquence ils ne purent lui dire pourquoi ils étaient venus, et il était essentiel que *Laurent* les accompagnât, pour simuler l'ignorance de la substitution. On n'avait jamais habituellement troublé son repos de la nuit, ainsi qu'on le faisait à l'égard du Dauphin, et elle reconnaît que Laurent eut toujours pour elle les plus grands égards. »

La coïncidence que j'ai fait remarquer entre une des lettres de *Laurent* et le procès-verbal d'Harmand de la Meuse, vient encore à l'appui de ce que dit très-justement M. Charles Perceval. Reportez-vous à présent, Monsieur le Substitut, aux trois lettres; relisez-les avec une sérieuse attention, et dites-nous si, à moins d'un miracle en quelque sorte, des lettres fabriquées pour le besoin de la cause pourraient concorder, pour ainsi dire d'une manière mathématique, avec des documens officiels que je n'ai découverts aux archives nationales qu'en 1851; en un mot si cette concordance des faits et dates qui va suivre, n'établit pas sans réplique l'authenticité de ces copies.

Il est positivement démontré que *Laurent* a été nommé Commissaire le 29 Juillet 1794; que *Gomin* a commencé son service le 9 Novembre 1794, enfin que *Lasne* a été nommé le 31 Mars 1795.

Eh bien! le 7 Novembre 1794 *Laurent* écrit : «demain son «nouveau gardien doit entrer en fonction. C'est un républicain «nomme Commier (*Gomin*), brave homme à ce que dit *Barras.* »

Or *Gomin* est installé le 9 Novembre 1794. Le muet était alors substitué au Prince. *Gomin* dut donc croire que l'enfant muet était le Dauphin; et il confirme indirectement cette substitution en déposant : «plusieurs membres de la Convention sont venus «visiter cet enfant à l'époque où il était confié à ma garde, et «jamais il n'a fait de réponses aux questions qu'ils lui adressaient; «ce qui a pu accréditer cette version que cet enfant était muet. »

Je n'ai pas besoin de faire observer que *Commier* et *Gomin* sont la même personne; ce fait est incontestable. La dissemblance qui existe entre les deux noms, provient vraisemblablement d'une précaution prise par *Laurent* pour le cas où ses lettres ne seraient pas arrivées à leur destination, et à l'effet de se ménager une apparence de justification au besoin. Il est au surplus nommé ainsi par plusieurs écrivains.

Laurent écrit le 5 Mars 1795, après que le 5 Février un enfant malade eut été substitué au muet : « notre muet est heureuse-« ment transmis dans le Palais du Temple et bien caché; et en « cas de danger on le prendra pour le Dauphin. *Lasne* prendra « ma place quand il voudra; conséquemment je serai chez vous « en peu de jours. »

Pour ceux qui veulent voir clair au milieu des mensonges de *Gomin*, il constate évidemment un changement de personne en déposant : « dans les derniers temps de sa maladie l'enfant répon-« dait volontiers. »

Quant à *Lasne*, précisément il prend la place de *Laurent* le 31 Mars 1795; et ce jour même *Laurent* quitte la Tour du Temple. *Lasne* prit donc l'enfant malade pour le Prince.

Autre rapprochement :

Laurent parle de *Barras* comme du directeur de l'entreprise. *Barras* visite les deux enfans de Louis XVI après le 9 Thermidor; et c'est lui qui organise le nouveau service du Temple en y introduisant *Laurent*.

Laurent dit en parlant de *Gomin*, républicain : « je n'ai aucune « confiance en pareilles gens. » *Laurent* n'était donc pas républicain par sentimens, et sa déportation à Cayenne ne pouvait avoir pour cause son jacobinisme; *mais bien le secret dangereux qu'il possédait*.

Laurent dit que Mathieu, Reverchon et Harmand, ont visité le muet; et l'histoire nous donne leur rapport qui ne peut s'appliquer qu'à un muet.

Le rapport de Sévestre dit le 9 Juin 1795 : « que *depuis quelque temps* le fils de Capet était incommodé, que sa maladie prit des caractères très-graves après le 15 Floréal, et que le fameux Desault, nommé pour le traiter, mourut le 4 Juin; et le procès-verbal d'autopsie rédigé par les médecins constate que l'enfant est mort d'un vice scrofuleux, *existant depuis longtemps*. Or on n'avait jamais remarqué ce vice dans l'excellente constitution du Prince; et l'enfant visité par Harmand, Mathieu et Reverchon, suivant le signalement qu'ils en donnent, n'en offrait non plus aucun indice.

Ces démonstrations de vérité, qui se tirent des faits mêmes de la cause, n'admettent pas d'objections possibles; et c'est de la sorte, Monsieur le Substitut, que se trouvent corroborées toutes les communications faites par le Prince. Lui seul a donné un corps à l'évasion, en a expliqué les précédens, les moyens et les suites; lui seul a pu la rendre saisissante de vérité aux yeux de ceux qui y croyaient, sans pouvoir se la justifier à eux-mêmes. Il a fixé les incertitudes, éclairé les ténèbres dont s'enveloppaient les agens du mensonge, et raconté l'histoire réelle d'un évènement que, pendant cinquante années, les mauvaises passions avaient indignement travesti, afin de le rendre inadmissible. Celui qui veut étudier la question avec discernement et loyauté rencontre, à chaque détail de son examen, de nouveaux motifs de conviction; car toutes les circonstances de l'évasion, racontées par le Duc de Normandie, obtiennent une confirmation directe d'une masse d'autorités, d'une foule d'écrits privés, émanés de sources diverses, qui, se réunissant vers un même point pour attester un même fait, ne composeraient pas un tout justificatif des révélations dues à l'horloger de Spandau, si ces révélations n'étaient pas une vérité constante. Il en est de même des témoignages dont nous parlons qui, sans avoir besoin d'être étayés d'un nom célèbre, par leur conformité avec le récit royal, en reçoivent eux-mêmes la plus solennelle sanction. Ce n'est pas ainsi qu'on invente; des faits imaginés, qui se contrôlent les uns les autres, se détruisent par leur divergence, et ne concordent pas entre eux par une multiplicité de détails, comme on le voit dans la cause, avec tous les caractères infaillibles de certitude.

§ 3.

Tous les faits que j'ai mis sous vos yeux, Monsieur le Substitut, vous expliquent les causes mystérieuses de l'imperfection de l'acte de décès, au bas duquel on est surpris de ne point voir figurer la *signature obligée* de la sœur du Dauphin, celle de *Gomin*, qui avait vu mourir l'enfant, témoin indispensable, que ne pouvait valablement remplacer un Remy Bigot ramassé sur les pavés de Paris; enfin celle non moins nécessaire du Commissaire civil de service au jour du décès de l'enfant.

Envisageant la question sous le point de vue historique, par rapport à la Duchesse d'Angoulême, il est hors de doute qu'elle n'a jamais eu d'autres preuves de la prétendue mort de son frère au Temple que celles communes à tout le monde; c'est-à-dire celles qu'on voudrait faire résulter du faux acte de décès. En effet elle n'en pouvait pas en avoir d'autres; puisque son frère a survécu à son emprisonnement. Séparée de lui dans la Tour, elle n'a appris la mort d'un enfant que par des témoignages étrangers. Cette vérité nous est apprise par M. Sosthènes de Larochefoucauld, par Touchard-Lafosse, par Louis XVIII dans ses Mémoires, et par Weber, qui tous nous informent que ce ne fut qu'au moment de sa sortie du Temple qu'on lui communiqua la mort de sa mère, de sa tante, et *celle de son frère qu'elle ignorait.*

Une autre considération majeure jette encore une grande clarté dans la question; c'est que, au moment où certains Conventionnels, comme nous nous le rappelons, cherchaient à éluder par la perfidie la remise du Dauphin aux Vendéens, promise par leur traité, un enfant se mourait alors au Temple. Cette mort, si c'eût été celle du Dauphin, aurait aplani tous les obstacles; et nous savons qu'on n'avait pas même laissé soupçonner aux envoyés Vendéens que le Roi Louis XVII fût atteint de maladie. Pourquoi cette réserve, sinon parce que les Vendéens savaient que le Dauphin n'était pas malade, et qu'il eût été dangereux de fixer leur attention sur une maladie qui leur aurait fait découvrir la fraude. Voilà encore le motif pour lequel on refusa, sur leur demande expresse, de leur laisser voir l'enfant du Temple, sur l'identité duquel ils n'auraient pu se méprendre dans leurs rapports avec lui.

Le langage tenu le 6 Juin par les Conventionnels aux envoyés de Charette, c'est-à-dire deux jours avant le décès de l'enfant scrofuleux qui remplaçait le premier substitué, se trouve encore confirmé avec un envoyé d'Espagne, qui négociait au nom de son gouvernement la remise entre ses mains des deux enfans de Louis XVI. Tout prouve, de la part du gouvernement, quel intérêt puissant il avait à ne pas appeler hors du Temple l'attention sur l'enfant qui agonisait dans l'enceinte de ses murs ténébreux. Il est hors de doute que des amis du Dauphin auraient sollicité l'autorisation de le voir pour adoucir ses derniers instans, si le bruit se fût répandu qu'il était malade: le gouvernement sans se rendre suspect, n'aurait eu aucun motif de ne pas accorder cette faveur. Pour maintenir cachée la substitution, il importait donc de laisser mourir ténébreusement le faux Dauphin: cette considération va ressortir clairement du manuscrit de l'an III, publié par le Baron Fain, et dans lequel nous lisons :

« .... M. d'Ocaritz, chargé d'affaires du gouvernement espagnol, écrit le 27 Avril 1795 aux représentans, qu'il est prêt d'obtenir de son gouvernement la permission de se rendre au lieu des conférences, si le citoyen Bourgoing, chargé d'affaires de France, peut lui présenter des probabilités de succès pour la négociation. La tendre sollicitude de la cour d'Espagne est en ce moment concentrée sur les enfans de Louis XVI. Le gouvernement ne saurait témoigner d'une manière plus sensible les égards qu'il aurait pour l'Espagne, qu'en confiant à S. M. C. ces enfans innocens qui ne servent à rien en France. S. M. C. recevrait une grande consolation de cette condescendance, et dès lors elle concourrait de la meilleure volonté à un rapprochement avec la France. »

Nous allons voir les membres du Comité amuser par des promesses le gouvernement espagnol; comme ils avaient fait avec les généraux vendéens, au sujet du Dauphin qui, aux yeux de certains membres, passait pour s'être évadé dès le jour de la première substitution; qui pour *Barras*, et autres initiés dans le secret, ne devait plus sortir du Temple que sons l'apparence d'un cadavre; et frappé de mort civile et politique par un faux acte de décès.

«Le 15 Floréal (4 Mai) on donne ordre à Bourgoing de se rendre à Bayonne; à son arrivée il témoigne à M. d'Ocaritz :

«Le regret qu'il éprouve de ce que l'ouverture de la négociation a été dérangée par une proposition *intempestive*. Il laisse ensuite entrevoir que cette proposition, quoique n'étant pas de nature à être adoptée, *du moins quant à présent*, ne devait pas cependant empêcher l'ouverture des conférences, qui seules pouvaient ramener la paix entre les deux nations.....

«Yriarte remplace Ocaritz pour l'Espagne, Barthélemy à Bâle remplace Bourgoing pour la France.

«Le 27 Floréal (16 Mai) dans une lettre précédente d'Ocaritz à Bourgoing il était dit : *«quel serait le sort de Louis XVII?»*

«La discussion s'engage aussitôt sur chacun des articles que l'Espagne met en avant. On convient dans le Comité de laisser de côté les questions qui blessent trop ses idées révolutionnaires; c'est-à-dire tout ce qui se rapporte au sort des enfans du dernier Roi.

«M. d'Yriarte avait tiré de sa poche le précis des articles qu'il était chargé d'obtenir. Ces articles étaient.... *la liberté des prisonniers du Temple,* et la permission pour eux de se retirer en Espagne avec une pension convenable.

«En Prairial, le plénipotentiaire français Barthélemy essaie de faire entendre à son adversaire que la *République* ne peut pas remettre à l'étranger le fils de ses anciens Rois; que ce serait risquer de donner un point sacré de ralliement aux ennemis de la République; que ce serait même inévitable; qu'il entraînerait l'Espagne malgré elle; et qu'ainsi la paix faite en ces termes ne ferait que rallumer la guerre.

«M. d'Yriarte ne veut rien écouter. Ce sont des intérêts de famille et des motifs d'honneur qui obligent la cour de Madrid à demander la remise des enfans de Louis XVI.

«Le plénipotentiaire de la République se voit donc vivement pressé; il est vrai que ses instructions l'autorisent à promettre, s'il le faut absolument, que *la remise du jeune Prince* et de sa sœur aura lieu à la paix générale.

«Le 12 Prairial (31 Mai) on écrit à Barthélemy qu'il est extraordinairement difficile de réunir les opinions, même parmi les républicains les plus unanimes sur tout le reste. Le Comité cherche en vain à esquiver la difficulté. M. d'Yriarte la remet tous les jours sur le tapis, et c'est chaque fois dans les termes les plus pressans. «Le désir de voir les prisonniers du Temple libres à Madrid, dit-il, je ne crains pas de l'avouer, porte plus qu'aucune autre considération à rechercher la paix...... Ainsi attendez-vous à nous entendre parler toujours des prisonniers du Temple.»

«M. d'Yriarte se faisait des argumens de ce qui avait été dit *quelque temps auparavant* à la tribune même de la Convention; il citait avec soin toutes les opinions des membres qui avaient voté soit par un motif soit par un autre, pour qu'on renvoyât ces enfans du territoire français; pour qu'on les renvoyât à l'instant même. «Au surplus, continuait-il, je ne sais ce que mon Ministre m'écrira sur ce que je vais vous dire. Mais il me semble que, pour rassurer la France, on pourrait insérer au traité une Convention publique ou secrète, conçue dans les termes les plus forts, par laquelle l'Espagne s'engagerait à ne pas laisser les enfans de Louis XVI sortir de son territoire, et à ne jamais permettre qu'ils puissent devenir un centre inquiétant pour le gouvernement français.»

«La négociation ayant pris cette tournure vive et précise, il était difficile que le Comité différât plus longtemps de s'arrêter à un parti. Mais un évènement aussi grave qu'*imprévu*, survient, *comme à point nommé*, et le tire d'embarras.

«Dans la séance du 21 Prairial (9 Juin), Sévestre monte à la tribune de la Convention nationale; *il annonce avec le plus grand sang-froid*, au nom du Comité de sûreté générale, dont il est membre, que......

«Dans ce premier moment, toutes les convenances semblaient exiger que le gouvernement français fît partir pour Bâle une communication expresse, officielle et complète, qui pût être transmise à la cour d'Espagne. Mais on craindrait d'attacher trop d'importance à cette mort; on veut être fier. L'exagération républicaine va trahir par son impertinence même l'effort qu'elle se fait dans cette triste circonstance. On n'a jamais parlé dans la correspondance de Bâle *de la maladie du jeune Prince*. Le fatal dénouement n'est pas même le sujet d'une dépêche. Le jour qu'on en donnait connaissance au public, le 21 Prairial, le Comité expédiait un courrier à l'ambassadeur de la République à Bâle, pour lui envoyer les ratifications de la dernière Convention avec la Prusse. On se contente d'ajouter quelques lignes au bas de la dépêche. Les termes en seront curieux sans doute pour l'histoire. Il faut donc rapporter mot à mot cet étrange postscriptum ; il est ainsi conçu :

« *On a annoncé ce matin à la Convention nationale la nouvelle de la mort du fils de Capet, qui a été entendue avec indifférence ; et de la capitulation du Luxembourg, qui a été reçue avec les plus vifs transports.* »

Le Prince, en nous révélant son mode d'évasion nous a dit : « L'enfant muet avait été remplacé par un autre très-malade. *Des motifs impérieux contraignirent le gouvernement à accélérer la fin prochaine de cette victime infortunée.* Elle mourut m'a-t-on dit le 8 Juin 1795. »

Les renseignemens que nous venons de lire ne semblent-ils pas confirmer d'une manière presque directe cette révélation du Duc de Normandie ?

Je le répète donc avec assurance, la conduite tortueuse et embarrassée du gouvernement, dans ses rapports avec la Vendée et l'Espagne ; le silence gardé sur la maladie de l'enfant qui décéda au milieu des deux négociations suivies en même temps ; la mort subite de Desault et de Choppart quelques jours avant le dénouement connu ; le procès-verbal d'autopsie qui ne constate l'identité du mort avec le Dauphin, que par la déclaration suspecte des Commissaires ; l'acte de décès insignifiant, rédigé quatre jours après la mort ; les irrégularités de cet acte, au bas duquel ne figurent point des signatures obligées et dignes de foi ; la prédiction de Boissy-d'Anglas au Comte de Provence, que « *ce qui se machinait* au sein des Comités le menait à la couronne de France ; » toutes ces circonstances et beaucoup d'autres auxquelles l'intelligence du lecteur suppléera nous révèlent un mystère. Ce mystère, c'est l'horloger de Spandau qui nous l'a expliqué, en nous démontrant la fausseté de l'acte du 8 Juin 1795 par l'évasion de l'Orphelin du Temple, et son identité avec ce royal enfant.

Comment vous y prenez-vous, Monsieur le Substitut, pour valider cet acte de décès ? Par d'étranges paroles, dont la simple lecture suffit à la réfutation, et qui dénotent l'inextricable embarras de la fausse position que vous vous êtes créée en répudiant, par système, les faits et documens démonstratifs du bon droit des demandeurs. Vous dites :

« Enfin le 8 Juin, le Dauphin meurt : les membres du Comité
« de sûreté générale se transportent à la prison pour constater
« le fait. Quatre médecins sont chargés de l'autopsie, c'était
« Pelletan, Jeanroy, Dumangin, Lassus ancien médecin de la
« famille royale ; ils doutaient si peu de l'identité du Prince, que
« Pelletan avait précieusement gardé son cœur. »

Je dirai, comme vous l'avez fait ailleurs, Monsieur le Substitut, mais avec plus de raison : l'allégation est facile. Vous
affirmez, je nie ; par conséquent l'état des choses n'a pas changé.
Où sont vos preuves que les membres du Comité de sûreté
générale se sont transportés à la prison pour constater le décès ?
Où est le procès-verbal qu'ils auraient dû rédiger ? Eussent-ils
constaté le décès, ce ne serait pas d'ailleurs reconnaître l'identité
du mort avec le Dauphin.

« M. Lassus était un ancien médecin de la famille ? »

C'est possible ; toutefois le fait ne nous est pas démontré par
votre assertion. Eh bien, soit ! L'argument dont vous vous servez
se retourne contre vous ; car si M. Lassus connaissait le Dauphin,
il est clair, par les termes mêmes du procès-verbal d'autopsie,
que ce médecin, pas plus que ses trois confrères, n'a voulu prendre sur lui la responsabilité personnelle de déclarer que l'enfant
mort était le Dauphin ; puisqu'ils se bornent à constater que *les
Commissaires* ONT DIT *que l'enfant mort était le fils du défunt
Louis Capet.* Nous sommes donc autorisés à conclure, que M.
Lassus ne le reconnaissait pas comme tel. Nous, nous pouvons
vous dire avec certitude que M. Jeanroy connaissait parfaitement
le fils de Louis XVI, et que peu de jours après l'autopsie, il
informa confidentiellement la mère de M. Morel de St. Didier
que le Dauphin, auquel on avait substitué un autre enfant n'était
pas mort ; qu'il avait été délivré de sa prison, et que son identité royale serait aisément établie au besoin par la signe remarquable qu'il portait à la cuisse. M. Morel de St. Didier, mis
dans le secret de cet heureux évènement par sa mère, a vécu
dans l'attente de voir un jour réapparaître l'auguste Orphelin
du Temple. Vous savez avec quel noble dévouement il a rempli
deux missions auprès de Mme la Duchesse d'Angoulême, pour
obtenir d'elle qu'elle accordât une entrevue au Duc de Normandie. M. Morel de St. Didier avait raconté au Prince la confidence
de sa mère ; et avant de partir pour Prague, Son Altesse Royale
lui fit voir le signe dont avait parlé le Docteur Jeanroy. Il fut
certifié par une attestation de médecins remise à la Duchesse
d'Angoulême ; et le digne Commissaire royal portait à la sœur

du Prince, avec les communications dont il était chargé, un témoignage précieux de vérité, dont lui-même personnellement, par celui de sa mère et de M. Jeanroy, pouvait attester l'authenticité.

Les médecins, selon vous, doutaient si peu de l'identité du Prince, que Pelletan avait précieusement gardé son cœur. Vous avez ensuite ajouté que ce cœur, offert aux Bourbons, avait été par eux déposé parmi les tombes royales de St. Dénis.

Il est très-vrai que M. Pelletan, *sur la déclaration des Commissaires* dont il ne suspectait pas la bonne foi, a cru que le Dauphin était véritablement mort, et qu'il a religieusement gardé le cœur de l'enfant décédé jusqu'à la Restauration, époque à laquelle il l'a offert aux Bourbons. Mais ce qui n'est pas moins vrai, c'est qu'ils n'ont pas osé accepter ce cœur, qui devait être à leurs yeux celui du royal prisonnier du Temple, s'ils le croyaient véritablement mort le 8 Juin 1795. M. Pelletan justement offensé de la conduite qu'on tenait à son égard écrivit à la Duchesse d'Angoulême :

« Je ne saurais exprimer, Madame, combien mon cœur est navré de tant d'oppositions. Je ne puis les concevoir. C'est aux pieds de V. A. R. que je viens déposer mes chagrins et ma perplexité sur les moyens de me décharger d'un objet aussi précieux et qui a toujours été celui de ma vénération. »

La Princesse ne daigna pas faire une réponse. Lors de la révolution de 1830, d'après ce que m'a dit M. le Comte de Lacépède attaché à la maison du Duc d'Aumale, le bocal qui renfermait le cœur, ayant été trouvé à l'archevêché au moment où le peuple s'y porta avec violence, fut jeté dans la Seine avec une partie du mobilier de l'archevêque ; de sorte que le cœur du prétendu Dauphin est devenu la nourriture des poissons. Vous voyez par-là que ceux qui vous ont fourni des renseignemens ont été bien mal informés. Ce refus du cœur de l'enfant mort soulève contre la Duchesse d'Angoulême et ses deux oncles usurpateurs, convenez-en, des réflexions hautement accusatrices contre eux. Vous l'avez senti vous-même, puisque, déguisant la vérité, vous faisiez recevoir et enterrer ce cœur par les Bourbons. La preuve que cette assertion de votre part est complètement fausse se trouve aux archives nationales ; j'ai pris communication des pièces qui la contiennent. Je vais néanmoins, pour votre enseignement, vous transmettre quelques témoignages, assez superflus d'ailleurs, car la conduite des Bourbons envers M. Pelletan les a si gravement compromis, aux yeux même des plus intimes du château, que le démenti que les faits vous donnent n'est pas sujet à contradiction.

On lit dans l'ouvrage de l'abbé Perrault que j'ai déjà cité (*le Passe et l'Avenir*):

«A l'époque où M. M. Pelletan et Dumangin furent nommés médecins du prisonnier du Temple, ils n'avaient jamais vu le fils de Louis XVI. C'est ce que M. Pelletan lui-même avoua il y a quelques années à un illustre personnage qui vit encore. Ils ne pouvaient par conséquent constater par eux-mêmes l'identité avec l'ancien jeune prisonnier.

«M. Pelletan, au moment de la Restauration, déclara qu'il avait sauvé et conservé le cœur de l'enfant mort au Temple dont il avait fait l'autopsie. Soit que l'on doutât de son assertion, soit que par des motifs que nous ne nous permettrons pas d'approuver, on ait cru ne devoir donner aucune suite à cette découverte, ce cœur n'a jamais été reconnu par la famille royale, et en dernier lieu Charles X a refusé la proposition qu'on lui faisait de le transférer solennellement aux tombeaux de St. Denis, sépulture des Rois de France.»

On lit dans l'histoire secrète du Directoire: — Paris 1832 — «..... Mourut-il, ce Roi qui n'a régné que dans les fers? Un procès-verbal l'annonce imparfaitement, et j'y remarque avec surprise les mots consignés par les gens de l'art, dont l'un avait soigné Louis XVII dans sa dernière maladie: «on nous a représenté un cadavre qu'on nous a dit être......» Il paraît étrange que ces Messieurs n'aient pas affirmé *l'identité* de ces restes glacés avec le Prince.

—Richer-Serisy, en interrompant: «il y a beaucoup à dire sur ce point. J'ai assisté, il y a peu de temps, à une fouille nocturne faite au cimetière Ste. Elizabeth, et entreprise dans le but d'arracher à cette terre obscure, un cadavre sacré; on n'a rien trouvé dans la fosse; pas même les débris de ce corps *qu'on avait dit être*.....»

«La Marquise d'Esparbès poussa une exclamation de joie et d'horreur: je l'imitai, et nombre d'années après, causant avec Cambacérès de ce fait que je lui rapportais, il me dit:

— «*Mon opinion est que le fils de Louis XVI n'est pas mort au Temple*.....

— «Mais, répondis-je, sur quoi fondez-vous votre opinion?

— «*Sur ce que je sais*, me répliqua-t-il froidement; et sur ce que je ne dirai point.

— «Pourquoi? Les temps ont changé.

— «Non pas au moins les hommes.»

«Cambacérès termina là sa demi-révélation. Il fut inébranlable à més instances. Je fus donc peu étonné, lorsque le chirurgien *Pelletan* me raconta à son tour, qu'ayant voulu faire, après

1814, l'hommage à la famille royale *du cœur de Louis XVII,* qu'il avait extrait du corps en faisant l'ouverture, et soigneusement conservé dans de l'esprit de vin, elle avait refusé ce cadeau cher et douloureux avec une persistance singulière, dont elle ne se départit pas. Qu'est donc devenu ce Prince?»

M. Peuchet a aussi écrit dans ses Mémoires tirés des archives de la police :

«On lit dans les Mémoires sur Louis XVII par M. Eckard, que M. Pelletan, chirurgien en chef de l'Hôtel-Dieu, conserva le cœur du jeune Roi dans un vase de crystal......»

Vient ensuite la déclaration de M. Pelletan après laquelle l'auteur ajoute :

«D'après la haute réputation de probité et de conscience, et l'honorable position sociale de son auteur, cet exposé semblait offrir toutes les garanties; toutefois il ne satisfit pas entièrement les personnes que son objet devait le plus intéresser.»

M. Sosthènes de Larochefoucauld cite dans ses Mémoires une lettre écrite par lui au Prince Royal de Prusse, dans laquelle il certifie que Louis XVIII ne croyait pas à la mort de son neveu. On y lit ces paroles remarquables :

«Parfois on a cru en France que le fils de l'infortuné Louis XVI avait été soustrait à la rage de ses bourreaux. Depuis cette époque, comme alors, *sa mort n'a point paru assez authentiquement prouvée,* pour que LA CONSCIENCE SCRUPULEUSE de Louis XVIII ait consenti à ce qu'il en fût fait mention lors de la translation dans les tombes de S:. Dénis des dépouilles mortelles de la famille royale. Un personnage, qui surgit aujourd'hui au milieu du tourbillon européen, se présente comme Louis XVII, et semble faire valoir des prétentions favorables. Il a longtemps habité la Prusse......»

Enfin, voici une lettre qui fut écrite à Me Jules Favre, Monsieur le Substitut, après vos conclusions :

«MONSIEUR,

«Il y aurait beaucoup de citations inexactes et mensongères à relever, dans l'attaque combinée que le ministère public vient d'exécuter comme un feu roulant, contre le fait historique qui gêne si fort, et que l'on croit avoir enfin confiné dans la nuit des temps......

«Mais je viens seulement vous prier, Monsieur, de prendre note aujourd'hui du démenti que voici :

«Non, Louis XVIII n'a pas chargé sa mémoire, parmi d'autres hypocrisies politiques, de celle qui eût consisté à recevoir et faire déposer dans les caveaux de St. Dénis le cœur de l'enfant mort au Temple. Ce cœur lui fut présenté par M. Pelletan, qui déclarait l'avoir conservé depuis l'autopsie. Louis XVIII, pour toute réponse, tourna le dos. Le célèbre médecin ne fut pas peu surpris, et il remporta l'objet refusé.

«M. de Peyronnet, ex-Ministre, que j'ai vu une seule fois après sa sortie de Ham, m'a dit positivement :

« Ce refus d'un reste qui aurait dû être si précieux a eu lieu devant moi ; et j'en fus très-étonné. »

«Enfin je puis encore citer ce qui suit, au généreux défenseur de la vérité :

« Un des aumôniers de la cour disait : «L'enfant-roi avait dix ans, et à cet âge on peut avoir besoin de prières ; comment n'est-il pas fait mention de lui dans les services anniversaires ? »

« Madame la Duchesse d'Angoulême répondit : *« Nous n'avons jamais eu la certitude de la mort de mon frère. »*

«Or, il y avait certitude qu'un enfant était mort au Temple, donc on savait que cet enfant n'était pas le jeune Dauphin.

«Agréez......

« GEOFFROY. »

§ 4.

L'acte de décès, selon vous, Monsieur le Substitut, a été dressé conformément à la loi. Je n'entreprendrai point ici une discussion inutile ; car je vous l'ai dit, je ne traite pas la question sous toutes ses faces, et je m'abstiens de faire valoir la plus grande partie des documens qui paraîtront devant la Cour supérieure. Mon but, déjà pleinement atteint, est uniquement de prouver, que vous vous êtes constamment placé dans le faux ou dans l'impossible. Il n'en pouvait pas être autrement ; vous avez mis à contribution tous les ouvrages d'écrivains mercenaires ou complaisans, publiés pour rendre ridicule la cause de la vérité. Au lieu d'étudier la question, pour vous faire une opinion consciencieuse ; vous vous êtes amusé à ramasser par-ci par-là tout ce que l'imposture a débité, et vous en avez gravement demandé la sanction à la justice. J'en suis fâché pour vous ; car vous aviez l'occasion d'acquérir une honorable célébrité en vous portant le défenseur légal de la famille opprimée par tous les pouvoirs de la terre, et qu'on laisse dans le plus cruel abandon d'une existence désolée. Mais vous n'avez pas su comprendre la noble tâche qui vous était impartie, et qui se présentait à vous comme un moyen d'illustration bien facile ; puisqu'il ne s'agissait pour vous que d'être magistrat impartial. Comment avez-vous pu nous dire sérieusement :

« On a trouvé l'acte de décès trop simplement rédigé ; il aurait
« fallu des précautions spéciales pour constater le décès du re-
« présentant du principe monarchique.

« Ces précautions, on les a prises. Le corps de l'enfant fut
« présenté aux gardes nationaux de service, à tous les geôliers,
« à tous les habitans du Temple (excepté, ne vous en déplaise,
« à la sœur du Dauphin, alors âgée de dix-sept ans et témoin
« légal indispensable) ; *ils reconnurent que c'était bien le Dau-*
« *phin ;* le procès-verbal fut rédigé par les Commissaires Damon
« et Barlot, et signé par de nombreux gardes nationaux. Ainsi
« tous les actes qui servent à constater le décès d'un homme
« ont été réunis. A tous les momens de la captivité du Prince,
« et jusque sur son lit de mort, son identité a été constatée par
« des témoins aptes à la connaître. *Leurs dépositions demeurent*
« *nombreuses et positives.* La France apprit l'évènement, et
« parmi les sentimens divers qu'elle éprouva le doute n'a pas
« trouvé sa place. »

L'opinion générale vous désavoue, en ne considérant plus
aujourd'hui cet acte qui vous satisfait pleinement, comme attestant la mort du fils de Louis XVI. Le plus simple individu,
en le parcourant, le regarde comme un chiffon de police qui ne
mérite pas qu'on y prête attention, si ce n'est pour le réprouver
avec mépris.

J'ai répliqué d'avance à ce fatras d'allégations fabuleuses ;
elles ne méritent qu'une seule réponse ; mais souffrez que je
vous la donne catégorique : il n'y a pas un mot de vrai dans
cette longue tirade de non-sens ; ceux de qui vous les tenez,
quels qu'ils soient, ont *menti !* Qu'ils prouvent le contraire ! Vos
paroles n'ont pas même l'apparence d'une réalité plausible ; le
ridicule les accueille, et la conscience de l'honnête homme s'afflige
de les voir figurer dans ce procès solennel sous l'autorité d'un
magistrat. Vous repoussez des droits sacrés avec des mots ; c'est
un mode d'argumentation qui tue la défense. Je pourrais me
taire actuellement sans danger pour les intérêts des augustes
proscrits qui, par la forme et le fond de votre dissertation ont
trouvé en vous un appui en dépit de vous-même. Mais comme
j'écris pour éclairer le public de bonne foi, je ne dois pas lui
laisser ignorer jusqu'à quel point vous l'avez trompé par vos
affirmations constamment erronées ; quoique péremptoirement
démenties par tous les faits plaidés à l'audience, appuyés de
toutes les pièces justificatives et remises en originaux sous vos
yeux. Comme j'ai rapporté ces pièces dans les écrits que nous
avons publiés, les nombreux lecteurs qui ont parcouru les *In-*
trigues Dévoilées, comprendront avec moi que votre but n'était

point de discuter la cause d'après ses élémens, mais de la
falsifier dans ses moindres détails; quand vous dites pour la foule
ignorante, crédule et irréfléchie :

«Maintenant, s'il fallait ajouter une preuve à l'appui d'un
«fait si authentiquement établi, si universellement accepté; cette
«démonstration n'a-t-elle pas été complétée par la contradiction
«impuissante qu'on a tentée à cette audience; voilà vingt ans
«que Naundorff et ses amis fouillent les archives et sollicitent
«partout des témoignages en leur faveur; ils se sont décidés à
«vous apporter le résultat de cette longue enquête, et quelque
«talent qu'on ait employé à vous le présenter, vous avez pu en
«remarquer la profonde insignifiance et le néant absolu......

«Mais où sont les documens? Pourquoi ne les représente-t-on
«pas, pourquoi ne brillent-ils au procès que par leur absence?
«Si on avait produit ces pièces, il aurait fallu établir leur sin-
«cérité et leur authenticité......

«Quant à la déclaration de Paulin, on n'en montre point
«l'original, mais on ne l'a pas même lue, et pour cause; elle
«est en contradiction avec Naundorff......

«Mme de Broglio Solari aurait raconté que Barras avait affirmé
«l'évasion du Dauphin. Cette déclaration de Mme de Broglio au-
«rait été attestée par un M. de Cosson, qui alors était l'ami de
«Naundorff, et qui depuis l'a proclamé un imposteur.

«Mais l'opinion de Barras, on la connaît. M. Grand, conseiller
«à la Cour de Metz, a écrit en 1854 au rédacteur de la Gazette
«des Tribunaux, que Barras lui avait toujours affirmé que Louis
«XVII était mort au Temple.

«Il en est de M. de Frotté comme de Barras. M. de Thierry,
«beau-frère de M. de Frotté, affirme cette évasion. Mais quoi!
«*lui seul* l'aurait sue, et tous ses contemporains l'auraient
«ignorée? Cependant si le Dauphin, réellement évadé, avait été
«conduit en Vendée, c'eût été l'évènement le plus important de
«la guerre civile.

«On cite une proclamation de M. le Comte de Puisaye, qui,
«le 20 Juin 1795, aurait parlé du Dauphin; mais rien n'est plus
«naturel. Le 20 Juin 1795 M. de Puisaye ne pouvait connaître
«le décès du 8 Juin. D'ailleurs les Mémoires de Puisaye ne par-
«lent pas de l'évasion. On cite deux proclamations de Charette;
«mais l'une, officielle, ne mentionne pas le Dauphin; l'autre,
«simple copie, n'est pas authentique.

«Quant aux ordres donnés par la Convention pour rechercher
«le faux Dauphin, ils n'ont rien d'officiel. Mais un enfant a été
«arrêté à cette époque par ce motif; cet enfant, c'est *M. de*
«*Guérivière, le soutien, le partisan d'un autre jeune Dau-*

«*phin*, du Baron de *Richemont*; en vérité, Naundorff devrait
«laisser à Richemont ses témoins. Et les médailles! Quoi, Louis
«XVIII aurait fait frapper des médailles pour nier ses propres
«droits? pour se proclamer usurpateur! Voilà tout; pour refaire
«l'histoire de tout un peuple, qu'apporte-t-on? *Des preuves in-*
«*signifiantes, des documens supposés.*

«Il me reste à vous faire connaître l'homme qui a suscité
«cette étrange controverse..... Il portait d'ailleurs en lui la
«marque indélébile de son origine allemande..... Ainsi tout pro-
«teste contre le roman de Naundorff, tout atteste le mensonge
«de ses prétentions.

«La conduite de Naundorff après son entrée en France a été
«éclairée par une instruction criminelle. On le voit entouré
«de *vieillards*, de femmes enthousiastes, race crédule qui, se
«nourrissant des prédictions de Nostradamus et de Martin, et
«dont *l'esprit, usé par l'âge* et les révolutions, nourrissant les
«plus bizarres espérances, voyaient en Naundorff l'instrument
«surnaturel d'une révolution sociale..... il outrageait la religion
«de nos pères; enfin il signait de son nom un livre condamné
«par la Cour d'Assises de Lyon.

«Nous vivons dans un temps où la démence ne conduit pas
«toujours aux petites maisons, où la folie fait des personnages
«politiques: pourquoi m'étonnerais-je donc que Naundorff lui
«aussi ait eu son église et son parti? Si des familles nombreu-
«ses, que je ne veux pas nommer, ont créé à Naundorff une
«véritable liste civile, il faut voir là le résultat d'un aveugle-
«ment étrange, qui puisait sa source dans le sentiment d'une
«noble fidélité.....

«Le Dauphin est parvenu jusqu'en Vendée. Quoi! Charette
«ne s'empresse pas de le montrer à ses soldats, lui qui, depuis
«trois ans de guerre, demandait qu'un Bourbon vînt combattre
«sous son drapeau!

«Personne n'annoncera à l'Europe l'évasion et l'existence du
«fils de Louis XVI! Et le Dauphin lui-même attend pendant
«quinze ans pour réclamer ses droits!

«Tout cela n'est-il pas le comble de l'invraisemblance et de
«l'absurde? Voilà pourquoi je ne m'inquiète pas des dépositions
«de Mme de Rambaud, de M.M. de Joly et de Brémond. Qu'im-
«*porte* en effet qu'ils aient reconnu Naundorff? Je ne m'inquiète
«pas de l'intérêt qui a dicté ces dépositions; *je dis* qu'elles ne
«sont pas dignes d'arrêter l'attention du Tribunal. A côté de
«Mme de Rambaud, il y avait Mme la Duchesse de Tourzel,
«ancienne gouvernante des enfans de Louis XVI; Madame de
«Falloux, d'autres personnes éminentes. Quand on s'est adressé

«à elles, et qu'elles ont eu vu de près l'imposteur, elles l'ont
«dédaigneusement écarté.

«Je ne veux citer qu'un fait; j'ai été autorisé à le révéler au
«Tribunal:

«Mme de Falloux était fille de la sous-gouvernante des enfans
«de Louis XVI; elle avait connu intimement le jeune Dauphin.
«Un jour Naundorff lui fut amené. Dès l'abord, son accent alle-
«mand, son ignorance de la langue française choquèrent Mme de
«Falloux. Il donna sur Versailles quelques détails qui sont dans
«tous les livres. Pour mettre sa sincérité à l'épreuve, Mme de
«Falloux lui demanda de quel nom familier le Dauphin l'appelait
«quand il jouait avec elle dans son enfance? A cette question
«Naundorff demeura interdit; il s'excusa sur son émotion, et
«demanda la permission de chercher dans ses souvenirs.

«Le lendemain il écrivait à Mme de Falloux: «Madame, hier
«j'étais troublé; depuis j'ai réfléchi, et je me suis rappelé le
«nom que vous me demandiez. Mais ce nom est si familier que
«je n'ose ni vous le répéter, ni vous l'écrire.»

«Or ce mot, parfaitement honnête et convenable, pouvait être
«répété sans inconvénient. Mme de Falloux ne fut pas dupe de
«cette supercherie. Elle devina l'imposture grossière. Voilà par
«quels moyens Naundorff cherchait à se faire des partisans.

«Mme de Rambaud croit à Naundorff parce qu'il lui a répondu
«exactement au sujet d'une robe que le Dauphin aurait portée
«pendant deux jours à l'âge de cinq ans. C'est un de ces détails
«qu'il n'était pas bien difficile de savoir, car Mme de Rambaud
«les répétait à tout le monde.

«M. de Brémond croit à Naundorff parce que celui-ci lui a
«rappelé l'existence d'une cachette. Mais depuis la découverte de
«l'armoire de fer, c'est le rêve de tous les chercheurs de trésors.

«*Quant à moi,* je le déclare hautement, je n'ai aucune con-
«fiance dans ces temoignages.

«Une autre circonstance mérite d'être signalée. Le Dauphin
«n'avait jamais eu la petite vérole, et Naundorff portait sur le
«visage des marques de cette maladie. Il aurait pu dire tout
«simplement qu'il l'avait eue depuis son évasion. Mais on n'avait
«pas alors publié dans les livres de médecine que malgré l'ino-
«culation on pouvait encore contracter cette maladie. Aussi
«Naundorff imagine une autre explication plus conforme au génie
«de ses dupes: *il raconte* que pour détruire cette ressemblance
«qui trahissait son origine, dans une de ses prisons, ses geô-
«liers, armés d'instrumens à mille dards, lui avaient fait une
«foule de piqûres, dont les cicatrices ressemblaient à des mar-
«ques de petite vérole.»

En présence des élémens connus du procès, Monsieur le Substitut, est-ce là le langage d'un homme grave, d'un magistrat consciencieux, investi de la haute fonction de rechercher avec sollicitude la vérité pour y rendre hommage; à qui le sort des familles est confié pour qu'il défende leur honneur, leur propriété, tous les droits sacrés du citoyen? Et pourtant, vous saviez bien qu'en parlant de la sorte la vérité n'était pas dans votre bouche. Tout est travestissement, dénégation, invention, dans vos moyens de combattre des faits certains, des autorités incontestables; et vous étalez clairement votre insuffisance à détruire une origine royale qui frappe et saisit quiconque n'a pas un intérêt secret à la méconnaître. Secondé par tous les détracteurs du Duc de Normandie, instruit par vos Ministres, assisté du gouvernement dont vous avez eu infailliblement en communication, comme M. Zangiacomi, les rapports de police, les correspondances diplomatiques, qui embrassent un demi-siècle d'investigations minutieuses, de recherches illimitées, pour donner créance à l'acte de décès de 1795; vous n'avez pas pu vous procurer un document sérieux qui colorât cet acte, même d'une vraisemblance admissible! Et c'est dans de semblables conjonctures que vous déclarez que tout atteste le mensonge de prétentions si solidement établies; que vous avez l'arrogance de vouloir nous donner des leçons de logique et de morale! Ah! Monsieur, je rougis pour vous, et je ressens une sorte de pitié en me voyant contraint de reproduire vos conclusions, qui, pour l'honneur de la justice, devraient demeurer ensevelies dans l'oubli.

Quoi! nous aurions pendant vingt ans fouillé toutes les archives; nous qui n'avons pu avoir communication de l'ordonnance de la Chambre du Conseil de 1841, qui nous concerne, que cette année, et par le crédit de nos honorables défenseurs! Remarquez bien que je dis nous, car j'étais poursuivi de complicité avec le Prince, moi son avocat, et il y avait un mandat d'amener décerné contre moi; uniquement pour m'empêcher de revenir en France. Mais quand je suis rentré à Paris, pour y suivre notre procès en diffamation, je me présentai à M. le juge d'instruction afin qu'il m'interrogeât; il me répondit alors qu'il n'était plus question de m'arrêter. Et c'est nous, à qui pendant vingt ans on aurait ouvert les portes de toutes les archives! A nous, contre lesquels on avait organisé un bureau spécial de police; à nous, qui ne pouvions pas faire un pas sans être suivis, surveillés, inquiétés; à nous, qu'on fouillait à la douane quand nous revenions de l'étranger pour saisir tout écrit privé qui portait le nom du Prince, et même des lettres d'intimité; aux partisans du Prince qui furent soumis à des visites domiciliaires, dépouillés de papiers sur lesquels la justice n'avait aucun droit ; à nous, contre qui l'on mettait en jeu toutes les rubriques de la mauvaise foi, à l'effet de nous présenter au monde comme des imposteurs ! A nous enfin, à l'égard de qui le secret des postes n'était plus respecté, ainsi que le constate une commission rogatoire qui déléguait :

« M. Colin, commissaire de police, à l'effet de se transporter «avant quatre heures (au jour donné) à l'hôtel des postes, à «Paris, *pour y saisir toutes lettres* adressées ce jour au château «de Bréon, canton de Château-Gontier, soit au Comte de Bréon, «*soit à tous autres habitans* de la commune de Bréon, ou du «château de la dite commune.»

Allons, Monsieur le Substitut, avouez que vous avez eu tort de risquer une insinuation aussi inconsidérée, ne réfléchissant pas que le génie du mensonge ne détruit pas lui-même ses propres machinations, en facilitant les moyens de pénétrer et de combattre le mystère de ses perfidies. Que parlez-vous encore d'attestations que nous aurions été demander partout ? Les attestations produites, et dont vous ne voulez pas nous tenir compte ; nos témoins, que le Tribunal ne veut pas entendre, et dont vous déclarez illégalement l'insignifiance, sont venus sans être sollicités ni connus, comme une sanction donnée à la vérité des révélations du fils de Louis XVI. Le Prince, osant regarder en face tous ses interlocuteurs, amis et ennemis, s'est rendu accessible à tous ceux qui venaient pour l'étudier, ou même le trahir. Il s'est abandonné avec confiance et sécurité à l'examen des vieux serviteurs de la cour de Louis XVI ; ce que les faux Dauphins n'ont jamais osé faire ; à l'investigation de tous ceux qui étaient compétens pour démasquer une imposture ou reconnaître une vérité ; il a insisté pour subir et faire subir à la Duchesse d'Angoulême l'épreuve d'une entrevue avec lui ; il avait demandé auparavant à comparaître devant Louis XVIII et Charles X ; il a appelé de toutes parts les contradictions, sans qu'on ait jamais pu lui donner un démenti acceptable ; il n'a voulu entrer dans le monde qu'entouré d'un cortège honorable, et non pas obliquement par des moyens captieux, le visage couvert d'un masque, comme *Richemont le Duc de Normandie de la police ;* enfin il a fait un appel à la conscience de la magistrature : est-ce là demander des attestations à tout le monde ; et êtes-vous donc assez aveugle pour ne pas distinguer l'homme vrai dans cette marche loyale et rassurante contre l'erreur ? Si ses partisans ont fait des démarches auprès de certaines personnes, s'ils ont consulté l'histoire dans des Mémoires contemporains ; c'était pour y chercher la lumière, pour éclairer leur religion, et ne pas soutenir une croyance qui n'aurait pas eu pour principe une conviction fondée sur la stricte justice et la vérité la plus rigoureuse. Nous pouvons par conséquent affronter les regards de tous en défendant l'honneur d'une famille royale, digne à tous égards du plus profond respect comme de la sympathie des plus nobles cœurs; et nul n'a la puissance de nous faire baisser les yeux, pas même devant les plus noires calomnies. Les colonnes impérissables sur lesquelles nous nous appuyons, sont celles de la vieille fidélité à la monarchie légitime, le témoignage de personnages vénérables qui, ayant traversé sans peur et sans tache tous les gouvernemens de la France, nous garantissent, par la considération méritée dont ils ont joui durant leur longue carrière, et les moyens intimes et personnels qu'ils avaient de reconnaître indubitablement le Dauphin, qu'ils ont dû se garder contre la possibilité d'une illusion pour ne pas introduire un intrus dans l'auguste famille de Louis XVI. Forts de nos motifs de conviction, escortés d'une foule d'autres personnes de distinction, qui partagent nos croyances, nous offrons de soumettre nos preuves à la justice, et la justice nous repousse, sans enquête, préjugeant avec vous, qu'elle ne vous apporte qu'un néant absolu! Est-ce là juger la cause?

En vérité, je me demande si je dors ou si je veille; s'il est bien vrai que vous ayez pu dire ce que j'ai peine à croire en le relisant:

«Mais où sont les documens? Pourquoi ne les représente-t-on «pas? Pourquoi ne brillent-ils au procès que par leur absence? «Si on avait produit ces pièces, il aurait fallu établir leur sin-«cérité et leur authenticité.»

Pourquoi, Monsieur le Substitut, me forcez-vous donc à vous redire à satiété que vous les avez eus sous les yeux, ces documens; que le Tribunal les a rejetés sans vouloir les connaître; et qu'à moins de vouloir nier la lumière en plein jour, une justice impartiale n'en saurait contester la sincérité, l'authenticité, la démonstration irrésistible. Le témoignage de M. Brémond, provoqué par le juge d'instruction, a été reçu en Suisse solennellement par tout un Tribunal; le procès-verbal en est au dossier correctionnel, il a été lu à l'audience. On pourrait presque considérer ce témoignage du vieux serviteur de Louis XVI comme un jugement sur la matière, en raison de l'imposant appareil de la justice qui l'a recueilli, et des faits dont il dépose; puisqu'il a connu l'évasion, et qu'il constate l'identité. Je joins ici la lettre qu'il écrivit à Mme la Duchesse d'Angoulême:

«MADAME,

«*Serviteur de votre auguste père, j'ai reconnu dans le Préten-*«*dant, Charles-Guillaume Naundorff, l'Orphelin du Temple,*

«*votre auguste frère, le Duc de Normandie, et je suis devenu*
«*son serviteur.* Connaissant tous les moyens par lesquels V. A. R.
«a pu être trompée, et voulant remplir mon devoir envers l'Or-
«phelin du Temple, je me suis adressé à un de vos plus estimables
«serviteurs; je lui ai fait connaître tous les motifs qui devaient
«porter V. A. R. à faire un dernier examen de l'identité du Duc
«de Normandie, son auguste frère, avec M. Naundorff. J'ai proposé
«une assemblée de famille pour faire avec vous cet examen.....

«Je déclare en la présence de Dieu à V. A. R. que le feu
«Roi-martyr, mon auguste maître, ... ne voulut délibérer sur
«trois propositions qui lui étaient soumises pour l'acceptation
«de la constitution en 1791, qu'après avoir fait la tentative de
«se réconcilier avec le Roi George III. M. le Comte de Mercy
«d'Argenteau, ambassadeur d'Autriche auprès de lui, fut le
«porteur de sa lettre autographe au Roi d'Angleterre; et dans
«cette lettre il lui exprimait le regret le plus vif de s'être égaré
«au point d'avoir soutenu des rebelles contre leur Roi légitime.
«Il lui demandait son amitié et l'emploi de toute sa puissance
«pour le protéger, en n'autorisant aucun acte de son gouver-
«nement qui pût contribuer à troubler la sécurité de sa personne
«et celle de sa famille.

«Un traité secret s'ensuivit, par lequel le Roi George III
«donnait sa parole royale, non seulement de ne permettre à
«son gouvernement aucun acte contre la sécurité de Louis XVI
«et la tranquillité de la France, mais d'employer toute son in-
«fluence à rétablir le calme dans ce royaume, et dans le cas où
«Louis XVI viendrait à mourir, de prendre sous sa protection
«royale son épouse et ses enfans. Cet acte, Madame, vous le
«trouverez dans les archives de l'Autriche, comme dans celles
«de l'Angleterre; et vous jugerez que la lettre de S. M. George
«III, à S. A. R. Monseigneur le Duc d'Angoulême, pour l'in-
«vestir de la tutelle de l'Orphelin du Temple, en 1794, et le
«cas de sa mort arrivant, de le reconnaître pour Roi légitime,
«est un jugement solennel contre leurs Altesses Royales le Comte
«de Provence et le Comte d'Artois, malheureusement placés au
«nombre des conjurés contre Louis XVI.

«Les martyrs vos augustes parens en étaient tellement con-
«vaincus, qu'ils les redoutaient l'un et l'autre plus que *les*
«*Jacobins.* Vous trouverez d'ailleurs dans les archives de
«l'Autriche, de l'Angleterre, de la Russie et de la Prusse, les
«déclarations faites à toutes ces cours, par le Baron de Breteuil,
«ambassadeur secret et extraordinaire du Roi, pour placer
«l'armée des Princes à l'arrière-garde de leurs armées, sans
«jamais leur permettre d'entrer sur le territoire français.

«Enfin, Madame, je remplis le devoir que Dieu m'impose
«envers vous, en vous déclarant, qu'*à ma connaissance, la*
«*cour d'Autriche a la preuve authentique de l'enlèvement de*
«*l'Orphelin du Temple. Je sais encore, d'une manière posi-*
«*tive, que ceux qui ont eu le bonheur de le délivrer, l'ont*
«*conduit à Rome, où il a été paternellement accueilli par le*
«*St. Père Pie VI,* dont il a un document écrit en latin, dans
«lequel il est parlé de lui, et signé *Pius Sextus.* Il n'existe
«donc personne qui puisse vous donner des informations vé-
«ridiques et contraires à ce que j'ai l'honneur de vous faire
«savoir. *Mon honorable ami, feu M. le Marquis de Monciel*
«(ancien Ministre de l'intérieur sous Louis XVI), *dont la copie*
«*du testament politique vous sera remise, a souvent gémi*
«*devant moi des illusions de V. A. R. Plusieurs fois il était*
«*sur le point d'aller vous demander une audience particulière,*
«*pour vous faire connaître l'existence de votre auguste frère.*
«*Cet honorable ami est mort dans mes bras de douleur de la*
«*catastrophe de 1830, et regrettant de n'avoir pu remplir*
«*son devoir en vous enlevant la cataracte dont on avait*
«*couvert vos yeux.*

«Je crois que plusieurs de vos serviteurs, trompés eux-
«mêmes par le Prince qu'ils avaient le malheur de servir,
«ont pu vous faire partager leurs erreurs; mais pour
«vous mettre en mesure de juger j'ajoute le fait suivant:
«un d'entre eux, le Duc de Blacas, a reçu des mains de
«M. de Monciel le trésor de la couronne qu'il avait sauvé
«des mains des factieux, *pour le conserver à l'autorité du*
«*Roi légitime.*

«Ce trésor, valeur réelle, était de *trois cents millions.* Il
«fut converti en neuf millions de rentes placés dans les fonds
«étrangers de préférence aux fonds français. J'ai su en 1820,
«de mon ami, M. d'André, qu'à sa connaissance, il n'existait
«plus que sept millions de rentes du trésor. Depuis cette
«époque, il n'y a pas eu lieu sans doute de le diminuer.

«Ce trésor, Madame, appartient au Roi légitime, et ce Roi
«légitime, que vous embrasserez un jour avec bonheur, c'est
«votre auguste frère le Duc de Normandie.

«Mais d'après la vérité, que je vous déclare devant Dieu,
«il ne vous est plus permis de vous en servir contre lui. Que
«vos conseillers ne se fassent pas illusion; ce sont eux qui
«sont responsables devant Dieu et devant leur Roi légitime de
«l'emploi que vous en ferez.

«Mon devoir est rempli, Madame. Pour récompense de mes
«services envers le Roi-martyr et envers toute sa famille, je n'ai

«jamais voulu accepter que le portrait de S. A. R. Monsieur,
«*qu'il me donna en* 1820.

«A l'âge de 78 ans où je suis parvenu, je n'ai plus rien à
«recevoir de personne sur la terre; mais je dois me préparer
«à paraître devant Dieu, qui du moins ne me fera pas le re-
«proche de vous avoir caché la vérité.

«Je suis avec respect......

«Brémond.»

«Je transcris encore plusieurs fragmens d'une lettre écrite
par M. Brémond à M. Berryer, et qui fait partie du procès-
verbal de sa déposition judiciaire.

«...... La prétendue Restauration ne fut qu'une transaction
«sur les crimes. Le Comte de Provence, chef des conjurés,
«contre son frère Louis XVI, pour trôner à sa place, régna
«sous le nom de Louis XVIII quoique bien informé que son
«neveu Louis XVII vivait sur le territoire prussien; il crut
«pouvoir s'en délivrer par de ténébreuses persécutions........

«Louis XVIII, dans un *document écrit et signé de sa main,*
«*fit un récit de la vie de son neveu le Duc de Normandie, et*
«*il fit un devoir à son frère de le reconnaître et de le procla-*
«*mer Roi de France. Ce papier extraordinaire fut fermé dans*
«*une cassette anglaise à double fond, qui était placée dans*
«*son cabinet,* et dont une Dame, autre que la Dame de qualité,
«avait la faveur de tout voir à son gré. *Une personne* qui
«s'occupait alors de l'Orphelin du Temple pour le produire sur
«la scène, et à qui cette Dame avait déjà procuré des pièces
«importantes pour de l'argent, reçut de sa part, en 1820, la
«confidence du secret déposé et l'offre de lui confier la cassette
«de minuit à minuit, moyennant la somme de cent mille francs,
«déposée et acquise en remettant la cassette; cette personne en
«parla au Comte d'Artois, qui accepta l'offre, sous la réserve
«de la soumettre à un grand magistrat qui avait sa confiance,
«et qui, s'il l'approuvait, recevrait la cassette et en ferait
«l'examen: le magistrat n'approuva pas, et motiva son refus,
«malgré les avantages de connaître les résolutions prises pour
«préparer les moyens de les déjouer.

«*En 1824, la même personne voyant Louis XVIII prêt à*
«*mourir fit une visite à M. Franchet, lui raconta l'histoire*
«*de la cassette de 1820, l'invita à vérifier lui-même, si elle*
«*était toujours à sa place, à en rendre compte à* Monsieur,
«*et à prendre ses ordres; elle existait, fut gardée à vue, et*
«*au moment de la mort, elle fut remise à M. de Villèle et*
«*deux autres ministres, pour en faire l'examen.* Si j'en suis
«bien informé, *les trois Ministres furent d'accord de proclamer*

« *le Duc de Normandie*, mais ils crurent devoir consulter *le*
«*Cardinal de Latil, qui*, feignant de ne voir qu'une fable
« dans le récit de Louis XVIII, décida que Charles X devait
« être proclamé dans l'instant, en lui laissant le soin de juger
« cette affaire. Cet avis fut suivi; et si je suis bien informé
« encore, Charles X examina réellement l'affaire, *se convain-*
«*quit de la vérité*, et il eut la faiblesse de céder à de faux
«intérêts dynastiques. Il se fit sacrer, et après le plus beau des
   triomphes militaires, il fut précipité de son trône à coups de
« pierres. »

« . . . .

« BRÉMOND. »

M. Brémond fit connaître au Prince, par la lettre suivante le
nom des personnes qu'il n'avait pas jugé à propos de désigner
à M. Berryer :

«MON CHER PRINCE,

« . . . . . . En 1820, je fus informé de bonne source que Louis
«XVIII avait dans son cabinet une cassette anglaise à double
«fond, et dans laquelle étaient renfermés sa propre histoire
«écrite de sa main; celle de ses relations avec Martin; ainsi
«qu'une note sur *Louis XVII* telle que M. de Cazes l'avait
« trouvée dans les papiers de Robespierre, saisis chez Courtois,
«et le devoir qu'il imposait à son frère de le rétablir sur le
« trône.

«A cette époque, j'avais rédigé un Mémoire en votre faveur
«pour *Monsieur*. Je fus détourné de le présenter, parce qu'il
«n'était pas appuyé de preuves suffisantes, et que dans tous
«les cas j'échouerais en me perdant. J'eus recours au moyen
«de la cassette. On demandait une somme considérable pour
«l'enlever et me la confier pendant 24 heures. Je sollicitai une
«audience de *Monsieur;* et je lui exposai si heureusement le
«danger de sa position, et les besoins qu'il avait de connaître
«les plans de son frère, pour les déjouer s'ils étaient contraires
«à ses intérêts, qu'il accepta ma proposition en m'imposant le
«devoir de consulter M. le président Seguier, sans l'approba-
«tion duquel il ne se permettrait pas un tel acte. Je réclamai
«un second pour cette conférence, et le fils du Comte d'Escars
«fut nommé. Nous nous rendîmes chez M. Seguier. J'exposai
«les graves motifs qui exigeaient le déplacement de la cassette,
«pendant 24 heures, pour connaître les plans du maître, et
«prendre des mesures en conséquence en faveur de *Monsieur*.
«M. Seguier approuva les motifs mais désapprouva les moyens,
«se fondant surtout sur ce que, si *Monsieur* se permettait un
«tel acte, il ne pourrait, lorsqu'il serait Roi, se plaindre si

«l'on violait le secret de son cabinet. Cela était juste et l'affaire
«manqua. Mais à mon voyage de 1824, *Monsieur* me donna
«un travail à suivre avec M. *Franchet, directeur de la police.*
«J'en profitai, et je lui racontai l'histoire de la cassette, de
«1820. Je le priai de vérifier dans la journée si elle existait
«toujours dans le cabinet, et alors de prendre les mesures né-
«cessaires pour que personne ne puisse s'en emparer. Le lende-
«main, *M. Franchet m'assura que la cassette que je lui avais*
«*désignée existait,* et qu'il avait pris les mesures convenables.
«Le jour de la mort de Louis XVIII, il m'assura l'avoir portée
«au nouveau Roi.....

   1837.   «BRÉMOND.»

Ce fait du testament de Louis XVIII, et de sa reconnaissance
de Louis XVII, décisif en faveur des demandeurs, se trouve confirmé dans une lettre que M. Bérard de Pontlieue m'a écrite le
21 Mai 1851 à l'occasion du procès. Entre autres renseignemens
communiqués il me dit :

«.......... J'ai vu aussi différens membres du Comité légiti-
«miste *pour la recherche de Louis XVII,* dont faisaient partie
«M. Tharin évêque de Strasbourg, Monseigneur de Nancy, M.
«l'abbé Perrault secrétaire de la grande aumônerie de France.
«Ce dernier m'a affirmé tenir d'un des grands officiers de la
«couronne devant qui le fait s'était passé, qu'à la mort de
«Louis XVIII, son secrétaire avait été ouvert, qu'on y avait
«trouvé une liasse de papiers intitulée : *affaire de Louis XVII;*
«que M. de Villèle avait mis cette liasse sous sa redingote et
«défendu qu'il en fût fait mention au procès-verbal; que cette
«liasse fut remise fidèlement par M. de Villèle à Charles X,
«qui voulait que Louis XVII fut proclamé; que ce fut un ec-
«clésiastique éminent qui le détourna de ce projet.

«J'ai vu aussi plusieurs fois le général de Larochejaquelin,
«qui m'a déclaré avoir des preuves personnelles de la sortie du
«Dauphin du Temple; que c'était un fait hors de doute.

«M. de la Roche-Aymon, pair de France, m'a affirmé la
«même chose.....

    «Signé BÉRARD de Ponlieue, Avocat.»

Les dépositions de Mme de Rambaud, de M. et de Mme Marco
de St. Hilaire, sont également jointes aux pièces de la procédure; vous avez pu y lire comme moi, en outre, l'interrogatoire
qu'ils ont subi; ainsi qu'une lettre écrite à M. le juge d'instruction par M. et Mme de St. Hilaire.

   Déposition de Mme de RAMBAUD du 12 Juillet 1837.

«J'étais attachée au berceau du Prince Charles-Louis, Duc de
«Normandie, depuis sa naissance jusqu'au 10 Août 1792, où

« je l'ai quitté aux Tuileries, n'ayant pu le suivre aux Feuil-
« lans. J'étais tous les jours avec le Prince, je suis même tou-
« jours sortie avec lui et je ne l'ai jamais perdu de vue. *Je l'ai
« cru mort jusqu'en* 1833. Mais à cette époque, le Prince m'a
« été présenté par une Dame de ma connaissance sous le nom
« de Naundorff; au moins j'ai su depuis que c'était ainsi qu'on
« l'appelait à l'Etranger. Je n'ai point le moindre doute sur
« l'identité du Prince ou de celui que j'appelle ainsi, et que je
« crois être le véritable fils de Louis XVI. Ses traits, des mar-
« ques particulières dont il est porteur, et notamment celle de
« l'inoculation que j'ai vu faire, son port, sa ressemblance avec
« le Roi Louis XVI et la Reine Marie-Antoinette, sont les mo-
« tifs qui me déterminent très-consciencieusement à penser qu'il
« est le véritable fils de Louis XVI. Je dois dire aussi qu'ayant
« connu mieux que personne tous les souvenirs de son enfance,
« j'ai pu m'en entretenir avec lui, et j'ai été frappée de l'exac-
« titude de ses souvenirs, des détails dans lesquels il est entré,
« et de la fidélité avec laquelle il me les a sans cesse reproduits.

« Dans la crainte d'être surprise par la mort, j'ai cru devoir
« consigner dans un acte de dernière volonté l'expression de ma
« conviction. *Cet acte a été saisi chez-moi le* 15 *Juin dernier,*
« lors d'une perquisition qui y a eu lieu. J'ai voulu que mon
« opinion sur son identité fût bien connue et bien constatée, et
« qu'elle pût aussi lui servir dans le cas où son état serait dis-
« cuté devant les Tribunaux......

« Je dois dire que M. de Joly, dernier Ministre de la justice,
« ne faisait point de doute sur l'identité du Prince. Il lui avait
« trouvé dans la démarche, dans la voix, et jusque dans les
« inflexions de cet organe, des rapports avec Louis XVI, qui
« l'avaient profondément frappé......

« ont signé...... »

Déposition de Mme Marco de St. Hilaire devant le juge d'instruction du Mans du 19 Juillet 1837 :

« M. Bricon, imprimeur à Paris, avait été chargé d'imprimer
« des Mémoires de M. Naundorff. Il en parla à M. Geoffroy,
« archiviste de la préfecture de Niort. Celui-ci qui savait que
« j'avais été attachée à la maison de Louis XVI, pensa que je
« pourrais donner des renseignemens utiles sur l'identité du
« Sieur Naundorff, et vint m'en parler. Je lui répondis que je
« ne me souciais pas de voir M. Naundorff; que Mme de Rambaud
« était bien plus à même que moi de le reconnaître, puisqu'elle
« appartenait à sa personne; je lui donnai une lettre pour cette
« Dame. Mme de Rambaud fut voir M. Naundorff, et resta con-
« vaincue d'après l'entretien qu'elle eut avec lui, qu'il était le

«Duc de Normandie. Le 19 Août 1833 elle l'amena chez moi.
«Lorsqu'il y entra, je fus frappée de sa ressemblance avec Louis
«XVI et la Reine. Ce jour-là, et depuis, j'ai eu avec lui des
«conversations sur certains détails qui m'ont donné la conviction
«qu'il était bien le Duc de Normandie. Il me désigna, avec la
«plus grande précision, les instrumens de musique dont se ser-
«vait ordinairement sa mère. Il m'indiqua même leur couleur
«et la place qu'ils occupaient. Il m'a aussi rappelé le genre de
«service de sa mère, et les noms des douze femmes qui étaient à
«son service. Pendant trois ans il a fréquenté ma maison, il y
«a mangé et couché; ses relations n'ont fait que me confirmer
«de plus en plus qu'il était le fils de Louis XVI.

«Du reste, tout ce que je viens de déclarer; et tous les détails
«qui me concernent, ont été consignés dans une brochure que
«vous avez saisie, et dans les notes de mon mari qui font partie
«aussi des papiers que vous avez saisis.

«ont signé......»

Mme de St. Hilaire et son mari écrivirent en même temps une
lettre particulière, explicative de leurs motifs de conviction, à
M. le juge instructeur. Je citerai seulement les passages suivans
de la lettre de M. de St. Hilaire:

«MONSIEUR,

«.............. L'honneur et l'amour de la vérité me font un
«devoir et une obligation de m'adjoindre à Madame de St. Hilaire,
«et de vous instruire, pour mon propre compte, de ma convic-
«tion concernant l'identité du Prince:

«1° Le premier soin du Prince, en arrivant à Paris, en 1832,
«a été de s'informer s'il existait encore d'anciens officiers de la
«maison de son auguste père, et de tenter de s'en faire recon-
«naître. C'est ainsi qu'il m'a été amené le 19 Juillet 1833.

«2° Depuis cette époque, jusqu'à celle de son exil en Angle-
«terre, je l'ai vu très-fréquemment, soit chez moi où il man-
«geait et couchait, soit chez d'autres personnes qui lui étaient
«dévouées comme moi, et qui se sont fait un devoir, depuis
«quatre ans, de lui donner l'hospitalité et de venir au secours
«de sa nombreuse famille. Les entretiens journaliers que j'ai
«eus avec lui, pendant ce laps de temps, m'ont mis à même
«d'asseoir ma conviction sur son identité. *Elle est telle à pré-*
«*sent, qu'il n'est au pouvoir de personne de la détruire.*

«Recevez......

«Le Mans 14 Août 1837.　　　　«MARCO DE ST. HILAIRE.»

Enfin comme je ne puis trop faire connaître avec quelle lucidité, et quel consciencieux discernement les principaux témoins
de l'identité ont étudié le personnage, et justifié leur jugement,

je transcris encore une seconde lettre écrite à Mme la Duchesse d'Angoulême par Mme de Rambaud après la tentative d'assassinat dont le Prince a été victime à Paris :

«Madame,

«La certitude, si heureuse pour moi, que Votre Altesse Royale «a reçu la lettre que j'ai pris la respectueuse liberté de lui «adresser, me fait espérer qu'elle voudra bien encore m'accorder «la grâce de lire avec bonté celle où *les témoignages d'une con-* «*viction entière* lui seront exprimés avec cette vérité de cœur «que rien ne peut tromper. Je n'aurai rien à me reprocher, «ayant rempli envers Votre Altesse Royale le plus saint des «devoirs, celui de porter à sa connaissance *les preuves qui sont* «*en mon pouvoir, touchant le Prince qui est pour moi son* «*auguste frère.*

«Ayant le bonheur de le voir souvent, de lui donner des «soins, *je retrouve chaque jour en lui ce caractère qu'il* «*avait dans son enfance,* où le vouloir était dans toute sa force, «mais où la bonté du cœur dominait par-dessus tout.

«*Ses souvenirs, toujours présens jusque dans les moindres* «*choses,* auraient lieu de m'étonner, s'il n'y avait pour moi la «pensée qu'ayant presque passé sa vie enfermé, il s'est tellement «nourri de tout ce qu'il a pu voir et connaître, que c'est devenu «pour lui le livre du destin qu'il sait par cœur, *et sûrement* «*ce qu'il sait n'a jamais été imprimé.*

«Madame apprendra de lui sa triste histoire; elle y verra sa «résignation soutenue par son espoir en Dieu, dont la main «puissante l'a conservé jusqu'à ce jour, et, depuis peu encore, «d'une tentative d'assassinat qui, sans Dieu, eût terminé sa vie!... «D'autres se sont chargés d'en instruire Votre Altesse Royale; «c'est une chose aussi pénible à dire qu'à penser, et qui rem- «plit encore mon cœur d'effroi. *Sûrement ce n'est point un* «*faussaire qu'on assassine; on le juge,* comme tant d'autres «l'ont été à cet égard, et qui ont disparu de même comme «des fantômes.

«Cette identité de plus, ajoutée à tant d'autres, me fait sup- «plier V. A. R. de voir son auguste frère. Une entrevue la «pénétrera plus encore de la plus sainte des vérités que c'est «lui. Tant de rapports de famille, tant d'union de cœur, de «bonté, et tant d'amour pour la France! Ah! c'est dans son «sein qu'une famille qui lui est si chère doit, retrouvant le «bonheur, le donner à tous, et c'est en me jetant aux pieds de «Madame que je le lui demande pour son auguste frère qui n'a «d'autre soutien qu'elle, et qui, après tant de malheurs n'as- «pire qu'à retrouver son cœur dont il est si digne.

« C'est aux pieds de V. A. R., que je mets toute ma confi-
« ance, mon respect et mon dévouement qui n'ont jamais changé.
« MOTTET, Veuve de RAMBAUD. »

§ 5.

On n'a pas lu la déclaration de Paulin, dites-vous, Monsieur
le Substitut ; parce qu'elle est en contradiction avec Naundorff.
Vous savez bien que *dans une cause civile jugée par défaut,
le silence gardé par ceux qu'on assigne élève contre eux la présomption légale qu'ils se jugent et condamnent eux-mêmes ;* et
qu'il suffit aux demandeurs de justifier le défaut, en commu-
niquant au Tribunal quelques-uns des principaux faits et moyens
de la cause. Me Jules Favre a surabondamment satisfait à cette
exigence de la loi dans ses deux plaidoiries. Il est évident qu'il
n'a pas eu la possibilité de lire tous les documens ; s'il avait eu
un contradicteur parmi nos adversaires royaux, c'eût été différent ; et alors deux audiences n'auraient pas suffi au développement intégral des questions d'évasion et d'identité. Mais votre
observation n'est qu'une misérable chicane, indigne d'un magistrat qui a été à même de connaître entièrement la cause dans
le Mémoire judiciaire que je lui ai remis, et dans le dossier de
l'avocat. Ainsi vous n'auriez pas dû avancer que la déclaration
de Paulin est en contradiction avec Naundorff ; car Paulin, un
des instrumens de l'évasion, non pas du Prince, mais d'un
substitué, a, en 1835, reconnu Naundorff pour le fils de Louis
XVI ; et il était bien compétent pour s'assurer de l'identité
comme vous allez le voir. Voici des faits qui seront justifiés
quand la justice voudra en recevoir la preuve. Nous lisons dans
le récit du Prince :

« Tandis que j'étais encore enfermé avec mon père et Cléry,
« des amis dévoués s'étaient entendus pour enlever, la nuit,
« moi et mon père, pendant que des hommes fidèles eussent
« monté la garde. La Providence a voulu que ce projet fût trahi,
« et pour en prevenir l'exécution, mes bourreaux ordonnèrent
« qu'un verrou fût placé dans l'intérieur de l'antichambre, où
« deux municipaux couchaient la nuit enfermés avec nous. C'était
« un moyen sûr d'éviter toute surprise ; puisqu'ils étaient obli-
« gés d'aller ouvrir eux-mêmes à quiconque demandait l'entrée
« de l'antichambre. Afin de fixer ce verrou, on envoya un jour
« deux ouvriers pratiquer deux trous dans le mur ; un d'eux,
« pendant le déjeuner s'approcha de mon père avec lequel j'étais
« dans l'antichambre, et lui fit des signes : nous n'étions que
« tous les trois, lorsqu'il remit *trois* rouleaux ; c'était de l'or

«dont nous avions besoin en ce moment. L'ouvrier voulait encore
«parler et confier d'autres communications à mon père, mais il
«fut rappelé; mon père pensant être découvert déposa les rou-
«leaux sur moi et fit sortir l'ouvrier de chez nous. La crainte
«était mal fondée. Quelques jours plus tard mon père me chargea
«de remettre un de ces rouleaux entre les mains de ma bonne
«tante. L'homme qui les avait apportés se nommait J. P.
«(Joseph Paulin). Cet homme de bien avait reçu de mon père
«une lettre pour nos amis du dehors. Et par sa conduite il s'était
«acquis une haute confiance: aussi fut-il chargé plus tard
«d'entreprendre mon enlèvement, pour lequel des hommes très-
«haut placés dans le gouvernement révolutionnaire avaient reçu
«de très-fortes sommes de la part d'un puissant personnage.
«J. P. se présenta et il reçut non pas moi, mais le muet à ma
«place. D'après les ordres qui lui furent donnés, il ramena
«l'enfant sauvé entre les mains de Mme Joséphine Beauharnais,
«qui devint Impératrice des Français. Cette dernière, en voyant
«l'enfant s'écria: «Malheureux! qu'avez-vous fait? Vous avez
«livré par cette erreur le fils de Louis XVI aux assassins de son
«père.» Joséphine avait bien connu auparavant le véritable
«Dauphin ainsi que l'enfant muet, car c'était elle qui l'avait
«procuré à Barras lorsqu'il fut substitué au mannequin. Le
«malheureux muet était donc sorti au lieu de moi, et moi, je
«languissais encore dans la Tour. Remarquez bien qu'on avait
«trompé le personnage important qui avait fourni l'argent des-
«tiné à mon évasion: ainsi la translation du muet n'était pas
«l'œuvre de mes amis, et cette circonstance explique les paroles
«de Mme Beauharnais: «Malheureux! qu'avez-vous fait?» Elle
«croyait pour le moment que l'entreprise avait été trahie, que
«reporté dans le lieu d'où j'avais été enlevé, ma perte devenait
«désormais assurée, et que Barras avait employé cette super-
«cherie pour se tirer d'embarras. Elle ignorait alors que l'en-
«fant muet avait été remplacé par un autre très-malade. »

Ce premier point établi, occupons-nous de Paulin. La police
savait son existence; il vivait encore en 1839. Demandez à M.
le juge d'instruction pourquoi, s'il recherchait religieusement la
vérité dans sa procédure en escroquerie contre le fils de Louis
XVI, il n'a pas fait entendre à Rouen, en 1837, ce témoin
de l'évasion et de l'identité, plus essentiel à interroger que *Lasne*
et *Gomin*. Pour moi, je n'ai pas besoin d'une réponse; parce
que, convaincu de la probité du valeureux maçon du Temple, je
suppose qu'on redoutait son témoignage connu depuis longtemps; et comme il était incapable de mensonge, on l'a laissé
de côté, de même que, dans l'ordonnance de la Chambre du

Conseil, on s'est perfidement abstenu de discuter la déposition des témoins qui constataient l'origine royale répudiée par la politique.

Voici la narration de Paulin dictée par lui-même:

« Je venais de quitter le service et de me démettre du grade
« de sous-officier que j'avais dans l'armée, lorsqu'en 1792, M.
« de Toulon qui connaissait depuis long-temps mes opinions,
« et avec lequel j'avais quelques relations de famille, me fit
« entrer dans une association royaliste, où l'on s'occupait des
« moyens de sauver Louis XVI, alors enfermé au Temple.

« Le 26 Septembre de cette même année, jour auquel le
« Roi devait être séparé de sa famille, les membres de l'asso-
« ciation réunis dans l'hôtel Caumartin, rue de Savoie, me de-
« mandèrent si je voulais me charger d'une mission qui consistait
« à pénétrer au Temple, et à remettre entre les mains du Roi
« des lettres et de l'argent. J'acceptai cette mission, et me mis
« aussitôt en devoir de la remplir. Je savais que l'on faisait des
« travaux de maçonnerie dans l'appartement même que le Roi
« occupait au Temple, je pris le costume de manœuvre et fus
« me placer au lieu où je savais que le maçon chargé des
« travaux dont je viens de parler avait coutume de prendre des
« ouvriers. Je ne tardai effectivement pas à être employé.
« Comme je contrefaisais l'imbécile, on ne se méfiait pas de
« moi. C'est de moi que Cléry veut parler dans ses Mémoires.
« Introduit au Temple sous le costume de maçon, je pus à
« l'aide de ce déguisement parvenir à m'approcher du Roi-martyr.
« Je vis.... le séraphique Louis XVI, que je pleurerai jusqu'au
« dernier de mes jours.... Suffoqué par mes larmes.... je ne
« pouvais lui parler: « Mon ami, » me dit ce bon Roi, « ne vous
« affligez pas, et souvenez-vous que nous devons nous soumettre
« avec résignation aux tribulations que le ciel nous envoie. »
« Le Roi me tendit la main; touché de cet excès de bonté, je
« me reculai, et fléchissant le genou: « Sire, lui dis-je, je
« jure!..... » Mais le Roi m'interrompant: « Non, non, mon ami,
« ne jurez pas, c'est imprudent..... » Le Roi était très-agité; il allait
« et venait dans la chambre, et disait en joignant les mains, et les
« levant au ciel: « Mais mes enfans! mes pauvres enfans! que
« vont-ils devenir? Mon Dieu! avancez l'heure du supplice. »

« Je promis au Roi de veiller sur son fils et de lui consacrer
« toute mon existence.

« Le Roi me confia plusieurs lettres, et des instructions
« écrites pour son fils, en me recommandant de ne m'en dessaisir
« que quand je pourrais les remettre directement aux personnes
« qu'elles concernaient.

« Outre les papiers dont on m'avait chargé pour Louis XVI,
« j'avais à lui remettre une somme de quarante mille francs
« que nous avions rassemblée; j'en portais une partie sur moi,
« l'autre était cachée dans mes outils de maçon..... C'était.....
« le 26 Septembre 1792. Tout-à-coup, au moment où je me
« hâtais de livrer cet argent au Roi, on cria du bas de l'es-
« calier : allons donc, manœuvre, allons donc..... Je reconnus
« la voix du traître L., ancien valet de pied du Roi. Il était
« alors membre d'un Comité qui précéda celui dit du salut
« public. Cet homme existe encore. C'est le même que vous
« avez vu, qui exerçait les fonctions de gardien du Musée de
« Rouen.

« J'étais dans la plus affreuse perplexité; je n'avais encore
« remis au Roi que deux mille écus, *en trois rouleaux d'or,*
« et malgré ses instances pour m'obliger de descendre, je vou-
« lais m'acquitter entièrement de ma commission; un nouvel
« appel ne m'en laissa pas le temps. « Partez, me dit le Roi,
« partez, mon ami, ou vous êtes perdu; que Dieu veille sur
« vous ! » Le Roi me pressa dans ses bras...... Je rassemblai
« mes outils à la hâte et je descendis à la hâte. J'oubliais de
« vous dire que c'était pour sceller des verroux à la porte du
« Roi que j'avais été appelé. Le Dauphin était là. C'était un
« petit espiègle; il touchait à tous mes outils, et moi qui
« tremblais qu'il ne se blessât, je me fâchais pour le faire finir,
« et le Roi le gronda......

« En 1795, la société dont j'ai déjà parlé, et à laquelle je
« continuais d'appartenir, n'ayant pu sauver Louis XVI, voulait
« au moins enlever son fils à ses bourreaux. De grands sacrifices
« avaient été faits auprès de Carnot, de *Cambacérès* et de plu-
« sieurs autres puissans d'alors, pour les rendre favorables à
« cette grande entreprise. Je me souviens d'avoir souvent, par
« l'ordre du Comte *de Frotté,* porté chez eux des sommes consi-
« dérables en or. Mme de Beauharnais était au courant de toutes
« ces démarches et les secondait......

« Ce fut le 4 Juin 1795 que nous parvînmes à sauver le jeune
« Roi.... ce que je puis attester c'est qu'il est sorti du Temple.
« C'est moi-même qui remis *Louis XVII* dans les mains de *Cha-*
« *rette.* On ne voulait pas que je me confiasse à la femme *Simon...;*
« on avait tort; car *elle-même a été bien utile....*

« Nous étions *trois* pour le sauver; je ne peux pas nommer
« *tous* ceux qui nous ont secondés, un serment nous lie.

« Le 4 *Juin,* nous attendîmes la nuit pour exécuter notre
« périlleuse entreprise. A l'heure convenue, une voiture de blan-
« chisseur s'arrêta à la porte du Temple. A un signal, la porte

«de la prison s'ouvrit; j'étais resté à faire le guet. Environ
«vingt minutes après, on plaça dans la voiture un grand panier
«qui contenait du linge, mais ce panier avait un double fond,
«qui renfermait la fortune de la France. Nous nous remîmes
«en route le cœur rempli de joie et palpitant de crainte. Aussitôt
«que *le fils de Louis XVI* fut en sûreté, *le Comte de Frotté*
«s'empressa d'en porter la nouvelle à Madame *de Beauharnais,*
«qui depuis devint l'épouse de Bonaparte. Le lendemain, en
«voyant *le jeune Prince,* Madame de Beauharnais parut très-
«fâchée. «Ah! malheureux! s'écria-t-elle, qu'avez-vous fait?
«Vous allez livrer le fils aux poignards des assassins du père!»
«L'enfant resta caché jusqu'au moment où nous pûmes le faire
«sortir de Paris.

«Je fus ensuite *envoyé* au général *Charette* qui était dans la
«Vendée, pour lui porter *plusieurs* lettres, et le *procès-verbal*
«qui avait été dressé de l'évasion. Après l'affaire de Quibéron,
«je me trouvai en relation dans la Vendée avec *le général Hoche;*
«ce fut sous ses auspices qu'au commencement de l'hiver de....
«j'entrepris le voyage de Rome, pour porter aux tantes du Roi
«la lettre dont ce malheureux Prince m'avait chargé dans la
«Tour du Temple.»

Le Prince, en 1835, fit la connaissance de M. Bourbon-Leblanc
qui, à la chute du journal *la Justice,* publia *le véritable Duc
de Normandie.* Ce dernier savait que *Joseph Paulin* avait
coopéré à l'évasion du Dauphin; cette circonstance lui inspira
le désir de le voir; par lui, le Prince fut mis en rapport avec
cet ancien maçon du Temple qui apprit, alors seulement, le
mystère des substitutions, s'expliqua l'erreur dans laquelle il
était resté jusqu'à ce jour, et reconnut l'Orphelin du Temple
dans la personne de M. *Naundorff.* Voici à cet égard la déclaration de M. Bourbon-Leblanc:

«Je me rendis à Rouen à la fin de 1835, grande rue St.
Laurent, 22, où je trouvai ce respectable vieillard (Paulin) qui,
d'abord, me reçut avec une réserve infinie, craignant toujours
de nouvelles persécutions, du moment qu'on lui parlait de
l'Orphelin du Temple. Sa femme était dans la même défiance.
Néanmoins, lorsque je lui eus fait connaître qui j'étais, son
cœur s'ouvrit et sa langue se délia. Il savait tous les désastres
qui avaient pesé sur moi pour avoir osé, en 1817, n'être pas
de l'avis de ceux qui veulent absolument que le Dauphin soit
mort au Temple.

«Comme c'est par l'analyse comparée des rapports des témoins
qui ne se sont point vus, et qui conséquemment n'ont pas pu
s'entendre, qu'on acquiert la certitude d'un fait; et que d'ail-

leurs je n'aurais pas voulu entreprendre mon voyage à Rouen sans en tirer quelque lumière, j'avais eu la précaution, avant mon départ, de voir le *prétendu Naundorff*.

« Vous rappelez-vous, lui dis-je, l'aventure du maçon qui, en Septembre 1792, a scellé les verroux de la porte de la chambre de Louis XVI?

— « Oh! sans doute; c'était un bien brave homme. Que je « serais heureux de le retrouver, s'il existait! »

— « On a raconté, dans le temps, une foule de choses sur son compte. On a été jusqu'à assurer que ce pauvre diable n'était qu'un homme déguisé et un agent secret de la famille royale.

— « Vous pourriez dire qu'il en était l'ami fidèle, dévoué, « intrépide. »

— « Vous rappelleriez-vous son nom? Je ne vous demande pas de me le livrer dans la position où vous êtes, vous devez vous défier de tout ce qui vous approche. La perversité prend tous les masques, et la politique, telle qu'on l'a faite, s'attendrit et pleure, flatte et caresse, pour frapper des coups avec plus de sûreté.

« Ainsi, je vous demande pour moi-même la discrétion que je vous conseille pour les autres. La seule chose à laquelle je m'arrête en ce moment, et qui me paraît sans conséquence, est de m'écrire les deux initiales des noms de l'homme que vous connaissez si bien.

— « Les voici : »

« Et à l'instant, le *prétendu Naundorff* me traça en deux capitales les lettres *J. P.*

— « Eh bien! cet excellent homme existe; il ne demeure pas à Paris; mais je sais où il est, et sous trois jours je serai près de lui.

— « Sous trois jours!.... Venez demain, et je vous remettrai « une lettre pour lui. Vous saurez, par ce moyen, si celui « qui se dit le maçon du Temple est, oui ou non, l'homme de « la vérité. »

« En effet, le lendemain j'avais à ma disposition une lettre scellée en cire rouge par un cachet particulier. Arrivé à Rouen, et étant chez Paulin je lui dis :

— « Je suis chargé de vous remettre une lettre qui probablement vous fera plaisir....

« Paulin prend la lettre, regarde le cachet avec surprise, met ses lunettes, fixe ses yeux attentifs sur l'écriture, déplie l'écrit qui déjà absorbe toutes ses facultés, lit quelques lignes, et les mains tremblantes qu'il élève vers le ciel, il s'écrie, la voix entrecoupée de sanglots : « Oh! oh! oh! *il existe donc encore,* « *ce cher enfant!* O mon Dieu! ô mon Dieu! »

«Puis il se lève, se dirige vers une armoire, à l'angle droit de la porte d'entrée, ouvre avec impatience un tiroir, et m'apporte *un signe correspondant à celui qui était tracé dans la lettre*, et que je ne savais pas s'y trouver, comme si cette représentation était pour lui-même une justification de sa sincérité.

«Madame Paulin était présente. Je laisse à Madame d'Angoulême le soin de qualifier cette scène. C'est à elle aussi qu'il appartient de confirmer ou de démentir le récit de Joseph Paulin.

«Ses deux compagnons, lors de l'enlèvement du Temple, furent M. Viard, qui, en 1835, était balancier, n°. 17, rue de la Savonnerie, à Rouen; et, autant que je puis me le rappeler, M. Jules Letellier, officier en retraite, habitant Compiègne et ses environs, à la même époque de 1835.

«J'ai ensuite conduit le *prétendu Naundorff* chez Joseph Paulin. Une conférence secrète de plus d'une heure eut lieu entre eux deux, pendant que j'étais avec Madame Paulin; ils se quittèrent, à ce qu'il me parut, satisfaits l'un de l'autre.»

Le précis suivant de la confrontation qui eut lieu, comme moyen réciproque de reconnaissance, ajouté aux détails précédens, complète un témoignage d'identité qui ne souffre pas la résistance de l'incrédulité la plus exigeante.

— «Qui fut témoin de l'entretien de Paulin avec Louis XVI?

— «Le Dauphin.»

— «Que remit Paulin au Roi?

— «*Trois rouleaux* de cinquante Louis.»

— «Comment les avait-il soustraits à la fouille en entrant au Temple?

— «Il les avait introduits dans le manche creux de son marteau «de maçon.»

— «Où furent-ils cachés à l'instant, de peur des gardiens?

— «*Dans les poches du Dauphin.*»

Pour vous débarrasser du témoignage important de Mme de Broglio Solari, Monsieur le Substitut, vous le transformez en déclaration verbale, qui aurait été rapportée par M. de Cosson, et vous ajoutez que plus tard M. de Cosson a proclamé Naundorff un imposteur. Vous allez ensuite chercher l'opinion de Barras dans l'opinion de M. Grand, aujourd'hui conseiller à la Cour d'appel de Metz. Je remarque ici la même infidélité que dans toutes vos autres affirmations.

M. Grand était Substitut à Charleville, quand il écrivit au rédacteur de la Gazette des Tribunaux la lettre dont vous parlez, qui est complètement insignifiante dans la question à résoudre. Il base sa croyance à la mort du Dauphin au Temple sur ce que Barras lui a dit et dicté à cet égard. M. Grand ayant eu la prudente discrétion de garder pour lui seul les renseignemens qu'il prétend tenir de Barras, nous ne sommes pas à même de les juger. La conduite de Barras est certifiée par des autorités bien autrement décisives que la parole de M. Grand, qui devait être bien jeune lorsqu'il était l'ami du Conventionnel, s'il n'était pas en 1834 très-vieux Substitut. Barras, au surplus, n'était pas homme à confier légèrement à M. Grand, ou à tout autre, sans une nécessité urgente, un secret d'une aussi haute importance que celui de l'évasion du Dauphin.

Quant à Mme de Broglio Solari, la meilleure réponse à vous faire est de transcrire ici son témoignage authentique que voici :

« Aujourd'hui, le 6 Juillet 1840, par-devant Me John Sise Venn, notaire public à Londres, dûment admis et juré, se trouvant à Camberwell Green N° 8, près Londres, et les deux témoins soussignés qui ont attesté l'identité de la comparante, fut présente Mme Catherine Hyde, Marquise de Broglio Solari, anciennement attachée au service de S. M. Marie-Antoinette, Reine de France, et de Madame la Princesse de Lamballe ; laquelle comparant en présence de moi notaire et des dits témoins, a déclaré solennellement, comme suit, savoir :

« Moi, Catherine Hyde, Marquise de Broglio Solari, ancien-
« nement attachée au service de S. M. Marie-Antoinette et de
« la Princesse Lamballe, et connue sous le nom de *la petite*
« *Anglaise*, je déclare ce qui suit :

« 1° Que me trouvant à Bruxelles avec mon mari, le Marquis
« de Broglio Solari, Ministre de la république de Venise,
« pendant l'hiver de 1805, *nous fûmes invités à dîner chez*
« *Barras, un des ex-directeurs de la république française.*

« Bonaparte étant devenu le sujet de la conversation *entre*
« *mon mari et Barras*, ce dernier, un peu échauffé par le vin,
« s'écria : « Je vivrai pour voir pendre ce scélérat de Corse, à
« cause de son ingratitude envers moi, qu'il a exilé ici pour
« l'avoir fait ce qu'il est : mais il ne réussira pas dans ses projets
« ambitieux, car *le fils de Louis XVI existe.* » *Ceci se passait*
« *en 1803.* A cette époque le préfet Pontécoulant avait reçu
« l'ordre de ne laisser *visiter Barras* que par les étrangers ;

« 2° Que mon dit mari et moi, nous étions présens à la vente que
« fit cet ex-directeur au général Moreau de la terre de Gros-
« bois, anciennement appartenant au Comte de Provence ; fait
« que je cite ici comme une preuve *de l'intimité de Barras avec*
« *mon mari*, qu'il appela à signer au dit contrat de vente ;

« 3° Qu'ayant passé quelque temps avec Hortense, Reine de
« Hollande, à Augsbourg, vers l'année de 1819 ou 1820, elle

«me confirma, dans plusieurs conversations, l'évasion du Dau-
«phin du Temple; et qu'entre autres choses elle me dit que,
«lorsque l'Empereur Alexandre et *le Roi de Prusse* allèrent
«visiter Joséphine, ils lui dirent: «*Qui mettrons-nous sur le
«trône de France ?*» Et Joséphine leur répondit: «*Naturellement
«le fils de Louis XVI ;*»   .

«4° Qu'ayant appris à Londres qu'un personnage, demeurant
«à Camberwell, se disait être le fils de Louis XVI, je sollicitai
«une audience et, l'ayant obtenue, j'ai acquis la ferme et
«parfaite conviction, par les faits qui sont venus à ma con-
«naissance et par les preuves que S. A. R. m'a données, que
«lui, Charles-Louis Duc de Normandie, autrefois connu sous
«le nom de Naundorff, est le véritable fils de Louis XVI et
«de Marie-Antoinette Reine de France. Je m'empresse donc
«d'offrir à S. A. R. cette présente déclaration, affirmant de-
«vant Dieu et devant les hommes que tout ce qu'elle contient
«est l'exacte vérité.

«En foi de quoi j'ai signé:

«Catherine Hyde,
«Marquise de Broglio Solari,
«native d'Angleterre.»

«La dite Dame comparante et déclarante, ayant signé sa dite
déclaration en présence de moi notaire et des témoins, les dits
témoins ont signé cet acte avec moi notaire, les jours, mois et
ans ci-dessus écrits, pour servir et valoir ce que de droit.

«John Sise Venn, notaire public,

«Les témoins ont signé: «Charles de Cosson,

«Chabron de Jussac.»

La légalisation de la signature du notaire a été faite par
M. M. Durand St. André, consul général de France, et Gautier
Chancellier.

Il est très-vrai, Monsieur le Substitut, que M. de Cosson et
plusieurs autres amis du Prince se sont séparés de lui, dans
le mois de Janvier 1841. Lisez l'écrit qu'ils ont publié, et vous
vous convaincrez que la cause expliquée de cette rupture est
due à la croyance religieuse de S. A. R., qu'ils avaient soutenue, jusque là, par une profession de foi publique, solennellement manifestée; et qu'ils rétractèrent, tout en laissant
subsister les raisons logiques de leur abjuration de la croyance
catholique-romaine. Au moment de leur première exaspération
ils ont, par une phrase équivoque, voulu laisser planer sur
l'identité du Prince quelques doutes qui n'étaient pas dans leur
esprit. Ils ne pouvaient soutenir qu'il n'était pas le fils de Louis
XVI, sans désavouer tant d'écrits signés d'eux pour propager la

légitimité de ses droits ; et ils ne l'ont pas fait. Leur conviction d'ailleurs avait pris sa source dans des autorités qui n'ont pas varié et dont on ne peut détruire la puissance que par des autorités contraires. Ce que je puis vous certifier, c'est que ces témoins seront les premiers désignés par nous pour être entendus dans l'enquête que nous espérons obtenir plus tard d'une justice impartiale. La question religieuse étant complètement étrangère aux débats civils, les développemens qu'elle exige m'obligent de ne pas m'en occuper. Mais il ne me serait pas difficile d'établir, par des preuves sans réplique, que ceux qui ont outragé, je ne dirai pas avec vous *la religion de vos pères*, qui mit votre conscience en repos lorsque vous insultiez à l'honnête homme calomnié ; mais *la religion de Jésus-Christ*, qui commande la justice et l'amour du prochain, ce sont les princes de l'église romaine, son sacerdoce ; et non pas mon illustre et royal ami, dont je proclame hautement partager toutes les convictions religieuses expliquées dans l'ouvrage condamné par la Cour d'Assises de Lyon.

CHAPITRE V.

§ 1.

Revenant à la désertion des amis du Prince, Monsieur le Substitut, dont vous dites erronément :

« Aussi un jour est venu où ses confidens les plus intimes,
« ceux qui s'étaient expatriés pour lui, ont vu tomber leur il-
« lusion, et sentant le besoin de faire une sorte d'amende ho-
« norable, ils ont publié que cet homme, pour lequel ils avaient
« fondé des journaux et imprimé des livres, était un misérable
« fourbe, que le gouvernement français avait traité avec trop
« d'indulgence quand il se contentait de l'expulser de son ter-
« ritoire. »

Je réfuterai vos paroles d'une amertume passionnée par deux d'entre les signataires de l'écrit invoqué, M. de Chabron, et M. Xavier Laprade avocat qui, étant à Paris pendant qu'on plaidait le procès, sont venus me voir, me priant d'assurer l'infortunée famille royale qu'elle pouvait toujours compter sur leur dévouement, et qu'ils se feraient un devoir de conscience de témoigner en justice que leur conviction de l'identité du Prince a toujours été inébranlable. M. Xavier Laprade m'a de plus remis une attestation, tout exprès pour démentir la calomnieuse

assertion de ceux qui ont répandu le bruit qu'il avait rétracté
sa conviction. La voici :

« Je soussigné, pour rendre hommage à la vérité et servir à
« éclairer la justice dans le procès intenté à Mme la Duchesse
« d'Angoulême, par la veuve et les enfans de Charles-Louis Duc
« de Normandie, connu sous le nom de Charles Guillaume
« Naundorff ;

« Déclare être prêt à attester sous la foi du serment, comme
« j'atteste sur l'honneur les faits suivans :

« Au commencement de l'année 1836, j'habitais la ville de
« Niort (deux Sèvres) où depuis deux ans j'exerçais la profession
« d'avocat. Quelques personnes m'ayant à cette époque parlé de
« l'existence du fils de Louis XVI et de sa présence actuelle à
« Paris ; je rejetai d'abord comme un roman le récit de sa triste
« histoire : puis, des faits plus précis, des témoignages nom-
« breux et honorables m'ayant été racontés, je m'intéressai à
« cette affaire, et résolus même de me rendre à Paris, pour
« voir par moi-même le personnage et les principaux témoins
« dont on m'avait parlé.

« Avant de partir je crus devoir rendre compte de cette réso-
« lution et demander avis à M. le Vicomte de Curzay, ancien
« préfet de la Gironde sous la Restauration, et qui, depuis la
« révolution de Juillet, était venu habiter Poitiers son pays et
« le mien. Je devais cet acte de déférence à M. le Vicomte de
« Curzay, qui était placé à la tête du parti légitimiste dans
« notre province ; et qui, dans plusieurs circonstances importan-
« tes, m'avait honoré de sa confiance et de sa bienveillance.

« M. de Curzay n'accueillit pas mon récit avec incrédulité,
« comme je m'y attendais : au contraire, il m'encouragea à faire
« le voyage de Paris, à examiner le personnage et son entourage
« avec attention et à lui écrire tout ce que j'en apprendrais. Il
« ajouta : *je sais depuis bien longtemps que le Dauphin a été
« sauvé du Temple ; c'est un fait historiquement certain.*
« Maintenant qu'est-il devenu ?..... Je vais vous confier une
« particularité que je n'ai racontée qu'à un bien petit nombre
« de personnes, à cause de la gravité des suppositions auxquelles
« elle était de nature à donner lieu. En 1816, j'étais à Paris
« comme député, lorsqu'on parla de l'apparition de Louis XVII ;
« on racontait d'étranges choses sur ce personnage ; il fut con-
« duit à Rouen : comme je connaissais le préfet, je m'y rendis
« un jour et j'obtins de le voir dans sa prison. Plus tard, quand
« le procès se déroula devant la police correctionnelle, où on fit
« comparaître Mathurin Bruneau, j'assistai à la première au-
« dience..... *Ce n'était plus le personnage que j'avais vu dans*

« *sa prison; il y avait eu substitution de personne.* Je compris
« alors qu'il y avait là un mystère politique; je me tus, et
« repartis pour Paris. Depuis lors j'ai cru que le Dauphin vivait
« à cette époque-là; mais qu'en avait-on fait? Serait-ce donc
« le même? »

« J'écrivis plus tard deux lettres à M. de Curzay, qui ne me
« répondit pas; et je ne l'ai pas revu depuis, car il mourut peu
« d'années après.

« Arrivé à Paris, je vis le prétendu Duc de Normandie, et de
« nombreux témoins qui tous me parurent très-convaincus; je
« l'étais moi-même à peu près, mais craignant encore de tomber
« dans le piège d'une intrigue, et bien résolu à la dévoiler si je
« venais à la pénétrer. Cet état de mon esprit n'avait pas échappé
« à la perspicacité du personnage qui, appréciant d'un autre côté
« ma loyauté, me proposa de me confier une mission délicate.
« Il s'agissait d'aller en Saxe, où résidait sa famille; de s'assurer
« de la protection du gouvernement pour elle; ensuite de me
« rendre en Prusse à l'effet de rechercher des pièces et documens
« devant servir en justice pour la demande en réclamation d'état
« qu'on se proposait d'y porter.

« J'acceptai cette proposition, et je me mis en route au mois
« de Mars 1836. On m'avait remis avant mon départ la copie
« d'un portrait du jeune Duc de Normandie, peint à l'âge de
« deux ou trois ans. Quand j'arrivai à Dresde et que je montrai
« ce portrait tout le monde se récria : *Ah, le portrait d'Edmond!*
« *le portrait d'Edmond! Comme il est ressemblant! Comment*
« *a-t-on pu le faire faire à Paris!* C'était un des enfans du
« Prince âgé de deux ou trois ans, et qui, en effet, ressemblait
« si fort à ce portrait qu'on aurait juré que c'était le sien propre.
« Je crus même, sans faire part à personne de ce soupçon, qu'on
« avait voulu me faire une petite mystification, tant cette ressem-
« blance était frappante. J'ai su plus tard qu'il n'en était rien;
« que ce portrait était bien celui du Dauphin.

« Mais cette ressemblance n'était pas unique dans cette ad-
« mirable famille. Je pus en même temps remarquer le même
« phénomène d'une ressemblance non moins frappante, dans la
« fille aînée, Melle Amélie, avec la belle et infortunée Reine
« Marie-Antoinette : le second des fils, Charles, offrait le type
« parfait de Louis XVIII.

« De pareilles ressemblances sont-elles un jeu de la nature?
« Sont-elles une indice d'origine? Je ne sais et ne veux pas
« m'y arrêter.

« Après avoir reçu l'assurance que la famille du Prince pour-
« rait continuer de résider à Dresde, et qu'elle y était entourée

«de la bienveillance et de la protection royale, je partis pour
«la Prusse.

«Je me rendis d'abord à Crossen, dans la province de Silésie.
«C'etait dans cette dernière ville que le malheureux Naundorff
«était venu s'établir après sa sortie de la prison de Brandebourg :
«*c'était là qu'il avait connu un digne et courageux magistrat M.*
«*Pezold,* qui n'avait pas craint de prendre hautement sa défense
«en publiant un Mémoire en sa faveur; et il se disposait à se rendre
«à Berlin pour voir le Roi, lorsqu'il mourut subitement.

«Ma première visite, à mon arrivée dans cette ville, fut
«pour le frère de M. Pezold, qui y était établi professeur de
«musique et de langues. Je tenais à apprendre de sa bouche
«les circonstances de la conduite et de la mort de son frère.
«Je lui déclarai donc nettement qui j'étais, et je le priai de me
«dire aussi franchement ce qu'il savait. Mais quel ne fut pas
«mon étonnement, lorsque M. Pezold me déclara que j'étais
«dans une erreur étrange sur le genre de mort de son frère,
«et sur toutes les circonstances qui l'avaient précédée. Il est
«bien vrai, me dit-il, qu'il portait de l'intérêt à M. Naundorff,
«et qu'il a adressé à son sujet plusieurs Mémoires; mais il est
«tout-à-fait faux qu'il ait reçu à cette occasion des menaces
«de quelques personnages; il est faux qu'il soit mort empoisonné;
«le gouvernement prussien n'était pas capable de commettre ou
«de souffrir un crime de ce genre; la mort de son frère avait
«été très-naturelle; et il était affligé qu'on eût inventé une
«pareille histoire. Je le pressai en vain, je le trouvai inébran-
«lable dans cette déclaration.

«Mes doutes renaissaient sur la véracité du personnage; je le
«trouvais au début de ma mission dans une contradiction si
«flagrante, avec un homme placé dans une position qui me pa-
«raissait si désintéressée, que je me sentis l'esprit plein d'anxiété
«et de doute; je résolus donc de me tenir dans une réserve
«sévère. Le même jour je rendis visite à un ancien officier
«supérieur prussien rétraité (le colonel Netter). Il avait connu
«Naundorff à l'occasion des démarches faites par le magistrat
«Pezold en sa faveur; il l'avait souvent interrogé, et les détails
«qu'il lui avait donnés sur Versailles qu'il connaissait, sur la
«révolution, sur sa déplorable histoire, l'avaient convaincu.
«Je rendis aussi visite à M. le Colonel Baron de Seckendorff,
«qui avait été gouverneur de la prison de Brandebourg. Le
«témoignage de M. de Seckendorff ayant été publié, je n'en
«dirai rien.

«Le lendemain, j'étais à mon hôtel lorsque je vois arriver
«M. Pezold : nous revînmes sur la conversation de la veille; il

« était visiblement ému. Tout-à-coup, il éclate en sanglots ; il
« pleurait abondamment et me prenant les mains : « Ah ! Mon-
« sieur, pardonnez-moi, me dit-il, de vous avoir caché la vérité ;
« mais je ne vous connaissais pas, et depuis la mort de mon
« malheureux frère, je crains sans cesse quelque machination
« funeste. Alors il me raconta dans tous ses détails, tels que le
« personnage les avait fait connaître à Paris et qu'ils ont été
« publiés, les rapports de son frère avec *le Prince français*, ses
« efforts pour appeler sur lui l'attention, ses lettres aux Souve-
« rains, l'arrivée à Crossen de hauts personnages de la diplo-
« matie, le Prince de Carolatz je crois, *ses menaces au magis-*
« *trat Pezold dans le cas où il persisterait dans ses démarches,*
« la déclaration de ce dernier qu'il consacrerait sa vie à la défense
« de la cause du malheur, et qu'il irait lui-même trouver le
« Roi à Berlin, *enfin la mort de son frère assassiné par le*
« *poison peu de jours après*. Je n'ai pas vu les médecins qui
« l'ont soigné, mais toutes les circonstances de ce témoignage,
« la douleur, les larmes de ce malheureux frère, son récit si
« circonstancié, ne m'ont laissé aucun doute sur sa sincérité et
« m'impressionnèrent vivement.

« Il était tellement craintif qu'il me conjurait de ne pas partir
« pour Berlin, de quitter la Prusse sans me faire connaître. Si
« on savait, me disait-il, que vous êtes un ami de M. Naun-
« dorff, vous auriez le sort de mon frère.

« Je n'ai aucun droit d'accuser le gouvernement prussien de
« ce crime : plus d'un mystère horrible et sanglant plane sur
« cette affaire, sans qu'on puisse jamais voir clairement la main
« infernale qui tantôt distille le poison, tantôt frappe du poi-
« gnard.....

« Quoiqu'il en soit, je devais aller à Berlin, et je partis en
« effet pour cette ville en quittant Crossen. Je ne parle pas ici du
« témoignage, surtout moral et philosophique, d'un autre habi-
« tant de Crossen, M. Gebel ; la lettre que j'ai publiée à cette
« époque est plus éloquente que tout ce que je pourrais dire de
« ses intéressans récits :

« Je devais, pour me conformer à ce qui avait été convenu à
« Paris, dissimuler ma qualité d'ami du Prince, et solliciter la
« communication du dossier et des documens officiels relatifs à
« ce personnage, de la part et au nom d'un Comité légitimiste
« français.

« J'adressai dans ce sens un long Mémoire au Roi de Prusse,
« et un autre au Prince Royal. Je leur parlais des témoignages
« nombreux qui tendaient à établir l'identité de Naundorff avec
« l'infortuné Orphelin du Temple ; je disais que cet homme ayant

«habite la Prusse, depuis 1810 jusqu'en 1833, s'y étant marié,
«il devait se trouver aux archives de la police des renseigne-
«mens précis sur son compte, sur son origine, sur la vérité
«ou la fausseté de ses allégations; enfin je priais le Roi de vou-
«loir bien ordonner que ces renseignemens me fussent fournis,
«pour qu'on pût convaincre d'imposture ce nouveau faux Dau-
«phin, et empêcher par-là que l'opinion royaliste ne s'égarât
«et ne se divisât.

«Le lendemain, je reçus l'invitation de passer chez Monsieur
«le président de la police de Berlin, qui remplit les fonctions du
«Ministre de la police. Il m'interrogea longuement sur le but
«de mon voyage, tâchant de pénétrer mes intentions et de
«connaître mon opinion; je ne lui exprimai que des doutes sur
«le personnage, et ma confiance absolue dans la haute loyauté
«du Roi et de son gouvernement. Je reçus en même temps
«l'invitation de me rendre chez Monsieur le Ministre de l'inté-
«rieur M. le Comte de Rochow.

«Le Roi, me dit-il, lui avait communiqué le Mémoire que je
«lui avais adressé; il protestait contre la pensée que le gouver-
«nement prussien eût pu entrer dans une intrigue qui aurait
«eu pour but de perdre le fils de Louis XVI; il traitait de
«pareilles prétentions de fables ridicules : néanmoins comme
«j'insistais pour avoir des documens précis, M. de Rochow me
«promit de les faire rechercher et de m'en donner communication.

«Je savais que Naundorff avait habité la ville de Spandau,
«ville forte à quatre lieues de Berlin, qu'il y avait reçu le titre
«de membre de la bourgeoisie, qu'il s'y était marié en 1818.
«En attendant la recherche des papiers promis par M. de Rochow,
«je me rendis à Spandau, accompagné d'un M. Dubois, Fran-
«çais, établi commerçant à Berlin. Nous descendîmes chez un
«hôtelier nommé Heintz. Je plaçai, sans rien dire, devant moi
«en déjeunant un portrait du Prince extrêmement ressemblant,
«peint à Paris en miniature par M. Lecourt. M. Heintz le fixa
«bientôt, puis le saisissant tout-à-coup : «Ah! Naundorff, bon
«Naundorff!» s'écria-t-il, et il avait des larmes dans les yeux et
«dans la voix. «Ah! pourquoi n'est-il pas resté ici avec nous qui
«l'aimions tant; car à Brandebourg il a été bien persécuté, bien
«malheureux! Lorsque j'ai appris qu'il était en prison pour
«fausse monnaie, je ne l'ai pas cru, et je ne le crois pas encore :
«il était si honnête homme, si obligeant.»

«Je vis encore à Spandau un instituteur nommé Preiss, homme
«de bien par excellence, et jouissant de l'estime et de la con-
«sidération de tous ses concitoyens. Il n'avait pas vu Naundorff
«depuis 1824, époque à laquelle il était allé habiter Brande-

«bourg : mais il avait connu les disgrâces qui l'avaient frappé
«dans cette dernière ville; ses malheurs inouïs; son emprisonne-
«ment; puis son séjour à Crossen; et enfin les papiers publics
«lui avaient appris les démarches de M. Pezold, la revendication
«du titre de Prince français par son ancien ami, sa fuite de
«Crossen, et le départ de sa famille pour la Saxe; mais depuis
«1835 il n'en avait plus entendu parler.

« Quand j'eus satisfait à son ardente et sympathique curiosité,
«ce fut à mon tour de l'interroger; et tous les détails qu'il me
«donna respiraient la vérité, et étaient pleins d'intérêt. Il por-
«tait profondément la conviction dans mon esprit; j'avoue
«qu'aucun fait, aucun témoignage, ne m'a fait une plus vive
«et plus durable impression. Il faudrait avoir entendu M. Preiss.
« Voici le pâle résumé de ce que j'appris de lui : Il avait connu,
«en 1812, dès son arrivée à Spandau, M. Naundorff, et bientôt
«ils s'étaient très-intimement liés ensemble, ils étaient à peu près
«du même âge. Il remarqua bien vite que Naundorff n'était pas
«Prussien d'origine; car à cette époque *il ne parlait pas l'Alle-
«mand comme les nationaux;* Naundorff lui fit connaître qu'il
«était Français d'origine, et il put facilement le voir, car
«Spandau à cette époque était plein de Français, et souvent
«Naundorff causait avec eux; il sut encore qu'il n'était venu en
«Prusse qu'en 1810, deux ans seulement auparavant; qu'il avait
«passé ces deux années à Berlin, où il avait fait son appren-
«tissage d'horloger. M. Preiss me nomma l'horloger de Berlin
«qui avait été le maître de Naundorff, la rue où il demeurait;
«il l'avait connu lui-même, car il était allé quelquefois chez lui
«avec Naundorff. Je me suis enquis de cet homme à Berlin,
«il était mort depuis longtemps :

«Naundorff, à son arrivée à Spandau, ne professait pas la
«religion réformée: mais peu après M. Preiss le mena avec lui
«au Temple où il n'allait que pour chanter; car il montrait de
«l'éloignement pour le culte protestant, qui, disait-il, n'était
«pas celui de ses parens.

«Il vivait extrêmement retiré; mais il était bon et obligeant
«pour tout le monde; sa bienfaisance était extrême; son humeur
«habituelle était une profonde mélancolie; et son vêtement or-
«dinaire le noir. M. Preiss l'avait souvent interrogé sur son
«enfance, sur sa famille, sur les circonstances qui l'avaient
«éloigné de son pays; mais à ces interrogatoires, il restait
«silencieux et profondément triste. Un jour pourtant, il eut
«un moment d'oubli ou d'expansion. Il lui dit que ses parens
«avaient rempli une grande place en France, mais qu'ils avaient
«péri dans la révolution, et qu'il ne lui restait plus *qu'une*

«*sœur qui était grande Dame*, et qui ne voulait pas le recon-
«naître. Je ne sais pas en quelle année fut faite cette confidence:
«mais aussitôt, comme s'il eût craint d'en avoir trop dit, il
«pria M. Preiss de ne pas faire attention à ses paroles, et sur-
«tout de n'en rien dire: «si on savait, que je vous ai dit quelque
«chose là-dessus, vous péririez et moi aussi.» Ce mystère in-
«triguait beaucoup M. Preiss.

«Un jour seulement, c'était en 1822, le Prince avait quitté
«depuis quelques mois la ville de Spandau, et il était allé habiter
«Brandebourg. Il revint à Spandau terminer quelques affaires,
«et il avait accepté un logement chez son ami: la servante trouva
«un matin dans le lit de l'hôte de M. Preiss un médaillon d'or
«attaché par un ruban noir; elle porte ce médaillon à Mme Preiss,
«qui le remet à son mari: celui-ci reconnaît aussitôt le portrait
«de Louis XVI. M. Naundorff était sorti, et quand il rentra,
«M. Preiss lui présentant le médaillon lui dit: «Voici ce que vous
«avez perdu, c'est le portrait de Louis XVI!» M. Naundorff devint
«aussitôt, suivant les expressions de M. Preiss, comme craintif
«et tout tremblant; et prenant son ami par le bras, il lui
«montre le ciel: «aussi vrai comme il y a un Dieu là-haut, lui
«dit-il, cet homme était mon père..... mais n'en dites jamais
«rien, car ce secret vous perdrait avec moi.»

«M. Weiler, horloger à Berlin, avait eu en 1810 dès l'arrivée
«en Prusse du pauvre Dauphin des relations avec celui qu'il ne
«connaissait encore que sous le nom de Naundorff; il a subi
«depuis, à diverses fois et notamment en 1824, plusieurs in-
«terrogatoires sur la nature des confidences que lui avait faites
«M. Naundorff. Je tiens ces particularités de sa veuve et de
«ses parens. Un d'eux m'a dit encore: «un jour que je parlais
«avec M. Weiler de M. Naundorff, je le pressai beaucoup de me
«dire ce qu'il en savait, et de me faire connaître ce qu'il était;
«car toutes les fois que j'avais adressé cette question-là à M.
«Naundorff lui-même, il s'était tu ou m'avait répondu seule-
«ment: «C'est mon secret.» Weiler me dit: «C'est un homme
«qui a été bien malheureux, et qui fera peut-être un jour
«beaucoup de bruit; sa naissance pourra exciter beaucoup
«d'intérêt.»

«Je me suis toujours rappelé, continua-t-il, qu'en 1811 ou
«1812 M. Naundorff, étant venu nous voir dans un atelier de
«tourneur, nous répondit aux mêmes questions: «Eh bien! si
«j'étais né Prince, cela vous surprendrait-il?» Ce propos nous
«fit rire; depuis il ne reparut plus à l'atelier.»

«L'horloger vivait en compagnie d'une *vieille gouvernante,*
«qu'il avait amenée avec lui à Spandau. Celle-ci étant morte, il

«avait fait connaissance avec une demoiselle Einert, remarquable
«pour sa beauté. Il songea alors à l'épouser; c'était en 1818.
«Il ne pouvait produire d'autres papiers qu'un *passeport* au
«nom de *Charles-Guillaume Naundorff*, natif de Halle ou de
«Erfurt je crois, et qui lui attribuait *dix ans de plus* que
«n'avait le fils de Louis XVI. Il était bien évident pour ceux
«qui le voyaient en 1818 qu'il n'était pas âgé de 43 ans; le
«Duc de Normandie, Charles-Louis, n'étant né qu'en 1785, le
«passeport qui lui attribuait dix ans de plus, évidemment, ne
«s'appliquait donc pas à lui.

«En outre la loi prussienne, comme la loi française, exige
«que pour la validité de l'acte de mariage, on représente le
«consentement écrit de ses parens ou leurs actes de décès.

«Naundorff se trouvait dans l'impossibilité de produire de
«tels actes; *et le magistrat reçut l'ordre de Berlin de s'en ré-*
«*férer aux énonciations du passeport sans exiger d'autres pièces.*

«Ce fait m'avait été raconté à Paris, puis confirmé à Spandau
«par M. Preiss; je voulus en avoir la preuve, et je me rendis
«de suite chez le magistrat de Spandau, qui rechercha l'acte de
«mariage sur les registres, nous le trouvâmes en effet dépourvu
«des formalités indispensables; *ce dont M. le bourgmestre ne*
«*pouvait se rendre compte.*

«Le lendemain, je retournai à Berlin: M. le Colonel Baron
«de Willisen, aujourd'hui Général, le même qui a commandé
«l'armée allemande dans les Duchés de Schleswig-Holstein,
«aide-de-camp alors du Prince royal, le Roi actuel, s'était
«présenté à mon hôtel pour me faire visite : je m'empressai de
«me présenter chez lui; je fus reçu aussitôt. Il me dit que
«S. A. R. avait lu mon Mémoire avec intérêt, qu'elle regrettait
«de ne pouvoir m'accorder l'audience que j'avais demandée;
«mais que l'affaire dont je lui avais parlé touchait à des intérêts
«politiques si élevés qu'elle ne pouvait pas s'en mêler; qu'elle me
«priait de confier à M. le Colonel de Willisen ce que je désirais
«lui dire à elle-même.

«J'eus avec ce dernier pendant mon séjour à Berlin, tant
«chez lui qu'à mon hôtel, plusieurs conférences. Il m'assura que
«S. A. R. s'enquérait avec intérêt de tous les détails de cette
«affaire; qu'elle ne lui était pas hostile; mais qu'elle ne contra-
«rierait pas les idées du Roi ou de son gouvernement. *M. de*
«*Willisen me dit qu'il était en effet bien certain que le Dauphin*
«*n'était pas mort dans sa prison du Temple; que c'était un fait*
«*bien connu qu'il avait été sauvé.* Mais il ne pouvait admettre
«l'identité de Naundorff avec ce malheureux Prince : néanmoins
«beaucoup de faits lui paraissaient extrêmement frappans.

«Les rapports de M. de Willisen avec moi ont toujours été
«pleins de réserve; mais aussi de la politesse la plus bienveillante.

«M. le Ministre de Rochow m'ayant fait savoir qu'il avait
«réuni toutes les pièces concernant M. Naundorff, et qu'il était
«prêt à me recevoir, je me rendis à l'hôtel du ministère de
«l'intérieur. J'eus plusieurs conférences avec M. de Rochow qui
«me communiqua un dossier volumineux.

«Les premières pièces de son dossier dataient de 1810; *il n'y
«en avait point d'antérieures*. C'étaient des rapports de M. Le-
«coq, alors président de la police, à M. le Prince de Hardenberg,
«Ministre. J'ai lu très-distinctement plusieurs fois les noms de
«*Charles-Louis, (Carl Ludwig)*, par lesquels le désignait en 1810
«M. Lecoq: ce n'était donc pas pour lui Charles-Guillaume Naun-
«dorff; il y avait bien là réellement un secret d'Etat.

«Je ne puis entrer dans le détail des conférences que j'eus
«avec M. de Rochow, qui du reste me répéta plusieurs fois
«*qu'il y avait* là *un mystère pour lui-même*. Sa plus grande
«objection était tirée de la condamnation subie par Naundorff;
«je répliquai d'après les renseignemens qui m'avaient été fournis
«à Paris avant mon départ, et j'écrivis pour en avoir de nouveaux.

«M. de Rochow me parla des doutes de Mme la Duchesse
«d'Angoulême elle-même; c'est lui qui me fit connaître que
«cette Princesse avait demandé des renseignemens au Roi de
«Prusse, et que S. M. s'étant rencontrée avec la Princesse aux
«eaux de Töplitz, il avait été question de cette affaire: mais
«que les renseignemens fournis, et relatifs aux condamnations
«judiciaires, avaient fait prendre la résolution de ne pas s'en
«occuper. Ces antécédens devaient donc être également pour
«tous les royalistes une fin de non recevoir. Quelqu'il fût, il
«faillait le laisser là. Il me raconta à cette occasion la démarche
«faite aussi en Prusse par M. le Comte Auguste de Laroche-
«jaquelein qui, sur la même observation avait cessé de s'occuper
«de Naundorff.

«Les dernières paroles de M. de Rochow furent celles-ci, en
«me reconduisant à la porte de son cabinet et me mettant la
«main sur le bras:

«*Au reste, Monsieur, je ne voudrais pas affirmer que cet
«homme n'est pas le Dauphin de France; mais je vous dirai
«ma pensée toute entière: il ne peut pas être reconnu pour
«tel; parce que sa reconnaissance serait le déshonneur de
«toutes les monarchies de l'Europe.*»

«Je pris congé de M. le Ministre prussien, et j'ai songé bien
«des fois depuis à ses paroles qui renferment un sens de
«profonde politique. Qu'importe aux Rois la morale et la justice;

«qu'est-ce que le droit pour eux? Ont-ils jamais eu une autre
«règle de conduite que leur intérêt et leur égoïsme?

«Je repris la route de France; et j'appris pendant le voyage
«l'arrestation et l'emprisonnement du Prince. Déjà je trouvais
«l'application de ces mots: «Sa reconnaissance serait le déshon-
«neur de toutes les monarchies de l'Europe.»

«J'écris mon témoignage de ce que j'ai vu et entendu; je
«m'abstiens de réflexions.

«A mon retour à Paris, j'eus occasion de voir un grand
«nombre de personnes et de causer avec elles de cette grave
«affaire; je n'en citerai que quelques-unes. Mon voyage en
«Prusse intéressa particulièrement M. le Marquis de la Roche-
«Aymon, Lieutenant-général et pair de France: il avait habité
«ce pays et longtemps servi dans l'armée prussienne. En 1810
«il était Colonel du régiment des Hussards noirs, dit Hussards
«de la mort. Il se trouvait en garnison à Berlin: *il connaissait*
«*très-intimement M. Lecoq, qui lui confia à cette époque que*
«*le Dauphin existait, et qu'il vivait en Prusse sous un nom*
«*supposé.* La coïncidence de cette confidence avec l'histoire de
«Naundorff était pour M. de la Roche-Aymon une preuve
«éclatante de conviction. Il me raconta encore, et me fit raconter
«par sa tante, Mme la Duchesse de Narbonne, qu'en 1816 ou
«1817, le Suisse de son hôtel et sa femme, ayant raconté qu'ils
«savaient l'évasion du Temple, avaient été appelés à Rouen pour
«le procès connu de Mathurin Bruneau: *ils n'ont jamais reparu*
«*depuis.*

«M. Auguis, député des deux Sèvres, me raconta à la même
«époque qu'il était bien sûr que le Dauphin était sorti du
«Temple; *que son père qui était membre de la Convention lui*
«*avait affirmé ce fait.*

«Parmi les témoins de l'identité du Prince, un des plus
«respectables et des plus importans a été assurément M. de
«Joly, ancien et dernier Ministre de la justice de l'infortuné
«monarque Louis XVI. J'ai connu particulièrement M. de Joly
«depuis 1836 jusqu'à sa mort, arrivée à la fin de l'année sui-
«vante; je le voyais tous les jours, et souvent je lui ai servi
«de secrétaire. J'affirme hautement la gravité et la sainteté du
«témoignage de M. de Joly; car il nous a raconté bien des
«fois sa réserve et ses précautions pour n'être pas le jouet
«d'une intrigue.

«Dans la confrontation qui avait eu lieu, lorsqu'on décida M.
«de Joly à voir ce personnage, quelques détails particuliers
«relatifs à la journée du 10 Août, à la sortie de la famille
«royale des Tuileries, à leur marche jusqu'à l'assemblée na-

« tionale, à des particularités minutieuses qui s'étaient passées
« dans la loge du logographe, où la famille royale s'était ren-
« fermée pendant cette terrible séance, ne laissaient pas d'accord
« les deux interlocuteurs.

« Le personnage précisait des faits avec opiniâtreté et ne
« voulait pas céder ; M. de Joly maintenait au contraire ses
« souvenirs avec la même fermeté. M. de Joly rentre chez lui,
« prend un cahier manuscrit où il avait à cette époque-là consigné
« les faits dans lesquels il avait été témoin et acteur, et il se
« trouva toujours que *toutes les fois qu'il y avait eu désaccord,*
« *c'était lui-même qui avait fait confusion, qui s'était trompé ;*
« *le personnage qu'il a reconnu positivement pour être le fils*
« *de Louis XVI avait toujours eu raison, ses souvenirs avaient*
« *toujours été fidèles.*

« M. de Joly n'a pas voulu mourir sans laisser une déclaration
« écrite. Il était devenu aveugle dans les derniers mois de sa
« vie ; il dicta deux copies de sa déclaration faite sous la foi
« du serment avec la solennité d'un testament. M. Pierrelet,
« son secrétaire ordinaire, et moi, nous écrivîmes chacun une
« copie. Quand il eut fini de dicter, il nous les fit collationner
« et il en écouta la lecture avec recueillement : puis il nous
« demanda à les signer, et nous lui indiquâmes en dirigeant
« sa main où il devait apposer sa signature : il y mit aussi son
« cachet en cire. Il nous les fit mettre ensuite sous enveloppe,
« et en présence de sa femme qu'il fit appeler, ces pièces furent
« déposées dans un tiroir de son secrétaire qu'il indiqua.

« M. de Joly avait peu pratiqué la religion pendant sa vie :
« cependant quelque temps avant de mourir il tourna son
« esprit vers elle ; il montra les sentimens les plus chrétiens.
« M. des Genettes, curé des petits-pères, le visita fréquemment,
« et fit honneur de cette conversion à l'institution de la confrérie
« qu'il a fondée dans son église. Un des hommes les plus sin-
« cèrement pieux que j'aie jamais connu, M. Charles Verger,
« ancien procureur du Roi, aujourd'hui juge au Tribunal civil
« de Marseille, vint visiter M. de Joly peut-être quinze jours
« avant sa mort : il félicita M. de Joly de son retour à la
« religion, l'encouragea à se préparer à paraître devant Dieu,
« et lui demanda si dans ce moment il pourrait bien jurer que
« son témoignage en faveur du fils de Louis XVI était vrai de
« tout point ; s'il ne lui restait aucun doute ; s'il n'avait rien à
« rétracter.

« J'étais présent.
« M. de Joly écouta M. Verger qu'il connaissait déjà, et
« répondit lentement :

«Je sais, nous dit-il, mon ami, que je vais paraître devant
«Dieu qui me jugera, et ce n'est pas dans ce moment surtout
«que je voudrais risquer de vous tromper. Eh bien! Je jure
«encore que c'est bien le fils de mon malheureux maître, que
«c'est bien le Dauphin que j'ai reconnu. Si ce n'était pas lui,
«ce serait un ange ou le diable, mais Dieu ne permet pas de
«miracles pour nous tromper.»

«M. Verger lui dit qu'il avait voulu s'assurer par lui-même
«qu'il n'avait pas rétracté son témoignage; car quelques per-
«sonnes en avaient fait courir le bruit.

«M. de Joly protesta aussitôt avec force, et il maintint les
«mêmes sentimens jusqu'à sa mort.

«Poitiers, le 26 Mai 1851.

«XAVIER LAPRADE.»

Quant à M. de Cosson, je doute qu'il veuille se manquer
de respect à lui-même, et flétrir son caractère de sincérité en
protestant contre le témoignage suivant qu'il a rendu sans qu'il
lui fût demandé par le Prince:

«Aujourd'hui le 18 Juillet 1840, par-devant M° John Sise
Venn, notaire public à Londres......... fut présent M. Alexandre
Antoine de Cosson, Chevalier de St. Louis, domicilié à Londres,
lequel comparant, en présence dudit notaire et des-dits témoins,
à déclaré solennellement ce qui suit:

«Je soussigné, A. de Cosson declare que j'ai souvent vu de
très-près L. L. M. M. Louis XVI et Marie-Antoinette, à diverses
époques, entre les années 1784 et 1792;

«Que j'ai assisté au Te Deum qui fut chanté à Notre-Dame
à l'occasion de la naissance de Charles-Louis Duc de Normandie
dernier fils de Louis XVI;

«Que je me suis trouvé auprès des divers membres de la
famille des Bourbons pendant le cours de l'émigration, et notamment auprès de S. A. R. Mme la Duchesse d'Angoulême....

«Que j'ai entendu parler à diverses époques, entre 1795 et
«1850, de l'évasion du Dauphin du Temple;

«Qu'avant l'assassinat de feu S. A. R. le Duc de Berry, j'ai
souvent entendu parler aux Tuileries des vives querelles qui
avaient eu lieu entre ce malheureux Prince et son oncle
Louis XVIII;

«Qu'ayant appris en 1838 l'existence d'un personnage qui
réclamait être le fils de Louis XVI et de Marie-Antoinette,
lequel personnage avait vécu longtemps en Prusse sous le nom
de Naundorff; je me suis procuré les Mémoires qu'il avait fait
publier. Frappé de l'immense différence qu'on y trouve entre
les faits qu'il allègue comme preuves de son identité, et ceux

qu'avaient mis en avant les faux Dauphins qui ont paru à diverses époques, et surtout des persécutions et dénis de justice qu'il a constamment éprouvés, et des tentatives d'assassinat commises contre lui; je fis des démarches pour obtenir d'être présenté au Prince, et il daigna me recevoir.

«Sa ressemblance frappante avec ses augustes parens, tels que je les avais connus, me fit une profonde impression; mêmes traits, même aspect, même air, mêmes manières : sa physionomie avait l'expression de bonté de son père et de la dignité de Marie-Antoinette. Il me fit voir ses enfans; je trouvai en eux une ressemblance également étonnante avec divers membres de la famille des Bourbons. La Princesse Amélie a beaucoup de l'aspect de la Duchesse d'Angoulême, telle que je l'ai vue jeune; mais encore plus de Marie-Antoinette; et son sixième enfant Marie-Thérèse, est le portrait vivant du Dauphin à son âge.

«Le Prince me fit voir ainsi qu'à mes fils deux blessures d'arme à feu qu'il venait de recevoir et qui n'étaient pas encore cicatrisées: les balles avaient fait le tour de l'os du bras. J'ai eu occasion depuis de connaître les principales preuves de son identité avec l'Orphelin du Temple, et les ayant scrupuleusement examinées, j'ai acquis une conviction parfaite et inébranlable qu'il est le véritable fils de Louis XVI et de Marie-Antoinette.

«Voilà pourquoi je m'empresse d'offrir ma présente déclaration à S. A. R., animé purement et simplement par le désir de voir triompher la vérité et la justice en la personne d'un Prince trop longtemps méconnu par sa patrie, et auquel j'ai fait hommage de mon entier dévouement.

«En foi de quoi j'ai signé:

«Le Chevalier ALEX. DE COSSON.»

«............ John S. Venn,

«Notaire public.

«............»

§ 2.

«Quoi! nous dites-vous bonnement, Monsieur le Substitut, «M. de Thierry seul aurait su l'évasion; et tous ses contem-«porains l'auraient ignorée?»

Vous avez un penchant étrange à vous étonner sans raison; et il est plus que déplacé d'avancer que M. de Thierry était le seul à savoir l'évasion, quand les faits de la cause le placent en assez belle et nombreuse compagnie. Je vais lui associer encore quelques autorités respectables, qui vont vous tranquilliser à cet égard ; et vous démontrer de plus en plus que tous les contemporains n'ont pas ignoré l'évasion.

J'ai reçu de Londres, le 27 Septembre 1849, le témoignage suivant :

« .... en 1814 (j'avais alors 13 ans), étant sorti du collège «pour aller voir avec mon père l'entrée à Paris de Louis XVIII ; «j'ai su par mon père, qui l'affirmait alors à mon cousin le «peintre Van Gorph, que le Dauphin n'était pas mort au Temple «comme on en avait fait courir le bruit, et que le trône sur «lequel allait s'asseoir le Roi Louis XVIII devait appartenir à «Louis XVII, dont la trace avait été perdue, mais qui, dans la «pensée de mon père, n'était pas mort.

«Ma curiosité d'enfant fut vivement excitée en entendant mon «père parler ainsi. L'éducation donnée à la jeunesse était si «singulièrement entendue, de par ordre de Napoléon, que dans «nos collèges les enfans de 13 ans connaissaient parfaitement «l'histoire des Grecs et des Romains, mais en revanche ils n'avaient «aucune idée de l'histoire de France. Aussi le nom de Bourbon, «étant alors un nom nouveau pour moi, tout ce qui y avait «rapport m'intéressait vivement.

«J'appris donc de mon père que le Dauphin avait été sauvé «du Temple. Mon père le savait, ou plutôt l'avait su un des «premiers, ayant été comme garde national de service de la «prison du Temple quelques jours après l'évasion du Dauphin. «Il avait depuis obtenu la confirmation de la certitude de l'éva- «sion par son oncle, M. Châtelain de l'Yonne, *qui fut membre* «*de la Convention nationale, et du Conseil des Cinq-Cents,* et «qui ne voulut pas voter la mort du Roi, mais bien l'appel au «Peuple et le bannissement.

«De 1814 à 1820, époque où j'eus le malheur de perdre mon «père, il me parla souvent du Dauphin et de sa conviction «qu'il était sorti vivant du Temple......

«Depuis 1825,..... dans ma carrière politique le nom de «Louis XVII supposé est venu souvent retentir à mes oreilles ; «mais, vous le dirai-je, l'apparition de ces prétendans était «tellement liée aux intrigues de police, que je n'ai jamais eu «l'idée que ces personnages prétendus fussent autre chose que «des mannequins politiques, que l'on faisait jouer à volonté, «au bénéfice de la Camarilla des trois règnes : Louis XVIII, «Charles X et Louis-Philippe.

«Dans ces circonstances, Monsieur, quelques amis m'ayant «parlé de S. A. R. Monseigneur le Duc de Normandie, je vous «ai prié de m'envoyer l'ouvrage (*Intrigues Dévoilées*) ; je l'ai lu

«avec l'intérêt le plus vif.... et maintenant, si le Prince auguste
«dont vous avez été le compagnon et l'historien fidèle, était
«encore de ce monde, pour le bonheur de l'humanité, et pour
«celui de sa famille, je dirais avec plus de vérité que Château-
«briand ne l'a dit du fils de l'infortuné Duc de Berry: M. le
«Comte, *Votre Prince est mon Roi !*

«En vous faisant passer ces quelques détails, je m'acquitte
«d'une dette, car chacun se doit à la vérité; et le souvenir de
«mon père m'est trop présent, pour que je ne puisse pas y
«rattacher aujourd'hui ma propre conviction, tirée de la lecture
«de l'ouvrage que vous avez publié......

«Le Chevalier DE CHÂTELAIN.»

Les renseignemens qui suivent m'ont été transmis cette année
par M. Morel de St. Didier pour être communiqués à Mᵉ Jules
Favre :

«Mᵐᵉ Atkins, veuve d'un gentilhomme anglais, habitait Paris
pendant les deux règnes de Louis XVIII et de Charles X; elle
y est décédée deux ou trois ans avant 1830.

«Cette Dame était très-connue à la Cour d'Angleterre; elle
fut particulièrement en rapport, depuis 1795, avec la plupart
des principaux Ministres de cette puissance; surtout avec le Duc
de Wellington, M. Canning, Sir Robert Peel, Lord Aberdeen etc.
Pendant son long séjour à Paris, elle allait quelquefois à la
cour, où elle était toujours accueillie avec distinction par tous
les membres de la famille royale, et généralement par les nombreuses connaissances qu'elle y rencontrait.

«Tous ces témoignages de bienveillance, d'estime et d'intérêt,
avaient pour principe la noble conduite, le courageux dévouement, la généreuse abnégation personnelle qu'elle développa au
milieu de tous les périls, pendant le séjour au Temple de
l'infortunée famille royale de France.

«Elle parvint d'abord, à force d'or, à être introduite auprès
de la Reine, avec laquelle elle passa une heure. Cette faveur
silencieuse lui coûta mille Louis, dont cinq cents furent comptés
par elle avant l'introduction, et cinq cents lors de sa sortie
du Temple.

«Sa conférence avec la Reine eut pour objet l'enlèvement du
Dauphin: Une fois le plan d'évasion arrêté, il fut pourvu par
elle à son exécution. Liée d'ancienne date avec le *Comte de
Frotté*, elle remit à ce Général des fonds considérables, nécessaires à l'exécution du plan et à toutes les éventualités qui
pouvaient se présenter. L'enlèvement eut lieu par les soins et
le courage intelligent du Général. Le Dauphin fut immédiatement conduit dans la Vendée et remis entre les mains du

Général Charette, auprès duquel il resta peu de temps, son incognito ayant été trahi.

« Tel est le récit succinct et incomplet sans doute de Mme Atkins. Ici s'arrêtent ses confidences. »

Jacques Boillaut, âgé de 68 ans, ancien valet de pied de S. M. Louis XVIII, et depuis lors rentier demeurant à Paris, rue de l'Université N° 58, a déclaré être prêt à déposer en justice et sous la foi du serment des faits qui vont suivre :

« M. Desault à l'époque de la première révolution était mon «ami et le médecin de ma femme ; j'ai su, à n'en pouvoir douter, «par *Mme Desault,* que le fils de Louis XVI avait été sauvé du «Temple. *Mme Desault* ne m'a point caché non plus que son «mari était mort empoisonné, et qu'on l'avait sacrifié pour «cacher le mystère de cette évasion ; que cet empoisonnement «suivit de près la déclaration que *Desault* fit au Comité de salut «public du changement qui s'était opéré dans le prisonnier confié «à ses soins. Quelque temps après cette confidence, Mme Desault «devint folle de désespoir et elle est morte en cet état.

« En 1814, j'allai me présenter à l'hôtel Beauharnais chez le «Roi de Prusse pour lui servir de conducteur dans Paris. Il «agréa mes services et, non seulement à cette époque mais toutes «les fois qu'il revint à Paris, je lui servis de guide et l'accom-«pagnais partout ; sa promenade favorite était le Luxembourg. «C'est là que j'eus particulièrement lieu de lui parler de la «révolution, sur laquelle il me demandait constamment des «détails. En lui parlant un jour de Louis XVI, je lui dis que «j'étais convaincu que le fils de ce Prince existait, et que j'avais «eu sur son évasion du Temple des détails qui ne me laissaient «aucun doute. Le Roi ne me répondit qu'en me recommandant «de ne jamais parler d'une pareille chose, si je ne voulais pas «me faire arriver de la peine. Je pris, malgré cela, la liberté «de lui donner par écrit de nouvelles explications à ce sujet ; il «brula immédiatement ma lettre et me dit en me revoyant : «je «vous ai déjà défendu de m'entretenir de cette idée ; faites atten-«tion à la nouvelle défense que je vous fais, car vous pourriez «cruellement vous en repentir. » Ce fut lui qui me plaça comme «valet de pied auprès de Louis XVIII, et lorsqu'il me fit entrer «au service de ce Prince il me dit : «Si vous ne m'aviez pas «demandé avec tant d'instance la place que je vous ai fait accor-«der, j'aurais préféré vous placer auprès du Prince de Condé, «car je crains que vous ne puissiez retenir votre langue au sujet «de votre Louis XVII, et les conséquences pour vous en seraient «très-graves. » En effet, ayant eu la faiblesse de me confier à «l'un de mes camarades, je fus trahi et immédiatement renvoyé

«sans aucun motif. Jamais je ne vis le Roi dans une colère
«pareille à celle où il se mit le jour de mon renvoi. Quelques
«jours après, je revins au château pour solliciter la bienveil-
«lance de M. le Comte d'Artois. Avant d'arriver à ce Prince,
«je rencontrai M. le Duc de Rivière qui me demanda où j'allais,
«et qui me dit: «Vous avez eu bien tort, Boillaut, de vous re-
«présenter ici; vous vous êtes permis un propos qui devait vous
«perdre; vous avez parlé de Louis XVII: quand même il vivrait,
«vous n'auriez dû en rien dire; si De Cazes vous y reprenait,
«il pourrait bien vous envoyer finir vos jours dans un cul de
«basse-fosse. Allez-vous-en d'ici, n'y reparaissez jamais et
«surtout prenez garde à vos paroles. »

«Je me rappelle encore un fait que je crois bon de remémo-
«rer ici. J'étais témoin du baptême de M. le Duc de Normandie,
«lorsque Louis XVIII le tint sur les fonds baptismaux. J'étais
«alors premier valet de chambre de M. le Duc de Béthune, qui
«assistait à cette cérémonie; et j'entendis de mes oreilles, de
«manière à n'en pas douter, ces paroles adressées au curé par
«M. le Comte de Provence: «Vous ne demandez pas quel est
«le père?» Et comme le prêtre lui dit qu'une pareille question
«ne se faisait pas, il répondit fort durement: «*c'est bien.*» Ce
«fut à la suite de cela qu'il rédigea, séance tenante, une décla-
«ration qu'il adressa au parlement, dans laquelle il dénonçait
«son neveu comme bâtard.

«Signe: Boillaut. »

A l'époque où le journal *la Justice* appelait l'attention publique sur le Duc de Normandie, beaucoup de personnages,
reconnaissant la vérité dans les communications faites au nom
de Naundorff, se firent un devoir de conscience d'y rendre
hommage, en offrant leurs attestations sur des faits qui leur
étaient connus personnellement, comme sanction de l'origine
royale du Prétendant. Le témoignage suivant est un de ceux
qui fut remis aux amis du Duc de Normandie par le témoin
lui-même:

«Moi soussigné: Nicolas Hippolyte Poulain Comte Du Fays,
«Maréchal-de-camp en retraite, au service militaire depuis 1780
«jusqu'en 1822, et retraité depuis cette époque; déclare être
«prêt à déposer en justice et sous la foi du serment des faits
«suivans:

«En 1797, deux ans après la prétendue mort du fils de Louis
«XVI, je fus informé d'une manière positive par Mme de G.....
«que le Duc de Normandie avait été sauvé du Temple; et que
«cet enfant n'avait pu sortir du Temple qu'après le décès de
«l'enfant que le Comité de salut public avait fait passer pour

« lui ; que ce Comité qui avait eu connaissance de la substitution
« le croyait hors de ses mains, tandis qu'il n'était pas encore
« sorti de la maison du Temple et qu'il y était adroitement
« caché. Ce ne fut qu'après l'acte de décès et l'enterrement du
« prétendu Dauphin qu'on put profiter d'un moment favorable
« pour faire franchir au véritable la porte du Temple.

« J'appris en outre qu'en 1795, lors de son évasion, il fut
« transporté chez une Dame d'origine allemande dont le mari
« avait été tué dans la journée du 10 Août, et qui demeurait
« rue de Seine. Je venais, d'après cela, de me mettre sur ses
« traces en 1797, lorsque je sus que cette femme et le Dauphin
« étaient disparus, sans que personne pût m'indiquer ce qu'ils
« étaient devenus. A cette époque je retournai à l'étranger, où
« je servais ; ce fut là qu'en 1810, me trouvant dans l'armée
« prussienne, j'appris par des officiers prussiens que mon Prince
« n'était pas mort et qu'il était détenu en Prusse.

« La conviction que j'avais de l'existence du fils de Louis XVI
« me porta, en 1815 et 1816, à m'adresser à Mme la Dauphine
« pour lui parler de son frère ; elle me répondit : « Qu'elle n'avait
« point la certitude de sa mort au Temple ; mais qu'elle ne
« savait point ce qu'il était devenu. » J'allai aussi deux fois chez
« la veuve Simon ; elle m'assura que le fils de Louis XVI n'avait
« point péri au Temple, qu'il reviendrait, et que si elle vivait
« alors, elle serait bien dédommagée de tout ce qu'elle avait
« souffert.

« ...... J'ajouterai en outre que j'ai su depuis que la femme
« allemande qui fut chargée de veiller sur l'enfant se remaria.
        « Signé : H. Du Fays, Maréchal-de-camp. »

Nous vous avons cité, Monsieur le Substitut, une proclamation de Puisaye, dont vous avez reconnu l'authenticité ; car elle est sur la même feuille imprimée, du temps de la République, que la première proclamation de Charette, que vous regardez avec raison comme officielle. Cette proclamation concourut avec la reprise des hostilités par les armées royales, et la mort d'un enfant au Temple. Or il y est dit :

« Joseph Comte de Puisaye, Lieutenant-général des armées du
« Roi, commandant en chef de l'armée catholique et royale de
« Bretagne, en vertu des pouvoirs à lui donnés par *Monsieur*
« *régent de France.*

        « Français !

« ...... Pourquoi cet intéressant et auguste rejeton de tant de
« Rois, le fils de ce malheureux monarque, qui, croyant se con-
« fier à l'amour de son peuple, s'est précipité lui-même dans
« les bras de ses assassins, n'est-il pas proclamé Roi, rendu au

« trône de ses ancêtres, et environné de ses gardiens et conseils
« que la nature et la loi lui désignent..... Soyez les libérateurs
« d'un jeune Prince prêt à recompenser vos services. Il est glo-
« rieux de recevoir le prix de la valeur des mains d'un Roi qu'on
« a rétabli dans ses droits.....

« Au quartier-général de Carnac, le 50 Juin 1795.

« Puisaye. »

Ce document constate bien positivement l'existence du Dauphin vingt-deux jours après son prétendu décès ; et qu'à cette
époque aussi le Comte de Provence n'était connu aux armées
royales que dans sa qualité de régent. Cette évidence est palpable. « Mais rien n'est plus naturel, répondez-vous, que M. de
Puisaye ait parlé du Dauphin le 20 Juin 1795 ; à cette époque,
il ne pouvait connaître le décès du 8 Juin. »

. Vous substituez toujours vos suppositions, Monsieur le Substitut, à des faits positivement affirmés, quand ces faits contrarient
l'opinion que vous vous efforcez de faire prévaloir. C'est une
marche suivie au barreau, lorsqu'un avocat s'est chargé d'une
mauvaise cause à défendre. Mais je ne me doutais pas qu'il en
pût être de même au parquet où la vérité seule doit être
accueillie. Toutefois, votre objection n'affaiblit pas l'argument ;
car si vous voulez raisonner par supposition, nous dirons aussi
qu'il est impossible que *le* 20 *Juin,* un chef de parti, qui se
bat pour Louis XVII dans la Bretagne, ne sache pas par ses
moyens de communications avec la capitale et surtout par le
Moniteur, que l'on a annoncé à la Convention la mort de son
Roi. En outre, vous manquez d'exactitude en vous arrêtant au
20 Juin ; le document est signé du 50 ; c'est-à-dire de dix jours
plus tard ; et votre hypothèse devient souverainement absurde.
Ce qui du reste en rend superflu toute autre réfutation, c'est
que le Comte de Provence s'était empressé de prendre le titre
de Roi sous le nom de Louis XVIII, et qu'il s'était fait proclamer comme tel (*déjà*) par le Prince de Condé à la tête de son
armée.

Nous vous avons encore cité deux proclamations de Charette.
« L'une, dites-vous, officielle, ne mentionne pas le Dauphin ;
l'autre, simple copie, n'est pas authentique. »

Pardon, Monsieur le Substitut, il y a dans ces paroles une nouvelle méprise de votre part. La proclamation que vous admettez
avec nous comme officielle, fait plus que mentionner le Dauphin ;
elle mentionne sa mort ; car on y lit :

« Le moment est venu de déchirer le voile qui couvre depuis
« longtemps les véritables causes secrètes du traité de pacification
« de la Vendée..... Mais quelle a été notre indignation......;

« lorsque nous avons appris enfin que le fils infortuné de notre
« malheureux monarque, notre Roi, *avait été empoisonné* par
« cette secte impie et barbare qui, loin d'être anéantie, désole
« encore ce malheureux royaume........ Nous avons repris les
« armes et renouvelé le serment de ne les déposer que lorsque
« *l'héritier présomptif de la couronne de France* sera sur le
« trône de ses pères......

« A notre camp de Belleville, 26 Juin 1795.

« CHARETTE. »

Ce manifeste a besoin d'une explication, et vous auriez pu
nous dire avec une apparence de raison : vous le voyez bien ;
Charette lui-même, le 26 Juin, paraît croire à la mort du
Dauphin.

Il est question, dans l'écrit du Général, que l'enfant décédé
au Temple serait mort empoisonné. Louis XVIII est plus précis.
Ce royal fourbe, qui n'a écrit ses Mémoires que pour masquer
ses crimes, en déguisant la vérité, fait mourir son neveu
empoisonné dans *un plat d'épinards;* comme s'il avait été mis
dans le secret du mode d'empoisonnement ; car c'est son neveu
auquel il fait servir le plat d'épinards. Afin qu'on n'ajoutât pas
foi à l'évasion réelle, dont bien entendu il nie le résultat ; il
voudrait nous faire croire que, vers le commencement de 1795,
il aurait tâché d'obtenir l'évasion de l'Orphelin du Temple et
il nous dit à ce sujet :

« J'attendais avec quelque espérance des nouvelles de cette
« entreprise, pour laquelle l'un de mes agens à Londres, le
« Sieur Duteil, avait fourni les fonds ; lorsque l'abbé Brottier
« m'annonça cette fatale catastrophe (l'entreprise manquée).
« Cette tentative d'évasion coïncidait avec une négociation directe
« qui avait lieu alors entre les Vendéens, et quelques membres
« de la Convention nationale, dont le but était également de
« sauver le Roi mon neveu. Ce projet échoua comme l'autre, et
« son dénouement fut même plus fatal, puisqu'il décida la mort
« du jeune monarque..... Une mesure atroce, prise par quelques
« régicides dénués de toute vertu humaine, décida de l'existence
« de mon neveu : *il fut empoisonné dans un plat d'épinards.* »

Cette version de l'empoisonnement n'est pas dénuée de fonde-
ment, appliquée à l'enfant scrofuleux qui représentait le Prince,
d'après ce qui nous est appris par le Prince lui-même, et en
raison de la cause attribuée à la mort subite de Desault et de
Choppart. Il paraîtrait même que l'on aurait eu des projets
d'empoisonnement sur la personne du royal Orphelin ; car Laurent
dit dans une de ses lettres : « vous pouvez être tranquille, j'aurai
soin de lui ; *les assassins ont été fourvoyés.* » Plusieurs histo-

riens ont accrédité la mort du *Dauphin* par empoisonnement, et nous lisons *dans les lettres sur quelques particularités secrètes de l'histoire,* ouvrage publié en 1815 par le Comte de Barruel-Beauvert :

« Les bourreaux, fatigués de l'espoir que l'existence de Louis « XVI donnait aux royalistes, l'empoisonnèrent. Le premier chirur-« gien de l'Hôtel-Dieu, M. Desault, ayant osé dire que cet enfant « ne périssait pas d'une mort naturelle,...... mourut lui-même « quelques jours après dans une espèce de délire, et dans un « effroi continuel, ce qui donna lieu à des soupçons contre le « gouvernement philosophique et révolutionnaire.

« Je certifie, mon cher Comte, que, malgré tout ce qu'on a « dit et fait dire, ou imprimé de contraire, le guichetier loquace « m'a bien assuré que *Louis XVII* avait été empoisonné ; il a « connu le scélérat qui, suivant ses expressions, a fait avaler « le goujon à l'*enfant* royal. Mais je n'ai jamais pu obtenir qu'il « me le nommât. »

L'auteur ajoute aussi sur Louis XVIII, ces paroles assez signi-ficatives :

« Les infortunés royalistes de la Vendée, qui avaient tant « souffert pour la bonne cause, ne se dissimulaient pas que la « plus grande partie de leurs chefs n'obtenaient aucune grâce « ministérielle sous Louis XVIII ; et peu d'entre eux des récom-« penses ; tandis que les places, les dignités, les faveurs, distri-« buées au nom du Roi, pleuvaient.... même sur les régicides.... « Il n'était point de régicide qui n'eut une pension royale de « quelques mille francs ; et plusieurs, tous ceux qui avaient été « membres du sénat bonapartien, une pension de 56000 francs. « Plus ils furent coquins et scélérats, mieux ils furent salariés « par le ministère ; en sorte que le *trop bon Louis XVIII* son-« doyait et entretenait magnifiquement *les assassins de son frère !* »

Enfin M. Bourbon-Leblanc a su par lui-même et par M. le Baron Tardif, qu'à la nouvelle de la mort du Dauphin, le bruit courut dans tout Paris qu'un poison lent lui avait été donné. Si l'on se reporte au récit du Prince, concernant le dernier substitué pris dans un hôpital, ces renseignemens en sont la plus directe confirmation.

Au sujet de la proclamation de Charette, on conçoit parfaite-ment que le Général, en habile politique, exploitant le faux acte de décès qui voilait publiquement l'évasion du Prince, et les bruits de poison répandus, s'en soit fait un texte, dans un manifeste qui avait pour but d'exaspérer ses soldats, et d'opérer un soulèvement général en Vendée. Il devait aussi alors parler le langage officiel, afin d'éloigner du Dauphin les regards inquisiteurs des agens révolutionnaires, qui avaient ordre de le rechercher, jusqu'à ce qu'il le sût arrivé dans une retraite assurée; parce que la Vendée n'était pas assez puissante pour le protéger, si on l'avait placé ostensiblement à la tête de ses armées; et que le besoin de veiller à sa garde eût gêné les mouvemens militaires. M. l'abbé Perrault, dans son ouvrage déjà cité, donne à ce manifeste, comme nous, son véritable caractère. Sa dissertation a d'autant plus de force, qu'il faisait partie d'un Comité de recherches sur Louis XVII; M. Perrault nous dit donc au sujet de Charette :

«Lorsque le bruit de la mort de Louis XVII au Temple, le 8 Juin 1795, se fut répandu, et qu'elle eut été annoncée officiellement.... le Comte de Provence s'empressa de prendre le titre de Roi sous le nom de Louis XVIII; il se fit proclamer comme tel par le Prince de Condé à la tête de son armée. La proclamation de ce Prince, datée du 16 Juin 1795, annonce de sa part la conviction sincère de la mort du fils de Louis XVI. Cette conviction ne suppose pas que l'on ayait à l'armée de Condé d'autres renseignemens sur cette mort présumée que ceux fournis par les journaux et les pièces officielles publiées à cette occasion......

«Le 26 Juin 1795, selon M. de St. Gervais, parut dans la Vendée une proclamation du Général Charette, qui avait repris depuis peu les armes contre la Convention nationale, et qui invitait, pressait tous les Français royalistes à se réunir à lui. Il est constant que jusqu'au 8 Juin 1795, cette nouvelle levée de boucliers n'avait pas eu lieu; que, dans les premiers jours de ce mois, plusieurs chefs vendéens, sous la foi de sauf-conduits délivrés par le Comité de sûreté générale se trouvaient à Paris; que dans la capitale et ailleurs quelques-uns d'entre eux furent arrêtés perfidement après le 8 Juin; que dans la Vendée et spécialement dans la basse Bretagne, le gouvernement recommença subitement la guerre, sans aucun avertissement préalable, quoiqu'il existât un traité entre les Vendéens et la Convention, en vertu duquel les hostilités avaient cessé dans les contrées de l'Ouest, et les Vendéens avaient consenti à rester en paix. C'est à dater principalement de l'époque du 8 Juin 1795, que la guerre et les persécutions du gouvernement se ranimèrent avec fureur contre la Vendée.

« Alors le 26 Juin, c'est-à-dire dix jours après la proclamation du Prince de Condé en Allemagne, près des bords du Rhin, le Général de Charette, si l'on en peut croire au Sieur Robert, auteur de l'*Ami de la Royauté*, fit paraître une proclamation......

«Sans en avoir une preuve bien entièrement convaincante, nous voulons bien admettre que cette proclamation soit authen-

tique, et que le Général y ait dit tout ce qu’on lui fait dire.....
Mais les expressions prouvent-elles donc d’une manière incontestable la mort du Prince? Non, sûrement; elles prouvent
seulement que telle était la nouvelle répandue par les bruits
publics........

«Ensuite si l’on réfléchit à ce que le même Général dit dans
cette proclamation, on ne peut s’empêcher d’être étonné de ce
qu’il s’explique si peu catégoriquement sur le successeur légitime de Louis XVII à la couronne de France. En cas de mort
ce successeur était le Comte de Provence. Le Prince de Condé
l’avait déjà proclamé Roi sous le nom de Louis XVIII, sa proclamation avait été publiée le 16 Juin, dix jours par conséquent
avant celle de Charette qui est datée du 26 Juin. Il était comme
impossible que ce Général, à cette époque, n’eût pas connaissance de ce qui s’était passé alors à l’armée de Condé, surtout
d’un fait aussi important. Comment se fait-il donc, qu’au lieu de
nommer dans sa proclamation Louis XVIII, ou du moins le Comte
de Provence, il se borne à parler de l’héritier de la couronne
de France? Cette expression ne doit-elle pas paraître singulière
en pareille circonstance? Ne dénote-t-elle point quelque chose
d’embarrassé, de mystérieux, dans la conduite du Général de
Charette? Et pourquoi cet embarras, ce mystère de la part
d’un vrai royaliste, ami de la légitimité, sur le nom à donner
au successeur de Louis XVII, si le Général était parfaitement
convaincu de sa mort? Pourquoi du moins dans une proclamation officielle, extrêmement importante, ne pas dire que ce
successeur est le Comte de Provence, s’il n’était pas encore assuré du nom que ce Prince devait prendre en arrivant au trône?
N’était-il donc pas extrêmement nécessaire en cette circonstance
de fixer les esprits des royalistes, et de ne pas les laisser flotter
dans le vague, sur le nom et la personne *de l’héritier de la
couronne,* s’il y avait dans le Général pleine assurance, conviction de la mort de Louis XVII.

«Ne pourrait-on pas expliquer cet embarras de M. de Charette, en supposant qu’il avait connu le projet de l’enlèvement
du jeune Prince, que la nouvelle publique de sa mort lui parvint avant celle de son enlèvement réalisé, laquelle ne pouvait
lui arriver que lentement et difficilement, à cause de la vigilance
rigoureuse que les républicains durent exercer sur les frontières
de la Vendée, et sur les chemins qui pouvaient y conduire;
surtout en partant de la capitale, dans un moment où il venait
de recommencer une guerre plus acharnée que jamais contre la
Vendée et la Bretagne? Cette supposition doit paraître d’autant
plus vraisemblable, qu’il est de fait qu’à l’époque de la mort

de l'enfant au Temple, le soupçon de l'enlèvement du Dauphin
et de la substitution se répandit parmi les membres de la Convention. Le soupçon les alarma au point qu'ils envoyèrent sur
différentes directions des députés à la recherche, pour s'assurer
de la vérité. Nous avons entre les mains *l'original* d'un ordre
donné par un *représentant* du peuple en mission dans l'Auvergne,
pour faire mettre en liberté un enfant qu'il avait fait arrêter
comme étant arrivé depuis quelques jours de Paris à Thiers, et
comme soupçonné d'être Louis XVII...... l'enfant avait été arrêté
deux ou trois jours après la mort du dernier prisonnier du Temple ;
d'où il faut conclure qu'à l'époque même de cette mort, le Comité
de sûreté générale et la Convention soupçonnèrent au moins la
possibilité d'un enlèvement opéré dans le Temple.....

« D'après ce fait, on conçoit quel excès de précautions le gouvernement français dut employer pour empêcher toute communication surtout avec la Vendée, et pour faire surveiller toutes
les routes. Il ne serait donc pas étonnant que le Général Charette,
dans la supposition de l'enlèvement du jeune Prince opéré quelques
jours avant la mort d'un enfant au Temple, n'eût pu, à raison
de la difficulté des communications, recevoir l'assurance de cet
enlèvement que plusieurs jours après avoir appris la mort par
les papiers et les bruits publics ; et que soupçonnant lui-même
la possibilité d'une erreur dans ces nouvelles, il se soit pour
cette raison abstenu de donner d'autre nom à *celui qui devait
régner sur la France.*

« Mais comment concilier cette incertitude, ces soupçons du
Général avec les expressions d'étonnement, d'indignation qu'il
emploie parce qu'il a appris que son Roi avait été empoisonné !
Il suffit de se reporter à l'époque où il parlait et aux circonstances qui l'avaient forcé à reprendre les armes, pour concevoir
les motifs qui ont pu le faire parler ainsi. N'ayant point de
preuves positives de l'enlèvement du Prince, il dut s'exprimer
dans le sens des nouvelles de sa mort qui s'étaient répandues
dans la Vendée comme dans le reste de la France. Surpris par
la perfidie, et les attaques subites des républicains, il avait
besoin de s'entourer promptement d'une armée capable de leur
résister. Il fallait ranimer la haine et l'indignation des Vendéens
contre des ennemis cruels et implacables. Cela était d'autant
plus nécessaire que, selon lui, depuis longtemps les Vendéens
languissaient dans une lâche apathie. En habile Général, que dut-
il faire ? Profiter des bruits qui circulaient sur la mort de Louis
XVII, leur présenter cette mort comme le fruit d'un horrible
attentat, réveiller par là le courage et l'horreur du régicide
dans des cœurs si fortement, si constamment dévoués à leur

Roi légitime, et les réunir le plus tôt possible contre les armées de la Convention. Cependant comme il pouvait douter de la mort du jeune Prince, il dut mettre dans sa proclamation une sage discrétion, en ne parlant qu'en général de *l'héritier de la couronne,* sans le désigner par son nom ; il agissait en cela conformément à son sentiment intérieur, et ne compromettait en rien les droits de cet héritier quel qu'il pût être. »

Le soulèvement des Vendéens opéré, et le Prince soigneusement caché dans le château d'un de ses protecteurs, le Général Charette dut alors, pour maintenir l'ardeur de ses troupes, leur révéler la vérité : c'est ce qu'il fit. En outre, comme il ne pouvait pas, sans compromettre la sécurité du Prince, le montrer aux troupes vendéennes, il leur présenta un autre enfant sous le nom de Louis XVII. Ce fait, de notoriété historique, qui m'a été attesté par d'anciens officiers vendéens, n'a pas besoin de démonstration. Il est consigné comme tel dans les Mémoires de M. Sosthènes de Larochefoucauld, où il dit :

« ..... Puis, ne savait-on pas que, peu de temps après ces « évènemens (le décès de l'enfant du Temple), les Vendéens « avaient reçu avec acclamation au milieu de leur armée le fils de « Louis XVI, qui leur avait été présenté par le Général Charette. »

La seconde proclamation du Général Charette, Monsieur le Substitut, est un discours à son armée, lorsque, influencée à la fin de l'année 1795, par les agens du Directoire, elle se disposait à mettre bas les armes et à accepter les indemnités qu'on lui offrait. Voici les passages qui concernent le fils de Louis XVI :

« ...... Que parlez-vous d'intérêt et de profit ?...... Ne vous « souvient-il plus du serment par lequel vous avez enchaîné vos « destins à ceux de votre Roi ?..... Allez donc, lâches et perfides « soldats ; allez, déserteurs d'une cause si belle que vous dés-« honorez. Abandonnez aux caprices du sort et à l'instabilité « des évènemens ce royal Orphelin que vous jurâtes de défendre ; « ou plutôt, emmenez-le captif au milieu de vous, conduisez-le « aux meurtriers de son père ; soyez sans pitié pour son âge, « pour ses grâces, pour sa faiblesse et pour ses revers. Lorsque « vous serez en présence de vos nouveaux maîtres, devenez dignes « d'eux, en faisant tomber à leurs pieds la tête innocente de « votre Roi......

« Je ne serais point étonné que sous peu de jours le fils trop « malheureux de l'infortuné Louis XVI fut arraché, malgré moi, « de son asile, et livré à ses persécuteurs. Pauvre enfant ! Quelle « destinée est la tienne ! Le Ciel t'a-t-il formé dans un instant « de colère ? Et ce n'est que des plus lugubres fils qu'est ourdie « la trame de tes jours ! Tu naquis au milieu des tempêtes, tu

« fus abreuvé des larmes maternelles autant que du lait de ta
« nourrice. Ton berceau, comme celui de Moïse, fut exposé sur
« le fleuve ensanglanté de la révolution. On te précipita dans un
« cachot que les vertus de ton père, l'amour de son épouse, la
« tendresse de ta sœur, la sagesse de ta tante, tes grâces naïves,
« ont embelli en peu de mois. Un martyre douloureux, mais sacré,
« dévora ta famille. Unique et débile rejeton de ce grand arbre
« tranché par le glaive, tu n'as recueilli de tous qu'un héritage
« de malheur, et pour y mettre le comble, *à peine soustrait à*
« *la férocité de tes bourreaux*, tu vas devenir victime de la tra-
« hison de tes défenseurs, plus féroces qu'eux. Eh quoi ! *tu*
« *retomberais sous la puissance des tyrans !* Quoi ! tu serais
« replongé dans cette fosse aux lions où la vengeance te laisse-
« rait, jusqu'à ce qu'elle osât se nourrir de ton sang. Non ! Non !
« Tant qu'un souffle de vie animera mon existence, la tienne est
« assurée ; tant que je jouirai de la liberté, *tu garderas la*
« *tienne ;* ma vie est à toi comme elle le fut à ton père ; mon
« sang a coulé et coulera encore pour te défendre. Mon bras
« s'usera pour te sauver.

« CHARETTE. »

En récusant l'authenticité de ce document, Monsieur le Substitut, votre dénégation est la conséquence de la thèse que vous
soutenez. Il vous met le Dauphin sous les yeux, hors du Temple,
dans un asile secret, protégé par Charette ; on conçoit qu'il vous
gêne, qu'il vous contrarie. Pourtant, si le témoignage de l'honneur et de la sincérité, qui fait la foi commune, n'est pas une
chimère ; si les règles de certitude n'ont pas été inventées par
des puissances de ténèbres, pour bouleverser toutes nos idées
d'intelligence, et nous obliger à ne croire qu'aux accidens qui
frappent nos sens personnels, l'homme raisonnable ne doutera
pas plus du discours de Charette, que de tous les autres faits
qui attestent la délivrance de l'Orphelin du Temple, dont il est
une péremptoire confirmation.

Cette pièce a été signée par tous les chefs et officiers de l'armée
royale de la Vendée, envoyée à celle de Normandie et du Maine,
et conservée avec soin par un officier existant en 1840, qui en
était porteur. La préfecture de police de Paris en possédait un
exemplaire, qui doit y être encore si on ne l'en a pas fait
disparaître. C'est sur l'original que le Baron Tardif, qui a
été secrétaire-général de cette préfecture, a copié le texte que je
donne, et que M. Bourbon-Leblanc tient lui-même de M. le
Baron Tardif.

L'histoire du Prince rapporte que, précisément à cette époque,
le lieu de sa retraite fut dénoncée à ses ennemis, et que des

agens du pouvoir vinrent l'en arracher pendant la nuit. Ici, Monsieur le Substitut, si je traitais *ex professo* la question d'évasion et celle d'identité, viendraient se grouper en masse une telle multiplicité d'autorités, de témoignages historiques, d'attestations, de coïncidences avec les moindres particularités des communications du royal bourgeois de Spandau, que vous en seriez véritablement écrasé.

M. Labreli de Fontaines, bibliothécaire de S. A. R. Mme la Duchesse douairière d'Orleans, a publié en 1831 deux brochures, pour révéler l'existence du Duc de Normandie, dans lesquelles il rapporte aussi le discours de Charette dont nous avons lu quelques passages: nous lisons en outre dans ses écrits:

«...... Il faut le dire enfin, Louis XVII ou comme on le «voudra, le Duc de Normandie n'a pas cessé de vivre; j'en ai «l'assurance; et ce secret, que des circonstances ne me per-«mettaient pas de révéler, je puis le divulguer aujourd'hui «avec bonheur, sans redouter du présent les effets d'une indis-«crétion trop tardive...... J'ai à ma disposition des pièces «authentiques qui déposent de son existence; pièces qu'au besoin, «si j'y étais contraint je n'hésiterais pas à rendre publiques au «risque de ceux qu'elles peuvent compromettre aujourd'hui.....

«La section de police du Comité de sûreté générale délégua «deux représentans du peuple, pour constater les moindres «particularités de l'évasion qui fut tenue secrète autant qu'elle «pouvait l'être. L'un des représentans vivait encore il y a trois «ans, il m'a souvent raconté les particularités de l'évasion du «Duc de Normandie......

«Personne mieux que Fouché n'a pu être à même de certifier «l'évasion du Temple de Louis XVII; il a eu entre les mains «les documens authentiques qui constatent cet évènement. «Bonaparte lui-même n'en fait aucun doute.........

«L'évasion de cet infortuné Prince fut pour le Comte de «Provence une nouvelle fatale toute imprévue. En relation avec «les principaux acteurs de la Convention, il leur conseilla «d'entamer une négociation avec Charette, dont l'effet serait «d'amener une pacification générale, sous certaines conditions «et particulièrement celle de la remise de Louis XVII, comme «ôtage avec promesse de le rendre à la paix générale, soit à «l'Empereur d'Allemagne, soit au Roi d'Espagne. Cet avis «ayant été adopté, un émissaire fut envoyé à Charette, qui «répondit à la Convention: «Qu'il acceptait l'armistice aux «conditions requises à l'exception de celle qui tendait à réintégrer «aux mains du gouvernement français le fils de Louis XVI; «attendu qu'elle était hors de ses intentions et de ses facultés;

«puisque depuis sept jours Louis XVII avait cessé d'être à sa
« disposition..... »

«Après le départ de Napoléon pour l'ile d'Elbe, la bonne
« Joséphine s'adressa à l'Empereur Alexandre, et lui découvrit
« l'existence du fils de Louis XVI..... le pria de ne point se
« prononcer définitivement avant d'en avoir reçu des nouvelles
« positivement. Alexandre, touché des vertus et de la généreuse
« démarche de cette excellente Princesse, lui promit de faire
« ses efforts pour que tout restât en France dans un état pro-
« visoire, jusqu'à ce qu'on eût découvert le fils de Louis XVI,
« à qui il ferait rendre la justice qui lui était légitimement due.
« Quelque secrète qu'ait été la conférence ci-dessus; il paraît
« qu'il en transpira quelque chose, car peu de jours après
« Joséphine mourut presque subitement; et l'Europe entière
« (chose étonnante) nomma l'auteur de ce décès prématuré.

«Le premier article du traité secret de Paris en 1814,
« explique de quelle manière l'Europe avait permis au Comte
« de Provence de venir occuper le trône de France. Cet article
« porte en substance que:

«Bien que les hautes puissances contractantes souveraines
« alliées n'aient pas la certitude matérielle de la mort du fils
« de Louis XVI, la situation de l'Europe et leurs intérêts poli-
« tiques exigent qu'elles placent à la tête du pouvoir en France
« Louis Xavier Comte de Provence, sous le titre de Roi osten-
« siblement, mais n'étant de fait dans leurs transactions secrètes
« que régent du royaume, pour les deux années qui vont suivre,
« se réservant pendant ce laps de temps d'acquérir toute certi-
« tude sur un fait qui déterminera ultérieurement quel doit
« être le souverain régnant sur la France...... »

«Je pourrais citer ici bien d'autres faits qui établissent que
« le fils de Louis XVI n'est pas mort au Temple, et qu'il n'eut
« jamais d'ennemi plus intéressé à accréditer le contraire, que
« le Comte de Provence usurpateur de son trône.

«Je terminerai par la révélation d'une discussion qui eut lieu
« en 1819 entre Louis XVIII et le Duc de Berry. Il s'agissait
« du fils de Louis XVI, pour lequel le Duc de Berry réclamait
« des secours et une possession d'état.

« Eh bien! lui dit son oncle, quand vous aurez fait arriver
« au trône ce misérable bâtard, y arriverez-vous?

—«Eh! que m'importe le trône, lui répondit le Duc de
« Berry? justice avant tout, mon oncle.

«Cette scène eut pour auditeur un illustre personnage en ce
« moment à Paris. Le Duc de Berry tomba frappé sous le fer d'un
« assassin..... »

La discussion entre Louis XVIII et le Duc de Berry, à la suite de la lettre que le Prince avait écrite de Prusse à son cousin, m'a été attestée par plusieurs personnes; entre autres par M. Marcoux, de Versailles, qui m'a remis la déclaration suivante:

« Je soussigné, Jean-Jacques Marcoux, ancien huissier de la « chapelle du Roi, atteste que M....... parent d'un des huissiers « du cabinet du Roi Louis XVIII, m'a fait le récit suivant:

« Peu de temps avant l'assassinat du Duc de Berry, ce Prince « se présenta fort agité pour parler au Roi, et au moment d'entrer « dans le cabinet, il dit aux huissiers: « laissez-moi.» Alors ils « fermèrent la première porte et le Prince poussa la seconde un « peu fort, de sorte qu'elle revint sur elle-même et resta en- « trebaillée. La voix du Prince s'éleva très-haut, ils écoutèrent « et entendirent dire au Roi:

— « Je viens de répondre à mon cousin.

— « Quel cousin?

— « Le Duc de Normandie.

— « Le Roi avec véhémence: « il est mort.»

— « Non, il n'est pas mort: voilà sa lettre.

— « S'il n'est pas mort, il est mort civilement. Ne savez-vous « pas qu'après moi vous êtes appelé à régner?

« Le Duc de Berry répond: « Sire, la justice plutôt qu'une « couronne!

« Le Roi, d'un ton violent, lui intima l'ordre de sortir sur-le- « champ.

« L'huissier, mon parent, en rentrant chez lui dit: « le Duc « de Berry est perdu..... rappelez-vous qu'il est perdu!» et ses « parens lui demandèrent pourquoi. Pressé par eux, il raconta « ce qui précède.

« En foi de quoi j'ai signé à Paris le 15 Mai 1851.

« MARCOUX. »

Vous prétendez, Monsieur le Substitut, que les ordres donnés par la Convention pour rechercher le Dauphin n'ont rien d'officiel. Il est possible, il est vraisemblable même que l'on ait enlevé des archives publiques les actes qui les constatent, pour ne pas laisser apparaître les mensonges historiques qui tendaient à accréditer la mort du Dauphin au Temple. Mais nous ne sommes pas les seuls à parler de ces ordres, qui ont eu la sanction de faits irrécusables, et que nous prouverons judiciairement, je le redirai sans cesse, quand il conviendra à l'autorité de nous entendre.

Le Conventionnel Courtois à dit positivement:

« Un jour viendra où des papiers que j'ai en ma possession « pourront être d'une grande utilité à un auguste personnage

« qui a été enlevé de prison ; la Convention avait ordonné de
« grandes recherches pour le ressaisir, et sans aucun succès.
« Plus tard, on a déclaré qu'il était mort en prison, sans que
« rien ait constaté qu'il ait été repris ; ce qui prouve incontes-
« tablement que ce personnage était réellement en fuite, et que
« sa mort prétendue n'était qu'un mensonge, celle d'un substi-
« tué à sa place. »

Le 22 Messidor an III (10 Juillet 1795) Chazal, représentant
du peuple, délégué de la Convention, donna l'ordre de faire
mettre en liberté *Morin de Guérivière,* arrêté comme étant le
Dauphin. Dans votre mauvaise humeur, Monsieur le Substitut,
de ne pouvoir contester ce fait, vous nous reprochez de nous
en prévaloir ; parce que Morin de Guérivière était le soutien du
faux Dauphin Richemont ; et vous nous dites avec simplicité :
« Naundorff devrait laisser à Richemont ses témoins. » C'est une
sotte plaisanterie, incompatible avec le caractère sérieux d'un
magistrat qui se respecte, et que je releverai bientôt convenablement. Quant au fait en lui-même, comme vérité historique
il appartient à tout le monde, quoique sorti d'une bouche menteuse sous mille autres rapports. Au surplus, nous l'avons extrait de *la Quotidienne* du 6 Novembre 1823, qui le confirmait
par ces paroles :

« Le Sieur Morin a eu l'honneur de mettre sous les yeux de
« S. A. R. une pièce qui atteste, qu'à l'époque où courut le
« bruit de l'enlèvement de Louis XVII au Temple, il fut arrêté
« comme soupçonné d'être l'auguste enfant. »

M. Léon-Louis Maillard, demeurant autrefois Boulevard et hôtel
Beaumarchais, a été aussi dans le même temps arrêté par ordre
du Comité de sûreté générale, comme étant le Dauphin évadé :
il existe encore.

On peut fouiller dans les archives du Tribunal d'Angoulême,
on y trouvera une décision judiciaire (si toutefois elle n'a pas
été supprimée à dessein) qui, longtemps après le prétendu décès
du Dauphin, ordonne qu'un enfant arrêté comme tel soit rendu
à la liberté, attendu qu'il avait été justifié qu'il n'était pas le
Dauphin.

Le Moniteur, Monsieur le Substitut, qui ne vous sera pas
suspect, va lever tous vos doutes, par des insertions inexplicables à leur date, si l'acte du 12 Juin 1795 eût été la constatation certaine de la mort du Dauphin.

Louis XVIII nous apprend dans ses Mémoires, postérieurement
à la date du faux décès de son neveu, qu'il avait investi le Comte
de Précy de pleins pouvoirs très-étendus, dont le mandataire se
servit pour opérer une insurrection dans le Lyonnais. D'après

la publicité de l'existence du Dauphin, donnée en France dans les Comités royalistes, le Comte de Provence ne pouvait agir avec les purs légitimistes qu'en qualité de régent. Cette considération nous explique ce que nous trouvons à la date du 6 Messidor an III (24 Juin 1795), dans le journal officiel du gouvernement. Chénier disait à la Convention dans un rapport :

«Une association de scélérats, ligués pour le meurtre, s'est «organisée à Lyon. Cette compagnie, mêlant les idées religieuses «au massacre, le cri de royalisme aux mots de justice et d'hu-«manité, se fait appeler compagnie de Jésus..... C'est elle qui «rappelle à grands cris les émigrés, qui protège leur rentrée «sur le territoire de la République..... qui jouit en idée de la «destruction prochaine de tous les patriotes et du retour de la «royauté......

«Et qui pourrait nier encore que le but de ces associations «coupables ne soit la ruine de la République et le rétablissement «du despotisme royal; quand tous les indices, tous les témoi-«gnages, toutes les correspondances, toutes les preuves mêmes «matérielles le démontrent jusqu'à l'évidence...... Quand le Comité «de sûreté générale, sans compter *une foule de pièces que la* «*prudence ne permet pas de divulguer encore, tient entre* ses «mains le *cachet qui doit servir de ralliement* aux prétendus «fidèles de Lyon. Quand l'individu qui a gravé le cachet, et «celui qui l'a commandé sont actuellement dans les prisons, «quand le nom de *Précy* déjà proclamé, déjà chanté dans les «lieux publics de cette opulente commune, est gravé sur le cachet «*avec le nom de Louis XVII*.......

«C'est à Lyon qu'est le fil électrique qui menace d'embraser «le midi de la France. Les auteurs de ces crimes sont, pour la «plupart, des hommes étrangers à cette commune et notamment «des émigrés rentrés en France par la frontière de l'Est. Les «partisans de l'anarchie révolutionnaire, chose étrange, et cepen-«dant prouvée, les terroristes du midi, d'accord en ce point «avec les émigrés et les fanatiques, participent à ces attentats, «et versent le sang de leurs complices; soit qu'ils veuillent «*étouffer avec eux des souvenirs et des secrets dangereux*, soit «qu'ils espèrent que les crimes de la compagnie de Jésus feront «oublier les leurs..... Ainsi quatre années de victoire pour la «République n'auraient d'autre résultat qu'une royauté nouvelle. »

Cette royauté nouvelle, dans l'opinion des insurgés n'était bien certainement pas celle de Louis XVIII, déjà proclamé à l'armée de Condé; mais non reconnu comme tel par les chefs royalistes, dont la plupart, si non tous, ne pouvaient ignorer la libération du Dauphin. Le cachet sur lequel était gravé le nom de Louis XVII, répond d'ailleurs matériellement à toutes les objections ou suppositions possibles. Le rédacteur de *l'Univers*, le 6 Juillet 1850 constate, non seulement l'évasion mais encore la publicité de l'évasion, mise à l'ordre du jour des armées vendéennes, et tout naturellement des autres troupes royales par ces paroles :

« Ce qui est plus grave, c'est qu'on trouve dans les actes de
« la Convention un décret qui ordonne de poursuivre sur toutes
« les routes de France le fils de Capet. A cette même époque,
« Charette, s'adressant à son armée sous les murs des Sables
« d'Olonne lui dit :

« Voulez-vous donc laisser périr l'enfant miraculeusement sauvé
« du Temple, comme ont péri ses augustes parens ? »

« Dans la Vendée on croyait donc que l'enlèvement du Dauphin
« de la prison du Temple avait été heureusement consommé. »

Les passages du discours de Chénier démontrent que l'existence du Dauphin était également connue à Lyon parmi les chefs de la conspiration royaliste. Voici encore un procès-verbal de la séance du 20 Messidor an III (8 Juillet 1795).

« La séance est ouverte par la lecture de la correspondance.

« Un membre du Comité de salut public donne connaissance
« d'une lettre du commandant des armes au port de Lorient,
« et d'un autre de celui des ports de Nantes et de Paimbœuf ;

« Le premier annonce que les Anglais commencèrent le 8 de
« ce mois à vomir des émigrés sur le territoire de la République ;
« que l'Amiral anglais a fait sommer le Général Bonnet, com-
« mandant de Belle-Ile, de se rendre *au nom de Louis XVII.*
« Il lui a répondu qu'il était muni de vivres et d'artillerie, qu'il
« ne reconnaîtrait jamais Louis XVII.

« La Convention décrète l'insertion de cette lettre au Bulletin.
« Adopté dans la séance du 22 Messidor. »

Il paraîtra certainement étrange à tout le monde qu'aucun membre de la Convention ne relève l'erreur, si c'en est une, par suite de laquelle le 8 Juillet 1795 on somme Belle-Ile de se rendre à Louis XVII. Le rapporteur lui-même s'abstient de toute réflexion, et le chef du *Moniteur,* qui rend compte de la séance, n'en fait pas non plus. Pourquoi donc laisser s'accréditer, par l'autorité du journal officiel, et par le silence du gouvernement, une indication qui détruisait la foi publique dans le décès de Louis XVII enregistré au commencement du dernier mois ? Il n'y avait qu'un mot à dire: Louis XVII est mort; et ce mot, on ne le dit pas. On n'explique pas comment le nom de Louis XVII vient figurer comme point central de l'autorité légitime dans une sommation militaire, un mois après qu'on a publié l'acte de son décès; et l'on n'a pas l'air de trouver surprenant que le commandant réponde : je ne me rendrai jamais à Louis XVII! Il est dès lors évident que le gouvernement connaissait l'existence du fils de Louis XVI; et que s'il s'est tu, dans un moment où des explications étaient devenues indispensables, c'est qu'il se trouvait entravé par ses précédens et qu'il sentait le danger de provoquer une controverse qui aurait donné de la notoriété à un fait généralement ignoré. Ces considérations se changent en certitude, par la lecture du rapport de la séance du 23 Thermidor (10 Août 1795), dans lequel il est dit:

« Un des secrétaires donne lecture d'une lettre par laquelle le « citoyen Treillard, homme de loi, dénonce les membres de la « compagnie de Jésus, et une estampe qui court, dit-il, dans « Lyon.

« Cette estampe représente un cénotaphe à côté duquel est un « arbrisseau, dont les branches et les feuillages couvrent le « monument. Au pied de cet arbrisseau est un serpent, qui « lève la tête et qui semble vouloir piquer quelque chose. A la « simple vue de cette gravure tout paraît innocent; mais si l'on « fait attention au fond blanc dans les deux côtés du cénotaphe « et au-dessus des branches de l'arbre ou arbrisseau, on remar- « que très-distinctement les figures de Louis XVI, de Marie- « Antoinette, du fils et de la fille de Capet. Le serpent m'a « été annoncé comme représentant *la Convention nationale,* « *qui, dit-on, voudrait et ne peut atteindre le petit Capet.* »

Vous niez les médailles, Monsieur le Substitut, qui démontrent matériellement l'évasion du Dauphin par un témoignage inaltérable; et, pour justifier votre dénégation, vous ne savez pas nous apporter d'autre raison que: « Quoi, Louis XVIII « aurait fait frapper des médailles pour nier ses propres droits, « pour se proclamer usurpateur ! »

Vous oubliez toujours de vous reporter au temps où les évènemens se sont passés, pour en apprécier la vraie signification. Si les médailles eussent été frappées après l'usurpation du Comte de Provence, votre raisonnement pourrait être acceptable; mais cette usurpation n'a été consacrée d'une manière stable qu'en 1814, par la criminelle coalition de tous les souverains contre Louis XVII: et peu s'en est fallu qu'elle ne vînt échouer au port. Si une main homicide n'avait pas empoisonné l'héroïque *Joséphine;* sa voix, qui se fût fait entendre à l'Europe entière, en faveur du fils de Louis XVI qu'elle avait sauvé du Temple, et protégé tant de fois sous l'Empire; ses énergiques protestations qu'avait déjà accueillies la magnanimité d'Alexandre, eussent vraisemblablement replacé la légitimité sûr le trône de

France. Mais, au 8 Juin 1795 les droits du Comte de Provence n'étaient pas autres que ceux de régent. Il ne pouvait pas empêcher que l'évasion de son neveu fût un fait accompli; Louis XVII avait de nombreux partisans; ses puissans protecteurs n'avaient pas encore été immolés aux ambitions farouches de ses ennemis; l'avenir incertain pouvait assurer le triomphe de sa juste cause; alors, le royal Caïn, qui avait voué son ame et son corps au culte des appétits matériels, envisageant l'évènement sous toutes ses faces, se ménageait la chance de pouvoir vanter son amour et son dévouement pour son Roi, si ses sataniques machinations ne parvenaient point à le faire rejeter par le monde politique et proscrire par l'humanité. Voilà, Monsieur, tout le mystère des médailles, dont le testament de Louis XVIII reconnaissant son neveu pour seul Roi légitime de France nous a donné la complète solution. Ces médailles sont une histoire numismatique authentique; à cet égard, comme pour tous les autres faits de la cause, je ne puis que vous répéter : nous en offrons la preuve à la justice; et le refus de la justice à nous entendre démontre la légitimité des droits qu'elle repousse sans examen.

M. Sauquaire de Souligné nous écrivait, en nous révélant le médailler mystérieux en 1840 :

« Je puis vous procurer le procès-verbal qui constate que le 20 « Mars, Louis XVIII avait oublié dans sa chambre la mystérieuse « médaille de Louis XVI, et qu'il la portait habituellement pen- « due à son cou; car cette pièce, qui n'est pas indispensable « pour l'historien, l'est absolument pour le proscrit; puisqu'elle « consacre virtuellement l'authenticité des médailles, *pour qui* « *elles furent frappées;* et conséquemment la délivrance du Dau- « phin, *le jour même qui fut assigné à sa mort;* ainsi que sa « non-reconnaissance comme Roi par son oncle.

D'un autre côté, un de nos amis d'Allemagne, sans rien savoir des communications de M. Sauquaire de Souligné, y faisait aussi la découverte des mêmes médailles, et disait au Prince, en lui décrivant les deux dernières le 19 Février 1841 :

« MONSEIGNEUR,

« Mme Forest aura probablement communiqué à V. A. R. le « présent qui lui a été fait de deux médailles d'argent relatives « à votre évasion du Temple. Mais ce qu'elle ne peut vous avoir « mandé, ce sont les observations et les recherches numismati- « ques que ces médailles m'ont fait faire. N'ayant vu dans la « description qu'elle m'en a envoyée qu'une nouvelle mais im- « posante confirmation de votre évasion du Temple, j'ai désiré « vivement d'apprendre quand, à quelle occasion, et aux frais

« de qui elles furent gravées et frappées. J'ai fait prendre des
« renseignemens là-dessus dans les Musées numismatiques de
« Vienne, de Dresde et de Berlin ; mais mes propres recherches,
« sans sortir de Prague, ont devancé celles que j'ai mises en train
« dans les trois autres capitales. J'ai donc appris ce à quoi je
« m'attendais le moins.

« Notre bibliothèque impériale de l'Université possède l'his-
« toire numismatique de la révolution française, ou description
« raisonnée des médailles, monnaies, et autres monumens nu-
« mismatiques relatifs aux affaires de la France, depuis l'ouverture
« des Etats-généraux jusqu'à l'établissement du gouvernement
« consulaire.....

« L'une des médailles constate si manifestement votre évasion
« du Temple le 8 Juin 1795, que son importance est grandement
« rehaussée par les soins qu'on a pris, sous la Restauration,
« d'en dénaturer le sens, en expliquant *votre retour à la liberté ,*
« comme synonyme de la mort ; quoique cette explication parai-
« trait toute aussi absurde à un Hottentot ou à un Iroquois,
« qu'elle doit l'ètre à un Français, ou à un Anglais. L'histoire
« numismatique fut publiée à Paris en 1826, donc sous Char-
« les X.   V. A. R. sera, j'en suis sûr, touchée de l'intérêt qu'at-
« tachent à la découverte de ces deux médailles deux grands
« personnages, à qui j'en avais envoyé la description, et aux-
« quels j'avais dit que je remuerais ciel et terre pour découvrir
« à quelle occasion, et à l'instigation de qui l'évènement avait
« été transmis à la postérité par Loos. Il paraît, dis-je, que l'un
« de ces bienveillans personnages à mis du prix à me devancer,
« attendu que, sans que je l'en eusse prié, et à mon insu, il a
« fait faire à Berlin des recherches directes, dont le résultat a
« été aussi prompt qu'intéressant. J'ignore qui est l'ami, éga-
« lement grand seigneur, auquel il s'est adressé ; mais le fait
« est que ce dernier s'est si bien acquitté de sa commission que
« le présent G. Loos, essayeur général de la monnaie à Berlin,
« lui a fait cadeau des six médailles en bronze, que feu son
« père, SANS SUGGESTION ÉTRANGÈRE, du temps de la révolution
« française a fait paraître sur le sort malheureux de la famille
« royale de France.   Ce sont les propres paroles de Loos, dans
« sa réponse, dont j'ai en mains l'original. Sans parler de l'idée
« de chacune d'elles, les légendes, dont les unes sont en vers,
« les autres en prose, ont un caractère si éminemment français,
« qu'il me paraît *absolument impossible* qu'elles aient été *imagi-*
« *nées et composées par un médailleur allemand ;* et si le père
« Loos revenait au monde pour me dire avec son fils qu'il les
« mit au monde *sans suggestion étrangère ;* je ne pourrais, ne

«leur en déplaise, que leur rire au nez et n'en pas croire un
«mot. L'auteur de l'idée et des légendes doit avoir été Français,
«et avoir dirigé le burin de l'habile graveur allemand. Passons-
«les en revue.....

«Le commentateur de ces médailles, c'est-à-dire *l'auteur de*
«*l'histoire numismatique déjà cité,* les nomme *les six victimes,*
«expression par laquelle il est manifeste qu'il n'entend pas seu-
«lement les *victimes immolées,* mais aussi les *victimes vivantes.*
«..... Je ne doute point que le défunt Loos, puisque son nom
«y est et que son fils l'atteste, ait gravé les six victimes; mais
«si les idées, les légendes, et même les jeux de mots comme
«dans celle d'*égalité,* si éminemment français, sont de lui, sans
«avoir eu de *souffleur,* je consens à être la *septième,* en laissant
«même à l'exécuteur des hautes œuvres, chargé de me *victi-*
«*mer,* tout de bon, le choix du glaive ou de la guillotine.

«D'ailleurs le présent G. Loos n'est tenu envers personne de
«nommer ceux qui firent travailler feu son père, c'est-à-dire qui
«lui suggérèrent *l'idée* ou *les idées* de ces six médailles; et si
«nous réfléchissons qu'elles furent gravées et probablement frap-
«pées en 1795, c'est-à-dire il y a 46 ans; il se peut fort bien
«que le fils ignore qui étaient les personnes à la suggestion
«desquelles ces médailles furent publiées. N'est-il pas de plus
«très-probable que, pour un monument numismatique de cette
«importance, et si opposé à la conduite politique de son gouver-
«nement, il ait reçu les instructions les plus positives......»

Le même ami, écrivait en même temps à Mme Forest:

«Vous vous étonnerez sans doute, Madame, qu'en 1826, sous
«le règne de Charles X, on ait fait connaître au monde deux
«médailles, dont l'une annonçait que *l'Orphelin du Temple était*
«*redevenu libre le 8 Juin* 1795; et par conséquent *l'usurpation*
«*de Louis XVIII et de Charles X.* C'eût été en effet une incon-
«cevable maladresse. Mais qu'a-t-on fait pour se tirer de ce
«mauvais pas? Omettre tout-à-fait l'insertion des médailles,
«dans un ouvrage qui contenait toutes celles de la révolution;
«c'était s'exposer à les voir publier et commenter *dans leur vrai*
«*sens,* dans quelque autre ouvrage à l'étranger, où elles furent
«gravées et frappées, ou même en France. C'est pourquoi, je
«pense, on prit le parti de les faire graver telles qu'elles sont,
«mais d'en *dénaturer* entièrement le sens, probablement dans
«l'espoir que les lecteurs superficiels et inattentifs ne se donne-
«raient pas la peine de collationner les gravures avec leur
«commentaire; et cela d'autant plus *qu'on a eu soin de mettre*
«*à côté des médailles en question,* UNE AUTRE sur laquelle on
«lit: *mort au Temple au même jour.*

«On ne s'attendait pas alors qu'une vraie amie de l'infortuné
«Prince recevrait ce présent quinze ans plus tard; et qu'elle en
«ferait part à un autre ami, également zelé, à un vieux Docteur,
«qui n'examine pas les choses à moitié mais à fond. Sans être
«moi-même particulièrement savant en numismatique, il ne faut
«qu'un brin de sens commun, pour y voir aussi clair que le
«jour, *une fraude,* ou plutôt une *impudence politique,* qui
«s'explique d'elle-même par la date du livre susmentionné, en
«1826, sous la Restauration.

«Eh bien, Madame, vous le croirez à peine! Les mots *rede-*
«*venu libre le 8 Juin* 1795, sont expliqués comme synonymes
«de *mort le 8 Juin.* Dans aucune langue, ni d'après aucune
«règle de bon sens, on n'a dit, ni pu dire d'un homme *mort*
«qu'il est REdevenu libre. Si cette métaphore était reçue, elle
«serait synonyme de REmourir, ou de *mourir pour la seconde*
«*fois!!* Le même graveur qui s'était servi du simple mot: né
«le 27 Mars 1785, ne devait-il pas tout aussi simplement graver:
«*mort,* ou *décédé* le 8 Juin 1795? Quoiqu'il en soit, Madame,
«de cette épouvantable absurdité, vous pouvez vous en convaincre
«en parlant à M. le conseiller aulique Hase......

«Trois savans gardiens de notre bibliothèque impériale, aux-
«quels j'ai expliqué l'objet de la recherche que j'y faisais, ont
«unanimement partagé mon opinion; ils ont même ri de bon
«cœur en lisant le commentaire......

«Le Chevalier DE C...»

Si vous rapprochez maintenant, Monsieur le Substitut, de ces
documens historiques, décisifs dans la question, le récit du Prince,
qui, *le premier de tous,* a fait connaître que son évasion avait
été opérée par suite de la mort d'un enfant substitué, arrivée
le 8 Juin 1795; je vous prierai de me dire comment, au Tribunal
de la saine raison, on peut traiter de mensongère une révélation
si manifestement confirmée par le burin incorruptible de l'histoire numismatique.

§ 3.

En fait d'autorités restons-en là, Monsieur le Substitut; car
j'ai hâte d'en finir avec vous; et d'ailleurs j'ai déjà depuis longtemps dépassé le but que je me proposais d'atteindre. Quand
le moment sera venu, les conseils de la famille royale de Bréda
réuniront dans un Mémoire judiciaire tous les genres de certitudes qui, en éclairant la conscience des magistrats supérieurs,
apprendront au monde ce que l'on doit penser de la famille
royale de Frohsdorff, que vous avez prise sous votre *sympathique*

protection, vous indignant de nous voir debout, à la barre du Tribunal, avoir l'audace de demander contre elle la justice due aux aînés de la maison de Bourbon. Pour nous la refuser, cette justice, contre le droit et la raison; vous avez, on peut le dire hardiment, commis assez d'erreurs substantielles dans une cause qui, étourdissante de clarté, n'en devait pas admettre une seule de votre part. Celles historiques se pressent, les faits les plus constans ont été dénaturés, omis, ridiculisés; mais en revanche les allégations vagues, injustifiables, se groupent les unes sur les autres; les inexactitudes de toute sorte fourmillent, la passion remplace le raisonnement, la mauvaise foi la vérité. Qui de vous ou de nous mérite le reproche de n'avoir produit qu'une «démonstration insuffisante, que des pièces sans authen-«ticité, toutes d'un néant absolu, que des documens supposés, «des témoignages sans valeur?»

En vous faisant le représentant de nos ennemis, vous avez adopté leur marche tortueuse, leurs dénégations insensées; vous succomberez aussi avec eux sous le cri accusateur de la conscience publique; quand le jour des grandes réparations, qui viendra, je l'espère, en faveur des opprimés, aura lui pour la famille proscrite du plus majestueux des Princes et du plus grand des martyrs. Comme eux encore, il ne vous a pas suffi de travestir indignement la cause; et vous avez répondu aux justifications démontrées, par l'injure! vous, magistrat, à l'intégrité de qui nous en appelions des diffamations d'une politique lâchement meurtrière de l'innocence! Vous avez traité ce grave procès civil, ainsi qu'on rédige au parquet un acte d'accusation; vous y avez introduit une anomalie, je dirai même une monstruosité, en inculpant faussement la moralité du personnage, que vos devoirs d'homme de la loi, autant que votre conscience, vous prescrivaient sinon d'honorer, du moins de tenir en dehors d'un débat, dans lequel il n'apparaissait plus que comme l'ombre d'un illustre proscrit mort victime des incessantes persécutions qui l'ont conduit au tombeau! écoutez donc ce qu'il me reste à vous dire, comme une expiation de la triste célébrité que vous vous êtes acquise, en sacrifiant les droits de la justice aux hideuses considérations d'une politique assassine.

N'ayant pu ravir au Prince son origine royale, vous avez cru la rendre méconnaissable en la couvrant des immondices d'une police infecte, dont *Morin de Guérivière* et *Richemont* ont enrichi votre brillante imagination; car toutes les calomnies que vous nous donnez pour des «faits avérés en Prusse de «1810 à 1832; le concubinage du jeune Prince avec une vieille «femme de confiance de plus de cinquante ans, Mme Sonnenfeld,

« la dépêche officielle contresignée Dejean, et démentie par la
«Prusse,» ont depuis bien des années couru le monde, sous
la garantie des vils agens du mensonge que je viens de nommer :
mais la raison publique éclairée saura faire la part du vrai et du
faux, par un arrêt sans appel, qui réformera ceux des puissances
oppressives. Oui, Monsieur, la politique, qui rougit peu de honte
ordinairement, n'a pas osé livrer directement au public ses
infamies ; *Morin de Guérivière et Richemont,* je vous le répète,
et j'en offre les plus manifestes preuves, en ont été les instrumens
de publication ; vous les avez au surplus dans les pièces de la
procédure correctionnelle, où se trouvent deux lettres écrites
au juge d'instruction par Morin de Guérivière contre le Duc
de Normandie, et un petit cahier que vous n'avez eu besoin
que d'apprendre par cœur pour nous débiter toutes les impostures, dont on voudrait salir la vie du Prince en Prusse. L'anecdote
des cicatrices de la petite vérole, vous l'avez aussi empruntée à
la fabrique du faux Dauphin ; car Guérivière a dit avant vous :

«Naundorff est fortement marqué de petite vérole ; tout le
«monde sait que le fils de Louis XVI ne l'était point. Pour
«atténuer ce que cet inconvénient présente de grave, l'horloger
«a osé dire qu'une opération faite avec des pointes d'épingles ou
«d'aiguilles, l'a mis dans cet état. Il croit sans doute ses adhérens
«bien stupides pour penser qu'ils ajouteront foi à de telles
«absurdités. »

Et voyez comme la fourberie se stigmatise elle-même ; *dans les
Mémoires du Duc de Normandie* publiés en 1831 à Paris par
le faux Dauphin de Louis-Philippe, *Richemont* déclare, page 28
de ses rapsodies, *avoir eu au Temple la fièvre après la petite
vérole.* Vous étiez donc à bonne école, pour la partie diffama-
toire de vos conclusions : aussi vous en avez profité largement.

Vous avez prononcé le nom de *Richemont,* j'en dirai encore
quelques mots, à propos *des familles nombreuses* que vous
n'avez pas voulu nommer ; parce que vous craigniez un démenti
flagrant de notre part lorsque, par elles, *vous avez créé au
Prince une véritable liste civile.*

Si depuis seize ans, Monsieur le Substitut, vous aviez suivi
comme moi les phases douloureuses de la vie royale condamnée
au plus affreux dénuement par les détenteurs de sa fortune,
par les heureux et les puissans du siècle, vous n'auriez pas eu
le cruel courage, en inventant pour elle l'opulence, d'insulter
aussi amèrement aux angoisses d'une famille proscrite et délaissée,
qui n'a pu se soutenir que providentiellement, qui, suivant les
paroles de Mme la Duchesse d'Angoulême au Marquis de Vibraye
en 1834, *ne vécut jamais que du secours de ses pauvres.* Et encore,

lorsque vous avanciez un fait aussi mensonger, les pièces de la procédure correctionnelle vous en donnaient un formel démenti, aussi bien que l'ordonnance de la Chambre du Conseil. Vous ne pourriez pas faire jaillir de la volumineuse instruction, close en 1841, une somme de 50,000 francs, et le juge d'instruction constate que: «le journal *la Justice,* destiné à établir les droits «prétendus de Naundorff, après une courte apparition, ne put «parvenir à fournir le cautionnement exigé par la loi, et ne «tarda pas à succomber.» La véritable liste civile n'aurait donc pu se composer qu'à l'étranger; eh bien! allez demander à l'Angleterre comment y ont vécu le royal Paria et sa famille. Demandez-le à la noble famille Perceval de ce pays, qui, sans être opulente, à la honte éternelle de la fille de Louis XVI, a su trouver les moyens de payer aux descendans de nos Rois le tribut d'amour chrétien, que le monde de ce siècle ne comprend plus. Et quand vous aurez connu la navrante vérité, vous regretterez d'avoir fait à des riches sans cœur et sans conscience les honneurs de *l'aveuglement d'une noble fidélité* envers le fils de Louis XVI.

_ Mais vous, magistrat, dont les idées de justice devraient être sans partialité, sans acception de personne, vous ne nous avez pas dit, en faisant une menteuse liste civile au véritable Duc de Normandie, qu'il en a été réalisé une abondante pour le faux Dauphin de tous les gouvernemens, pour *Richemont* que le préfet de police Gisquet qualifie:

«Un adroit coquin, un hypocrite fieffé, jouant avec habileté «le rôle qu'il s'attribue, pour jeter la division dans le pays, «s'enrichir de la libéralité de ses dupes, et gagner les fonds «secrets de la puissance quelconque dont il est l'instrument.»

Vous ne nous avez pas dit que ses ressources d'exploitation, sur la crédulité des simples d'esprit, ont été si largement pratiquées, sous les yeux de l'autorité qui s'est bien gardée de lui en demander compte, que le préfet de police écrivait en 1834:

«Le Baron de Richemont est cousu d'or; mais il ne le répand «pas néanmoins avec profusion; il 'est porteur d'une ceinture «qui contenait, tant en billets de banques qu'en or, avant son «départ pour Lyon, une somme d'environ 150,000 francs. Il a «fait distribuer aux membres les plus nécessiteux de la société «des droits de l'homme une somme de 10,000 francs.»

Vous ne nous avez pas dit qu'un Sieur Claravali, qui fait hommage à *sa Sainteté Pie IX,* en 1850, de la vie du *faux Duc de Normandie,* plate copie des *Mémoires d'un Contemporain,* composés sur des renseignemens fournis par les commettans de *Richemont,* et notamment d'après les lumières que ce dernier a puisées dans nos écrits, dont il s'est approprié l'ensemble, et une partie des détails ; vous ne nous avez pas dit qu'à la page 547 de son volume, Claravali déclare qu'on a assuré à ce vil charlatan des revenus considérables pour,

« Le mettre non seulement à l'abri de tout besoin, mais encore «pour lui faciliter le moyen de suivre les nobles impulsions de «sa vertu favorite qui est la charité ; et qu'il s'est tellement «livré à l'exercice de cette reine des vertus (le saint homme !) «qu'il a diminué au moins de deux tiers, *ses ressources an-* «*nuelles qui dépassaient la somme de* 100,000 *francs.* »

Vous ne nous avez pas dit, que Morin de Guérivière, complice du roué imposteur, avait eu l'impudence d'écrire au procureur du Roi les 51 Août et 19 Septembre 1840, et que la justice avait eu l'audace étrange de joindre à la procédure instruite contre *le vrai Prince* les lettres suivantes :

« Monsieur le procureur du roi,

«Un jugement du Tribunal criminel de Paris, en date du 15 «de ce mois, a ajourné à huit semaines la décision relative aux «poursuites dirigées contre Naundorff et consorts, et à sa plainte «portée contre *le Capitole*. M. l'avocat du Roi a pensé que l'in-«struction commencée en 1856 contre le principal inculpé serait «terminée à cette époque.

«Comme il est indispensable, dans l'intérêt de la société et «de la morale publique, que la justice soit bien informée, je «crois devoir vous adresser copie d'un acte fait le 7 Mars 1857. «Cet acte, joint à tant d'autres où les prétentions de leur auteur «se révèlent avec la même impudence, vous donnera la mesure «de tout ce qui a été tenté pour égarer l'opinion et spéculer «sur la crédulité de gens dévoués à l'ancienne dynastie. Je vous «transmets en outre le nom de quelques-unes des personnes «qui ont pris une part plus ou moins active à cette intrigue, «soit comme dupes, soit comme instigateurs ; afin qu'elles soient «entendues s'il y a lieu.

«Puisse le ministère public porter enfin le flambeau de la «justice dans ce dédale d'iniquités, et prouver qu'en France la «magistrature sait dévoiler l'imposture et faire respecter les lois.

«J'ai l'honneur.....

«P. Morin de Guérivière père.

«Quai Valmy 45.

«P. S. (Suivent les nom de 21 témoins amis du Prince.) Ces «personnes ont donné ou reçu de l'argent ; d'où provenait-il ? »

«Monsieur le procureur du roi,

« J'ai l'honneur de vous adresser ci-joint quelques fragmens «de petits cahiers qui vous serviront de renseignemens dans

« l'affaire Naundorff, et mettront la justice à même de prononcer
« avec connaissance de cause lorsque le moment sera venu.
      « J'ai l'honneur......
                              « Morin de Guérivière. »

Vous ne nous avez pas dit, que ce fripon fieffé est entouré
de prêtres que lés évêques n'interdisent pas; de nobles qui sont
ses dupes, involontairement par ignorance, ou sciemment pour
en faire d'autres et rendre équivoque l'identité du véritable Duc
de Normandie; qu'il s'est vanté dans ses écrits, sans être dés-
avoué, « d'avoir eu des communications avec la Chancellerie de
Berlin, les autorités de Spandau, de Brandebourg, avec le
Ministre de l'intérieur de France; d'avoir été reçu à l'insigne
faveur de baiser la pantoufle du Pape, et d'avoir pour avocat
M. Baroche. »

Vous ne nous avez pas dit que, pour singer la vérité, en
1849, cet individu a publié dans les journaux qu'il avait donné
une assignation à la Duchesse d'Angoulême pour l'appeler en
justice; et que le Sieur Claravali a eu l'effronterie d'imprimer
dans son livre de mensonges:

« Disons maintenant quelques mots du procès en reconnaissance
« d'état civil pendant au Tribunal de première Instance de la Seine.
« Ce célèbre procès, unique dans son genre, devait commencer
« en Août 1849. A cette époque les débats qui devaient être
« aussi longs qu'intéressans furent renvoyés après les vacances,
« c'est-à-dire au mois de Novembre suivant. *On nous annonce
« aujourd'hui que les plaidoiries auront lieu plus tard.* »

Voilà ce que vous ne nous avez pas dit, Monsieur le Substitut,
et ce que vous ne pouviez pas nous dire; puisque tous les gouvernemens ont laissé trôner à son aise ce faux Dauphin, sans
jamais l'inquiéter, le laissant libre de développer le plus qu'il
peut ses immenses ressources de *véritables escroqueries;* parce
que c'est un agent des factions politiques, dont en tout temps
on a fait la burlesque caricature de l'auguste fils de Louis XVI.
Mais ce que vous n'avez pas dit en face des rigueurs et des
dénis de justice exercés contre *l'homme vrai,* je le dis, moi,
contre *l'homme faux;* afin que le public apprécie la moralité
des pouvoirs qui nous diffament.

Que ceux qui désireront s'éclairer sur le compte de *Richemont,*
si favorisé en France, lisent le chapitre qui le concerne dans
les Intrigues dévoilées, et les Mémoires publiés par ce singulier
Duc de Normandie en 1831, et ils verront combien il est absurde
d'accorder un moment d'attention à un homme qui se fait
enlever du Temple comme Dauphin, « *le 19 Janvier* 1794, avec
« l'assistance du cordonnier Simon et à la connaissance de Ro-

«bespierre;» par conséquent dix mois avant que l'Orphelin du Temple eût été enlevé de sa prison de la Tour pour être caché ailleurs; et il est hors de doute qu'aussitôt après le 9 Thermidor le fils de Louis XVI fut visité, et que son identité fut constatée officiellement. Comment en outre l'imposteur se fait-il sortir du Temple? «Dans un cheval de carton.....; ensuite sorti de sa «prison, il est placé dans un autre cheval bien plus grand, «aussi léger que l'avait pu permettre sa grandeur, ses jambes «un peu plus courtes et pliantes dans toutes les jointures in-«férieures, ce qui facilitait la marche en cas de rencontre d'un «corps dur: il était de bois et artistement recouvert d'une véri-«table peau de l'animal qu'il représentait; on l'avait attaché à «une grosse charrette et directement devant le cheval qui était «attelé à la charrette même; il avait devant lui deux autres «chevaux, ce qui présentait un attelage de quatre de ces «animaux.» Ce cheval était si prodigieusement bien imité qu'il marchait comme un cheval vivant en chair et en os; de sorte que même «les gardes des barrières le prirent pour un vrai «cheval;» comme depuis on a pris *Richemont* pour le Dauphin, auquel il ressemble comme son cheval de bois ressemblait à un cheval de manège.

Que les gens sensés lisent ses Mémoires à l'époque desquels nous n'avions pas encore publié d'écrits en France, et ils liront encore; «*qu'il y avait sous la longue queue du cheval un sou-*«*pirail* qui avait également été pratiqué dans les oreilles, les «narines, et aux quatre jambes pour faciliter la respiration,» de telle sorte que *Monseigneur Richemont respirait* par le derrière de ce cheval; moyens d'existence en parfaite harmonie avec les entourages et les compères de *sa grotesque Majesté*.

Enfin pour en finir avec ce maître imposteur, par son dernier chef-d'œuvre, et faire honte à ses inexplicables soutiens; voilà ce qu'il a fait publier par l'*Atlas*, journal anglais, le 31 Mai 1851:

«Notre correspondant de Paris nous écrit à la date du 29 Mai:

«Le Baron de Richemont qui s'était pendant quelque temps «renfermé dans son obscurité, a de nouveau reparu dans le «public comme plaidant contre la Duchesse d'Angoulême. Il lui «a fait un second commandement en assignant cette Dame pour «qu'elle vienne répondre en justice, pourquoi elle persiste à «frustrer son frère le Dauphin fils de Louis XVI, communément «connu sous le nom de Baron Richemont, de son nom légal et «de son titre, et par-dessus tout de sa portion d'héritage pa-«ternel. Cette action ne serait que ridicule, comme l'ont été. «toutes les autres démarches de ce genre jusqu'à ce jour, si

« *dans ce moment même* la cause n'était pas plaidée, par un
« personnage qui n'est pas moins que *l'avocat Jules Favre ;* qui
« avoue hautement à qui veut l'entendre son désintéressement
« dans l'affaire, et son entière conviction dans la vérité et la
« justice de sa cause. *Le Baron a certainement gagné là un*
« *très-puissant allié,* et qui sait ce qui peut s'en suivre. »

Voilà l'homme, Monsieur le Substitut, dont vous nous repro-
chiez de prendre les témoins, tandis que lui va jusqu'à nous
prendre *notre Instance et notre avocat !* Cet excès d'impudence
qui dépasse toutes les bornes des fourberies les plus éhontées,
donne la mesure des moyens qu'il emploie pour se substituer
en tout et partout à la place du Prince, qu'il a toujours eu la
mission de travestir. « Vous vous perdez, » lui disait quelqu'un,
chez *lequel il s'est présenté pour acheter des documens qui nous*
appartiennent, « vous vous perdez si vous n'intervenez pas dans
« le procès que la famille Naundorff plaide contre les Bourbons,
« surtout, après avoir affirmé faussement dans les journaux que
« vous aviez intenté une semblable demande en 1849. En vous
« abstenant de revendiquer, contre une famille qui ne peut être
« pour vous celle du Duc de Normandie, la qualité de fils de
« Louis XVI que vous prenez, vous passerez pour un imposteur
« aux yeux de tous, et vous ne pourrez plus désormais vous
« qualifier Duc de Normandie, sans que tous vos partisans dés-
« abusés ne vous rient au nez. » Pour toute réponse l'imposteur,
poussé à bout dans ses derniers retranchemens, allégua que ses
conseils ne lui permettaient pas d'agir ainsi. Je conçois bien,
vraiment, que ses conseils l'aient empêché de se démasquer publiquement par une démarche inconsidérée. Il eût été obligé de
se tenir debout, de regarder le public en face, contrairement à
ses allures habituelles ; et bientôt après de se cacher le visage,
pour n'y pas laisser voir l'ignominie empreinte sur son front ;
et alors on eût perdu pour toujours ce précieux faux Dauphin.
Toutefois je pense qu'après un mensonge aussi effronté que
celui que je signale, nul de ceux qui voudront se respecter ne
se commettra plus désormais avec cè paillassé politique, dont
le contact seul est une souillure ; et qu'il ne se tiendra dorénavant en rapport avec lui que des dupes intéressées à l'être ou
des complices.

§ 4.

Vous avez gardé sur l'hypocrite fieffé, Monsieur le Substitut,
un silence protecteur, et réservé toutes vos colères pour le
Prince violemment arraché du sanctuaire des lois, chassé de

France et poursuivi comme escroc dans le but de le calomnier judiciairement; est-ce là une impartiale justice? Alors, quand les enfans du Proscrit vous ont demandé la réhabilitation de la mémoire diffamée de leur père, et leur réintégration dans leurs droits civils, dans leur fortune patrimoniale, et le sol de la patrie pour demeure; vous leur avez répondu:

«Votre père est un imposteur ou un fou; si je prends la «peine de rechercher ses antécédens, c'est uniquement pour «savoir laquelle de ces qualifications lui convient le mieux. «Prouvez-nous, dit-il, que je suis Naundorff, sinon il y aura «de grandes présomptions que je suis le Duc de Normandie.

«Je ne crois pas qu'en matière de question d'état on ait ja-«mais produit un plus étrange argument. Avec ce système, les «familles seraient ouvertes au premier vagabond qui aurait dé-«chiré son passeport. Comment! voilà *un homme né au fond* «*de l'Allemagne,* il cache son nom, sa famille, le lieu de sa «naissance, il dérobe ses traces; il s'entoure à dessein d'obscurité; «puis il vient tout-à-coup revendiquer le titre de fils de Louis «XVI; et pour repousser sa prétention je serai obligé d'établir «son individualité, de prouver où il est né, et d'où il vient. «Mais c'est à lui à faire toutes les preuves: il réclame un état «dont il n'est pas en possession; c'est à lui de démontrer que «cet état lui appartient. S'il ne fait pas cette preuve, qu'im-«porte qu'il s'appelle Naundorff ou de tout autre nom; qu'il «soit né en Prusse ou dans tout autre pays! La question n'est «donc pas d'examiner ce qu'il est, mais ce qu'il veut être.»

Parler ainsi, Monsieur le Substitut, c'est faire une révoltante moquerie des lois du sens commun, en raisonnant d'après vos idées, et non selon nos dissertations d'après les élémens du procès. Qui, en contestant à l'horloger de Spandau la naissance royale qu'il s'attribue avec une démonstration indestructible de vérité, la réfute par la déclaration qu'il est Prussien d'origine? Qui? La diplomatie française, la justice de votre tribunal, vous-même. Il y a donc pour vous en réalité une alternative accablante; puisque vous dites au Prétendant: vous n'êtes pas fils de Louis XVI, car nous assurons que vous êtes Prussien. Vous ne pouvez alors effacer les preuves qu'il vous apporte de sa qualité royale, qu'en justifiant vous-même la vérité de votre allégation, qu'il est né au fond de l'Allemagne; qu'en produisant l'acte de naissance que vous dites le concerner. Vous avez posé la question vous-même, de manière à vous constituer demandeur en affir-mation. En saine logique, il pourrait se dispenser de prouver qu'il est lui, l'Orphelin du Temple, attendu que si vous n'établissez pas l'origine prussienne *articulée par vous,* il reste avec celle que vous prétendiez détruire par un mensonge. Or il est évident que ceux qui le disent Prussien, en imposent. La conséquence qui en résulte en sa faveur devient contre vous forcée, irrésistible; en raison de l'alternative où vous vous êtes enferré; c'est que vous faites ressortir *le Duc de Normandie* de votre impuissance à établir la naissance contraire dont vous vous prévaliez faussement par votre affirmation. Mais le Prince a fait plus que d'en prouver l'imposture; il a aussi prouvé, quoique vous ne le reconnaissiez pas, la vérité de son origine royale; et néanmoins vous ne faites que lui répéter : vous êtes Prussien ! Nous avons donc le droit de vous répondre: du moment que vous n'avez pas pu assigner à Naundorff une origine en Prusse, *tel que vous l'affirmiez sans preuves,* vous vous trouvez pris en flagrant délit d'une affirmation de naissance manifestement inventée; et votre mensonge révèle l'homme vrai dans les faits explicatifs de son récit, sur le mystère du nom de Naundorff qu'il a porté en Prusse. Voilà notre argument, pour le cas spécial de votre objection, qui n'est étrange qu'en passant par votre bouche détourné de son vrai sens; voilà notre réponse sans réplique aux audacieux qui, même en dépit des démentis du gouvernement prussien, ne cessent d'imputer au Prince une naissance prussienne, qui n'a jamais pu soutenir un examen sérieux que pour leur propre confusion. Ce mensonge capital de nos adversaires politiques révèle encore en même temps à tout homme sensé l'autre mystère honteux des poursuites criminelles dirigées contre le Prince; les calomnies diplomatiques éclairent les calomnies judiciaires, qui toutes ont eu le même principe et le même but machiavélique, et dont vous voudriez aussi infliger à ses enfans les affreuses conséquences, que ses criminels diffamateurs avaient infernalement calculées.

Comment, Monsieur le Substitut, de ce que vous n'avez pas prouvé, selon vos affirmations positives, que Naundorff était Prussien, vous prétendez que de ce fait seulement nous en faisons jaillir de grandes présomptions qu'il est le Duc de Normandie, et que nous avons échoué dans la justification de l'origine royale combattue par votre allégation? Mais en vérité je m'interroge pour savoir qui, de nos contradicteurs ou de nous, a conservé son bon sens. Que faites-vous donc de cet ensemble de faits si concluans, qui répandent sur les moindres détails de la cause une lumière de plus en plus saisissante? De cet enchaînement admirable de voies providentielles, qui conduisent le fils de Louis XVI, avec des signes certains de son passage, de la Tour du Temple en Prusse, et de Prusse à

Paris, où ceux qui l'avaient honoré dans les splendeurs de sa vie heureuse, l'aiment et l'honorent encore dans l'état pitoyable où ils le retrouvent après avoir pleuré sa mort pendant près de quarante ans? Que faites-vous donc de cette haine atroce de la politique, qui a étouffé la vie royale dans la lente agonie d'un demi-siècle de tortures, et qui ne lui laisse pas même le repos de la tombe? Que faites-vous donc des souvenirs d'enfance, des signes du corps et des ressemblances de famille? Que faites-vous donc de cette masse d'autorités historiques qui ne peuvent avoir été inventées pour sanctionner le récit du Prince? Que faites-vous donc, en un mot, de tous les élémens du procès, des attestations de *témoins, seuls juges compétens,* irréprochables, et guides impérieux des convictions de la magistrature; qui commandent à l'ame honnête une foi religieuse? Ne sont-ce enfin que des présomptions, ces sentences solennelles des vieux et intimes serviteurs de l'ancienne monarchie qui, près de leur tombe ouverte et en présence de Dieu, par des paroles sacrées, devant lesquelles s'inclineront avec respect les générations futures, ont légué aux hommes, pour ainsi dire, l'identité du fils de Louis XVI, malgré ses malheurs et la persécution que leur témoignage attirait sur eux!

Mais vous nous répondez: «Quant à moi, je le déclare hau-
«tement, je n'ai aucune confiance dans ces témoignages. Qu'im-
«porte que Mme de Rambaud, M. M. de Joly et Brémond aient
«reconnu Naundorff; je ne m'inquiète pas de l'intérêt qui a
«dicté leurs dépositions; *je dis,* qu'elles ne sont pas dignes
«d'arrêter l'attention du Tribunal.»

Ah! vous ne croyez pas à ces témoignages, Monsieur le Substitut, vous ne croyez pas aux attestations indestructibles, inattaquables de personnages hautement considérés, dont la sincérité, le désintéressement, l'indépendance, la rigoureuse probité, le discernement, la lucidité de raisonnement et l'intelligence éclairée, ne seront jamais mis en doute par quiconque tient à se respecter en respectant la vertu et la vérité chez les autres! Et pourquoi donc ces témoignages d'honneur et de conscience ne sont-ils pas dignes d'arrêter l'attention du Tribunal? Evidemment parce qu'ils certifient une origine royale que la justice ne veut pas sanctionner. Vous ressemblez à l'athée qui nie Dieu, croyant par son orgueil annihiler sa puissance!

Mais de quoi s'agit-il donc ici? d'un fait à justifier. Or, dans les questions de fait soumises aux Tribunaux, les témoignages de plusieurs, concordant sur un même point, sans aucun concert frauduleux, décident de la liberté, de la vie ou de la mort d'un individu: mais vous, vous faisant une croyance hors des règles de certitudes qu'admet la raison humaine, vous voudriez que ces dépositions, qui feraient condamner un criminel à mort par tous les juris du monde si elles attestaient sa culpabilité, fussent sans valeur parce qu'il s'agit de proclamer une existence que la politique ordonne de méconnaitre? Appelez-vous cela de la justice, de l'impartialité, un examen logique, sensé, religieux des droits des parties? Il m'avait semblé à moi, homme probe et jurisconsulte, ancien magistrat, que le mérite d'une affirmation se déduisait de sa teneur et des motifs qui la sanctionnent; et que pour la détruire, il importait de la discuter par une dissertation logique; d'en démontrer l'erreur, la fausseté ou l'insignifiance, comme je l'ai fait à l'égard des dépositions de *Lasne* et de *Gomin;* et qu'il ne suffisait pas, à un magistrat moins qu'à tout autre, de dire avec une arrogance injurieuse pour les témoins honorables: «que m'importent ces dépositions, *je dis* «que je n'y crois pas.» Si un avocat se permettait dans la défense d'un prévenu d'écarter ainsi de la cause les attestations de témoins que vous lui opposeriez; vous hausseriez les épaules de pitié et vous auriez raison.

Vous dites que vous ne croyez pas aux dépositions de nos témoins; et pour que le public, qui ne les connaît pas, n'y croie pas non plus apparemment, vous avez présenté en forme de caricature deux des plus imposantes, celle de M. Brémond et de Mme de Rambaud; afin qu'elles n'apparussent dans vos conclusions que sous un aspect ridicule: en outre, pour les frapper complètement de discrédit vous avez supposé à ces deux vénérables personnages un intérêt de mauvaise foi ou un cachet d'absurdité, qui ne sont que dans l'esprit calomniateur de ceux qui en font la critique insoutenable. Eh bien! moi, je vous soutiens que vous n'avez pas la faculté de ne pas croire à des témoignages qui réunissent tous les caractères de vérité et de certitude que la loi exige pour qu'ils dominent la conscience des juges. Vous n'avez pas la faculté de n'y pas croire, attendu que plusieurs d'entre eux ont pour vous la force d'une preuve judiciaire; puisqu'ils ont été reçus en justice à la réquisition du juge instructeur, sous la foi du serment, en même temps que ceux de *Lasne* et de *Gomin,* dans la procédure édifiée contre le Duc de Normandie. Pourquoi donc ne seraient-ils pas aussi sacrés aux yeux du Tribunal, aussi dignes d'arrèter son attention que ceux des deux gardiens du Temple, dont j'ai démontré l'insuffisance et la fausseté palpables quant à la question d'identité? Il est beaucoup d'autres témoignages, non moins authentiques que ceux joints à la procédure, pour la vérification desquels nous avons demandé à la justice une enquête. On nous refuse cette enquête en rejetant les preuves faites par nous ; et vous osez déclarer nos documens supposés, repousser nos preuves comme insignifiantes, préjugeant contre la vérité déjà judiciairement demontrée, le résu'tat d'une enquête à faire et qu'on redoute! Singulier mode d'argumentation que le vôtre, par suite duquel deux seuls témoins accusateurs, dont l'un est parjure, sont la base de votre opinion et du jugement du Tribunal; tandis que plus de cinquante de nos témoins qui justifient tous les faits démonstratifs de notre côté, tous les documens historiques sont mis au rebut !

Sachez donc, Monsieur le Substitut, que *le seul* témoignage de Mme de Rambaud a fait la terreur des dénégateurs du Prince, et produit sur l'esprit de la Duchesse d'Angoulême une impression qu'elle n'a pu dissimuler. Ecoutez M. Sosthènes de Larochefoucauld, dans le jugement qu'il porte sur ce témoignage :

«Les personnes que le Louis XVII actuel avait intéressées, «n'avaient pu résister au témoignage d'une *femme fort honnête,* «jadis au service de la famille royale, et qui affirmait que dans «le personnage qu'on lui représentait elle reconnaissait par- «faitement le fils de l'auguste Marie-Antoinette. *Ceci devenait* «*sérieux;* car si la méfiance est naturelle et juste dans un cas «pareil, il faut pourtant qu'elle s'arrête quelque part; et le «témoignage de cette femme *ne manquait pas d'importance.* »

N'est-il pas étrange, Monsieur le Substitut, que vous, qui devriez n'avoir qu'un intérêt de justice dans la question à décider, vous disiez ne pas croire à un témoignage si convenablement apprécié dans le camp du Duc de Bordeaux et dans les salons de la Duchesse d'Angoulême? En vérité vous sembleriez croire que votre parole à la puissance de détruire, comme elle a celle d'outrager. Félicitons-nous dans l'intérêt de la saine morale qu'il n'en soit point ainsi, et que le témoignage de l'honneur et de la conscience n'ait pas besoin de votre approbation pour autoriser la foi du monde; car il ne suffit pas de se proclamer incrédule pour anéantir la justification complète d'un fait. Voilà pourquoi empruntant encore vos paroles, je vous réponds à mon tour: que nous importe, que vous ne croyiez pas aux témoignages de vérité! Nous ne nous inquiétons pas de l'intérêt qui a dicté vos conclusions. *Je dis* qu'elles ne sont pas dignes d'arrêter l'attention des intelligences droites. Depuis longtemps déjà le monde honnête s'est prononcé en faveur du Prince, renié seulement par le monde politique; et ces témoignages que d'un ton inqualifiable, et du haut de votre siège, vous avez repoussé avec mépris par un, «*je dis* qu'ils ne sont pas dignes d'arrêter l'attention du Tribunal; » ces témoignages demeurent comme un opprobre qui s'attache aux proscripteurs du fils de Louis XVI. «Quand le ridicule cesse, avez-vous dit aussi, le scandale commence.» Oui, Monsieur, le scandale a commencé; on l'a voulu; qu'il retombe sur la tête de ceux qui l'ont provoqué: car il est écrit: «malheur à celui par qui le scandale arrive!»

Mme la Marquise de Créquy, non plus, n'aurait pas dit comme vous: je ne crois pas à la parole de Mme de Rambaud; car nous lisons dans ses *Souvenirs :*

«Vous imaginez bien qu'aucun des faux Dauphins ne s'est «jamais présenté devant Mme de Tourzel à qui nous en avons «toujours référé, pour notre récognition.»

Cette Dame comprenait avec la perspicacité d'une saine raison deux choses que vous n'avez pas comprises; c'est qu'un individu arrivant de Prusse, parlant mal français, mal vêtu et misérable, qui, en 1833, recherche avec empressement ceux qui ont connu le Dauphin dans son enfance, qui les découvre, et qui se livrant à leurs investigations leur dit : voyez, examinez, je suis le fils de Louis XVI; c'est que cet individu ne peut être que le Dauphin. Cette Dame comprenait ensuite que si l'individu, qui se soumet sans crainte à l'examen de juges aussi compétens pour démasquer un imposteur, est reconnu par eux pour ce qu'il dit être; leurs témoignages ouvertement donnés ont infailliblement décidé la récognition de tout esprit droit, de tout homme consciencieux. Eh bien! le Prince a satisfait à l'exigence rationnelle de la Marquise de Créquy. Il a sollicité instamment une confrontation avec la sœur du Dauphin qu'il savait avoir dit à M. de Larochefoucauld, à l'occasion des divers Louis XVII qui s'étaient présentés que : «*plusieurs circonstances connues seulement d'elle et de son frère, si ces circonstances étaient fidèlement rapportées, elles pourraient l'aider à démêler et à reconnaître la vérité.*» Vous savez que la Duchesse d'Angoulème a refusé l'entrevue parce que, a-t-elle dit à M. Morel de St. Didier, elle y voyait l'inconvénient d'avoir l'air de reconnaître le Prétendant; et en repoussant comme vous le Prétendant sans vouloir examiner ses preuves, elle a dit aussi : «*c'est un fou, c'est un habile intrigant.*» Ce dernier a subi la confrontation avec *sept personnages* de la cour de Louis XVI, qui tous ont arrosé de leurs larmes leur cher Dauphin ressuscité pour eux: n'y a-t-il donc pas une sorte de folie à répéter toujours : «*cet homme est un imposteur ou un fou?*»

Permettez-moi de vous faire observer, Monsieur le Substitut, que vous avez un esprit bien difficile à satisfaire; et qu'on ne sait trop comment avoir raison avec vous. Mme de Rambaud, non moins apte, non moins compétente que Mme de Tourzel pour reconnaître le fils de Louis XVI a rendu un témoignage aussi puissant qu'aurait pu l'être celui de la gouvernante des enfans de France; plus puissant peut-être; car Mme de Tourzel n'a été nommée gouvernante qu'en 1789, et Mme de Rambaud, femme de chambre du Dauphin, ne l'a pas quitté depuis le jour de sa naissance jusqu'à son emprisonnement au Temple. Cette récognition, qui, non moins concluante que celle de Mme de Tourzel qui seule eût suffi aux légitimistes du caractère de Mme de Créquy pour décider la leur, fut-elle la seule de cette nature, devrait décider aussi la récognition de tout légitimiste sincère; puisqu'elle a été proclamée, maintenue, confirmée pendant plusieurs années de rapports journaliers avec le Prince. Nous vous la présentons, corroborée d'une foule d'autres et de tant d'élémens de conviction, qu'ils rassurent les consciences les plus timorées. Je n'y crois pas, dites-vous. Et voilà qu'au même instant vous ajoutez: «à côté de Mme de Rambaud *il y avait* « *Mme la Duchesse de Tourzel*, Mme de Falloux, d'autres personnes «éminentes. *Quand on s'est adressé à elles* et qu'elles ont eu «vu de près l'imposteur, elles l'ont dédaigneusement écarté. »

Monsieur le Substitut, on vous a trompé; ce que vous affirmez là est complètement faux. Mme de Tourzel n'a point écarté le Prince, par la raison péremptoire qu'elle était morte depuis bien des années en 1833. Vous favorisez cette Dame de votre confiance protectrice, parce que nous ne pouvons vous présenter d'elle une attestation. Mais si, vivante, elle eût reconnu le Prince, vous la traiteriez avec aussi peu de convenance que vous avez traité Mme de Rambaud et les autres fidèles serviteurs de Louis XVI; quoique méritant à tous égards votre respect et votre confiance autant que Mme de Tourzel. Cependant, si la mère était morte, Pauline de Tourzel sa fille existait encore; elle avait été la compagne des beaux jours du Dauphin et partageait alors les jeux de son enfance. Le Prince la fit prévenir de son désir de la revoir. Mais Pauline avait épousé M. le Comte de Béarn, attaché au service d'un des Princes de la maison d'Orléans; l'Orphelin du Temple fut sans importance à ses yeux; elle dédaigna la prière du fils malheureux de la Reine qui n'était plus, pour ne pas compromettre la fortune de son mari. Voilà la reconnaissance des gens de cour, quand elle ne peut plus leur valoir des faveurs : un Roi tombé leur devient un souvenir importun, s'il réclame d'eux une parole de justice; et leur conduite est noble aux yeux du monde lorsqu'ils lui épargnent l'insulte et l'ironie; ce dont il ne se font pas faute, pour peu que leurs intérêts aient à en recueillir quelque avantage. Nous avons un exemple de la vérité de cette triste observation dans le fait relatif à Mme de Falloux, odieusement dénaturé par l'anonyme officieux qui vous a renseigné sans vous autoriser à mentionner son nom. Je connaissais la version telle qu'on vous l'a rapportée, et qu'on la faisait ainsi courir dans un certain monde, fort crédule pour le mensonge, fort incrédule pour la vérité; aussi lorsque la justice le voudra, nous lui prouverons que le fait s'est passé de la manière suivante :

« Naundorff fut amené à Mme de Falloux, » dites-vous, ou vous fait-on dire. Ce fut au contraire Mme de Falloux qui se présenta chez Mme de Rambaud pour voir le Prince. La servante vint le prévenir que deux Dames, qui ne voulaient pas dire leur nom, demandaient à lui parler; il donna l'ordre de les faire entrer. Aussitôt que ces Dames furent introduites, Mme de Falloux dit au Prince :

« Monsieur, si vous êtes le Dauphin, » — c'était toujours ainsi que débutaient les personnes mal-intentionnées — « vous « devez me reconnaître; car nous avons souvent joué ensemble.

— « Permettez-moi, Madame, répliqua le Prince, de vous « faire observer que votre conclusion est sévère et peu logique; « je suis le Dauphin et pourtant je puis ne pas vous reconnaître. « Oubliez-vous que, depuis 1792, plus de quarante ans nous « ont vieillis l'un et l'autre, et que nous ne nous sommes pas « revus dans l'intervalle? Cependant, j'éprouve une sorte de « pressentiment que nous avons eu tous les deux des rapports « d'intimité; *ne seriez-vous pas Mademoiselle de Soucy ?* »

— « Justement; alors dites-moi le jeu que vous préfériez et quel « nom vous me donniez ? »

Le Prince, réfléchissant un moment, lui répondit :

— « Quant à présent, je ne me le rappelle pas, mais je re- « cueillerai mes souvenirs et je vous le dirai, soyez-en sûre. Les « joies de mon enfance, pas plus que ses douleurs, ne sont ef- « facées de ma mémoire. »

Madame de Falloux se retira, laissant le Prince à ses pensées. A peine avait-elle disparu que, se frappant le front, il s'écria : « Je m'en souviens; *nous jouions au mariage et je l'appelais* « *ma Reine.* » Il écrivit sur-le-champ cette réponse, et la fit porter à l'instant même chez Madame de Falloux par Madame de Générès (aujourd'hui Mme Laprade). Dès que la Comtesse eut lu le billet, elle ne put retenir une exclamation de surprise, en reconnaissant l'exactitude d'une aussi prodigieuse réminiscence, et voulut bien convenir que le fils de Louis XVI seul pouvait reproduire, avec autant de précision, de tels détails sur les jeunes années de sa vie intérieure. Mme de Falloux raconta volontiers dans le principe cet incident remarquable; M. le Comte de Crouy, à Londres, m'a avoué l'avoir su pertinemment de quelqu'un de cette famille. Mais il paraît que depuis on a eu des motifs, que nous concevons, de déguiser la vérité; et l'on m'a donné comme certain que Mme de Falloux s'était tenue éloignée du Prince, parce que, aurait-elle dit, sa sœur ne voulant pas le reconnaître il ne réussirait jamais.

Au sujet des autres personnes éminentes, qui auraient écarté le Prince, et que vous ne nommez pas, pour vous mettre à l'abri d'un démenti sous le couvert de l'anonyme; je vous porte le défi le plus formel d'en désigner une seule qui, compétente pour donner un témoignage éclairé, autant que consciencieux, ait déclaré le Prince un imposteur. Que ne les appeliez-vous donc dans votre enquête sur l'escroquerie, ces personnes éminentes! Vous n'avez pas été adroits Messieurs; vous avez sous-entendu tous vos bons moyens, oublié tous vos bons témoins; puis les évoquant dans les ténèbres, vous dites : les voilà! Mais personne ne les voit; tandis que de notre part, tout a été mis à découvert; vous ne pouvez le nier, Monsieur le Substitut, puisque vous avez tenu notre dossier entre vos mains. Je vous mets encore au défi de prouver, par la signature d'un nom honorable ce que l'on vous a fait dire contre M. Pezold par la plus lâche des calomnies :

«Naundorff trouve à Crossen un nommé Pezold, non pas chef «de la justice de Brandebourg, comme on l'a dit par erreur, «mais homme d'affaire, sur lequel le gouvernement prussien a «donné les plus détestables renseignemens.»

Nous ne devons pas nous étonner, Monsieur le Substitut, que vous, magistrat qui dites ne pas croire à la vérité, vous ayez admis, d'une source impure assurément, et répété d'odieuses calomnies contre un magistrat étranger, qui a été honoré dans son pays et par son gouvernement comme un des plus respectables fonctionnaires de Prusse. Homme d'une intégrité à toute épreuve, il avait connu l'horloger Naundorff, par suites des recommandations qui lui étaient venues de la part de l'autorité de le surveiller comme un homme dangereux. En s'acquittant de cette mission il découvrit de grandes infortunes mystérieuses dans la vie de l'étranger; il se rapprocha de lui, devint son ami, apprit sa douloureuse histoire; et s'étant convaincu de la vérité, il se dévoua à la cause du malheur et, par principe d'honneur, de conscience, autant que de nationalité, embrassa avec un courage héroïque la défense du fils de Louis XVI contre son gouvernement. Il a scellé de son martyre son sublime attachement à la cause sacrée de l'illustre persécuté. Il paraît que M. Pezold ne devait pas non plus trouver grâce à vos yeux ; puisqu'il avait été l'ami chaleureux du Duc de Normandie ; que sa conduite, et sa mort par le poison, étaient une bien éclatante manifestation que le Prince avait dit la vérité dans tout ce qui concernait son séjour en Prusse. Jugeons cet honorable magistrat par le témoignage de ses concitoyens.

Dans une lettre de Crossen, en 1836, le Baron de Seckendorff, ancien inspecteur-général de la maison de correction de Brandebourg, écrivait à sa sœur, la veuve du conseiller intime de la légation, Mme de Weissenbach, en lui parlant du Prince :

« Il fit connaissance avec feu Pezold, *Commissaire de Justice,* « qui fut peut-être le seul homme dans le monde qui arracha « cette affaire des ténèbres où elle se trouvait. Il s'y intéressait « avec zèle, et mit tout en ordre pour qu'elle fût présentée à la « chambre des députés de Paris..... »

M. Charles Gebel, professeur au collège de Crossen, écrivait aussi en 1836 à M. X. Laprade, qui lui avait demandé les renseignemens les plus circonstanciés sur le Prince pendant son séjour dans cette ville (j'extrais textuellement les passages que je donne de la lettre telle qu'elle a été écrite en français par ce brave Allemand) :

« ..... Je connais M. Naundorff depuis Novembre 1829..... Je « le voyais bien souvent et nous parlâmes beaucoup de toutes « les affaires humaines.....

« Nous nous levâmes presque chaque jour de bonne heure au « printemps 1830 et nous allâmes dans la belle nature........... « Il me donna un jour un cahier écrit par sa main, qui conte- « nait l'essentiel de sa vie : ce cahier avait environ une demi-main, « et contient aussi son testament ; car il avait écrit croyant de « mourir bientôt. Alors il était content d'avoir trouvé un homme « qui méritait sa confiance, et dans le cœur duquel il pouvait « verser le torrent des larmes que les malices des hommes avaient « repoussées dans le fond de son intérieur...... Il me dit sans « beaucoup de paroles que de grands malheurs l'avaient frappé « et rencontré, et que les siens et ceux de ses parens méritaient « les larmes les plus ardentes. Le ton de son récit était celui « d'un mort....... J'avais la plus grande compassion pour un « homme qui avait une si cruelle histoire.

« Je connaissais l'histoire de ce Prince et de ses parens comme « elle est racontée dans l'histoire universelle ; mais son écriture « était une continuation intéressante pour moi...... Je trouvais « tout dans le rapport le plus sévère : *l'empêchement de ses en-* « *fans à l'école et à l'église,* son ignorance dans les sciences, « ses larmes au récit de la mort de Louis XVI, de son enfance,

«de l'amour de sa mère, de sa sœur etc.... tout était dans la
«plus belle harmonie. Je croyais enfin son histoire et donnais
«à mon ami si chéri les meilleurs conseils que je savais. Je lui
«conseillai de ne pas dire à tout le monde ce qu'il était; car je
«craignais que tout son malheur reviendrait, s'il disait à per-
«sonne sa naissance. Je craignais autant le ci-devant Roi de
«France Charles X que Louis XVIII. Mon ami le connaissait
«aussi fort bien et m'obéissait. Il connaissait la nouvelle histoire
«des Rois de France parfaitement : il lisait la gazette avec beau-
«coup d'ardeur, et le plus le chapitre de la France. Il me disait
«souvent que les Rois de la France étaient environnés de faux
«amis et d'aveugles conseillers; il avait prévu presque toute
«l'histoire du bannissement des Bourbons, et il ne se nomma
«plutôt Prince de France que quand cette chérie famille n'exis-
«tait plus dans ce royaume.

«M. *Pezold, Syndic,* lui avait conseillé cela; et ses renseigne-
«mens étaient adressés d'abord à notre juste Roi Frédéric
«Guillaume III. Il partit deux fois pour Berlin; mais on n'a
«pu répondre à une chose qui tient aux mains des personnes
«les plus puissantes de l'Europe et de sa sœur encore vivante.
«Cependant deux ans s'étaient écoulés, et nous commençâmes
«l'an 1832, quand notre bon Pezold mourut. Je l'ai vu dans
«sa maladie; une fois je lui parlai tout seul. *Il était un homme
«d'un grand amour pour la justice; il avait beaucoup de droi-
«ture et de bienfaisance,* mais ses bonnes actions ne devait
«savoir personne.

«*Il serait à présumer que sa vie lui a été ôtée; la cause en
«doit être cherchée dans sa protection de M. Naundorff;* car
«celle-ci était magnifique et digne d'un fils royal qui est aban-
«donné de tous ses parens et persécuté de tout le monde; afin
«que celui-ci ressente que tous les hommes ne sont pas mépri-
«sables quand même la plupart.............

«Signé: Carl Gebel. »

Ces renseignemens-là, Monsieur le Substitut, n'ont rien de
suspect; et si vous n'aviez pas gardé pour vous seul les secrètes
communications qui, selon vous, font une réputation dé-
testable au magistrat vertueux, dont en dépit de vous, la
mémoire restera aussi pure que sa vie de magistrat, vous nous
auriez du moins mis à même de démontrer l'imposture de ces
perfides imputations. En dernier lieu je vous transcris les passages suivans de trois lettres officielles écrites par M. Pezold au
Roi de Prusse et à ses Ministres. Le Roi en lui faisant répondre
et les Ministres en lui répondant s'adressent : «*Au Syndic de la
«ville et Commissaire de justice M. Pezold à Crossen.*»

« 19 Juillet 1831.

« A Son Excellence M. le Ministre de la justice de Prusse.

« .... Le nommé Naundorff ne porte ce nom qui n'est pas
« le sien, que parce qu'il y a été forcé par les circonstances
« malheureuses qui enveloppent son existence. Il est Français de
« nation et fils de Louis XVI et de Marie-Antoinette, morts sur
« l'échafaud ; il est ainsi le dernier Dauphin de France, Duc de
« Normandie, que les annales de l'histoire prétendaient fausse-
« ment décédé au Temple sous le nom de Louis XVII. Muni de
« pleins pouvoirs et chargé d'affaires de ce Prince malheureux,
« j'ai remis, sous la date du 4 Mars, entre les mains de M.
« Albrecht, conseiller privé du Cabinet, la biographie de mon
« mandant destinée pour S. M. notre maître. J'ai supplié le
« Roi de me donner la permission de pouvoir faire imprimer
« cette biographie....... »

« 22 Juillet 1831.

« A Son Excellence M. le Ministre de l'intérieur de Prusse.

« Votre Excellence sera probablement informée par le Cabinet
« de Sa Majesté, et sans aucun doute par le président en chef,
« M. Wismann à Francfort-sur-l'Oder, qu'il existe à Crossen un
« horloger qui assure être le fils de l'infortuné Louis XVI, et
« dont je suis le mandataire spécial.......

« Je fis un rapport à S. M. notre Roi, dans lequel je spécifiai
« que j'étais chargé de demander l'appui de S. M. le Roi des
« Français, afin que mon mandant pût rentrer dans sa fortune
« paternelle. Je suppliai S. M. le Roi d'appuyer cette demande
« par son intervention puissante.......

« Comme fidèle et heureux sujet de S. M., et particulièrement
« en *ma qualité de fonctionnaire prussien,* je n'aurais jamais
« osé importuner le Roi mon maître dans une semblable cir-
« constance, *si je n'étais convaincu que mon mandant est en
« vérité celui qu'il dit être ;* car j'ai eu le temps de l'étudier
« dans une longue intimité et de le connaître conséquemment
« à fond depuis l'année 1828. Mes rapports continuels, mes
« occupations journalières avec lui ; mes observations attentives
« de chaque jour, de chaque instant ; tout a concouru à établir
« dans ma conscience la conviction inaltérable et profonde qu'il ne
« peut être question ici ni d'une erreur ni d'une imposture, dont
« les suites seraient un mépris général et *une peine infamante.*

« Mais je passe sous silence mon opinion individuelle et je
« me rattache aux preuves objectives. Je prie en conséquence
« votre Excellence de vouloir faire attention que mon mandant
« demande. . . . .

« . . . .

«10°. *Pourquoi le Président M. Lecoq a donné l'ordre au* «*magistrat de Spandau de recevoir mon mandant comme* «*bourgeois,* SANS QU'IL AIT FOURNI LES DOCUMENS PRESCRITS PAR «LA LOI?..........»

«24 Septembre 1831.

«Supplique de M. Pezold en révision du procès de Louis XVII.

«A S. M. le Roi de Prusse.

«SIRE,

«Le Duc de Normandie, Charles-Louis, fils de Louis XVI, «habitant Crossen sous le nom de Naundorff, avait eu le malheur «pendant son séjour à Brandebourg d'être placé deux fois «sous le poids d'une accusation criminelle. Il fut acquitté sur «le premier fait et condamné extraordinairement la seconde fois «comme suspect d'être faux monnayeur. (Le Prince et M. «Pezold n'ont connu les termes réels de la sentence rapportée «plus haut, que par la communication des pièces ordonnée par «le Roi.)

«Un tissu d'astuce et de méchanceté, qu'il ne pouvait pas «détruire plus tard, d'autant moins qu'il avait toujours été fort «du sentiment de son innocence, avait assuré facilement le «triomphe de ses adversaires, pressés de réaliser tous leurs «coupables projets; c'est ainsi qu'ils voulurent flétrir mon «mandant par des accusations aussi insolentes que criminelles; «c'est ainsi que les vrais coupables, pour se soustraire à un «châtiment bien mérité, cherchèrent à jeter sur lui le soupçon «du crime commis. Le succès de cette machination odieuse «s'appuya sur le concours de plusieurs circonstances, sur l'audace «de faux témoins qui déposèrent contre lui, et *dont deux furent* «*convaincus plus tard de parjure*........ Pendant sa captivité, «et postérieurement encore, des communications lui ont été «faites de vive voix et par écrit, dont il résulte, qu'il était la «victime d'une *cabale infernale* qui, intéressée au crime commis, «*protégeait les coupables* et *exerçait une grande influence,* «*qu'il était ainsi dangereux de témoigner en sa faveur,* bien «que tout le monde à Brandebourg fût convaincu de son in- «nocence.

«Je fus chargé, il y a plus d'un an, de provoquer la révi- «sion du procès........... J'avais demandé au Ministre de la «justice la révision du procès; j'ai offert sous les conditions «légales de prouver l'innocence entière de mon mandant par «la déclaration de preuves directes; et j'ai prié son Excel- «lence de donner au Tribunal compétent les ordres nécessaires «pour l'extradition du dossier. Le Ministre a rejeté ma de- «mande.......

« Je suis en conséquence chargé de prier très-humblement
« V. M. de daigner ordonner que le dossier en question me soit
« remis en ma qualité de défenseur élu, pour pouvoir former les
« demandes nécessaires et légales. . . . . »

CONCLUSION.

Ainsi, Monsieur le Substitut, par des considérations et des
témoignages imposans, j'ai réhabilité la mémoire de l'honorable
magistrat prussien, que son caractère public et sa qualité
d'étranger auraient dû mettre à l'abri de vos paroles offen-
santes. Je vous ai convaincu que vos renseignemens occultes
ne peuvent pas venir de Prusse sous une garantie honnête, et
que votre légèreté à les produire en justice vous a fait porter
une atteinte calomnieuse à la réputation d'un fonctionnaire,
digne de vos respects, et que vous auriez dû prendre pour
modèle. Mais il entrait dans vos combinaisons sans doute, de
jeter de la boue au visage des plus nobles personnages qui reconnaissaient le Prince, pour vous procurer ensuite la triste gloire
d'en souiller aussi la face auguste du fils de Louis XVI, que
l'Allemagne, la Suisse, la France, l'Angleterre et la Hollande
ont vu vénérer par tous ceux qui, l'ayant approché, ne réglaient
pas leurs sentimens sur les immorales influences de la politique.
Vous l'avez non moins cruellement que faussement outragé,
sans prendre garde que parmi ceux qui vous écoutaient, parmi
beaucoup de ceux qui vous liraient, il avait de nombreux
partisans, d'éminens défenseurs, qui verraient rejaillir sur eux
le reflet de vos véhémentes diatribes, qui ressentiraient le contre-
coup de vos provocations outrageantes, qui relèveraient le gant
que vous leur jetiez, et vous regardant en face, n'accepteraient
pas bénévolement la flétrissure que vous ne leur épargniez pas
plus qu'au Prince. Son infortunée famille n'en marchera pas
moins toujours la tête haute, croyez-le bien, sans avoir à
rougir de votre arrogante réprobation. Partout où la vérité
s'est fait jour par nos écrits, les ames honnêtes y ont vu de
grandes douleurs imméritées; elles savent y compatir en les
honorant, en s'indignant contre ceux qui en méconnaissent la
cause inique et froidement barbare.

Le Duc de Normandie n'a pu se soustraire à la fureur et aux
ignominieuses machinations de ses proscripteurs, qu'en confiant
son secret et son sort au gouvernement prussien qui, pour toute

protection, le cache dans une boutique d'horloger, sous le nom de Naundorff qu'on oppose plus tard à son identité royale en retenant les documens qui la constatent; puis les Ministres prussiens le voient froidement gémir dans leurs prisons sous l'accusation d'un crime inventé, pour le déshonorer par des poursuites judiciaires; parce que tout cela convient à leur politique: la famille des Bourbons et les Rois ne laissent à ce monarque fugitif, pour tout moyen d'existence, que sa confiance en Dieu, que l'énergie d'une ame forte et résignée; et quand on vous demande justice pour les enfans de ce royal Paria, vous répondez à ces enfans noblement orgueilleux de leur père, qui s'est élevé au-dessus des plus grands Princes en rehaussant par le travail de l'ouvrier la majesté de malheurs surhumains; vous leur dites:

«Comment supposer que le fils de Louis XVI serait descendu «si bas! Quoi! cette main destinée à porter le sceptre aurait «fabriqué des horloges de bois!»

Vous vous êtes flatté sans doute de faire admirer la profondeur de votre discernement, en reprochant à la victime dépouillée de son héritage royal, pourchassée comme une bête fauve, le crime de ceux qui ont édifié un trône au Comte de Provence par l'usurpation, en jetant de côté Louis XVII! Imputer à ce Roi indigent, comme une abjection, ce qui fait sa plus belle gloire, le mérite qu'il eut de suffire par lui-même à tous ses besoins; c'est substituer la petitesse d'esprit et la sottise de l'orgueil au sentiment de la vraie grandeur, c'est se montrer incapable de la comprendre. Vous connaissez bien peu la dignité de l'homme et ses destinées dans ce monde, si vous les faites consister dans des convenances mondaines, qui ne sont qu'une puérile invention des vanités de l'égoïsme. Vous avez tout à apprendre dans la science de l'humanité, si vous croyez qu'une main royale se ravale en fabriquant des horloges de bois; si vous vous imaginez que Dieu a créé, selon les distinctions de la politique, des ames de Rois, des ames de nobles, des ames de peuple; des mains privilégiées pour porter des sceptres, pour la nonchalance et la fainéantise, des mains pour conduire la charrue, pour travailler avec la lime et le rabot; des mains de maîtres pour dominer et des mains d'esclaves pour servir. Ouvrez l'histoire, et vous verrez Pierre-le-Grand, Frédéric-le-Grand, Louis XVI, se grandir encore sur le trône, en maniant les outils de l'artisan qu'ils élévèrent jusqu'à eux, redevenant peuple un instant avec lui par le travail manuel, comme l'avait été avant eux le premier des Rois, sorti des rangs du peuple. Etudiez l'homme, dans la législation divine, et non pas dans les codes d'une civilisation menteuse; et vous devrez reconnaître qu'ayant tous une même origine céleste, par notre esprit et notre ame, les corps que nous habitons sur ce globe sont tous également destinés à un travail utile pour la plus grande harmonie de l'ordre social providentiel, chacun suivant sa capacité et la condition dans laquelle il se trouve ; qu'il n'y a de classes supérieures et inférieures que selon nos préjugés de convention, et que l'homme du peuple, qui respecte la justice et les droits de tous, est plus honorable et plus grand qu'un Roi qui pratique l'iniquité, ou qui la laisse pratiquer dans son gouvernement.

En vous entendant encore vous écrier :

« Quoi ! le descendant des Rois connaissant son illustre origine, « un Prince de la maison de France aurait oublié la grandeur « de sa race, la fierté de son rang, le courage et le patriotisme, « jusqu'à devenir l'humble sujet du Roi de Prusse ! à qui es- « père-t-on faire croire ces choses ? »

Il me semblait entendre un homme en démence reprocher à l'illustre Marie-Antoinette d'avoir raccommodé ses vêtemens dans la Tour du Temple, au Roi et à cette noble Reine de France, à l'angélique Princesse Elizabeth, à des milliers de Français, d'avoir péri sur l'échafaud révolutionnaire ; à des milliers d'autres d'avoir gagné leur vie par tous les genres de métiers, à l'étranger, quand leurs têtes étaient proscrites en France par le gouvernement de la terreur ! Il me semblait entendre un insensé faire un cas de dégradation royale à tous ces souverains conquis par les armées de Napoléon, dont eux et leurs sujets devinrent ceux de l'Empire français ! Débiter de semblables pauvretés, que la *coterie Richemont* avait dites avant vous ; c'est ne pas avoir la plus simple idée de la loi des fatalités, et des nécessités qu'imposent à l'individu la violence et le despotisme des puissances iniques. Apprenez, Monsieur, à vénérer un Prince sublime qui illustra la splendeur de sa naissance par son héroïsme à supporter ses malheurs, par les ressources d'un génie supérieur et le travail quotidien de ses mains royales, auquel il dut trente-deux années de son existence ; recevez une leçon d'appréciation de la vraie grandeur de la bouche d'un noble vieillard, de l'ancien secrétaire intime de Louis XVI, qui vous a dit dans sa déposition ce que toute ame honnête pensera avec lui :

« Lorsque je réfléchis sur la conduite de la Providence, à l'égard « de ce dernier rejeton de tant de Rois, je ne puis m'empêcher « de croire qu'elle a préparé à la France des gages de paix et de « bonheur, dans son mariage avec une plébéienne allemande, qui « ne parut d'abord qu'une abdication de sa dignité royale, et un « acte de résignation à la vie obscure et pénible à laquelle ses « ennemis paraissaient le condamner. Les enfans qui en sont nés

«sont donc d'alliance personnifiée de la royauté avec le peuple;
«car leur père est l'héritier légitime de la plus glorieuse couronne
«du monde, et leur mère une vertueuse plébéienne allemande.
«Le sang qui coule dans leurs veines est donc celui des Rois
«très-chrétiens et des vertus du peuple; afin qu'un jour ils
«puissent montrer au monde par leurs vertus que le peuple
«s'est élevé en eux et par eux à la hauteur des Rois, et qu'en-
«fans du même Dieu tous les hommes sont frères.»

N'espérez pas, Monsieur, que je vous suive sur le terrain de
la diffamation pour vous y répondre en détail; non! ce n'est
pas par des rapports sortis de la bouche des détracteurs du
Prince, par des écrits anonymes, des allégations violentes et
des éclats de voix, qu'on peut ternir un nom sans tache, une
existence sans reproche, une conscience sans remords. Dans tous
les pays où la tête proscrite du Prince a trouvé un abri, sa
conduite, constamment exposée aux regards de tous, n'a plus
besoin d'apologie aujourd'hui, pas même en Prusse, où les témoignages de la probité la plus sévère l'ont pleinement justifié
des accusations intéressées de ses ennemis. Il a durement souffert des calomnies que de puissantes aversions ont déversées sur
lui pendant sa longue carrière de proscrit; mais la majesté de
sa personne n'en fut jamais altérée aux yeux des hommes de
bien: elle s'est accrue au contraire de l'abaissement de ses calomniateurs. Sa mémoire accusatrice, au sortir de cette époque
avilie où la vraie grandeur est insultée, passera pure et radieuse
au travers des siècles, au milieu des anathêmes attachés aux
noms de ceux qui l'écrasèrent de leurs haines. Un jour viendra où, par la justice de Dieu, ce Prince, pour lequel on n'a
pas assez de paroles de mépris, sera admiré comme la plus
grande illustration de cette terre, à la confusion de bien des
descendans de l'indigne noblesse de nos jours. On l'a pris
pour point de mire du déchaînement de toutes les sortes de
passions cupides; parce qu'on pouvait l'attaquer impunément
en face des pouvoirs qui, lui refusant justice, alimentent eux-
mêmes tous les foyers de diffamation. On fait à son sujet de la
morale hypocrite; et la plupart de ceux qui se portent ses accusateurs avec le plus d'âpreté sont peut-être les plus corrompus dans leurs mœurs, les plus criminels dans leurs actes : et
néanmoins, s'ils tiennent un rang élevé, s'ils sont riches ou
puissans, Princes, Ministres ou Ambassadeurs, ils n'en sont pas
moins considérés, pas moins adulés, pas moins recherchés; on
ferme les yeux sur leurs écarts; la flatterie et l'intérêt les ex-
cusent et les disculpent. Mais, malheur à eux s'ils tombent dans
la disgrâce! Qu'ils voient ce qu'ils seront, au jugement de la

foule hébétée, par l'état d'abjection qu'ils ont fait au fils de nos Rois. La grandeur déchue, si elle est importune à la diplomatie, si, selon les expressions du Ministre Rochow, elle fait le déshonneur des têtes couronnées, qui ont laissé traîner dans la fange le nom du légitime héritier de l'antique monarchie française, oh! alors, la politique est sans pitié pour un Roi tombé, la calomnie veille à sa porte pour dénaturer toutes ses pensées, noircir toutes ses actions; elle le suit partout, le couvrant sans relâche de son fétide venin; et quand elle a bien amèrement empoisonné sa vie, elle descend même dans sa tombe pour souiller encore sa mémoire!

N'est-ce pas là, Monsieur, l'enseignement que vous avez voulu donner au monde, en vous faisant l'écho des répulsions de la politique, par vos sorties indécentes contre le Duc de Normandie? On se les expliquerait si l'on avait dû voir en vous un homme de parti: mais, de la part d'un magistrat qui doit être impassible avec la loi, impartial avec la vérité, probe avec la justice, nous ne saurions les comprendre; et nous nous demandons ce que vous avez été dans cette cause; quelle mission de flétrissure vous vous êtes attribuée! Vous flétrissez la réclamation des demandeurs, sans l'examiner avec l'impartiale conscience d'un magistrat intègre; vous flétrissez la vie d'un père et d'un époux que protégeait le culte du tombeau; vous flétrissez les témoins, les écrits qui vous gênent; et vous n'avez de sensibilité laudative, d'apologie, que pour des fonctionnaires prévaricateurs, pour des dénis de justice, les illégalités, les arbitraires de tous les pouvoirs; vous légitimez l'oppression et foulez aux pieds les victimes! Vous assassinez moralement *la branche aînée* des Bourbons, en falsifiant la légitimité de leurs droits, pour vous donner la faculté de les méconnaître; et vous couvrez de vos plus ardentes sympathies les Bourbons criminels, auteurs des maux dont la famille souffrante demandait une légale réparation aux Tribunaux institués pour protéger l'innocence! Si vous appelez ce langage de la justice, moi je le nomme une forfaiture, un oubli complet des obligations que la loi vous prescrit; car vous avez feint d'être aveugle pour ne pas voir une vérité judiciairement démontrée aux yeux de ceux qui n'ont pas d'intérêt à la nier.

« Il vous restait à faire connaître l'homme qui avait suscité «cette étrange controverse, avez-vous dit, à rechercher ses «antécédens.» Et de quel droit? je vous le demande. Il n'appartient à personne de le juger, ce martyr des iniquités du siècle, que ses ennemis ont rendu supérieur à tous les hommes de cette terre par leurs haines homicides; lui, dont les vertus autant que les douleurs ont sanctifié la vie par la plus admirable des résignations religieuses. Il y a un grand cynisme de lâcheté, de la part de ces scribes et pharisiens de nos jours, à jeter la pierre à ce nouveau Christ qu'ils ont traité d'imposteur pour le crucifier, et, après l'avoir surchargé du poids de leurs fourberies, à vouloir l'en rendre responsable, lui et sa famille; parce que l'éclat de son existence royale, qu'ils n'ont pu effacer par leurs crimes, éclaire les ténèbres de leurs profondes hypocrisies!

Il vous restait à faire connaître cet homme! Mais cet homme n'était plus. Quel qu'il fût à vos yeux, imposteur ou fils de Roi, qu'importe! Il était mort dans l'exil par la plus longue et la plus immense de toutes les douleurs, celle de l'homme vrai, qui n'avait jamais pu obtenir un moment d'attention pour confondre ses calomniateurs. Là, dans le silence des tombeaux, asile sacré chez tous les peuples, nous devions le croire à l'abri des outrages; et vous, vous avez évoqué du fond de sa tombe les mânes du Proscrit, pour les couvrir du noir venin des calomnies dont on avait torturé son existence brisée, et dont le poison lent, peut-être, a enlevé à cette terre, par une mort prématurée, cet époux, ce père adoré de sa famille, ce personnage auguste, objet de la vénération de tous les gens de bien qui l'avaient connu! Cet homme, que vous citiez à votre barre pour insulter sa mémoire, n'était plus justiciable des Tribunaux de ce monde; il ne vous demandait rien; il ne figurait point personnellement dans la cause : sa vie privée devait donc être pour vous un sanctuaire inviolable; car il ne s'agissait point d'une question de moralité qui le concernât; mais d'une question d'identité à débattre avec ses héritiers, relativement à son nom; et le mérite de leur réclamation tire sa légitimité de circonstances totalement étrangères à la conduite de leur père. En quoi cette conduite en effet, repréhensible ou irréprochable, pourrait-elle atténuer la démonstration des témoignages qui attestent sa filiation royale, et les droits de ses héritiers à en redemander judiciairement la jouissance? En quoi cette conduite, quelque coupable qu'une imagination déréglée pût la supposer, pourrait-elle ravir aux orphelins innocens qu'il laisse leur portion de patrimoine, que détiennent à leur préjudice des mains spoliatrices? En rien assurément; puisque les enfans ne sont pas solidaires des fautes de leur père; et l'histoire des cours nous apprend que, si la moralité était une des premières conditions de la légitimité des Princes, le monde n'aurait presque jamais été gouverné que par des usurpateurs.

Vous saviez bien, Monsieur, qu'à moins d'une impérieuse nécessité, ressortant des besoins et des débats de la cause, il ne vous appartient pas de flétrir le caractère d'un citoyen quelconque; la loi ne vous autorise point à rechercher les antécédens de la vie d'un plaideur, pour ternir l'honneur et la réputation des familles. A combien plus forte raison deviez-vous vous abstenir de toute parole amère, remplie du fiel de vos antipathies, contre un chef de famille étranger aux débats d'une Instance introduite après son décès. Si le privilège exorbitant que vous vous êtes arrogé pouvait se tolérer impunément, celui de flétrir par esprit de passion des noms honorables, et des existences vertueuses; les fonctionnaires de votre ordre, pervertissant le but de leur institution, seraient le plus grand des fléaux dans la société: car l'homme public qui, dans l'exercice de ses fonctions, abuse des prérogatives de sa parole libre et indépendante, pour se permettre des accusations sans droit et sans nécessité judiciaire, se constituerait à plaisir un diffamateur officiel, un calomniateur légal; il ferait comme vous de l'enceinte des Tribunaux une arène de scandale, un lieu de terreur pour une famille opprimée, que le pouvoir persécuteur poursuit de sa réprobation jusqu'aux pieds même des juges où elle cherchait un abri. L'épouse et les enfans de l'Orphelin du Temple étaient venus avec sécurité demander à la justice l'examen et la consécration de leurs droits; et en échange de cette loyale confiance dans la magistrature de mon pays, ils n'ont recueilli qu'un nouveau surcroît d'amertumes; il leur a fallu entendre, par le retentissement de la presse, les outrages bassement accumulés sur la tête du père et de l'époux qu'ils pleurent, outrages qui ont été troubler le repos de la tombe du Duc de Normandie, après avoir miné par une agonie d'un demi-siècle son existence proscrite. Et celui qui, en trompant leur espoir dans sa justice, a rendu plus sombre le deuil de leur désolation; celui qui a soulevé les hontes de la politique pour les leur opposer comme une barrière infranchissable entre eux et la justice, c'est un magistrat qui doit son appui contre l'oppression à la veuve et aux orphelins confiés à sa tutelle légale; et ce magistrat, *c'est vous!*

Vous avez donc forfait à vos devoirs, je vous le dis sans hésitation comme sans crainte; et j'ajoute que la loi autorisait les héritiers du Duc de Normandie à vous en demander un compte plus sévère devant les Tribunaux. Devant les Tribunaux allez-vous dire! oui Monsieur, devant les Tribunaux; car eussiez-vous eu mille fois raison dans vos insolences contre la personne du Prince, bien qu'il vous ait plu de le qualifier imposteur ou fou; toutes les personnalités insultantes de vos conclusions n'ont été qu'une flagrante prévarication ; vous êtes sorti des limites que la loi vous prescrivait de ne pas dépasser ; et ce qu'il y a de plus odieux encore dans cette infraction à vos obligations sacrées, c'est que vous avez recueilli les échos mensongers de la malignité publique, qui devaient s'arrêter sur le seuil du sanctuaire des lois pour n'y laisser pénétrer et entendre que la vérité judiciaire ; c'est que, dans le délire de vos accusations désordonnées, qui n'avaient pas même l'ombre d'une apparence juridique, votre imagination exagéra même l'amplification du faux.

Nous ne nous sommes point émus pour nous, Monsieur, de ces déclamations furibondes ; elles s'étaient déjà depuis bien des années fait entendre à nos oreilles. Vos devanciers nous avaient habitués à cette tactique des contradicteurs de l'Orphelin du Temple ; ce fut là leur perpétuelle logique ; ce fut toujours par des cris semblables qu'on a couvert la voix du juste appelant la puissance publique à son secours contre ses proscripteurs. Ces derniers, obligés de courber honteusement la tête devant l'ignominie de leurs œuvres, outrés de dépit de n'avoir pu ravir à l'horloger de Spandau son origine royale, l'ont frappé de l'arme des lâches, de la calomnie, pour détourner d'eux l'attention, et rendre impuissante contre eux la parole de leur légitime accusateur. Vous aussi, vous avez relevé cette arme pour en frapper un cercueil, et pour que les éclaboussures des vieilles diffamations rajeunies, rejaillissant sur la famille infortunée du royal réprouvé, lui enlevassent les sympathies publiques ! Vous avez sondé la vie royale que vous n'aviez point connue, non pour y chercher un blâme fondé ; mais pour y introduire des immoralités mensongères ; pour en faire la vie d'un homme *infime*, et vous écrier ensuite *bravement*, comme autrefois les Juifs devant le fils de Dieu calomnié, traité d'imposteur, crucifié par eux : *voilà l'homme !*

« *Voilà l'homme* qui prétendait à ce grand nom de Bourbon. « Il y a des gens qui se plaisent à élever ce qui est infime, à « rabaisser ce qui est grand, et qui verraient avec une joie ma- « ligne introduire un repris de justice dans le sein d'une illustre « maison. Mais ceux qui croient à la force du sang, à la puis- « sance des traditions de famille, à l'autorité des exemples do- « mestiques ; ceux-là, pour être persuadés du mensonge de « Naundorff, n'auront besoin que de connaître le caractère hon- « teux de sa vie. »

Voilà l'homme ! le méprisé du monde ! « Voilà le misérable « fourbe que le gouvernement français a traité avec trop d'in- « dulgence quand il se contenta de l'expulser de son territoire. »

Voilà celui que par des infamies sans nom la politique s'est étudiée à avilir au-dessous des plus abjects afin de pouvoir s'écrier, s'il pénétrait, en dépit de ces obstacles dans l'enceinte des Tribunaux : voilà « *le repris de justice* qu'on voudrait introduire « dans le sein d'une illustre maison ; voilà l'homme qui préten- « dait au grand nom de Bourbon, et qui s'est vu soutenu dans « cette tentative d'usurpation par les plus étranges et les plus « diverses passions. » Regardez-le bien ; le reconnaissez-vous pour fils de Louis XVI tout couvert des saletés de la police, des impostures de la diplomatie ; tout défiguré qu'il est par les crachats et les soufflets des puissances temporelles et religieuses !

Voilà l'homme, dont les héritiers osent venir après lui demander à la justice de les reconnaître comme enfans du fils de Louis XVI ! Qu'ils soient frappés d'anathême comme leur père ! Faisons leur expier comme à lui, par un perpétuel déni de justice, le malheur de leur descendance royale qui nous importune ; et opposons à la reconnaissance de leurs droits légitimes l'indignité de ses diffamateurs, dont ces derniers subiraient l'opprobre, s'ils laissaient un libre cours à la vérité !

L'infortunée famille du Duc de Normandie, Monsieur le Substitut, qu'on a faite exceptionnelle sur la terre, et qu'on opprime au nom de la loi méconnue, même sous le gouvernement républicain qui a brisé l'arbitraire des monarchies, cette famille, n'ayant de recours possible contre vous que par la presse, de réparation à obtenir que dans l'indignation des ames bien nées, vous livre à leur jugement. En déchirant par lambeaux la majesté d'une vie royale et pure : en la souillant par le mensonge, sachez que vous avez donné le droit à la famille et aux amis de l'auguste calomnié, de dévoiler ses calomniateurs par la vérité. Quand j'écoutais la longue série d'outrages, que vous infligiez à la mémoire du Duc de Normandie, j'en gémissais pour vous ; car si vous avez commis des erreurs dans l'appréciation du fait et du droit, ce pouvait être la faute de votre intelligence ; mais diffamer, pour le plaisir gratuit de diffamer, ce ne peut être là qu'une faute du cœur, et la honte en restera comme un remords attaché à vos souvenirs de magistrature.

« Les Bourbons, dites-vous, ont passé de l'exil sur le trône, « et du trône dans l'exil ; ils ont eu en leur puissance tous les « moyens de vérification ; ils n'ont jamais cessé de pleurer l'au- « guste enfant ; ils se sont recueillis dans le deuil ; plût à Dieu « qu'on ne fût pas venu troubler de si augustes douleurs ! »

A côté de ces augustes douleurs, Monsieur, dont la source peu respectable est une usurpation déchue, une ambition flétrie, un grand orgueil humilié; nous, nous avons sous les yeux la désolation de toute une maison royale aussi, que poursuivent encore de leur haine implacable vos Bourbons détenteurs de l'héritage des innocens répudiés, après avoir creusé sur le sol de la proscription, pendant plus de cinquante ans de crimes politiques, pendant quinze années d'ignominieuse royauté, la tombe de leur Roi Louis XVII. Par leur machiavéliques influences, et pour se conserver une réputation de sainteté, ils avaient fait du Proscrit, leur Seigneur et maître, l'enfant du malheur, des angoisses, de l'isolement du cœur, de la mise hors de toutes les lois de la nature, de l'humanité, de la civilisation et des convenances. Ils l'avaient laissé traîner de prisons en prisons, contraint, aux jours libres de son existence voilée, de dévorer ses chagrins dans l'amère solitude de son ame, pour se soustraire à des traitemens barbares; ils l'avaient vu froidement attaqué dans son corps par le feu, les balles et le poignard des assassins; pour ne pas troubler la quiétude de ces Bourbons sur le trône ou dans l'exil, on a fait de la vie du Roi légitime de France une existence morte aux illusions de cette terre; on l'a contraint de rôder pour ainsi dire à l'aventure, sans qu'il pût dresser sa tente nulle part, partout en butte à la férocité d'un monde de bourreaux; à peine il avait pu trouver la tranquillité du corps, qu'un surcroît d'adversité le poussait en avant, tout épuisé qu'il était par l'abattement de la douleur, pour le conduire vers une nouvelle terre aride, où l'attendaient de nouvelles tribulations; de tout le genre humain en un mot, la cruauté de ces Bourbons, que ses paroles d'amour et de pardon ne purent jamais émouvoir, ne fit en quelque sorte qu'une seule pierre pour en écraser le chef de leur race; et maintenant que ce fils de France a exhalé son dernier soupir sur un sol hospitalier de l'étranger, ces Bourbons que vous plaignez, ravissent encore à ses enfans leur portion de bonheur ici-bas, pour en édifier un trône au Duc de Bordeaux! Plaise à Dieu, pour le salut de la France, que mes compatriotes ne soient pas condamnés à subir l'iniquité de ses prétentions usurpatrices; car un Prince qui n'est pas équitable dans sa famille n'est pas digne de gouverner un peuple!

Cessez donc d'outrager la morale publique, en vous apitoyant sur le sort d'une famille sans cœur, sans justice et sans vérité; que la main de Dieu a frappée par celle du peuple, et qui, dans sa déchéance méritée, vit opulente des dépouilles de l'Orphelin supprimé. S'il est un deuil navrant dans la famille de Louis XVI, c'est celui de huit enfans qui, sacrifiés comme leur infortuné père aux passions de l'égoïsme ambitieux, se voient réduits à vivre sans nom légal, sans patrie, ne tenant à la terre que par les souffrances dont l'iniquité les abreuve.

« Ils n'ont jamais cessé, dites-vous, de pleurer le royal « enfant ! »

Oh ! je sais bien qu'en 1838, le journal *la Mode* contenait l'oraison funèbre de Louis XVII, mort au Temple en 1795. Les paroles éloquentes que retraçait l'éditeur étaient l'œuvre de M. de Châteaubriand. Mais le grand écrivain ne disait pas qu'il les prononçait sur un cercueil vide, le sachant parfaitement ; car, après ce discours larmoyant, qu'accueillirent avec un scandaleux enthousiasme tous les faux légitimistes, M. de Châteaubriand, ce Roi des intelligences, s'est oublié jusqu'à dire : « Je « n'ai pas la certitude que Naundorff n'est pas le Dauphin, ni « celle qu'il l'est ; mais je me suis assuré qu'il n'est pas mort « dans la prison du Temple. » Et néanmoins, toute la presse du parti Chambord répétait avec lui :

« N'ai-je pas nommé le Temple, dites-moi ? Silence ? l'agonie « du royal enfant va commencer. Toute cette illustre famille, « pour laquelle chaque province de France avait naguère un « château, était alors resserrée dans la prison du Temple. « Etrange rapprochement ! »

La fille de Louis XVI et le fils de Louis XVI, seuls, sont sortis vivans de la prison du Temple. Depuis, le frère a demandé à sa sœur une parole d'amour ; et sa sœur a répondu qu'elle ne voulait pas le voir ! Il a demandé à la France une chaumière pour y finir en paix ses jours ; et la France lui a répondu par six coups de poignard, par des dénis de justice, par la diffamation et par le bannissement ! Il a demandé à la noblesse et aux légitimistes un moment d'entretien, et la noblesse et les légitimistes lui ont répondu : vous êtes mort ; ainsi le veut notre politique ! Il a dit aux monarques : jugez-moi ; et les monarques ont gardé le silence ! C'est bien là, avouons-le, un plus étrange rapprochement, un exemple de dégradation de sentimens mille fois plus choquante que la conduite de Simon si énergiquement flétrie par ces paroles de l'écrivain :

« Vous sentez-vous dans l'ame assez de fermeté pour résister « au récit de ce duel, dans lequel la victime était Louis XVII, « et le bourreau Simon. C'étaient chaque jour de nouvelles « brutalités et de nouvelles ignominies. Le lendemain se montrait « plein d'une cruelle émulation pour la veille. Ce Christ que « l'insolence des hommes couronna aussi au Calvaire, n'était-ce « point la couronne d'épines du Juste, transférée sur le front de « l'innocence ? Aucun des outrages dont parle l'Ecriture ne « manqua à cette passion royale. Simon, l'impur Simon, faisait

« plus que la Convention, qui s'était contentée de tuer Louis XVI ;
« il frappa plus d'une fois Louis XVII au visage, et souffleta
« dans sa personne la double majesté du trône et du malheur.
« Nos paroles expirent sur nos lèvres, nous voudrions nous taire
« et cacher dans les profondeurs de notre histoire ces inexpli-
« cables injures. La main d'un savetier sur le visage du petit-fils
« de Louis XIV ! Nos idées se heurtent et se confondent ; nous
« abrégeons l'histoire de cette agonie ; car, en vous jetant à la
« mémoire ces funestes souvenirs, il nous semble remplir un
« office de bourreau. Simon n'eut point la vie de sa proie, on
« donna le Dauphin à achever à un autre. Mon jeune Roi, votre
« bonheur dans l'éternité doit être immense ; car il fut bien dur
« votre pélérinage dans ce temps. Le cœur nous manque pour
« retracer le reste de votre agonie ; nous avons moins de courage
« pour redire vos plaies que vous n'en avez eu pour les souffrir.

« Sire, vous étiez Roi, quoiqu'eussent fait vos ennemis ;
« quoiqu'eussent tenté ces sujets rebelles, sous les verroux du
« Temple, dans les humiliations de la captivité ; sous le joug
« de la tutelle ignominieuse de l'infame savetier. Vous étiez
« Roi, et si le diadéme vous manquait, votre droit suffisait à
« couronner votre front. Louis XVII fut donc Roi ; mais que sa
« royauté fut douloureuse ! Mon Dieu ! Vos jugemens sont toujours
« justes, sans doute ; mais les conseils de votre sagesse furent
« impénétrables, quand ils s'appesantirent sur la tête de l'innocent.
« Quelles scènes et quels souvenirs ! Dans quelles annales irons-
« nous fouiller, pour trouver des douleurs semblables à ces
« douleurs, et à quelle langue emprunterons-nous des paroles
« pour égaler la plainte au désastre, et le gémissement à la
« désolation.

« Parmi tous ces tombeaux que creusa la révolution de 1793,
« il en est un qui crie plus haut que tous les autres vers le
« ciel ; c'est celui du fils de Louis XVI. Arracher de ses fonde-
« mens le trône le plus ancien de l'univers, emprisonner, puis
« mettre à mort le plus juste des Rois et le meilleur des hom-
« mes ; transférer la sanglante couronne d'épines, du front du
« Christ de la royauté, sur le front de la plus majestueuse et
« de la plus touchante des Reines, placer Madame Elizabeth,
« cette sainte, sur un escabeau sanglant, pour la faire remon-
« ter au ciel ; promener le niveau de fer de la guillotine sur
« les plus hautes comme sur les plus gracieuses têtes ; établir
« aux portes de l'abbaye les travailleurs du massacre et les
« ouvriers du meurtre, et encourager par une haute paie ces
« charpentiers de chair humaine qui équarissaient des membres
« palpitans ; c'étaient là aussi des crimes sans doute, d'effroyables

« crimes; *mais ils pâlissent encore auprès du long assassinat*
« *de Louis XVII.*

« Et l'on s'étonnerait maintenant de nous trouver sans pitié
« pour le Prince régicide qui ouvrit la route à toutes ces hor-
« reurs! Pitié, pour Philippe-Egalité, dit-on, votre voix l'a
« assez flétri! Pitié pour Philippe-Egalité? Eh bien! Oui, pitié
« pour cet homme, s'il n'avait fait que voter la mort de Louis
« XVI; pitié pour lui, s'il n'avait fait que dresser par ses
« calomnies l'échafaud de la Reine; pitié s'il n'avait fait que
« livrer aux piques de la meute homicide la tête de la Princesse
« de Lamballe; pitié pour le trésorier des sanglantes journées
« des 5 et 6 Octobre; pitié pour l'ami de Marat, et pour le
« laquais de Mirabeau; pitié pour celui qui soldait le meurtre
« et qui jetait son or dans les ruisseaux, pour les gonfler et
« les changer en torrens homicides; pour celui qui fit *porter*
« *les têtes des gardes-du-corps devant les carosses du Roi;*
« pitié! Mais demanderez-vous aussi pitié pour celui dont les
« crimes jetèrent le Dauphin dans le Temple, et livrèrent cette
« vie royale au savetier Simon? Non, point de pitié pour cet
« homme. En eut-il donc quelque pitié, lui, pour son Roi,
« pour son maître, quand les soufflets du savetier meurtrissaient
« ce front, où la place de la couronne de France était marquée?
« Non, point de pitié pour cet homme. *Car ici la pitié serait*
« *un crime contre la morale publique et contre la conscience*
« *du genre humain.* »

C'est ainsi que, par un deuil hypocrite, pour faire accroire
au peuple qu'ils ne doutaient pas de la mort du fils de Louis XVI,
les Bourbons pleuraient et ordonnaient de pleurer le royal enfant qu'ils savaient plein de vie! C'est ainsi, qu'en affichant
devant la foule abusée une sensibilité de commande ils apos-
tasiaient la légitimité; et que par cinquante années de tortures
ajoutées aux tortures des bourreaux de 95, ils prolongèrent
atrocement jusqu'au 10 Août 1845 l'agonie de leur Roi Louis
XVII; marchant la tête haute, et ne prenant pas garde qu'à
chaque pas qu'ils faisaient, leurs pieds s'enfonçaient dans l'opprobre évoqué par eux contre ceux qui achevèrent la victime
royale du savetier! C'est pour nous, vraiment, que les proscripteurs de l'Orphelin du Temple ont rendu la langue impuissante
à qualifier leur cynique apostasie. Mais ils se sont flétris eux-
mêmes par leurs écrits propagateurs du mensonge et de la félonie.
Il leur semblait avec raison, qu'en parlant de la sorte, ils rem-
plissaient un véritable office de bourreau; puisque chaque mot
de cette superbe tirade, pour simuler un deuil factice, était un
coup de poignard dont ils transperçaient le cœur de leur Roi

Louis XVII. Pour ce dernier rejeton de notre antique monarchie, ils ont été plus impitoyables que l'impur Simon. Il était dans les élémens de nature de ce geôlier du Prince d'être brutal; c'était un démagogue furibond se glorifiant de sa propre infamie; mais il n'affectait pas les airs de l'honnête homme, du Français loyal; il ne versait pas des larmes hypocrites sur le royal enfant qu'il abreuvait d'ignominie; il se montrait du moins conséquent avec lui-même; tandis que les modernes Simons ont repris en sous-œuvre la tâche non achevée contre la proie royale, échappée des mains assassines de la boue faite homme. Point de pitié donc pour eux! Ils ont porté eux-mêmes la sentence qui les atteint. M. de Châteaubriand la leur imprime au front en caractères ineffaçables.

Point de pitié pour ceux qui sur le trône et dans l'exil ont délibérément renié leur sang royal, et astreint leur Roi légitime à vivre obscurément en Prusse, où leur politique arrachait la plume des mains des juges pour écrire contre lui des arrêts d'iniquité, et le ranger plus tard au nombre des malfaiteurs, en le déclarant indigne de sa naissance royale!

Non! Non! ceux-là ne se sont point recueillis dans le deuil de la mort de l'enfant royal qui, pour couvrir d'un voile hypocrite, par le charlatanisme de l'honneur leur réprobation de l'Orphelin du Temple, se sont attristés à froid sur ce mort vivant, qui succombait sous leurs yeux à l'âge de soixante ans, aux convulsions d'une vie empoisonnée par eux; ceux-là qui lui ont fait entendre l'hymne de sa mort dans les salons aristocratiques où l'on déclarait en même temps qu'il était *un Prince prescrit, qu'on n'en voulait point, parce qu'on avait le Duc de Bordeaux;* ceux-là qui n'ont pas senti qu'ils se souffletaient au visage pour se mouiller les yeux de larmes menteuses!

Ah! si un coin du voile qui couvrait au royal prisonnier son long et lugubre avenir se fût soulevé, pour qu'il se vît errant et déjeté pendant près de deux générations; s'il s'était vu renaître dans des enfans destinés à perpétuer sa destinée maudite par les hommes; s'il s'était vu, revenant s'offrir à l'amour des Français, chassé de France et son corps labouré par le poignard et des balles françaises, oh! alors, plutôt que de franchir le seuil de sa prison ouverte à sa liberté, il se fût rejeté sur son grabat infect; il eût demandé en grâce à ses libérateurs de ne pas le condamner à boire un tel calice d'amertumes, de le laisser égorger par une main révolutionnaire, et de ne pas le contraindre à souffrir une permanente agonie de cinquante ans, aux cris moqueurs de tout ce qu'il y a de grand, de noble, de considéré aux yeux de ce siècle corrompu: ou bien, restant confondu dans la classe honorable du peuple, il eût à jamais oublié son origine qui lui suscita une aussi lamentable existence, et qu'il ne révéla que par devoir de conscience pour sa nouvelle famille, par amour pour la France. Hélas! il me l'a dit bien des fois quand la somme des maux dont son ame était ravagée lui faisait trahir par momens le secret de ses gémissemens intérieurs. Et pourtant s'oubliant pour le bien-être de ceux qui l'ont accablé de leurs dédains, ce Prince magnanime ne songeait point à troubler des positions acquises par la fraude, il ne venait point faire valoir des droits effacés par le sang des martyrs de sa race, par celui de ses nobles amis, de ses plus héroïques défenseurs, par celui des Ducs d'Enghien et de Berry : il y avait renoncé pour la paix de l'Europe et pour qu'ils ne fussent pas un obstacle à la réconciliation de sa famille avec lui ; mais cette famille que vous exaltez ne sut pas lui tenir compte de cette sublime abnégation de lui-même !

Les douloureux souvenirs de la Tour du Temple vous ont aussi serré le cœur, Monsieur le Substitut ; mais pour qu'on crût à votre sincérité, il n'aurait pas fallu vous joindre, par la violence de vos paroles, aux révolutionnaires monarchiques de notre époque, qui hurlèrent autour du modeste asile de l'exilé royal : point d'enfant ! point de Duc de Normandie ! Il n'aurait pas fallu, avec les souverains restaurés, avec tous les hommes d'Etat du 19ième siècle, avec les Comtes de Provence et d'Artois, avec la Duchesse d'Angoulême et le Duc de Bordeaux, avec tous les Bourbons de l'étranger, avec les descendans de la grande Marie-Thérèse, avec Louis-Philippe, avec les Princes de l'Eglise romaine, avec le Pape lui-même ; il n'aurait pas fallu, vous dis-je, avec tous ces chrétiens sacrilèges, réaliser le cri de mort que proférèrent des monstres sanguinaires sous le balcon du palais de Versailles.

Peuple français, c'est à Toi maintenant que j'en appelle d'une iniquité demi-séculaire, constamment oppressive de l'innocence. La question de l'existence de Louis XVII sauvé du Temple est surtout une question d'humanité, qui mérite à tous égards le plus sérieux examen. Prends en main la défense des royaux proscrits par la justice et la vérité. Recommande-les par les organes de la presse à l'attention publique, à la sympathie des gens de cœur ; aux lumières du barreau, à l'intégrité de la magistrature, à la loyale investigation du gouvernement. Soutenir la veuve opprimée et les orphelins délaissés, les relever de l'abattement où les tiennent l'orgueil et la perversité des puissances du siècle, c'est une tâche sublime qu'ont dédaignée les monarques. Toi qui chasses les Rois, montre-Toi meilleur qu'eux. Peuple français, en t'associant à ma voix, pour venir en aide à la famille du fils de Louis XVI mort dans la proscription, brise les masques de toutes les impostures, flétris toutes les dépravations, impose silence à tous ces caméléons politiques qui n'ont d'importance que par le mensonge et l'hypocrisie de leur langage. Fais que le jour luise enfin où, par la volonté du peuple, apparaisse la manifestation de toutes les justices de Dieu. Les petits-fils du Roi et de la Reine martyrs de France, victimes toujours debout, sont un remords jeté à la face de l'Europe, en accusation des premiers crimes révolutionnaires. Ils ont droit à une éclatante réparation, il la demandent et l'attendent, comme un grand acte de justice nationale, des fils de la République de 1793.

Bréda, Août 1851.

FIN.